Les privatisations

Droit/Economie

A.I.D.E. *Les PME dans les systèmes économiques contemporains.*

Delacollette J. *Les contrats de commerce internationaux.* 3e édition.

Cohen-Tanugi L., Encaoua D., Winckler A.,
Siragusa M., Brunet F. *La pratique communautaire du contrôle des concentrations.*
Analyses juridique, économique et comparative
Europe, Etats-Unis, Japon.

Delaunay J.C. *Services, cultures, mondialisation.*
Les services juridiques dans les relations économiques euro-arabes.

Durand Cl. (éd.) *La coopération technologique internationale.*
Les transferts de technologie.

Farjat G., Remiche B. (éds.) *Liberté et droit économique.*

Guislain P. *Les privatisations.*
Un défi stratégique, juridique et institutionnel.

Jacquemin A., Remiche B. (éds.) *Coopération entre entreprises.*
Entreprises conjointes, stratégies industrielles
et pouvoirs publics. 2e édition.

Pestiau P. (éd.) *Héritage et transferts entre générations.*

Wtterwulghe R. *O.P.A.*
L'offre publique d'acquisition, une analyse juridique.

Les privatisations

un défi stratégique juridique et institutionnel

Pierre Guislain

Avec la collaboration
de Michel Kerf

De Boeck
Université

Droit/Economie

Rue des Minimes 39 - B 1000 Bruxelles

1e édition, 3e tirage 1996

Printed in Belgium

D 1995/0074/022

ISSN 0778-4681
ISBN 2-8041-1981-5

Remerciements

Je tiens tout particulièrement à remercier Michel Kerf pour son inestimable contribution à la réalisation de cet ouvrage. Michel est co-auteur du chapitre 6 traitant du cadre institutionnel des privatisations. Il a contribué à de nombreux encadrés et tableaux ainsi qu'à la compilation et à la rédaction des annexes. Il m'a assisté également dans la mise en forme de l'édition définitive.

Merci également à Pablo Cavallaro pour la collecte et la préparation de nombreux exemples illustrant mon propos et pour son assistance dans la préparation initiale des annexes.

Enfin, je tiens à remercier les nombreuses autres personnes qui m'ont aidé à divers titres dans la préparation de cet ouvrage et, en particulier, Michael Klein, John Nellis et Pierre Vicedo pour leurs commentaires critiques concernant certains chapitres.

Cet ouvrage n'aurait pas pu être réalisé sans l'appui de la Banque mondiale. Il n'engage toutefois que l'auteur.

Pierre GUISLAIN

Washington, D.C.

Table des matières

CHAPITRE 2 PRIVATISATION ET PRINCIPES JURIDIQUES FONDAMENTAUX

CHAPITRE 3 PRIVATISATION ET REGLES DE L'ECONOMIE DE MARCHE

ENCADRES

Liste des abréviations

BOO	Build, Own & Operate; contrat portant sur la construction et l'exploitation par le secteur privé d'infrastructures, en pleine propriété et à titre permanent
BOT	Build, Operate & Transfer; contrat portant sur la construction et l'exploitation d'infrastructures, ainsi que leur transfert à l'autorité concédante en fin de contrat
BT	British Telecommunications Plc
CAEM	Conseil d'assistance économique mutuelle (Comecon), le «marché commun» de l'ex-Union soviétique et de ses pays satellites.
CANTV	Compañía Anónima Nacional de Teléfonos de Venezuela
DM	Deutsche Mark
$	Dollar US
ENTEL	Empresa Nacional de Telecommunicaciones (Argentine, sauf indication contraire)
MATAV	Compagnie de télécommunications hongroise
MMC	Mergers and Monopolies Commission (Royaume-Uni)
OCDE	Organisation de Coopération et de Développement Economiques
OFTEL	Office of Telecommunications, le régulateur des télécommunications britanniques
OPV	Offre Publique de Vente d'actions
YPF	Yacimientos Petroliferos Fiscales, société pétrolière argentine

Introduction

CROISSANCE EXPONENTIELLE DES PRIVATISATIONS A TRAVERS LE MONDE

Les opérations de privatisation se sont multipliées ces dernières années dans une mesure qu'il aurait été absolument impossible de prévoir il y a seulement cinq ou dix ans. Quelques chiffres permettent de donner un aperçu de l'ampleur du phénomène. Une récente étude sur l'investissement étranger dans des transactions de privatisation dénombre ainsi 2.600 transactions de plus de 50.000 dollars[1] à travers le monde (hors Allemagne) entre 1988 et 1993, générant des revenus de près de 270 milliards de dollars, une somme largement supérieure aux 150 milliards de dollars qu'avait rapporté l'ensemble des privatisations de ce type effectuées dans le monde jusque là. Sur ces 2.600 privatisations avec participation étrangère, 900 transactions ont été réalisées en 1993, contre une soixantaine seulement en 1988, la croissance provenant dans une large mesure de pays en développement et en transition[2]. En Allemagne, quelques 13.700 entreprises de l'Est ont été vendues depuis 1990 pour un total de plus de 30 milliards de dollars, les acheteurs s'engageant par ailleurs à investir pour plus de 110 milliards de dollars dans ces entreprises.

A ces chiffres, il faut ajouter des dizaines de milliers de transactions locales portant souvent sur de petits commerces, restaurants et ateliers[3], ainsi que des dizaines de milliers d'entreprises transférées à des actionnaires privés par le biais d'ambitieux programmes de privatisation de masse mis en oeuvre dans de nombreux pays en transition vers une économie de marché, et notamment en Russie et en République tchèque. Ainsi, en un peu plus de deux ans, les responsables du programme de privatisation russe ont réussi à transférer au secteur privé entre 12.000 et 14.000 entreprises de moyenne ou grande taille, employant plus de 14 millions de travailleurs au total, soit à peu près la moitié du total de l'emploi dans le secteur industriel russe; ce faisant, à peu près quarante millions de citoyens russes devenaient pour la première fois actionnaires de sociétés privées[4].

---

1 Sauf stipulation contraire, toute référence au dollar dans ce livre porte sur le dollar US ($).

2 Voir Frank Sader, *Privatization Techniques and Foreign Investment in Developing Countries,* Washington, D.C., World Bank, FIAS, mimeo, septembre 1994.

3 Près de cent mille petits commerces et entreprises auraient ainsi été privatisés entre 1991 et 1994 en Russie uniquement. Voir Ira W. Lieberman et Suhail Rahuja, *An Overview of Privatization in Russia,* in Lieberman et Nellis (1994), p. 25.

4 Voir Lieberman et Nellis (1994), p. 1.

Le nombre de pays qui ont procédé à des opérations de privatisation est tout aussi impressionnant. Au cours des cinq dernières années, plus d'une centaine de pays ont ainsi privatisé certaines de leurs entreprises publiques. D'un point de vue géographique, de nombreux pays ont entrepris des programmes de privatisation importants sur tous les continents, que ce soit le Chili, l'Argentine, le Mexique, le Pérou, ou la Colombie en Amérique latine, la Nouvelle-Zélande, les Philippines, le Pakistan et la Malaisie en Asie, le Royaume-Uni, la France et les pays de l'Est en Europe, ou même le Maroc, la Tunisie, le Togo et le Nigéria en Afrique, pour ne citer que quelques exemples. Chronologiquement, bien qu'il y ait eu des privatisations sous une forme ou une autre de tous temps[5], le grand précurseur de la vague actuelle est probablement, si l'on excepte les privatisations chiliennes de 1974[6], le programme britannique lancé en 1980 par le gouvernement de Margaret Thatcher.

D'un point de vue politique, le phénomène des privatisations n'a nullement été limité à des pays épousant une idéologie libérale, puisqu'on retrouve des opérations de privatisation importantes tant dans des pays à longue tradition capitaliste, comme la quasi-totalité des pays membres de l'OCDE, que dans des pays en transition d'un système d'économie centralisée à un système d'économie de marché, des pays en développement de tous bords et même des pays sous régime communiste, tels que la Chine ou Cuba. Les programmes des pays en transition sont par la force des choses souvent plus ambitieux, ce qui n'empêche que quelques pays de l'OCDE, parmi lesquels la Nouvelle-Zélande et le Royaume-Uni, et plusieurs pays en développement, y compris l'Argentine et le Mexique, ont mis en oeuvre des programmes de privatisation particulièrement importants, tant par leur ampleur que par l'originalité des solutions adoptées.

Enfin, la vague de privatisations touche pratiquement tous les secteurs économiques. Même des activités qui avaient été traditionnellement réservées, jusqu'ici, à l'initiative publique, par exemple dans les domaines de l'énergie, des transports et des télécommunications, sont aujourd'hui de plus en plus fréquemment confiées à des opérateurs privés[7]. Il est révélateur, à cet égard, de constater que les deux opérations de privatisation les plus importantes qui ont eu lieu en 1993

5 Voir par exemple le décret de 1961 du gouvernement thaï portant sur la vente d'entreprises et actions d'entreprises publiques.

6 Le premier programme de privatisation du régime militaire chilien fut un échec du point de vue économique et financier. La crise économique du début des années quatre-vingts eut pour conséquence que le gouvernement dut reprendre de nombreuses entreprises privatisées entre 1974 et 1979, soit quelques années auparavant. Cela était dû notamment à la trop forte concentration de l'actionnariat au sein de quelques grands conglomérats fortement endettés suite notamment aux acquisitions réalisées dans le cadre du programme de privatisation. Ces entreprises reprises par le gouvernement furent ensuite reprivatisées à partir de 1985.

7 Les privatisations réalisées dans ces secteurs présentent souvent des caractéristiques particulières qui sont étudiées au chapitre 7, consacré aux grandes infrastructures.

portaient, l'une, sur le transfert au public de la troisième et dernière tranche d'actions de British Telecom pour un montant de près de $ 8 milliards, et l'autre sur la vente des actions d'une compagnie ferroviaire japonaise, East Japan Railways, pour un montant de l'ordre de $ 8 milliards.

Tableau 1

Privatisations importantes dans des pays en développement ou en transition

Pays	Secteur	Transaction
Afrique du Sud	Sidérurgie	$ 1,3 milliards pour 70 % des actions de ISCOR en 1989
Allemagne (ex RDA)	Mines	$ 1,9 milliards pour la vente de Mitteldeutsche Braunkohle à un consortium Anglo-américain en 1993 Près de $ 1,4 milliards pour la vente des mines de charbon de Laubag à un consortium dirigé par Rheinbraun, filiale de RWE, en 1994.
	Electricité	Près de $ 5,2 milliards pour la vente de VEAG à un consortium dirigé par RWE Energie, en 1994.
Argentine	Industrie pétrolière	Plus de $ 3 milliards pour le placement de 45,3 % des actions de YPF en 1993 (OPV internationale).
	Télécommunications	$ 214 millions en cash et $ 5 milliards en titres de la dette (valeur nominale) pour 60 % d'ENTEL en 1990 (deux consortia); $ 830 millions pour 30 % de Telefónica en 1991 (OPV); $ 1,2 milliard pour 30% de Telecom en 1992 (OPV); 10 % des actions étaient réservées pour le personnel
	Gaz	Plus de $ 1,8 milliards (300 millions en cash et plus de 1,5 milliards en valeurs mobilières, évaluées au taux du marché) pour une part allant de 60 à 90 % des dix entreprises succédant à Gas del Estado, vendues en 1992 à huit consortia différents.
Brésil	Sidérurgie	$ 1,5 milliards pour la privatisation de 75% d'USIMINAS en 1991; $ 450 millions pour 15 % en 1994.
Corée du Sud	Electricité	Prés de $ 2,1 milliards pour 21% des actions de Korea Electric Power en 1989
Cuba	Télécommunications	$ 1,44 milliards pour 49 % des actions de EmtelCuba en 1994 (Grupo Domos)
Indonésie	Télécommunications	Plus de $ 1 milliard pour 32 % des actions d'Indosat, la compagnie téléphonique internationale, vendues par OPV à Jakarta et New York en 1994.
Malaisie	Télécommunications	$ 2,35 milliards pour 25 % des actions de Telekom Malaysia Berhad en 1990 (OPV)
	Electricité	Près de $ 1,2 milliards pour 23 % de Tenaga Nasional Berhad en 1992
Mexique	Banques	A peu près douze milliards de dollars pour la privatisation de dix-huit banques en 1991-92, y compris $ 3,2 milliards pour 70,7 % des actions de Banamex et $ 2,5 milliards pour 62,6 % des actions de Bancomer
	Mines	Près de $ 1,4 milliards pour 56 % de Mexicana de Cobre en 1988
	Télécommunications	Près de $ 1,8 milliards pour la vente de 20,4 % de Telmex au consortium dirigé par Grupo Carso en 1990; $ 2,4 milliards pour une offre publique portant sur 15,7 % des actions en 1991; $ 1,4 milliards en 1992 pour 4,7 %; $ 1 milliard pour une tranche de 3 % en 1993; $ 550 millions pour des obligations convertibles portant sur 1,5 % des actions, en 1994.
Pérou	Télécommunications	Plus de $ 2 milliards pour une part de 35 % dans les compagnies téléphoniques, Compania Peruana de Telefonos et Entel Peru (Telefónica de España) en 1994.
Singapour	Télécommunications	Plus de $ 2,5 milliards pour 11 % de Singapore Telecom en 1993 (OPV).
Venezuela	Télécommunications	Près de $ 1,9 milliards pour 40 % de CANTV en 1991 (Consortium GTE)

Sources : Frank Sader, *Privatization Techniques and Foreign Investment in Developing Countries,* FIAS, mimeo (septembre 1994); Sader (1993); Reason Foundation (1993 et 1994); Privatisation International (1992, 1993 et 1994); Privatisation International n° 64 (janvier 1994); LatinFinance (1993); International Telecommunications Union, *World Telecommunications Development Report,* 1994; The Economist, 21 août 1993 et 30 avril 1994; New York Times, 12 août 1994; World Equity, octobre 1994.

Des méga-privatisations ont également eu lieu récemment dans des pays en développement ou en transition dans des secteurs qui étaient, il y a peu de temps encore, considérés comme «stratégiques» par beaucoup de gouvernements. Le tableau 1 ci-avant présente une liste non exhaustive de privatisations qui ont porté sur un montant supérieur à un milliard de dollars.

PERSPECTIVE HISTORIQUE

La vague de privatisations décrite ci-dessus fait suite à une longue période durant laquelle la tendance était aux nationalisations et au développement du secteur public. Comme les privatisations aujourd'hui, ces nationalisations avaient touché pratiquement tous les domaines d'activité économique et une grande majorité de pays.

En Europe de l'Ouest, cette vague de nationalisations a été amorcée dans les années qui ont précédé la seconde guerre mondiale et s'est poursuivie après la guerre. En France, par exemple, les premières nationalisations ont eu lieu sous les gouvernements du Front Populaire de 1936-1937 (armement, aviation, chemins de fer) et le mouvement s'est poursuivi au lendemain de la libération avec la nationalisation des charbonnages, des transports aériens, de la production et de la distribution d'électricité et de gaz, de banques et de compagnies d'assurances. En Italie également, le contrôle de l'Etat sur l'économie a été renforcé avant le début de la deuxième guerre mondiale: en 1933, l'Etat créait l'Instituto per la Ricostruzione Industriale (IRI), société holding publique qui, dès1939, détenait des participations importantes dans l'industrie sidérurgique notamment et avait absorbé les banques nationales les plus importantes.

Dans les pays d'Europe de l'Est, les nationalisations ont été imposées sous l'influence du modèle soviétique pendant près de 30 années suivant la fin de la seconde guerre mondiale. Durant cette même période, certains pays d'Amérique latine ont également choisi de baser leur stratégie de développement sur les entreprises publiques. Ainsi en Argentine, le gouvernement a nationalisé la compagnie de téléphone en 1946 et a acquis, à la même époque, six compagnies de chemins de fer appartenant à des investisseurs britanniques, français et argentins. Plus tard, le secteur électrique fut également nationalisé.

De même, le mouvement de décolonisation en Asie et ensuite en Afrique contribua au développement des nationalisations, les nouveaux états cherchant à reprendre à des entreprises étrangères le contrôle de leurs biens de production. Ainsi, dans les années 60 et 70, au lendemain de leur indépendance, la majorité des pays africains, parmi lesquels de nombreux pays à régime socialiste ou marxiste-léniniste (comme l'Angola, le Bénin, le Congo et la Tanzanie), ont procédé à des programmes de nationalisation importants.

Toutefois, sous l'influence notamment d'un nouveau contexte international et d'autres facteurs décrits à la section suivante, l'on assiste depuis une vingtaine d'années à un revirement de tendance radical. En effet, le nombre annuel moyen de nationalisations, qui avait atteint son maximum dans la première moitié des années 1970, n'a cessé de décroître par la suite et est devenu extrêmement faible aujourd'hui. Par ailleurs, pendant cette même période, les opérations de privatisation sont, quant à elles, devenues de plus en plus fréquentes, dépassant en ampleur le volume des nationalisations vers 1980, pour se multiplier de manière exponentielle ces dernières années comme nous venons de le voir.

FACTEURS CONTRIBUANT AU PHENOMENE DE PRIVATISATION

Ce renversement de tendance que nous observons s'explique assurément par des raisons multiples, qui varient de pays à pays et même d'entreprise à entreprise[8]. En premier lieu vient le fait que la performance des entreprises publiques s'est, en règle générale, révélée décevante. Si certaines fonctionnent bien, beaucoup d'autres, par contre, sont notoirement inefficaces. Celles-ci réussissent à survivre grâce à la protection douanière qui leur est accordée vis-à-vis des importations concurrentes, à l'octroi préférentiel de marchés publics importants, à l'accès privilégié aux sources de crédits dont elles bénéficient auprès de banques publiques, à des garanties étatiques, aux exonérations fiscales, ou encore aux subventions que leur versent directement les autorités publiques. Alors qu'elles avaient été créées pour pallier la carence du secteur privé et servir de fer de lance au développement de l'économie nationale, elles ont dans bien des cas contribué à l'étouffement du secteur privé local et à la stagnation de l'économie. Elles ont souvent servi d'instrument pour la réalisation d'objectifs politiques et ont subi les ingérences fréquentes des autorités publiques. Dans certains pays, elles ont également été un facteur de redistribution des revenus vers les classes moyennes et aisées de la population, au détriment des classes les plus pauvres qui n'ont généralement accès ni aux emplois fournis par ces entreprises ni à leurs produits. Presque partout, le poids des entreprises publiques sur les finances de l'Etat était devenu intenable.

La privatisation était-elle la seule solution possible pour redresser ce type de situations ? En fait, plusieurs études visant à comparer les performances d'entreprises publiques et privées ont conclu que c'est moins le caractère public ou privé d'une entreprise que la structure réglementaire et le degré de concurrence auxquels elle est soumise qui déterminent son efficacité[9]. Certaines réformes visant

8 Voir notamment Shirley et Nellis (1992). Voir également le chapitre 1 ci-dessous.

9 Voir, par exemple, Borcherding, T.E., W.W. Pommerehne et F. Schneider, Comparing the Efficiency of Private and Public Production: The Evidence from Five Countries, *Zeitschrift für Nationalökonomie,* supplément 2, 1982, pp. 127-156; et L. De Alessi, On the Nature and Consequences of Private and Public Enterprises, *Minnesota Law Review,* n° 67, 1982, pp. 191-209.

à accroître l'autonomie des entreprises publiques et à les exposer à une concurrence plus intense, sans toutefois transférer leur propriété au secteur privé, ont donné des résultats encourageants. Cependant, il est apparu que dans bien des cas ces réformes n'ont pas pu être soutenues et ont été remises en cause par les autorités publiques avec pour conséquence une nouvelle détérioration de la situation de ces entreprises[10]. Le défi consiste à améliorer durablement la performance des entreprises concernées et la privatisation est aujourd'hui considérée par de nombreux gouvernements comme la seule option permettant d'atteindre cet objectif.

De plus, de nombreux gouvernements se sont trouvés face à un inquiétant déficit budgétaire et à une crise des finances publiques. Ils n'ont plus, aujourd'hui, les ressources financières nécessaires pour compenser les pertes de certaines entreprises publiques ni pour procéder aux augmentations de capital indispensables à leur développement. Par ailleurs, une remise en ordre des finances publiques, passant par une réforme en profondeur du secteur public, peut également être requise pour satisfaire à certaines obligations ou aspirations internationales: il en est ainsi notamment de certains états membres de l'Union européenne qui cherchent à satisfaire aux strictes conditions budgétaires imposées par le traité de Maastricht pour pouvoir accéder à l'union monétaire, ou de pays ayant conclu des programmes d'ajustement structurel avec la Banque mondiale ou le Fonds monétaire international.

La rapide évolution du contexte économique international a également contribué à l'accélération du déclin du modèle de l'entreprise publique nationale. En effet, la mondialisation de l'économie, l'accélération de l'innovation technologique et l'intégration croissante des marchés obligent les entreprises à adopter des stratégies très souples et à les adapter en permanence aux circonstances. Cela peut également exiger la formation d'alliances avec des partenaires étrangers, que ce soit en matière technologique, d'approvisionnement ou commerciale, voire même par voie de participations croisées ou d'absorption par des groupes internationaux. Les entreprises publiques sont notoirement mal placées pour fonctionner de manière aussi souple et réaliser de telles alliances.

Par ailleurs, il convient de souligner que le débat idéologique en matière de gestion économique et de privatisation a également considérablement évolué, suite à la globalisation croissante de l'économie ainsi qu'à la fin de la guerre froide et de l'opposition des modèles socialistes et capitalistes de développement. Cette atténuation des clivages idéologiques s'est notamment traduite par une approche plus pragmatique des réformes économiques, dont la privatisation fait partie. L'expérience généralement positive des privatisations, illustrée par deux études récentes dont question dans l'encadré 1 ci-dessous, a renforcé cette tendance.

10 Voir, par exemple, Kikeri, Nellis et Shirley (1994), pp. 246-247.

Encadré 1

Résultats positifs de la privatisation

Dans une étude publiée en juin 1994, Messieurs Galal, Jones, Tandon et Vogelsang ont analysé en profondeur (près de 600 pages) les effets de douze privatisations au Royaume-Uni, au Chili, au Mexique et en Malaisie. Il s'agit de la privatisation des compagnies aériennes British Airways, Malaysian Airline Systems, Mexicana de Aviación et Aeroméxico, des sociétés de télécommunications British Telecom, Compañía de Teléfonos de Chile et Teléfonos de México, des sociétés électriques Chilgener et Enersis (Chili), du transporteur National Freight (Royaume-Uni), du port à conteneurs de Kelang (Malaisie) et de Sports Toto Malaysia (lotterie).

L'objet de ce livre était de comparer les situations avant et après privatisation en y ajoutant un modèle hypothétique représentant ce qui se serait probablement passé en l'absence de privatisation. Les auteurs ont essayé d'isoler les gains et pertes dus à la privatisation des autres facteurs. Ils ont calculé l'impact sur l'Etat-vendeur, les acquéreurs (nationaux et étrangers), les travailleurs, les utilisateurs et consommateurs (nationaux et étrangers) et les concurrents de l'entreprise privatisée. Dans onze des douze cas examinés les effets nets de la privatisation ont été positifs tant pour l'entreprise que pour l'économie.

L'exception était la privatisation de la société aérienne Mexicana, où les effets négatifs subis par les acheteurs et les utilisateurs se sont révélés supérieurs aux effets positifs dont a bénéficié le gouvernement, alors que l'impact net global sur les travailleurs était nul. Non seulement y a-t-il eu dans ce cas un effet net négatif sur l'économie nationale, mais cet effet négatif est encore plus important lorsqu'on tient compte de l'impact négatif que cette opération a eu sur les acheteurs et utilisateurs étrangers (non-mexicains)[11].

Dans tous les autres cas, la privatisation examinée a représenté un bénéfice économique net, tant pour l'économie nationale du pays concerné que pour l'économie mondiale. Ces privatisations ont non seulement été bonnes pour l'économie, mais également pour les travailleurs. L'étude relève que dans aucune de ces douze opérations de privatisations, les travailleurs ne se sont retrouvés dans leur ensemble dans une situation moins favorable au terme du processus. Elle souligne également l'impact positif important des mesures de libéralisation économique qui ont accompagné ces privatisations, et de la mise en place d'un cadre réglementaire avant ou au moment de la privatisation des sociétés d'infrastructure.

Il n'est toutefois pas possible d'extrapoler à partir de cette étude et d'en conclure que les privatisations auront toujours un effet positif. La situation des quatre pays concernés (un pays de l'OCDE et trois pays en développement parmi les plus prospères) peut en effet être fort différente de la situation de pays pauvres ou en transition.

Dans une autre étude récente, Messieurs Megginson, Nash et Van Randenborgh ont comparé la performance avant et après privatisation de 61 entreprises de 18 pays différents privatisées entre 1961 et 1990 par offre publique de vente. Ces auteurs concluent que suite à leur privatisation ces entreprises ont dans leur ensemble réalisé d'importants gains de performance (augmentation des ventes, de l'investissement, de la productivité, des profits, des dividendes, et réduction de l'endettement) tout en augmentant le niveau d'emploi.

Sources : Galal, Jones, Tandon et Vogelsang (1994), et Megginson, Nash et Van Randenborgh (1994).

---

11 Voir également la note 37, pp. 78-79.

Enfin, dans certains secteurs économiques, les raisons qui plaidaient en faveur d'une intervention étatique n'existent plus aujourd'hui. Comme nous le verrons au chapitre 7, consacré aux grandes infrastructures de services publics, dans le domaine des télécommunications ou de la production d'électricité par exemple, l'évolution technologique a permis l'introduction de la concurrence dans des secteurs autrefois considérés comme réunissant les caractéristiques de monopoles naturels, éliminant de la sorte la justification des grands monopoles publics.

Ces différentes explications portent toutes sur l'offre, à savoir les raisons ayant conduit de nombreux gouvernements à privatiser. A cela s'ajoutent des éléments qui tiennent à la demande, à savoir l'intérêt croissant des investisseurs. Sans vouloir se lancer dans une analyse qui dépasse l'objet de ce livre, cette demande, largement nouvelle, est liée d'une part à l'internationalisation de l'économie et à la forte croissance des flux d'investissement étranger, en particulier vers les pays en développement et en transition, et d'autre part à l'émergence de nouveaux types d'investisseurs. Il s'agit notamment des grandes sociétés d'infrastructure qui, il y a peu, étaient presque toutes des monopoles ou quasi-monopoles nationaux investissant peu ou pas à l'étranger et qui, aujourd'hui, investissent agressivement hors des frontières de leur pays d'origine (voir notamment le tableau 1 ci-dessus). Il s'agit également de fonds privés d'investissement et d'investisseurs institutionnels consacrant une partie, voire même la totalité, de leurs ressources à l'acquisition de participations dans des sociétés privatisées[12].

DEFINITION DU CONCEPT DE PRIVATISATION

Le terme «privatisation» est susceptible d'être utilisé dans plusieurs acceptions différentes. A un premier niveau, il désigne la privatisation d'entreprises publiques. Au sens strict, elle vise le transfert à titre définitif d'entreprises du secteur public au secteur privé, sous la forme d'une cession de titres ou d'actifs, ou d'une cession de contrôle. Cette privatisation implique donc cession permanente de contrôle, que ce soit suite à la cession[13] de droits de propriété d'un organisme public[14] à une ou plusieurs parties privées, ou à la suite, par exemple, d'une augmentation de capital auquel l'organisme public-actionnaire aurait renoncé à souscrire.

Toujours à ce premier niveau, mais dans un sens plus large, la privatisation peut inclure toute mesure qui opère le transfert temporaire au secteur privé d'activités qui jusque là avaient été exercées par un organisme public. Elle

12 Voir notamment l'encadré 14, p. 189 sur les fonds privés de privatisation.

13 Peu importe que cette cession s'effectue contre paiement (vente) ou à titre gratuit (distribution d'actions gratuites, par exemple).

14 Que ce soit l'Etat, le gouvernement, un ministère, une administration publique, une administration locale, une entreprise détenue ou contrôlée par le secteur public ou tout autre organisme public.

comprendra ainsi, outre les formes de privatisation au sens strict: i) la sous-traitance, portant généralement sur des services qui étaient précédemment fournis directement par l'organisme public[15]; ii) les contrats de gestion, qui peuvent ou non prévoir un intéressement au résultat matériel de l'exploitation, et la régie intéressée, qui comprend toujours un tel intéressement[16]; iii) la location ou location-gérance d'entreprises, de matériel ou d'actifs appartenant à l'Etat[17], ainsi que les contrats d'affermage; et iv) les concessions de services et travaux publics et contrats de type BOT («build, operate and transfer»)[18].

A un deuxième niveau, on peut parler de la privatisation d'un secteur, qui implique à titre principal l'ouverture dudit secteur à l'initiative privée, typiquement par l'abolition du monopole public et l'octroi de licences, comme dans le cas de nouvelles licences de téléphonie (cellulaire, par exemple), de production électrique ou de routes aériennes[19]. Cette ouverture est souvent, mais pas toujours, accompagnée par l'introduction d'une réelle concurrence entre opérateurs. Les privatisations du premier niveau (et notamment les transferts d'actions ou d'actifs publics, affermages et concessions) font également partie de ces mesures de privatisation sectorielle[20].

Le concept de privatisation peut être abordé de manière plus large encore pour inclure, non seulement la privatisation d'entreprises et de secteurs, mais également la privatisation d'une économie. L'intensité de la privatisation d'une économie variera selon le degré d'étatisation préalable de l'économie en question et l'ampleur du programme de réformes entrepris. Nous avons déjà évoqué les programmes poursuivis dans ce contexte par certains pays en transition, ainsi que les programmes néo-zélandais et britannique. Dans ces cas, les privatisations des premier et deuxième niveaux font partie intégrante des programmes de privatisation

15 Dans ce cas, l'organisme public qui exerçait l'activité en sous-traite l'exécution à une partie privée. La sous-traitance peut porter sur un service public dans son ensemble, tel que la collecte des immondices, ou sur une partie seulement d'une telle activité, telle que le relevé des compteurs d'eau ou d'électricité et la facturation.

16 Dans ces cas il y a transfert temporaire de la responsabilité de gestion d'une entreprise publique sans transfert de propriété, ni réel transfert de contrôle.

17 Si, toutefois, le bail comporte une option d'achat, l'opération pourra être considérée comme une forme de privatisation au sens strict.

18 Voir notamment Augenblick et Custer (1990).

19 Les contrats de BOO («build, own & operate») sont également un instrument de privatisation de ce deuxième niveau. Ces contrats sont généralement basés sur une licence accordée pour construire une infrastructure et fournir les services qui y sont liés. A la différence des BOT, la propriété des nouvelles installations demeure privée. Lorsque les contrats de BOO (ou de BOT) sont accompagnés d'un contrat d'achat exclusif octroyé par l'entreprise de service public locale, il s'agit plutôt d'une forme de sous-traitance.

20 Voir la section 4 du chapitre 1 relative aux caractéristiques sectorielles et le chapitre 7 sur les grandes infrastructures.

de l'économie nationale[21]. Ainsi, en Nouvelle-Zélande, le programme gouvernemental a porté tant sur la libéralisation du commerce extérieur, des marchés financiers et du travail, que sur la réforme des secteurs des télécommunications et du transport aérien, et sur la restructuration et la privatisation de nombreuses entreprises et activités publiques[22].

Bien que distincts, ces trois niveaux ne sont toutefois nullement cloisonnés. Au contraire, une interaction étroite s'opère, d'une part en ce que la stratégie adoptée pour les niveaux supérieurs déterminera dans une large mesure celle suivie aux niveaux inférieurs: une stratégie de privatisation d'entreprise doit être conforme avec la stratégie sectorielle et la stratégie macroéconomique. En effet, la privatisation d'une entreprise ne trouvera souvent son sens que dans le cadre d'un programme de privatisation sectoriel ou macro-économique, devenant ainsi un instrument de ces programmes plus globaux plutôt qu'une fin en soi. D'autre part, l'expérience concrète au niveau des transactions de privatisation au sens strict, contribuera au développement des stratégies sectorielles et générales, celles-ci ne pouvant être figées une fois pour toutes en début de programme de réforme.

Enfin, ces différents concepts peuvent également être classés selon le niveau de délégation par l'Etat, le degré de risque transféré, et le degré d'irréversibilité de la privatisation. Ces facteurs sont quant à eux directement et positivement liés à l'importance de l'engagement financier consenti par l'opérateur privé et à la durée du contrat conclu, le cas échéant, entre ce dernier et l'autorité publique. Le diagramme ci dessous illustre de manière schématique la gradation de différentes techniques de participation du secteur privé. L'on progresse ainsi d'un contrat de sous-traitance, qui requiert relativement peu d'investissement, implique peu de risques et auquel il peut être facilement mis fin, à la privatisation totale au sens strict, par laquelle les actifs, l'activité et son financement sont transférés de manière permanente au secteur privé.

Techniques contractuelles de privatisation

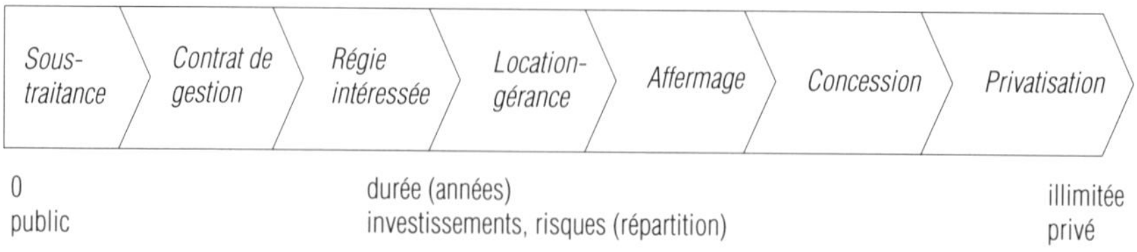

21 Cette approche macro-économique de la privatisation est brièvement évoquée à la section 3 du chapitre 1 sur les caractéristiques du pays et de manière plus détaillée au chapitre 3 consacré aux liens entre le développement d'une économie de marché et la privatisation.

22 Voir Duncan et Bollard (1992).

Aux différentes formes de privatisation figurant dans ce diagramme, il faut également ajouter les sociétés d'économie mixte, qui typiquement assurent une activité de manière permanente (quoiqu'elles puissent également être titulaires d'un contrat d'affermage ou de concession, par exemple), mais dont le pourcentage de participation privée peut varier de moins de 1 % à plus de 99 %. On peut également y ajouter des techniques non-contractuelles de privatisation, telles que l'octroi de licences, permis ou autorisations accordés à des opérateurs privés, dont la durée peut varier dans le temps.

Enfin, mentionnons que ce que nous appelons privatisation a reçu d'autres noms dans certains pays, souvent parce que le terme de privatisation était jugé politiquement trop délicat. Ainsi parle-t-on de capitalisation en Bolivie[23], de populisation au Sri Lanka et d'actionnarisation au Vietnam, pour ne citer que ces pays[24]. Aux Pays-Bas, par contre, le terme de privatisation est utilisé non seulement pour désigner ce que nous avons qualifié ainsi, mais également pour décrire le processus de transformation d'une entreprise publique en une entreprise soumise aux règles du droit commercial mais restant la propriété de l'Etat[25].

PORTEE DE L'ETUDE

Le présent ouvrage fait un exposé des questions essentielles d'ordre stratégique, juridique et institutionnel qui se posent dans le cadre du désengagement de l'Etat des activités de production. La démarche suivie est largement empirique, dans la mesure où l'analyse est fondée sur l'expérience concrète réalisée dans de nombreux pays au courant de ces dernières années. Le propos n'est toutefois pas de tirer des leçons universellement applicables, ou de présenter un modèle, guide ou manuel technique à suivre pas à pas en matière de privatisation. Nous exposerons, à l'aide d'exemples, le caractère dynamique d'un processus de privatisation encore relativement récent. Nous ferons ressortir la complexité des problèmes qui peuvent surgir dans ce contexte et nous analyserons la pertinence des solutions qui peuvent y être apportées. Ce livre s'adresse plus particulièrement aux acteurs, tant publics que privés, qui sont appelés à participer à l'élaboration ou à la mise en oeuvre de programmes de privatisation, ou à en étudier les origines et effets[26].

23 Voir l'encadré 11, p. 141 sur le programme de capitalisation bolivien.

24 On parle également de la «commercialisation» de CN (chemins de fer canadiens) ou de la «consolidation stratégique» de Belgacom (société de télécommunications belge) pour désigner les projets de privatisation portant sur ces sociétés.

25 Voir section 4.6 du chapitre 4 sur la transformation d'entreprises publiques en sociétés de droit commercial.

26 Les techniques de vente ou les détails de transactions se manifestant en aval ne sont pas traités dans le présent ouvrage. Ceci n'implique bien sûr pas que l'aspect transactionnel soit moins important. Au contraire, le choix et la mise en oeuvre des techniques.../...

PLAN DE L'ETUDE

L'analyse des aspects stratégiques, juridiques et institutionnels des privatisations est abordée en suivant un ordre de priorité chronologique et thématique. Ainsi, après avoir situé le phénomène des privatisations, nous abordons d'abord les grands axes de l'élaboration d'une stratégie de privatisation. Nous examinons ensuite comment le cadre constitutionnel, législatif et réglementaire existant avant le lancement des privatisations affecte ces dernières et dans quelle mesure il devra être modifié pour permettre ou faciliter les privatisations. Suite à ce diagnostic approfondi, nous analysons les dispositions essentielles autorisant et organisant le processus de privatisation. Avant de conclure, nous abordons un thème particulier, à savoir la privatisation des secteurs d'infrastructure. Plus précisément, les principales questions évoquées dans ce livre sont abordées comme suit :

Chapitre 1. Toute stratégie doit commencer par une clarification des objectifs poursuivis, car ceux-ci déterminent dans une large mesure le choix d'une approche et l'adoption d'un programme de privatisation. Le contexte politique ainsi que les caractéristiques du pays, du secteur et des entreprises concernés ont de même un impact déterminant sur la nature du programme de privatisation.

Chapitre 2. La constitution d'un pays ou les traités auxquels il est partie peuvent limiter les options disponibles en matière de privatisation. Il faut donc en tenir compte.

Chapitre 3. Pour réussir, une privatisation doit placer l'entreprise privatisée dans un contexte économique stimulant. Les règles qui organisent le fonctionnement d'une économie de marché doivent ainsi souvent être améliorées, voire même créées de toutes pièces. On peut citer ainsi les règles de base consacrant la propriété privée, celles qui organisent et protègent la concurrence, qui permettent la création et la dissolution de sociétés commerciales ou qui organisent les marchés financiers. Par ailleurs, certaines de ces règles, telles que les dispositions en matière d'offres publiques de vente, ont une incidence directe sur le processus de privatisation même.

Chapitre 4. La privatisation concerne le transfert d'entreprises ou activités qui relevaient jusqu'alors du secteur public. Les règles organisant la manière dont le secteur public exerce ces activités doivent donc également

---

…/… appropriées relève de la plus haute importance. En effet, un cadre stratégique, juridique et institutionnel général satisfaisant ne servira pas à grand chose si les transactions proprement dites sont menées maladroitement par des responsables inexpérimentés ou peu qualifiés. Ceci dit, les innombrables problèmes qui peuvent surgir lors de la structuration d'une opération de privatisation et à l'occasion des négociations qui s'ensuivent sont très largement semblables à ceux qui apparaissent à l'occasion des opérations commerciales privées de fusion et d'absorption. Les banques d'affaires et conseillers en droit des affaires sont généralement parfaitement capables de traiter ces opérations dans le meilleur intérêt de leurs clients.

être examinées. Il s'agit notamment des législations relatives aux biens publics, aux entreprises publiques et aux finances publiques, qui régiront souvent aussi les mesures prises par l'Etat pour préparer l'entreprise publique préalablement à sa privatisation. Ce chapitre clôture ainsi l'aperçu de l'environnement qui, préexistant aux privatisations, les affecte néanmoins directement.

Chapitre 5. Une fois prise la décision de privatiser, il importe de s'assurer que ce processus est dûment autorisé et organisé. Dans de nombreux pays, cela s'est fait en adoptant une loi de privatisation. Cette loi peut être générale ou spécifique et peut contenir un grand nombre de dispositions, portant notamment sur les sujets abordés aux chapitres précédents. Ce chapitre est consacré aux dispositions de base des lois de privatisation, à savoir celles qui autorisent le processus, en définissent le champ d'application et l'organisent.

Chapitre 6. Le cadre institutionnel des privatisations est généralement stipulé dans les lois de privatisation étudiées au chapitre précédent. Nous y consacrons un chapitre spécial au vu de l'importance de cet aspect et de la grande diversité d'approches en la matière. En effet, les meilleures lois de privatisation ne valent rien sans un cadre institutionnel adapté pour les mettre en oeuvre. Outre les agences et comités de privatisation, ce chapitre traite également des fonds de privatisation qui jouent un rôle important dans les programmes de privatisation de masse. La dernière partie est consacrée aux conseillers en privatisation, et en particulier aux conseillers juridiques.

Chapitre 7. Certains secteurs ont des caractéristiques particulières qui affectent la manière dont ils seront privatisés. Nous examinons dans ce chapitre le cas spécial de la privatisation des secteurs d'infrastructure, en mettant l'accent sur les télécommunications. La spécificité de ces secteurs étant principalement due aux éléments de monopole qui peuvent y être présents, l'analyse portera dans une large mesure sur les questions d'ordre stratégique et économique qui se posent en préalable à l'approche législative et juridique.

Le texte est suivi d'une annexe législative contenant les références de nombreux textes législatifs relatifs à la privatisation adoptés dans près de cent pays différents[27] et d'une bibliographie comprenant un classement alphabétique par noms d'auteurs, un classement par pays et zone géographique ainsi qu'une liste de sources consacrées spécifiquement aux privatisations[28].

---

27 Un grand nombre de ces lois et réglementations étant citées à plusieurs reprises dans cet ouvrage, le lecteur est invité à se reporter à cette annexe pour obtenir des références plus détaillées.

28 Lorsque les références détaillées des articles, livres et documents cités sont contenues dans la bibliographie, les citations dans le texte ne reprendront que le nom de l'auteur et l'année de parution de l'article ou ouvrage.

Les chapitres et sections sont organisés de manière à permettre au lecteur d'aborder une question particulière sans avoir nécessairement lu tout ce qui précède. Un index reprenant un certain nombre de mots-clefs est présenté en fin de livre et devrait faciliter la consultation de l'ouvrage. Cet index comprend trois sections distinctes : un index thématique, un index géographique et un index des entreprises et organismes.

Chapitre 1

Définir une stratégie de privatisation

1 INTRODUCTION

La définition d'une stratégie est souvent considérée comme l'une des premières étapes d'un programme de privatisation. En fait, dans la mesure où la plupart des programmes de privatisation s'insèrent dans des programmes plus vastes de réforme économique, la première tâche sera souvent de définir les grands objectifs du programme économique général du gouvernement. La stratégie de privatisation deviendra alors une sous-stratégie, subordonnée aux objectifs du programme général de réforme. Certains pays, dont un grand nombre d'économies anciennement socialistes[1] et des pays tels que le Royaume-Uni, le Chili[2], l'Argentine[3], le Mexique[4] et le Pérou[5], ont ainsi opté pour un programme de réforme économique radical, dans lequel la privatisation figure comme un des principaux piliers.

---

1 Voir, par exemple, Gray (1993b), Csaba (1994) et Rondinelli (1994).

2 Voir Hachette et Lüders (1993).

3 Voir Alexander et Corti (1993).

4 Voir Voljc et Draaisma (1993).

5 Un article paru dans le Financial Times décrit comment le Pérou promulgua plus de cent textes en l'espace de dix jours, visant principalement à stimuler l'investissement privé et déclenchant ainsi une réorientation radicale de l'économie péruvienne et du rôle de l'Etat. Les monopoles d'Etat ont été éliminés, les particuliers et les sociétés privées sont désormais en concurrence directe avec l'Etat dans des domaines aussi divers que les télécommunications, la production et le transport de l'électricité et la fourniture de services postaux et ferroviaires. Ils peuvent solliciter des concessions pour administrer les hôpitaux, les aéroports et même les écoles publiques. Le gouvernement a établi ce que les ministres appellent un plan agressif pour vendre les sociétés publiques qui saignaient le trésor public péruvien de 2,5 milliards de dollars chaque année. L'article cite également le Premier ministre, M. Alfonso de los Heros qui aurait déclaré, comparant ces réformes au problème du terrorisme au Pérou : «Il est beaucoup plus important d'avoir un cadre juridique bien adapté. Si ces décrets survivent, les investissements, nationaux et étrangers, se concrétiseront». Voir Financial Times, 20 novembre 1991 p. 8. Ces réformes ont survécu : trois ans plus tard, de nombreuses entreprises publiques, y compris la société de télécommunications ont été privatisées; les subventions aux entreprises ont été coupées, les taux d'intérêt et de changes libéralisés; la cotation de la dette péruvienne sur les marchés secondaires est passée de 5 % à 60 % de sa valeur nominale; l'indice des valeurs boursières a explosé; l'inflation a été contrôlée; les investissements étrangers ont augmenté considérablement; en 1993, le produit.../...

Par ailleurs, la privatisation au sens strict ne devrait que très rarement être un objectif en soi. Mieux vaut n'y voir qu'un instrument de politique économique parmi d'autres. D'aucuns soutiennent que la privatisation peut être un objectif en soi pour les pays en transition d'une économie dirigée vers une économie de libre marché, et en particulier les membres de l'ancien CAEM (Comecon). Je ne partage pas cette opinion et vois au contraire dans la privatisation une composante nécessaire d'un programme plus vaste cherchant à créer une économie de marché. La différence, dans ces pays, est que la privatisation est un instrument indispensable au passage à l'économie de marché, tandis que dans la plupart des autres pays la privatisation n'est qu'un moyen parmi d'autres d'atteindre les objectifs que le gouvernement s'est fixé. Par contre, l'on peut plus facilement soutenir que la privatisation au sens le plus large, entendue comme privatisation de l'économie entière, constitue pour ces pays un objectif en soi.

L'élaboration d'une stratégie de privatisation suppose l'identification des objectifs poursuivis, l'analyse des contraintes auxquelles la réalisation du programme sera soumise et le choix d'une approche permettant d'atteindre les objectifs visés en tenant compte des contraintes existantes. La première section de ce chapitre est consacrée à la définition des objectifs du programme de privatisation. Les quatre sections suivantes traitent respectivement des contraintes politiques et des contraintes qui tiennent à la nature du pays, du secteur et de l'entreprise en cause. La dernière section, enfin, esquisse comment différents groupes de pays ont géré le processus de privatisation, reflétant ainsi des objectifs et contraintes spécifiques, et évoque quelques aspects importants de la mise en oeuvre d'une stratégie en la matière.

2 LES OBJECTIFS

La définition des objectifs de privatisation est une tâche importante à entreprendre le plus tôt possible. Beaucoup de programmes de privatisation se sont enlisés faute d'objectifs clairs ou à cause de la poursuite simultanée d'objectifs incompatibles. Ce travail de définition est cependant loin d'être aisé en pratique et la multiplicité des objectifs susceptibles d'être poursuivis ne facilite pas la tâche. L'encadré 2 présente une liste des objectifs poursuivis le plus souvent explicitement ou implicitement par les gouvernements qui privatisent.

.../... national brut a augmenté de près de 7 % en termes réels, et la progression s'annonce encore plus forte en 1994. Ces résultats à première vue probants ont cependant été accompagnés par une sévère restriction des libertés politiques. Ainsi, en avril 1992, le parlement a été dissous, tandis que la moitié des membres de la cour suprême étaient démis de leurs fonctions, et qu'un contrôle strict était exercé sur les émissions de télévision, le tout au nom de la lutte contre le terrorisme. Voir The Economist, 11 décembre 1993, pp. 90-91, et Financial Times, 19 février 1994, p. 46.

Comme cela a été souligné dans l'introduction, la vague actuelle de privatisations fait suite à l'établissement d'un constat de carence concernant la performance des entreprises publiques. La recherche d'une efficacité accrue à l'échelle de l'ensemble de l'économie devrait dès lors constituer l'objectif primordial de tout programme de privatisation. Dans cette optique, priorité devrait être donnée, en règle générale, aux méthodes permettant d'accroître au maximum l'efficacité des entreprises privatisées. L'ouverture à la concurrence nationale et internationale des secteurs d'activités où opèrent ces entreprises est à cet égard d'une importance fondamentale.

Les objectifs choisis[6] auront des conséquences considérables non seulement pour le choix et la structuration des instruments et des modalités juridiques mais aussi pour les mesures à prendre préalablement à la privatisation elle-même. Afin d'atteindre les meilleurs niveaux d'efficacité économique, il sera souvent nécessaire d'entreprendre des réformes préalables à la privatisation et comprenant, par exemple, l'éclatement d'une entreprise publique pour favoriser la concurrence, l'élimination des monopoles et des autres barrières à l'entrée dans le secteur considéré et, lorsqu'il s'agit de privatiser des monopoles naturels, la mise en place d'un cadre réglementaire.

Si l'on recherche efficacité et maximisation des recettes de privatisation, mieux vaut lancer un appel d'offres plutôt que d'engager des négociations directes avec un investisseur unique. Du point de vue des modalités techniques, les bons gratuits ou les parts de salarié à conditions préférentielles ne sont pas des instruments appropriés quand le principal objectif est de maximiser les recettes, mais peuvent parfaitement répondre aux objectifs politiques du programme. De même, une offre publique de vente peut être la meilleure méthode pour diffuser largement la propriété des actions et favoriser ainsi l'actionnariat populaire et l'essor des marchés financiers, mais elle risque de diluer l'actionnariat et donc le contrôle sur l'entreprise et n'engendrera pas nécessairement les meilleurs transferts de technologie. La distribution massive d'actions à l'ensemble des citoyens permet d'atteindre des objectifs de large diffusion de la propriété des actions et, le cas échéant, de rapidité, mais ne va pas dans le sens des objectifs d'efficacité, de maximisation des recettes, de promotion de l'investissement étranger ou de transfert de technologie. En bref, il importe de choisir les techniques et approches qui conviennent le mieux aux objectifs prioritaires.

---

6 De même que le calendrier adopté pour l'exécution du processus de privatisation, l'ampleur du programme de privatisation (nombre d'entreprises, valeur globale du programme, taille par rapport à celle du secteur privé dans l'économie), les résultats concrets qui doivent être atteints dans le cadre de la poursuite de chacun de ces objectifs et tout un ensemble d'autres facteurs dont il est question plus loin dans le présent ouvrage.

Encadré 2

Les objectifs de la privatisation

Efficacité et développement de l'économie

- Créer une économie de marché, objectif central pour les économies en transition;
- encourager l'initiative privée et l'expansion du secteur privé en général;
- favoriser l'efficacité et la compétitivité macro-économiques ou sectorielles;
- stimuler la souplesse de l'économie et éliminer les rigidités;
- promouvoir la concurrence, notamment en éliminant les monopoles;
- établir ou développer des marchés financiers efficaces, permettant une meilleure mobilisation et affectation de l'épargne nationale;
- améliorer l'accès des produits nationaux aux marchés étrangers;
- promouvoir l'investissement national;
- promouvoir l'investissement étranger;
- promouvoir l'intégration de l'économie nationale dans l'économie mondiale;
- préserver ou créer l'emploi.

Efficacité et développement de l'entreprise

- Favoriser l'efficacité et la compétitivité nationale et internationale de l'entreprise;
- introduire de nouvelles technologies et promouvoir l'innovation;
- perfectionner l'outil de travail;
- augmenter le rendement, y compris le taux d'utilisation de l'outil industriel;
- améliorer la qualité des biens et services produits;
- introduire de nouvelles méthodes et équipes de gestion;
- permettre à l'entreprise de conclure les alliances nationales et internationales essentielles à sa survie.

Objectifs budgétaires et financiers

- Maximiser le produit net de la privatisation afin de générer les recettes nécessaires pour financer les dépenses publiques, abaisser la pression fiscale, réduire le déficit du secteur public, ou rembourser la dette publique;
- réduire la charge financière des entreprises publiques sur l'Etat (provenant des subventions, des impôts non perçus, des arriérés sur emprunts, des garanties octroyées, etc.);
- financer des investissements importants que les finances publiques ne peuvent plus assurer;
- générer de nouvelles sources de revenus fiscaux;
- limiter le risque de ponction budgétaire future encouru par l'Etat en tant que propriétaire d'entreprises, notamment le besoin de fournir des capitaux pour l'expansion de l'entreprise ou pour son sauvetage au cas où celle-ci connaîtrait des difficultés financières;
- réduire l'évasion des capitaux et rapatrier les capitaux évadés.

Objectifs de répartition ou de redistribution de revenus

- Ouvrir plus largement la propriété du capital; favoriser un «capitalisme populaire»;
- créer une classe moyenne dans le pays;
- favoriser le développement économique d'un groupe particulier (ethnique ou autre);
- rendre les salariés propriétaires de leur entreprise (également pour des motifs d'efficacité);
- rétablir pleinement les droits de propriété des anciens propriétaires expropriés par les régimes précédents;
- enrichir les cadres chargés de la mise en oeuvre des privatisations (rarement un objectif avoué).

Objectifs politiques

- Réduire la taille et le domaine d'activité du secteur public, ou sa part dans l'activité économique;
- redéfinir le champ d'activité de l'administration publique en abandonnant les tâches de production pour se concentrer sur le noyau des fonctions étatiques, y compris la création d'un environnement favorable à l'activité économique privée;
- réduire ou éliminer la possibilité qu'un gouvernement futur revienne sur les mesures prises pour modifier le rôle de l'Etat dans l'économie;
- réduire les possibilités de corruption et d'abus des biens publics de la part des responsables publics et des gestionnaires des entreprises publiques;
- réduire l'emprise d'un parti ou d'un groupe (parti communiste, nomenklatura, syndicats de travailleurs, par exemple) sur l'économie;
- augmenter la popularité du gouvernement et ses chances de reconduction aux prochaines élections.

Si la maximisation de l'efficacité économique doit normalement être un des objectifs principaux d'un programme de privatisation, d'autres considérations de nature politique ou financière influent souvent en pratique sur le choix des gouvernants. Les débats suscités par le programme de privatisation britannique illustrent bien la tension qui peut exister entre objectifs contradictoires. Plusieurs grandes sociétés privatisées ont été vendues comme des monopoles ou quasi-monopoles (British Telecom et British Gas en particulier), ou encore en position dominante sur leur marché (British Airways; National Power et PowerGen). Les raisons les plus communément invoquées pour justifier un tel choix sont notamment la volonté d'aller vite, le désir d'obtenir la coopération des gestionnaires des entreprises publiques concernées qui auraient pu essayer d'entraver la privatisation, le souhait d'attirer un grand nombre de petits actionnaires et le souci de réaliser les recettes les plus élevées possibles. De nombreux commentateurs estiment que le gouvernement aurait dû introduire davantage de concurrence dans les secteurs concernés avant d'opérer la privatisation, fût-ce au prix d'une plus longue période de préparation ou de moindres recettes. Les opérations de privatisation ultérieures, notamment pour les compagnies d'électricité et d'eau, ont été précédées d'un morcellement du secteur afin de créer un environnement plus concurrentiel[7]. De même, les interventions des régulateurs dans les secteurs privatisés en premier lieu ont eu pour effet de réduire le champ et la durée des privilèges monopolistiques dont bénéficiaient initialement les entreprises privatisées.

Il faut non seulement que les objectifs de la privatisation soient compatibles entre eux mais encore qu'ils ne contredisent pas les autres objectifs du gouvernement. Ainsi, certains pays pratiquent une discrimination à l'égard des investisseurs étrangers en leur interdisant de participer au programme de privatisation, alors qu'ils adoptent parallèlement des dispositions encourageant l'investissement

7 La concurrence en question est davantage une concurrence de référence qu'une concurrence réelle dans le marché, les entreprises de distribution d'eau, d'électricité et de gaz bénéficiant d'un monopole initial. Voir à ce sujet le chapitre 7 ci-dessous. Voir également Yarrow (1986) et Graham et Prosser (1991), pp. 89 et suiv.

étranger et qu'ils dépêchent ministres et autres dignitaires partout dans le monde à la recherche de capitaux étrangers. Une telle discrimination peut même parfois se révéler contraire aux dispositions de la loi relative à l'investissement étranger.

La multiplicité des objectifs et leur caractère parfois mutuellement incompatible rendent indispensable la fixation d'un ordre de priorité. La fixation des objectifs n'est cependant pas une opération qui se déroule dans l'abstrait. Il s'agit avant tout d'un choix politique et certains arbitrages devront être opérés à l'occasion d'opérations particulières. Reprenant la classification en trois grands niveaux de privatisation, l'on peut en effet concevoir que l'objectif macroéconomique de l'accroissement de la compétitivité de l'économie puisse être supplanté au niveau d'un secteur déterminé, tel que la distribution d'eau, par des objectifs de qualité et coûts du service, par exemple. De même, des contraintes ou objectifs politiques ou sociaux peuvent plaider dans un cas particulier pour une solution qui n'est pas nécessairement optimale par rapport aux objectifs économiques du gouvernement.

Pour évaluer une stratégie de privatisation, il faut toujours se reporter à ses objectifs, les méthodes ou techniques de privatisation n'étant intrinsèquement ni bonnes ni mauvaises, mais simplement plus ou moins adaptées à la poursuite d'un ou plusieurs objectifs donnés dans un contexte déterminé. Plus les objectifs sont nombreux, plus l'ensemble du processus de privatisation sera complexe. Il importe d'introduire un certain degré de souplesse dans le système et de ne pas tenter d'appliquer des formules uniformes pour atteindre des objectifs multiples. Une telle souplesse au niveau de la mise en oeuvre exige par ailleurs que la transparence des procédures soit assurée et que les décideurs puissent être tenus responsables de leurs actes. Quant au choix des objectifs, il sera dans une large mesure déterminé ou influencé par le contexte politique, économique, social, institutionnel et juridique du pays.

3 CARACTERISTIQUES GENERALES DU PAYS

3.1 Contexte politique

Les stratégies de privatisation doivent être pragmatiques et adaptées à la situation et aux caractéristiques particulières du pays concerné. La privatisation étant avant tout un acte politique, et un acte qui peut profondément bouleverser la situation des parties impliquées, il importe d'analyser les facteurs qui pourraient s'y opposer. En effet, les réticences qui peuvent se manifester tant à l'intérieur du gouvernement et des organes chargés de la privatisation qu'à l'extérieur, font souvent obstacle au processus de privatisation ou du moins en limitent la portée. Elles sont inspirées par des considérations telles que : i) la défense de la souveraineté ou de l'indépendance nationale; ii) le désir de maintenir un contrôle national sur certaines activités ou certains intérêts dits stratégiques; iii) la sauvegarde de «l'intérêt public»; iv) la volonté d'éviter la concentration de la richesse ou du pouvoir entre les mains de (quelques) particuliers; v) la méfiance à l'égard du secteur privé ou de certains segments de ce secteur. Comme les lois nouvelles tendent à être l'expression des forces politiques du moment, la plupart de ces considérations seront reflétées dans la législation, comme l'illustrent les chapitres suivants de cet ouvrage.

Une étude approfondie de ces arguments d'ordre politique dépasserait le cadre de notre propos. Il importe cependant d'insister sur le fait que la minimisation des contraintes politiques et l'existence d'un consensus sont absolument cruciaux pour la réussite des opérations de privatisation. Ils dépendent avant tout d'un ferme engagement de la part des dirigeants du pays. De nombreux commentateurs ont ainsi souligné, par exemple, que l'ambitieux programme de privatisation argentin n'aurait pas pu être réalisé dans d'aussi bonnes conditions si le Président Menem lui-même et son gouvernement ne s'y étaient pas associés aussi clairement et ne l'avaient appuyé aussi vigoureusement[8]. De même, le rôle du Premier ministre Margaret Thatcher au Royaume-Uni, et des Présidents Fujimori au Pérou et Salinas de Gortari au Mexique furent d'une importance primordiale pour la réussite des ambitieux programmes de libéralisation et de privatisation mis en oeuvre dans ces pays.

3.2 Contexte économique et social

Une majorité de pays envisagent la privatisation lorsqu'ils se trouvent dans une crise économique assez profonde dont ils ne parviennent pas à sortir. Cette crise est presque toujours associée à une crise des finances publiques, caractérisée par d'importants déficits budgétaires et un endettement public croissant. Dans ces circonstances, il n'est pas étonnant que ces états recourent à la privatisation pour des raisons principalement financières. L'urgence de ces besoins financiers explique également l'absence d'analyse économique à moyen et long terme dans un grand nombre de stratégies de privatisation. Ainsi, la crise de l'économie et des finances publiques que certains pays connaissent peut obérer leur réflexion sur les objectifs de la privatisation et les mener à des choix qui ne sont pas optimaux.

Quant au contexte social, ce sont également les contraintes à court terme qui ont tendance à dominer. L'impact social des privatisations est en effet souvent calculé en terme de licenciements ou d'emplois perdus, alors que ceux-ci sont généralement une conséquence d'une mauvaise gestion publique, qui aurait dû être corrigée même en l'absence de programme de privatisation. Par ailleurs, les aspects sociaux généralement considérés mettent davantage l'accent sur les pertes d'emplois à court terme résultant des restructurations nécessaires que sur les créations d'emplois à plus long terme engendrées par une économie plus souple et dynamique.

8 Voir, par exemple, Alexander et Corti (1993), p. 3.

Il n'empêche que trop de gouvernements ont sous-estimé l'impact social à court terme que pourrait avoir un important programme de réformes économiques et de privatisation et n'ont pas préparé et adopté les mesures d'accompagnement qui auraient été nécessaires pour atténuer le choc de la restructuration et aider les personnes affectées à gérer une transition vers d'autres emplois.

3.3 Contexte institutionnel

Les traditions et pratiques commerciales et judiciaires d'un pays, la nature de son administration publique, le degré de corruption du système déterminent le contexte institutionnel de ce pays. On trouve ainsi, sur tous les continents, des obstacles à la privatisation dus aux insuffisances des institutions ou personnel en place. La privatisation est avant tout une transaction ou opération publique, initiée par l'Etat et conduite par des hommes politiques, fonctionnaires et dirigeants d'entreprises publiques ayant peu ou pas d'expérience en la matière. L'on conçoit aisément que l'aspect institutionnel et humain puisse jouer un rôle critique dans le succès ou l'échec d'un programme de privatisation[9].

3.4 Le risque «pays»

Dans les pays dont le climat ou contexte politique, économique, social et institutionnel n'est pas favorable, l'Etat-vendeur devra développer une stratégie à long terme pour réduire les risques encourus par les investisseurs. Le niveau de risque auquel les investisseurs sont confrontés conditionne en effet leur intérêt pour le programme de privatisation. Plus le risque perçu est élevé, plus la mise en oeuvre du programme de privatisation sera difficile. A court terme, des mesures devront être prises pour encourager l'investissement à risque (quitte à obtenir des recettes de privatisation moins élevées), cet investissement pouvant contribuer au redémarrage de l'économie. A plus long terme, la stratégie devrait avoir pour objectif de réduire le degré d'incertitude et de risque, d'éliminer les principaux obstacles au développement d'une économie de marché et de créer un environnement qui y soit favorable. La crédibilité du gouvernement est essentielle pour la réussite d'une telle stratégie; elle se gagne et se renforce par la pratique.

Un pays comme le Vietnam, par exemple, qui a entrepris depuis plus de cinq ans un programme de réforme radical et progressif de son économie, a jusqu'à présent réussi à maintenir le cap, chaque réforme successive allant dans le sens d'une plus grande libéralisation de l'économie. Les investisseurs étrangers se bousculent au portillon pour pénétrer ce marché prometteur et participer au trop timide programme de privatisation du gouvernement. D'autres pays, par contre, tels que certains pays de l'ex-URSS, d'Europe de l'Est ou d'Afrique, se sont

9 Voir le chapitre 6 portant sur le cadre institutionnel des privatisations.

distingués par des politiques mouvantes, des conflits internes, des programmes remis en cause ou annulés, et une certaine méfiance à l'égard du secteur privé en général, et des investisseurs étrangers en particulier. Leur crédibilité s'en trouve fortement réduite et la mise en oeuvre de privatisations fortement compliquée et ralentie.

On peut également faire état ici de risques «pays» plus techniques, ou moins politiques. Dans un pays où les règles et pratiques comptables ne sont pas conformes aux normes internationales, par exemple, les acheteurs accepteront moins facilement de reprendre le passif d'une entreprise publique et le gouvernement pourrait ne pas avoir d'autre choix que de liquider l'entreprise par vente de ses actifs. De même, l'absence de marchés financiers organisés peut rendre plus difficile une émission de titres dans le public, ou de manière plus générale la mobilisation de l'épargne nationale. Dans les pays à monnaie non convertible, il sera plus facile de vendre une entreprise publique ayant des recettes en devises qu'une entreprise dont les recettes sont exclusivement en monnaie nationale. L'Europe de l'Est fournit un bon exemple des difficultés rencontrées lorsque l'on cherche à privatiser des entreprises publiques en l'absence d'un cadre juridique et institutionnel reposant sur les mécanismes du marché[10].

4 CARACTERISTIQUES SECTORIELLES

4.1 Structure du secteur

Les questions juridiques et économiques sont étroitement imbriquées en matière de privatisation et l'analyse de la structure du secteur où des opérations de privatisation doivent avoir lieu en fournit une excellente illustration. La structure d'un marché peut, en effet, être principalement déterminée, selon les cas, par des variables économiques ou par des variables juridiques. Les variables juridiques dominent notamment dans l'hypothèse des monopoles légaux, puisque c'est la loi, dans ce cas, qui interdit à quiconque, en dehors du titulaire du monopole, d'exercer les activités économiques visées.

Si l'accroissement de l'efficacité économique est un des objectifs principaux de la privatisation, il importe d'examiner d'abord, dans la mesure du possible, les options de restructuration de l'entreprise publique monopolistique. Elle pourra ainsi être divisée en plusieurs entités concurrentes. De même, il faudra envisager d'éliminer toutes les dispositions des lois ou règlements qui créent la situation de monopole en empêchant ou en restreignant sévèrement l'entrée d'entreprises nouvelles dans le secteur protégé. Lorsqu'il n'est pas possible ou pas souhaitable d'éliminer le monopole avant d'opérer la privatisation, il sera souvent nécessaire

10 Voir ci-dessous, le chapitre 3 portant sur les règles de base d'une économie de marché.

d'introduire des dispositions en vue de réglementer le comportement de l'entreprise monopolistique privatisée. Ces dispositions peuvent soit dicter des règles de conduite générales interdisant les comportements non-concurrentiels (comme c'est le cas en Nouvelle-Zélande, où l'application du droit commun de la concurrence est censé limiter le pouvoir des entreprises monopolistiques d'abuser de leur position dominante), soit établir une réglementation strictement sectorielle applicable au mode de fixation des prix et aux autres aspects critiques des activités du titulaire du monopole. Des problèmes analogues surgissent pour la privatisation d'une entreprise occupant de facto une position dominante sur le marché. L'impact économique des différentes options devra être évalué avant de déterminer quels instruments juridiques utiliser[11].

4.2 Spécificités sectorielles

Outre les problèmes classiques de structure de marché qui viennent d'être évoqués, les caractéristiques propres au secteur d'activité de l'entreprise à privatiser peuvent également influer sur les modalités de la privatisation. Une des caractéristiques de nombreux secteurs d'infrastructure est que les recettes d'exploitation sont principalement, voire même exclusivement, en monnaie locale, ce qui peut, par exemple, avoir un impact sur la manière dont une opération de privatisation pourra être financée.

Le secteur des télécommunications était jusqu'il y a peu dominé, à travers le monde, par des monopoles nationaux ou régionaux. Dans la majorité des pays il n'existait donc pas d'investisseurs nationaux ayant l'expérience sectorielle requise. Les pays ayant une société nationale inspirant confiance aux investisseurs et opérant dans un marché relativement mûr, comme le Royaume-Uni, ont opté pour une offre publique de vente. Les autres pays ont en général recherché un investisseur stratégique possédant l'expérience requise, et ont donc dû se concentrer sur des sociétés étrangères. Ces sociétés étrangères étaient, quant à elles, souvent limitées dans leurs actions et investissements par leur propre cadre réglementaire. Il n'était donc guère facile de trouver un investisseur ayant l'expérience de l'exploitation d'une compagnie téléphonique dans un pays autre que le sien, et spécialement dans les conditions qui sont celles d'un pays en développement. Certaines de ces caractéristiques évoluent rapidement, cependant, sous l'effet de la récente tendance à la déréglementation et à la privatisation des sociétés de télécommunications dans le monde entier, ainsi qu'à la formation de grandes alliances internationales dans ce secteur[12].

11 Voir le chapitre 7 sur les grandes infrastructures, et en particulier les sections 3 sur la stratégie sectorielle et 5 sur la concurrence et la structure de marché.

12 Voir le chapitre 7 sur les grandes infrastructures, et notamment la section 3.4 et les notes 30 à 33 énumérant les pays ayant ou comptant privatiser leur société de télécommunications.

Pour de nombreuses activités de services, telles que l'informatique, les professions dites libérales, les médias et certains métiers de réparation et d'entretien, les biens immobiliers ont une importance secondaire, tandis que le personnel, la marque et le permis d'exercer l'activité représentent l'essentiel de la valeur de l'entreprise. Dans ces cas, une opération de privatisation ne pourra pas être menée à bien sans le soutien des employés, principal actif de l'entreprise. La privatisation des banques appartenant à l'Etat soulève, quant à elle, tout un ensemble de problèmes juridiques particuliers, souvent réglés par une législation spéciale; des approbations expresses doivent être obtenues de l'autorité nationale chargée de la supervision des banques et même, en présence de filiales étrangères, des autorités de contrôle étrangères. Ce ne sont là que quelques exemples qui montrent la manière dont le secteur d'activité de l'entreprise publique privatisable influe sur les techniques de privatisation.

5 CARACTERISTIQUES DE L'ENTREPRISE

Outre les caractéristiques sectorielles que nous venons d'évoquer, d'autres caractéristiques de l'entreprise à privatiser sont susceptibles de déterminer, jusqu'à un certain point, les mesures qu'il convient d'adopter pour préparer et exécuter la privatisation de cette entreprise. Certaines de ces caractéristiques, telles que la qualité du titre de propriété de l'Etat, la situation des finances de l'entreprises ou encore ses obligations et contraintes en matière d'environnement ou d'emploi sont développées dans les chapitres qui suivent. Nous ne traiterons ici que du statut ou de la forme juridique de l'entreprise en question, ainsi que de sa taille.

5.1 Statut juridique

Les entreprises publiques privatisables ont des statuts juridiques très variables qui influent sur le choix des techniques de privatisation. Une liste de différentes formes d'entreprises publiques classées par degré d'autonomie croissant est présentée dans l'encadré 3 ci-dessous[13]. Il convient d'opérer une distinction entre, d'une part, les organismes de droit public qui vont des ministères sans personnalité juridique propre aux sociétés de droit public dotées de la personnalité juridique et éventuellement assujetties, dans une certaine mesure, à la législation applicable aux sociétés privées et, d'autre part, les entreprises publiques constituées sous statut de droit privé, qui comprennent les sociétés de droit commercial et leurs filiales.

13 Le nom donné à chaque type d'entreprise publique varie d'un système juridique ou d'un pays à l'autre. Un nom identique peut désigner des types d'entreprises différents dans des pays différents. L'important n'est pas le nom donné à la forme de l'entreprise publique mais les caractéristiques intrinsèques qui y correspondent.

Encadré 3

Le statut juridique des entreprises publiques

Organismes de droit public :

- les départements gouvernementaux ou ministères, et leurs subdivisions, sans personnalité juridique propre;
- les entités autonomes ayant leur propre budget mais ne possédant pas de personnalité juridique distincte;
- les organismes publics dotés de la personnalité juridique;
- les sociétés de droit public, les établissements publics ou sociétés nationales qui peuvent être soumis en partie aux dispositions législatives applicables au secteur privé.

Entreprises publiques constituées selon le droit privé des sociétés :

- les sociétés par actions appartenant entièrement au secteur public (Etat et/ou organismes publics);
- les sociétés d'économie mixte, ayant des organismes publics et des partenaires privés (locaux et/ou étrangers) parmi leurs actionnaires;
- les filiales des entreprises publiques constituées selon le droit privé[14]; dans ces deux derniers cas, il importe également de distinguer entre sociétés contrôlées par les actionnaires publics, et sociétés contrôlées par les actionnaires privés.

Cette classification se fonde sur le statut juridique formel de l'entreprise publique, ce qui ne signifie pas nécessairement que les organes de droit public sont soumis au droit public pour tous les aspects de leur organisation ou de leurs opérations, ni que les entreprises publiques de droit privé échappent totalement au domaine du droit public. La question principale qui se pose, au vu de cette classification, est de savoir si la propriété des entreprises publiques qui sont appelées à être privatisées peut être cédée sans transformation juridique préalable ou non. Les organismes de droit public sont généralement constitués comme tels par une loi ou en vertu des dispositions d'une loi, et devront normalement être réorganisés conformément au droit des sociétés (c'est-à-dire au droit privé) pour pouvoir être transférés au secteur privé en tant qu'entités juridiques[15]. L'autre alternative possible consiste à vendre séparément leurs actifs à des acquéreurs privés.

---

14 Certains systèmes juridiques autorisent les entreprises de droit public à créer des filiales organisées selon les règles du droit privé. En France et dans les pays qui s'inspirent de son système juridique, les établissements publics sont ainsi souvent autorisés à créer de telles filiales. Ils trouvent dans cette faculté un moyen de contourner les restrictions qui s'appliquent aux organismes de droit public.

15 En effet, la loi portant organisation de ces organismes publics ou la loi régissant expressément «l'entreprise de droit public» à privatiser exclura le plus souvent toute cession de la propriété au secteur privé. Si tel est le cas, il faudra que cette loi soit modifiée ou abrogée pour que l'entreprise publique puisse être cédée au secteur privé comme une entité juridique. Voir à ce sujet la section 3.4 du chapitre 4.

Outre les catégories juridiques esquissées ci-dessus, il existe de nombreuses entreprises publiques de type particulier dont il ne sera pas traité directement ici, notamment : i) les entreprises municipales, qui peuvent être constituées sous l'empire du droit privé ou du droit public; ii) les entreprises appartenant à un parti, qui créent des problèmes particuliers, notamment dans les états à parti unique où la confusion règne entre le Parti et l'Etat, spécialement en matière de droits de propriété; iii) les coopératives socialistes, qui peuvent être réputées publiques ou privées; iv) les entreprises des forces armées, qui jouissent souvent d'un statut privilégié et occulte. Néanmoins, un grand nombre des questions examinées dans le présent ouvrage sont applicables à la privatisation de ces catégories particulières d'entreprises.

Le statut juridique d'une entreprise publique peut, en outre, avoir une incidence sur l'applicabilité de nombreux autres types de lois – notamment la législation du travail, la législation de la sécurité sociale ou la législation fiscale – qui sont elles-mêmes susceptibles d'avoir un impact sur le déroulement du processus de privatisation, comme nous le verrons dans les chapitres suivants.

5.2 Taille

La taille de l'entreprise à privatiser, enfin, peut avoir un impact considérable sur les modalités de la privatisation. Les problèmes juridiques varient en effet considérablement selon que la privatisation porte sur un petit restaurant ou une petite épicerie, la compagnie nationale de téléphone ou une grande cimenterie, par exemple. Beaucoup de pays d'Europe de l'Est ont ainsi adopté une méthode de privatisation en deux temps, procédant d'abord à la privatisation des petites entreprises avant de passer aux opérations de plus vaste envergure[16]. La Tchécoslovaquie, l'Ukraine et d'autres pays ont même adopté des lois différentes qui prévoient des techniques de privatisation distinctes pour chaque catégorie[17].

6 DEFINIR UNE APPROCHE

Une fois identifiés objectifs et contraintes, il convient de déterminer quelles réformes doivent être entreprises pour que les objectifs du gouvernement puissent être atteints. Il importe, à ce stade, de réaliser que seules les réformes indispensables doivent être mises en oeuvre. Il existe en effet dans chaque pays une infinité de mesures qui pourraient être prises pour rendre le cadre de l'activité économique en général, ou la mise en oeuvre des privatisations en particulier, plus favorable. La recherche d'un environnement idéal conduirait cependant immanquablement à des délais sans fin et à l'immobilisme.

16 Voir World Bank et CEUPP (1994); et Earle, Frydman, Rapaczynski et Turkewitz (1994).

17 Voir la liste des lois de privatisation qui figure en annexe.

6.1 Tendances régionales

La portée des réformes à entreprendre et les modalités spécifiques des privatisations doivent donc être adaptées à la fois aux objectifs poursuivis dans le pays en cause et aux contraintes particulières qui y existent. La manière dont cette question a été approchée dans différentes régions du monde est illustrée de manière schématique ci-dessous.

Dans les pays anciennement socialistes, c'est la privatisation de l'économie dans son ensemble qui est au programme et les mécanismes mêmes d'une économie de marché doivent être mis en place. La nécessité de promouvoir l'actionnariat populaire, combinée avec la difficulté de susciter l'intérêt des investisseurs, ont conduit certains pays d'Europe de l'Est et de l'ex-URSS à adopter une approche tout à fait particulière en matière de privatisation. La propriété privée a tout d'abord dû être autorisée, voire même encouragée; en vue d'effectuer un transfert massif et rapide de biens productifs du secteur public au secteur privé, les techniques traditionnelles de privatisation ont dû être suppléées par des techniques nouvelles, tel que le transfert à titre gratuit ou presque d'actions d'entreprises publiques à l'ensemble de la population dans le cadre de programmes de privatisation dits «de masse»[18].

Les programmes de privatisation français et britanniques ont également eu pour objectif la promotion de l'actionnariat populaire. Cependant dans ces deux pays, il a été possible de faire appel dans une large mesure à un marché des capitaux et à des mécanismes boursiers déjà bien établis. Grâce, notamment, aux ressources financières et humaines importantes dont il disposait, le Royaume-Uni a pu se lancer dès 1980 dans un programme de privatisations particulièrement novateur, qui a touché presque tous les secteurs, y compris les secteurs les plus stratégiques. Le Royaume-Uni a en particulier fait école en matière de privatisations des secteurs d'infrastructure, comme nous le verrons au chapitre 7.

En Amérique latine, l'existence de goulots d'étranglement importants causés par l'insuffisance et le mauvais fonctionnement des infrastructures de services publics a incité certains pays, dont le Chili, l'Argentine et le Pérou, à mettre sur pied d'importants programmes de déréglementation et de privatisation des secteurs dits stratégiques, tels que les télécommunications, l'électricité, les banques ou le secteur des ressources naturelles. Ces mêmes pays, ainsi que le Mexique, ont inscrit leur programme de privatisation dans un cadre beaucoup plus vaste de réformes économiques.

En Afrique, où la majorité des entreprises publiques étaient en état virtuel de faillite et n'avaient pas d'états financiers dignes de ce nom, la privatisation a souvent dû être menée par le biais de la technique de la liquidation des entreprises, qui permet aux repreneurs d'acquérir une entreprise sans devoir encourir les risques d'un passif trop élevé ou incertain.

---

18 Pour une description de ce type de programme, voir la section 5.2 du chapitre 6.

En Asie, l'engouement pour les privatisations sensu stricto a été moindre et, à ce jour, peu de pays ont adopté ou mis en oeuvre un vaste programme de privatisations[19]. Cela n'a cependant empêché ni les privatisations ciblées et souvent partielles de certaines entreprises, ni des mesures de privatisation sensu lato, comme la libéralisation de l'économie et l'ouverture de certains secteurs à l'investissement privé par le biais de contrats de BOO (Build-Own-Operate), BOT (Build-Own-Transfer) ou autres concessions. C'est le cas, à des degrés différents, des tigres asiatiques, de pays à tradition socialiste comme l'Inde, et de pays toujours sous régime communiste, comme la Chine et le Vietnam.

6.2 Programmation et synchronisation des réformes

Une fois la stratégie de privatisation adoptée, il faut ensuite élaborer le calendrier des réformes à entreprendre. L'échelonnement de ces dernières, l'interaction entre réformes macro-économiques, sectorielles et au niveau de l'entreprise, la synchronisation avec les mesures d'accompagnement qui pourraient s'imposer, ainsi que l'établissement de priorités devront faire l'objet d'une réflexion méthodique dès le début. La nature de ces réformes et des mesures d'accompagnement déterminera dans quelle mesure le programme de privatisation sera jugé acceptable par la population et les principaux groupes concernés.

Ces réformes affecteront également le choix des techniques de privatisation. Si le gouvernement entend vendre les entreprises publiques telles quelles, par exemple, il peut être nécessaire de transformer d'abord l'entreprise publique en société commerciale. Si une offre publique de vente est envisagée, il peut être nécessaire de réformer d'abord les marchés des capitaux[20].

Il peut cependant arriver que des opérations de privatisation, notamment lorsqu'elles concernent des entreprises particulières, puissent être réalisées sans nécessiter la mise en oeuvre de réformes importantes. Tel peut être le cas dans des pays à économie de marché, où ces opérations de privatisation peuvent être exécutées par l'intermédiaire de mécanismes bien établis, comme la vente d'actions en bourse par exemple.

---

19 Les Philippines et le Pakistan figurent parmi les pays qui ont le plus privatisé, au sens strict du terme. Les privatisations aux Philippines ont ainsi rapporté plus de $ 4,5 milliards depuis le lancement du programme en 1987 et ont porté sur plus de quatre-vingts entreprises et plus de trois cents actifs non performants. La privatisation la plus importante est la vente en 1994 de 40 % des actions de la société pétrolière Petron à Aramco pour environ $ 575 millions, suivie par une offre publique de 20 % des actions qui a rapporté près de $ 270 millions. Voir Financial Times, 12 septembre 1994.

20 Les chapitres suivants décrivent plus en détails les diverses réformes qui peuvent s'imposer.

6.3 Relations publiques

Il convient également de ne pas perdre de vue que la préparation d'un bon programme de réforme ne suffit pas. Encore faut-il, en effet, pouvoir le vendre aux principales parties concernées. Dans ce contexte, le gouvernement et ses conseillers se doivent d'essayer d'inclure autant que possible les parties les plus directement concernées dans la préparation du processus de privatisation. Un effort considérable devra être entrepris pour convaincre partis politiques, dirigeants d'entreprises publiques, syndicats et travailleurs[21], fonctionnaires, industriels, acquéreurs potentiels, ainsi que l'ensemble de la population[22] des bienfaits du programme. Un consensus complet ne sera toutefois presque jamais possible, mais au moins chacun aura été informé, voire rassuré quant aux effets du programme de privatisation.

Un effort soutenu, de la part du gouvernement, pour expliquer les avantages attendus de l'exécution du programme de privatisation et les raisons qui sous-tendent le choix des modalités spécifiques de ce programme peut largement contribuer à bâtir un consensus relativement large. Cette opération de relations publiques, dont l'importance est malheureusement trop souvent ignorée par les instances gouvernementales, devrait être systématiquement intégrée dans la stratégie de réforme. On peut, dans ce contexte, faire état d'études récentes qui démontrent que dans bien des cas, les privatisations profitent à la plupart des parties concernées, même à celles qui sont souvent décrites a priori comme victimes de ces opérations[23]. Ceci dit, il y aura souvent des perdants, en particulier lorsque les privatisations ont lieu dans des économies, secteurs ou entreprises devant être profondément restructurés[24]. Dans ces cas, la meilleure campagne d'information ne réussira pas à convaincre ceux qui seront le plus fortement touchés. Mais en

---

21 Syndicats et travailleurs sont souvent opposés à la privatisation. Ceci n'est toutefois pas toujours le cas. Ainsi, en Roumanie, les syndicats sont favorables à la privatisation et estiment que le gouvernement fait traîner les choses. Les deux principaux syndicats ont même organisé fin février 1994 une grève nationale pour protester contre le retard pris par le gouvernement dans l'exécution du programme de privatisation et dans la réforme du système de sécurité sociale. Dans une interview, le président d'un de ces deux syndicats déclarait qu'il soutenait «très, très fortement» la privatisation et qu'il souhaitait qu'elle ait lieu le plus rapidement possible. Voir Financial Times, 3 mai 1994.

22 L'opposition populaire est en effet susceptible de bloquer l'adoption de la législation requise, de paralyser le processus de mise en oeuvre de la loi, et de décourager les investisseurs potentiels.

23 Voir notamment l'étude de Galal, Jones, Tandon et Vogelsang (1994), décrite ci-dessus (encadré 1, p. 23).

24 Ainsi, le programme de restructuration et de privatisation de l'économie de l'Allemagne de l'est a été accompagné de nombreux licenciements. Sur les 4,1 millions d'emplois existant dans les entreprises dans le portefeuille de la Treuhandanstalt en 1990, seuls 1,5 millions existaient encore quatre ans plus tard. Voir New York Times, 12 août 1994.

incorporant dans le programme de privatisation les mesures d'accompagnement nécessaires et en les expliquant aux parties concernées, un gouvernement peut toutefois espérer réduire leur opposition.

Comme on le verra dans les chapitres suivants, une série de mesures peuvent en effet être adoptées pour diffuser certaines des objections les plus couramment exprimées par ceux qui s'opposent au transfert d'entreprises au secteur privé. Citons, pour ne donner qu'un exemple, l'adoption de modalités de vente transparentes et compétitives, qui devraient rassurer ceux qui craignent que les biens publics ne soient transférés à des opérateurs privés à des prix substantiellement inférieurs à leur valeur réelle[25]. Des mesures de ce type ne seront cependant susceptibles d'apaiser effectivement les craintes exprimées que si leur adoption fait l'objet d'une publicité et d'un débat adéquats.

7 CONCLUSIONS

La multiplicité des objectifs susceptibles d'être poursuivis dans le cadre de programmes de privatisation et le caractère mutuellement incompatible de certains de ces objectifs imposent aux gouvernements d'opérer des choix et d'établir des priorités. C'est, en règle générale, un accroissement d'efficacité au niveau de l'ensemble de l'économie qui devrait constituer l'objectif principal. Dans cette optique, le transfert de propriété du secteur public au secteur privé doit, dans la mesure du possible, se combiner avec l'ouverture de ces secteurs à la concurrence nationale et internationale pour assurer l'obtention de tous les bénéfices attendus.

Une fois les objectifs identifiés, les contraintes qui pourraient entraver le bon déroulement des opérations doivent être analysées. Chaque pays est à cet égard dans une situation particulière et il importe d'adapter le programme de privatisation aux circonstances de l'espèce. Ainsi, comme nous l'avons vu, des objectifs identiques ne pourront être poursuivis partout au moyen des mêmes instruments. Certaines situations particulières exigeront parfois le recours à des méthodes originales.

Il importe également de traduire la stratégie adoptée en termes opérationnels, ce qui implique une bonne planification et coordination des différentes réformes et actions dans le temps. Enfin, la qualité et la présentation des informations fournies aux différentes parties concernées ainsi qu'au public en général seront souvent déterminantes pour assurer le succès de l'opération. En définitive, la privatisation est un processus de nature tant politique que commerciale, dont le succès pourra être autant déterminé par la forme que par le contenu.

25 Voir, infra, sections 5 et 6 du chapitre 5.

Chapitre 2

Privatisation et principes juridiques fondamentaux

1 INTRODUCTION

Un programme de privatisation n'a de chance de succès que s'il repose sur des bases solides, et notamment des bases juridiques solides. Les objectifs généraux de ce programme doivent donc être compatibles avec les dispositions de nature constitutionnelle, qui constituent le fondement du cadre juridique dans lequel les règles spécifiques aux opérations de privatisation s'inscrivent. Les objectifs du programme de privatisation doivent également être compatibles avec certaines autres normes de rang supérieur s'imposant au législateur, tels que les principes généraux du droit et autres règles établissant un état de droit, ainsi que certaines dispositions du droit international. Dans la mesure où ces dispositions juridiques fondamentales constituent une entrave à la réalisation des objectifs du gouvernement, celui-ci devra examiner comment celles-ci pourront le cas échéant être modifiées. Lorsqu'une telle modification n'est pas possible, un réexamen des objectifs poursuivis ou du choix de la privatisation comme moyen pour les atteindre doit être envisagé.

Dans ce chapitre nous examinerons successivement comment les principes généraux du droit, les dispositions de nature constitutionnelle et certaines règles de droit international peuvent s'imposer au gouvernement et au législateur.

2 GARANTIE DE L'ETAT DE DROIT

Il peut être bon d'évoquer brièvement ici certains principes fondamentaux propres à la plupart des systèmes juridiques. Ces principes, commentés dans l'encadré 4 ci-après, qui constituent le fondement des rapports entre agents économiques privés et entre ces agents et l'Etat ou toute partie du secteur public, sont à la base de ce qu'il est convenu d'appeler l'état de droit.

Encadré 4

Les principes garantissant l'état de droit
* La publicité des lois permet à toutes les parties concernées de prendre connaissance des lois qu'elles sont sensées respecter. * La clarté et la certitude du cadre juridique permet aux dites parties d'identifier les lois qui s'appliquent à leur situation et d'en déterminer la signification concrète. * La prévisibilité dans l'application des règles de droit réduit les risques liés aux changements relatifs à l'interprétation et à l'application des lois. * Le principe de non-discrimination dans l'application des règles de droit suppose l'imposition des mêmes obligations à toutes parties se trouvant dans une situation identique. * L'existence de voies de recours juridiques et le respect des procédures prévues garantissent l'accès à des mécanismes indépendants de recours et de règlement des différends. * La stabilité du cadre juridique, politique et décisionnel donne aux investisseurs l'assurance que l'Etat ou le gouvernement ne modifiera pas unilatéralement et défavorablement les conditions essentielles sur lesquelles ils fondent leurs décisions d'investissement.

3 DISPOSITIONS DE NATURE CONSTITUTIONNELLE

La constitution ou la loi fondamentale, lorsqu'un tel document existe, contient souvent des dispositions affectant directement ou indirectement les opérations de privatisation. En l'absence de constitution écrite, des principes de nature constitutionnelle auront parfois le même effet[1]. Ce type de dispositions peut ainsi limiter la portée du programme de privatisation, déterminer à qui appartient le pouvoir de décision en cette matière, ou encore imposer certains contrôles aux autorités responsables.

3.1 Limites au champ du programme de privatisation

Dans beaucoup de pays socialistes, tous les biens productifs (dont les entreprises) étaient propriété de l'Etat ou «du peuple tout entier» en vertu de la constitution, et le secteur d'Etat (ou secteur public) bénéficiait d'une protection et de privilèges spéciaux[2]. Ces dispositions étaient en règle générale inspirées de la constitution de l'Union soviétique, et notamment de son article 4. Le tableau 2 ci-dessous reprend le texte de certaines de ces dispositions constitutionnelles socialistes qui s'opposent à la privatisation d'entreprises publiques.

1 Voir, par exemple, Graham et Prosser (1991) qui examinent de manière approfondie les exigences de nature constitutionnelle en matière de privatisation au Royaume-Uni, pays sans constitution écrite, et en France.

2 Voir aussi la section 2 du chapitre 3 relative aux droits de propriété.

Tableau 2

Dispositions de constitutions socialistes ayant trait à la propriété	
Union soviétique	La constitution soviétique proclamait, dans sa version de 1936, que : «La fondation économique de l'URSS est le système d'économie socialiste et la propriété socialiste des instruments et des moyens de production, fermement établis à la suite de la liquidation du système économique capitaliste, de l'abolition de la propriété privée des instruments et des moyens de production et de l'élimination de l'exploitation de l'homme par l'homme.» (article 4).
Bulgarie	Jusqu'à la révision constitutionnelle d'avril 1990, la constitution bulgare déclarait : «le système économique de la République populaire de Bulgarie est socialiste. Il repose sur la propriété publique des moyens de production» (article 13).
Guinée-Bissau	La constitution de Guinée-Bissau de 1984, selon laquelle le pays est «une république souveraine, démocratique, laïque, unitaire, anti-colonialiste et anti-impérialiste» (article 1er) dispose que sont biens d'Etat «le sol, le sous-sol, les eaux, les ressources minérales, les principales sources d'énergie, les forêts, les moyens fondamentaux de production industrielle, les moyens d'information, les banques, les assurances, les routes et les moyens de transport essentiels» (article 12, alinéa 2).
Mozambique	Jusqu'à la révision constitutionnelle de novembre 1990, l'article 10 de la constitution du Mozambique, adoptée en 1975, déclarait : «En République populaire du Mozambique, le secteur économique d'Etat est le secteur de pointe et le moteur de l'économie nationale. Les biens d'Etat jouissent d'une protection spéciale, leur mise en valeur et leur expansion incombent à tous les organes d'Etat, organisations sociales et citoyens».
Angola	L'article 9 de la constitution angolaise de 1975, non modifié par la révision constitutionnelle d'août 1980, stipule que : «Le développement économique et social se fonde sur la propriété socialiste, réalisée inséparablement par la propriété d'Etat et la propriété coopérative. L'Etat adopte des mesures permettant l'élargissement et la consolidation continus des rapports de production socialistes».

Au Portugal, la constitution de 1976 déclarait irréversibles les nationalisations opérées après la révolution d'avril 1974, et dut être modifiée deux fois (en 1982 et en 1989) pour autoriser la pleine privatisation des entreprises nationalisées. De telles modifications furent également requises au Bangladesh, dont la constitution fut modifiée en 1977 par une ordonnance prise en vertu de la loi martiale en vue d'autoriser la privatisation, et dans d'autres pays.

Dans certains pays, la constitution exclut toujours toute intervention du secteur privé dans certains secteurs d'activités économiques considérés comme stratégiques. L'article 177 de la constitution brésilienne, par exemple, donne à l'Etat un monopole sur la prospection du pétrole, du gaz naturel et des autres hydrocarbures, sur le raffinage du pétrole, sur l'importation et l'exportation de produits dérivés du pétrole, sur le transport maritime de pétrole brut d'origine domestique ainsi que sur le transport par pipelines de pétrole brut et de gaz naturel de toute origine, et enfin sur la prospection, l'extraction, le traitement, l'utilisation et le commerce de minerais nécessaires à l'industrie nucléaire. L'article 27 de la constitution mexicaine contient des dispositions analogues. La constitution mexicaine comprenait en outre une disposition, amendée en mai 1990, qui interdisait la privatisation des banques commerciales publiques. Des textes constitutionnels de ce type sont aussi susceptibles de viser les secteurs de l'énergie, de l'eau, des télécommunications et des transports, comme nous le verrons au chapitre 7.

Il arrive également que certains types d'activités soient réservées à l'Etat mais que la participation d'entrepreneurs privés reste permise dans le cadre de sociétés d'économie mixte ou par l'intermédiaire de contrats de concession, de location ou de gestion. C'est fréquemment le cas dans le domaine des hydrocarbures, comme par exemple en Bolivie où la constitution précise que les gisements de pétrole appartiennent à l'Etat mais que l'exploitation de ces gisements peut être confiée à des opérateurs privés notamment par l'intermédiaire de contrats de concession[3].

3.2 Répartition des compétences

Au Sénégal[4], au Maroc[5], au Bénin[6] et dans d'autres pays dont la constitution s'inspire de celle de la France, celle-ci requiert que le parlement autorise, préalablement et par voie de loi, la cession au secteur privé des entreprises dans lesquelles l'Etat est actionnaire majoritaire. Ces dispositions sont rédigées sur le modèle de l'article 34 de la constitution française de 1958, qui dispose que les règles concernant «les nationalisations d'entreprises et les transferts de propriété d'entreprises du secteur publique au secteur privé» sont établies par la loi[7].

3 Voir l'article 139 de la constitution bolivienne. D'autres exemples sont cités au chapitre 7.

4 L'article 56 de la constitution sénégalaise du 7 mars 1963 dispose : «L'Assemblée Nationale détient le pouvoir législatif. Elle seule vote les lois. Les lois établissent les règles concernant : (...) la nationalisation des entreprises et le transfert de la propriété des entreprises du secteur public au secteur privé». Conformément à la constitution sénégalaise, la loi n° 87-23 du 18 août 1987 permet la privatisation des entreprises appartenant à l'Etat énumérées dans une liste jointe en annexe à la loi.

5 L'article 45 de la constitution marocaine de 1972 prévoit que la nationalisation des sociétés et le transfert des sociétés du secteur public au secteur privé relèvent de la loi.

6 L'article 98 de la constitution béninoise prévoit que les règles concernant les nationalisations ainsi que les transferts d'entreprises du secteur public au secteur privé sont du domaine de la loi.

7 Dans les cas où la privatisation nécessite une législation d'habilitation alors que le gouvernement recherche avant tout la rapidité et la simplicité d'exécution .../...

Dans certains pays le rôle conféré au parlement est plus précisément détaillé : non seulement une loi doit être adoptée, mais celle-ci doit comprendre certaines dispositions spécifiques. Ainsi, la constitution paraguayenne, par exemple, requiert que la loi détermine les modalités de l'octroi du droit de préemption qui doit être réservé aux travailleurs de l'entreprise privatisée[8].

Au contraire, les constitutions d'autres pays de droit civil sont muettes sur le sujet et une loi ne s'impose pas nécessairement. Au Togo, par exemple, les privatisations avaient été effectuées sans législation d'habilitation particulière. La constitution de 1979 ne citait en effet pas la privatisation parmi les matières relevant de la compétence exclusive du parlement. Cette situation a changé, cependant, depuis la révision constitutionnelle du 14 octobre 1992. Le nouvel article 84 de la constitution prévoit en effet que «la loi fixe les règles concernant (...) les nationalisations d'entreprises et les transferts de propriété d'entreprises du secteur public au secteur privé»[9].

La constitution, la législation ou les traditions juridiques d'un pays peuvent autoriser le gouvernement ou d'autres organismes publics à opérer la privatisation sans intervention expresse du pouvoir législatif. Dans ce cas, aucune législation d'habilitation n'est nécessaire du point de vue juridique. Il en est ainsi dans la plupart des pays de common law comme le Royaume-Uni, la Nouvelle-Zélande[10],

---

.../...ou veut éviter de s'adresser au parlement, il est possible de se dispenser d'une législation d'habilitation en utilisant une méthode de transfert au secteur privé autre que la privatisation, comme la concession ou la location. Voir le tableau 4, p. 128 ci-dessous, qui présente des solutions originales adaptées à certains des problèmes qui se posent en matière de privatisation.

8 L'article 111 de la constitution prévoit : «Lorsque l'Etat décide de transférer des entreprises publiques ou ses participations dans de telles entreprises au secteur privé, il donne un droit de préemption aux travailleurs et aux autres opérateurs directement liés à ces entreprises. La loi réglemente la manière dont ce droit de préemption est octroyé.»

9 Le gouvernement rédigea un projet de loi à cet effet en 1994. Finalement, c'est une ordonnance «exécutée comme loi de l'Etat» qui fut adoptée le 10 juin 1994.

10 «En Nouvelle-Zélande, sauf législation expresse contraire, le gouvernement et les ministres du gouvernement sont réputés habilités à vendre les actifs de l'Etat. Une exception notable est prévue par l'article 11 de la loi sur les entreprises publiques qui interdit la vente ou toute autre forme d'aliénation des parts des sociétés énumérées dans une annexe jointe à la loi (qui sont les entreprises publiques établies en vertu de ladite loi). La liste comprend Post Office Bank Limited et Telecom Corporation of New Zealand Limited qui ont depuis lors été vendues. Avant la vente de ces entreprises, la loi sur les entreprises publiques a été modifiée (pour Telecom, par la loi de finances de 1990) afin d'éliminer leur nom de la liste jointe à la loi sur les entreprises publiques». Voir Evan Williams et Stephen Franks, *Legal Aspects of Divestiture - The New Zealand Experience*, mimeo, préparé par Chapman Tripp Sheffield Young (Nouvelle-Zélande) pour le département juridique de la Banque mondiale, paragraphe 200, 1992, p. 67.

l'Australie et la Malaisie, où l'on considère généralement que, sauf interdiction expresse, l'Etat a le pouvoir inhérent de privatiser les actifs et entreprises publiques sans autorisation législative spéciale[11].

Il faut souligner, cependant, que même lorsque la constitution ne l'impose pas, l'adoption d'une loi de privatisation peut être nécessaire. Une loi peut en effet se révéler indispensable pour modifier certaines dispositions législatives en vigueur, comme nous le verrons aux chapitres suivants, par exemple pour transformer une entreprise publique sous statut de droit public en société soumise aux dispositions du droit commercial privé en vue de sa privatisation ultérieure, comme ce fut le cas au Royaume-Uni[12] ou en Malaisie[13] par exemple.

11 «La réaction naturelle des juristes du gouvernement est de recourir à la loi pour obtenir le résultat souhaité par le gouvernement. Au contraire, les juristes commerciaux ne peuvent généralement pas s'offrir un tel luxe et recherchent donc des moyens plus économiques d'atteindre l'objectif de leur client. Dans le cas de la privatisation, le gouvernement cherche à faire d'une entreprise publique une entreprise commerciale opérant sur le marché de la même manière que les autres sociétés. (...) Lorsqu'il faut légiférer, faisons le minimum indispensable plutôt que le maximum possible». Traduit de Sly et Weigall (National Privatisation/Corporatisation Division), *Privatisation in Australia*, Melbourne, juin 1991, pp. 66 et 67.

12 La plupart des privatisations intervenues au Royaume-Uni ont en effet nécessité l'intervention du législateur notamment en vue de transformer l'entreprise publique en une société anonyme («limited liability company») dont les actions pourraient ensuite être vendues. Voir l'annexe pour une liste de ces lois. Dans le cas des entreprises publiques déjà constituées selon le droit des sociétés, une telle transformation n'a pas été nécessaire et la privatisation a pu avoir lieu sans autorisation préalable du parlement. C'est ce qui s'est produit pour la privatisation de British Petroleum, par exemple. Voir Graham et Prosser (1991), p. 83.

13 Ainsi par exemple, pour la privatisation partielle de Port Kelang Container Terminal (1986) en Malaisie, une législation spéciale «a été adoptée par le parlement pour permettre et faciliter la privatisation». Dans le cas de Port Kelang, l'autorité portuaire ne disposait pas des pouvoirs voulus, en vertu de la loi sur les autorités portuaires (1963), pour créer une filiale régie par la loi sur les sociétés. La loi sur les autorités portuaires a donc dû être modifiée pour autoriser la constitution de KCT (Kelang Container Terminal) en filiale, première étape vers la vente de 51% du capital de la nouvelle société à KTK, co-entreprise entre KN (entreprise publique; 80%) et POAL (société privée australienne; 20%). En outre, la loi sur les prestations de retraite (1980) a dû être modifiée elle aussi pour permettre aux salariés de la nouvelle société de conserver les droits à la retraite acquis durant leur période d'emploi par l'autorité portuaire. Voir Leroy Jones et Fadil Azim Abbas (1992), *World Bank Conference on the Welfare Consequences of Selling Public Enterprises. Case Studies from Chile, Malaysia, Mexico and the UK : Malaysia, Background, Malaysian Airlines, Kelang Container Terminal, Sports Toto*, Washington, D.C., World Bank, chapitre 13, notes 13 et 17. Voir également, ci-après, la section 4.6 du chapitre 4 relative à la transformation des entreprises publiques en sociétés de droit commercial.

3.3 Mécanismes de contrôle

L'existence de certaines dispositions constitutionnelles peut également contribuer à limiter l'étendue des pouvoirs discrétionnaires des autorités publiques en matière de privatisation. Une comparaison entre l'exemple français et l'exemple britannique est particulièrement instructive à cet égard[14].

Tout d'abord, l'obligation, imposée par la constitution, d'obtenir qu'une loi autorise l'exécution du programme de privatisation soumet le gouvernement français à un contrôle parlementaire préalable. Au Royaume-Uni où, comme on vient de le voir, cette obligation n'existe pas, le gouvernement peut échapper à ce contrôle préalable dans la mesure où une loi n'est pas nécessaire pour une autre raison, ce qui en définitive fut rarement le cas[15].

En ce qui concerne l'évaluation des biens à privatiser, on note également une différence sensible entre les contraintes imposées au gouvernement en France et au Royaume-Uni. En France, le conseil constitutionnel, chargé de vérifier la constitutionnalité des lois avant leur promulgation[16], a jugé que le principe constitutionnel d'égalité entre tous les citoyens ainsi que l'article 17 de la Déclaration des Droits de l'Homme, qui impose le versement d'une juste indemnité en cas de confiscation de biens, interdisaient que les actifs publics soient transférés à des investisseurs privés pour un montant inférieur à leur valeur réelle. Pour empêcher une telle sous-estimation, le conseil a estimé qu'il était indispensable que les entreprises à privatiser soient évaluées par des experts indépendants et que toute vente à un prix inférieur à celui déterminé par ces experts soit prohibée. En Grande-Bretagne, par contre, les privatisations sont examinées par le «National Audit Office» et par le «Public Accounts Committee» seulement après la conclusion des contrats, alors qu'il n'est plus possible d'empêcher l'exécution des transactions[17].

Enfin, le conseil constitutionnel est également intervenu pour tenter de réglementer l'utilisation de la technique de l'action spécifique (ou «golden share») par le ministre de l'économie[18]. Les lois de privatisation adoptées en France, tant

14 Cette comparaison est réalisée en détail dans Prosser (1990).

15 Voir note 12 ci-dessus.

16 L'article 61 de la constitution prévoit que le conseil constitutionnel peut être saisi par le président de la république, le premier ministre, le président de l'assemblée, le président du sénat ainsi que par un groupe de 60 députés ou 60 sénateurs.

17 La distinction entre les procédures françaises et britanniques s'atténue cependant sous l'influence du droit européen. Les conditions financières des opérations de privatisation, par exemple, peuvent être examinées au préalable par la commission européenne au titre de l'article 93 du traité de Rome relatif aux aides d'Etat. Ainsi, le gouvernement britannique, qui s'était engagé à injecter 547 millions de livres dans le groupe Rover à l'occasion du rachat de ce dernier par British Aerospace, a-t-il été obligé de limiter son aide à 294 millions de livres suite à une intervention de la commission.

18 Cette technique est étudiée plus en détail dans la section 7.4 du chapitre 5.

en 1986 qu'en 1993, prévoient que, dans chacune des sociétés privatisables, une action spécifique peut être octroyée à l'Etat dans le but de soumettre à l'agrément du ministre de l'économie toute prise de participation qui amènerait un actionnaire à détenir plus d'un pourcentage déterminé du capital d'une de ces sociétés[19]. Le conseil a admis la constitutionnalité de ces dispositions mais à la condition que le ministre soit tenu de justifier toute utilisation de son droit de veto et que ses décisions soient soumises au contrôle du pouvoir judiciaire. Au Royaume-Uni, où les modalités des privatisations ne doivent pas faire l'objet d'une loi, les règles relatives à l'utilisation des «golden shares» sont contenues dans les statuts des entreprises concernées. Cette base contractuelle exclut tout contrôle d'opportunité de la part des tribunaux. Certains statuts contiennent en outre des dispositions qui excluent tout type de recours[20] et qui prévoient explicitement qu'aucune justification ne sera donnée en cas d'utilisation par l'Etat des pouvoirs détenus en vertu de ces «golden shares»[21].

Il apparaît ainsi clairement qu'en matière de privatisation, certaines dispositions constitutionnelles servent de fondement, en France, à l'exercice, par le parlement et par le conseil constitutionnel, d'un pouvoir de contrôle sur l'action du gouvernement qui n'a pas d'équivalent en Grande-Bretagne. Les bénéfices de ce système doivent cependant être mis en balance avec les coûts qu'il peut engendrer en terme d'alourdissement et de ralentissement des procédures[22].

4 DROIT INTERNATIONAL

Les traités et accords internationaux auxquels un pays est partie sont également susceptibles d'avoir une influence sur le déroulement des opérations de privatisation dans ce pays[23].

De nombreux pays sur tous les continents ont conclu des accords régionaux relatifs aux échanges commerciaux, aux contrôles douaniers ou à une intégration économique plus vaste; il en est ainsi de l'Union européenne, EFTA (Europe), Mercosur (Amérique latine), CARICOM (Caraïbes), ALENA (Amérique du

19 Voir l'encadré 12, p. 147 ci-dessous.

20 Voir l'article 40 (12) des statuts de British Gas, mentionné dans Prosser (1990).

21 Voir les articles 43 (k) et 44 (m) des statuts de Rolls Royce, mentionnés dans Prosser (1990).

22 On peut, notamment, s'interroger sur l'opportunité d'exiger l'adoption d'une loi ou d'imposer l'évaluation systématique des entreprises pour toutes privatisations. Ces questions sont abordées plus en détail au chapitre 5.

23 Différents ouvrages donnent un aperçu général de ces traités. *Accords économiques internationaux. Répertoire des accords et des institutions*, sous la direction de Bernard Colas, Paris, Notes et Etudes Documentaires, La Documentation Française, Wilson et Lafleur, 1990, est un guide utile des accords économiques internationaux et contient la liste des pays parties aux accords analysés.

Nord), ANASE (Asie du Sud-Est) et UDEAC (Afrique centrale). Ces accords régionaux donnent souvent naissance à un droit supranational ou favorisent l'harmonisation des lois des pays membres. Le traité d'Union européenne, par exemple, a un impact certain sur les privatisations, même s'il ne prend pas explicitement position en faveur d'un régime de propriété déterminé[24]. D'une part, la suppression des barrières douanières et l'imposition de règles de concurrence à toutes les entreprises, tant privées que publiques, favorisent l'entrée d'opérateurs privés sur des marchés traditionnellement réservés dans le passé aux monopoles publics. D'autre part, une fois décidée la mise en oeuvre d'un programme de privatisation, de nombreuses dispositions du traité trouvent à s'appliquer : on peut citer, par exemple, les règles imposant le contrôle des concentrations, la prohibition des aides d'Etat aux entreprises en difficulté et l'interdiction de discriminations entre les ressortissants des différents états membres de l'Union européenne qui implique notamment que des ressortissants étrangers doivent pouvoir participer au capital des entreprises privatisées au même titre que les ressortissants nationaux[25].

Les accords bi- ou multilatéraux conclus entre états dans le domaine des transports aériens sont, quant à eux, susceptibles d'engendrer des problèmes particuliers dans le cadre de la privatisation de compagnies aériennes nationales. Ces accords, relatifs au trafic aérien international entre les états concernés, imposent fréquemment que la «propriété substantielle» des compagnies désignées ou le «contrôle effectif» de ces dernières soit détenu par un état signataire ou à tout le moins par des ressortissants de celui-ci[26]. Une privatisation de compagnie aérienne qui aurait pour conséquence de transférer un pouvoir de contrôle à des investisseurs étrangers pourrait dès lors bloquer l'application de ces accords. Pour éviter cela, différents moyens peuvent être utilisés. Lors de la privatisation de British Airways, par exemple, une action spéciale (ou «golden share») a été octroyée à l'Etat, permettant notamment à ce dernier de s'opposer à toute prise de participation étrangère[27].

Dans le cas de la KLM, des mesures particulièrement strictes ont été prises comme le montre l'encadré 5 ci-dessous : l'Etat bénéficie d'une option d'achat qui lui permet, en cas de nécessité, de détenir à nouveau une majorité des parts et, en plus, les statuts de la société prévoient la désignation d'une majorité des membres du conseil de surveillance par l'Etat alors même que celui-ci n'est plus qu'un

24 L'article 222 du traité de Rome énonce : «Le présent traité ne préjuge en rien le régime de la propriété dans les états membres.» Voir également la note 17 ci-dessus, ainsi que la section 3.4 du chapitre 7 portant notamment sur la politique communautaire dans le secteur des télécommunications.

25 Le Portugal et la France ont ainsi dû modifier leur législation de privatisation en vue de supprimer les limites qu'elle imposait à la participation d'investisseurs communautaires. Voir la section 7.3 du chapitre 5.

26 Voir Rapp et Vellas (1992), p. 51.

27 Pour une analyse plus détaillée des caractéristiques des «golden shares», voir la section 7.4 du chapitre 5.

actionnaire minoritaire. Si des techniques de ce genre ont le mérite de permettre la privatisation de compagnies aériennes sans remettre en cause les nombreux accords internationaux préexistants, il n'en reste pas moins que les limites qu'elles imposent à la participation d'investisseurs étrangers sont susceptibles de réduire les bénéfices, en terme de revenus ou d'efficacité, que l'on pourrait attendre de ces privatisations[28].

Encadré 5

L'impact des accords internationaux sur les privatisations : le cas de la KLM

La création de la KLM, en 1919, fut une initiative purement privée. C'est en 1929 seulement que la majorité des actions fut transférée à l'Etat. A la veille des opérations de privatisation de mars 1986, ce dernier détenait une participation de 54,9% du capital social de la société. La privatisation s'est déroulée selon une procédure originale: la compagnie a racheté une partie des actions de l'Etat et s'est engagée à les revendre, ainsi que douze millions d'actions nouvellement émises, à un syndicat bancaire chargé de leur placement. Au terme de ces opérations, la part de l'Etat est tombée à 38,2% du capital de la société, ce qui lui laisse une minorité de blocage. Par ailleurs, des mesures spécifiques ont été prises pour renforcer le pouvoir de contrôle de l'Etat sur la société dans le but, notamment, d'éviter que les accords relatifs au trafic aérien conclus entre l'Etat néerlandais et d'autres états puissent être remis en cause.

D'une part, l'Etat néerlandais a signé avec KLM un accord qui précise :

> «L'Etat doit avoir la possibilité de reprendre une participation majoritaire à brefs délais si c'est désirable pour des raisons de politique aérienne ou pour empêcher une accumulation de pouvoir indésirable à l'assemblée générale des actionnaires.
>
> L'Etat et KLM ont dès lors conclu un accord sur ce qui suit :
> 1. a. KLM octroit à l'Etat le droit d'acheter 18 millions d'actions préférentielles de catégorie B (...).
> 2. L'Etat exercera le droit décrit au point 1 si cela est nécessaire et raisonnable:
> (1) dans le cas où, sur la base d'un ou plusieurs accords internationaux ou d'une ou plusieurs licences octroyées par quelque pays que ce soit, des limitations ou des conditions moins favorables seraient imposées aux vols réguliers de la KLM en conséquence du fait qu'il ne serait plus possible de prouver qu'une partie substantielle ou une majorité du capital de la KLM peut être qualifiée de néerlandaise; (...).»

D'autre part, bien qu'il soit un actionnaire minoritaire, l'Etat s'est vu octroyer, en vertu d'une modification des statuts de la société, une majorité des sièges au conseil de surveillance de la société. Le nouveau paragraphe 13 de l'article 20 des statuts de la KLM précise que «L'Etat des Pays-Bas désignera la majorité des membres du conseil de surveillance, soit la moitié plus un».

Source: Rapp et Vellas (1992), pp. 61-91

28 Un gouvernement qui privatise dispose rarement du temps qui serait nécessaire pour renégocier préalablement l'ensemble de ces accords aériens bilatéraux ou pour convenir d'une nouvelle interprétation. L'on pourrait espérer que les états concernés s'entendent pour donner une interprétation relativement large aux notions de «propriété substantielle» ou de «contrôle effectif» contenues dans les conventions qu'ils ont signées. .../...

Des accords bilatéraux conclus dans de nombreux autres domaines (comme les traités en matière de double imposition ou de promotion des investissements) peuvent également avoir un impact sur les privatisations. Ils peuvent notamment pallier dans une certaine mesure les lacunes de la législation du pays signataire, du moins pour les investisseurs du pays cosignataire. Un cas intéressant, quoique fort inhabituel, est celui du traité allemand d'unification de 1990 qui, par son article 25, incorpore, avec certaines modifications, la loi de privatisation est-allemande au droit allemand.

5 CONCLUSIONS

Les normes que nous avons analysées dans ce chapitre sont normalement considérées comme étant d'un rang supérieur à la loi. Elles s'imposent donc au législateur et au gouvernement et ne peuvent être modifiées que suite à des procédures relativement longues et lourdes. Malgré les difficultés que cela présente, il sera parfois nécessaire de modifier certaines dispositions de nature constitutionnelle ainsi que certains traités en vue de faciliter la mise en oeuvre du programme de privatisation.

Cela sera en particulier le cas dans les pays à constitution socialiste. Par ailleurs, dans de nombreux pays, les dispositions constitutionnelles en vigueur pourront également s'opposer à la privatisation de certains secteurs économiques, tels que les secteurs des ressources naturelles ou de l'infrastructure, ou la soumettre à des règles et limites particulières. Le choix par le gouvernement ou le législateur de techniques juridiques appropriées pourra toutefois dans bien des cas contourner certains obstacles qui peuvent a priori paraître contraignants.

D'autres constitutions autorisent la privatisation mais la soumettent à certaines mesures de sauvegarde. Ainsi, dans de nombreux pays, la constitution ou des principes constitutionnels énoncent que les entreprises publiques (ou certaines d'entre elles) ne peuvent être privatisées que par ou en vertu d'une loi. Ils imposent ainsi au gouvernement d'obtenir l'autorisation préalable du parlement.

L'importance de traités et autres accords internationaux ne doit pas non plus être sous-estimée, comme le montre, par exemple, l'incidence des traités bilatéraux en matière d'aviation civile sur la privatisation des compagnies aériennes ou celle du droit communautaire européen sur les privatisations dans les états membres. Le droit communautaire intervient en effet par différents biais, parmi lesquels le contrôle des aides publiques aux entreprises publiques, la concurrence, la libre

.../... Une participation nationale réduite pourrait, dans certains cas, être considérée comme suffisante, par exemple lorsqu'elle constitue une minorité de blocage. Voir Rapp et Vellas (1992), p. 57.

circulation des capitaux, la création d'un marché unique ainsi que certaines directives sectorielles portant notamment sur la structure du marché et la concurrence dans le secteur des télécommunications et des transports.

Les principes juridiques fondamentaux (y compris les principes constitutionnels) revêtent également une importance particulière en ce qu'ils établissent le cadre dans lequel toute activité (économique ou autre) pourra se dérouler. Ils pourront ainsi inspirer la confiance ou au contraire être perçus avec scepticisme. Un régime juridique fonctionnant efficacement et garantissant aux citoyens et opérateurs économiques le respect de leurs droits (notamment en matière de propriété et de contrats) ne pourra que faciliter le développement d'une économie de marché et le processus même de privatisation.

Chapitre 3

Privatisation et règles de l'économie de marché

1 INTRODUCTION

L'existence d'un environnement juridique résolument favorable au développement du secteur privé est une condition nécessaire à la réussite d'un programme de privatisation[1]. En effet, les règles qui, par exemple, définissent et protègent la propriété, celles qui assurent une concurrence équitable entre opérateurs économiques ou encore l'ensemble des dispositions du droit des affaires qui affectent le processus de privatisation même ou le fonctionnement des entreprises privatisées ont un impact considérable sur le déroulement du programme de privatisation.

Vu leur importance, certaines dispositions législatives examinées à la présente section peuvent devoir être modifiées, suspendues ou abrogées pour permettre ou faciliter la privatisation. Ainsi, par exemple, là où elles existent, les mesures discriminatoires à l'encontre du secteur privé devront être abolies. Souvent, cela implique l'élaboration et la mise en vigueur de nouvelles règles du jeu. En vue de créer et maintenir des conditions d'égalité permettant aux entrepreneurs privés de s'engager dans une activité économique sans concurrence déloyale ou intervention de la part des organismes d'Etat, de nombreux pays ont choisi de redéfinir fondamentalement le rôle de l'Etat dans leur économie en le recentrant sur les activités de réglementation et de stimulation, tout en abandonnant la participation du secteur public dans les activités de production[2]. Un tel changement revient

1 Certains pays ont essayé de privatiser en l'absence d'un minimum de règles régissant le fonctionnement d'une économie de marché. Tel était le cas, par exemple, de la Guinée au lendemain de l'ère de Sékou Touré. Un programme de privatisation assez important fut ainsi mis en oeuvre en 1986-87. En réponse aux incertitudes du cadre juridique en vigueur, les conventions de cession furent ratifiées par ordonnance, leur donnant ainsi force de loi. Malgré cette protection juridique, le succès du programme fut mitigé, beaucoup d'entreprises privatisées ayant eu du mal à relancer la production et à devenir rentables. L'environnement général peu favorable à la vie des affaires n'y était pas pour rien.

2 Le secteur public continuera à jouer un rôle indispensable dans certains domaines d'activités économiques qui se prêtent moins bien aux lois du marché. L'Etat est ainsi amené à fournir des services essentiels en matière d'éducation et de santé, par exemple, ou à assurer la construction et l'entretien des infrastructures indispensables à l'économie nationale, notamment en matière de transport. Ceci dit, même dans le domaine des services dits publics, la conception traditionnelle du rôle de l'Etat est profondément remise en cause dans de nombreux pays, avec pour conséquence une participation de plus en plus forte d'opérateurs privés dans ces secteurs. Voir à ce sujet le chapitre 7, infra, consacré à la privatisation des grandes infrastructures.

en quelque sorte, comme nous l'avons vu dans l'introduction, à privatiser l'économie dans son ensemble, par opposition à la privatisation d'une entreprise ou d'un secteur économique particulier. Cela nécessite des adaptations considérables à tous les niveaux et donc une forte volonté politique, indispensable non seulement pour assurer l'adoption d'un train de réformes législatives englobant les mesures relatives à la privatisation, mais aussi pour obtenir l'application effective de ces mesures.

Les règles régissant la vie économique du pays doivent être analysées avant le lancement du programme de désengagement afin de déterminer si elles sont compatibles avec les mesures envisagées. Cette analyse doit indiquer si l'application du programme de désengagement proposé peut intervenir dans le cadre juridique existant ou s'il convient de le modifier pour permettre ou faciliter la privatisation. Idéalement, toutes les lois décrites dans les sections qui suivent devraient être en place pour qu'existe un cadre juridique optimal, propice au développement du secteur privé en général et aux opérations de privatisation en particulier. En pratique, il est toutefois indispensable, en particulier dans les pays en transition ou en développement, de concentrer l'action réformatrice sur la partie essentielle du cadre juridique qui doit être en place pour que le processus de désengagement réussisse. Agir autrement entraînerait des retards sans fin. Cette contrainte doit être perçue clairement dès l'origine. L'ampleur des réformes législatives essentielles dépend de la situation concrète de chaque pays et du programme particulier de privatisation à mettre en oeuvre.

Les insuffisances ou carences constatées par rapport à cet environnement idéal doivent en premier lieu être classées par ordre d'importance. Seules les réformes indispensables à la réussite du programme de privatisation doivent être entreprises, que ce soit par le biais d'amendements des textes législatifs pertinents ou par l'introduction dans la législation relative à la privatisation de dispositions modifiant lesdits textes. Ces amendements peuvent être d'application générale ou ne viser que les privatisations entreprises en exécution de la loi. Bon nombre de sujets abordés dans ce chapitre feront donc l'objet de dispositions particulières de certaines lois de privatisation[3].

2 DROITS DE PROPRIETE

2.1 Questions essentielles en matière de propriété

Les lois sur la propriété constituent l'ossature d'une économie de marché et sont normalement protégées par la constitution ou la tradition constitutionnelle du

3 Le chapitre 5 sur la loi de privatisation ne traitera que des dispositions de base de telles lois, à savoir celles qui régissent le processus de privatisation même, tout en renvoyant aux autres chapitres pour une description des dispositions particulières adoptées dans certains pays pour remédier aux insuffisances du cadre juridique en vigueur.

pays. Comme on l'a vu au chapitre précédent, certaines constitutions ou systèmes juridiques, communistes en particulier, ne reconnaissent pas le droit à la propriété privée. Dans ces cas, une modification de la constitution est indispensable pour permettre les opérations de privatisation. C'est ce qui s'est produit ces dernières années dans les pays d'Europe de l'Est et d'Europe centrale (1989-1990), dans les anciennes républiques soviétiques (1991-1992) et dans d'autres pays ayant renoncé à la planification étatique comme le Vietnam (1992) ou la Guinée-Bissau.

En fait, l'essence de la privatisation est d'effectuer un transfert de propriété d'une personne à une autre. Les lois sur la propriété revêtent donc une importance capitale[4]. Les droits de propriété englobent un ensemble de droits juridiquement reconnus sur les biens, dont le droit d'utiliser les biens concernés et d'en disposer, par exemple en les vendant, en les donnant ou en les détruisant. Ces droits peuvent être limités par la loi, sans aller cependant jusqu'au point où ils seraient vidés de tout sens. On ne peut ainsi parler de pleins droits de propriété lorsque le propriétaire ne peut disposer de ses droits.

La réussite de la privatisation suppose la capacité de transférer des titres de propriété libres et quittes. Lors de la préparation d'un programme de privatisation, il importe de clarifier comment les droits de propriété sont définis dans le pays concerné; comment les droits de propriété privée sont reconnus et protégés; quelles restrictions éventuelles s'appliquent à la transmissibilité de ces droits; comment fonctionnent les mécanismes de délivrance de titres, d'enregistrement et de cadastre (ou quelles sont leurs insuffisances); quelles voies d'exécution sont prévues pour protéger les droits des individus, et notamment quelle est l'efficacité du système judiciaire; à quelles restrictions les étrangers peuvent être soumis en ce qui concerne l'acquisition et l'exercice de droits de propriété relatifs à certains types de biens comme la terre ou d'autres biens immeubles; etc. Il importe également de déterminer s'il existe des procédures correctes d'hypothèque ou de constitution d'autres sûretés, et ce que valent les procédures de saisie.

Lorsque le régime de la propriété dans un pays n'est pas clair et que les droits de propriété ne sont pas protégés correctement, ou encore lorsque l'acquisition de biens par les étrangers ou par d'autres catégories d'individus est soumise à des restrictions, la législation relative à la privatisation devrait éliminer ces obstacles. Lorsque cela ne s'avère pas possible ou risque de trop retarder le lancement des privatisations, d'autres formules pourront être envisagées qui permettraient de contourner les difficultés rencontrées, par exemple l'utilisation de techniques contractuelles comme la location-gérance ou la location avec option d'achat.

4 La présente section porte sur les principaux aspects juridiques de la propriété privée, tandis que les questions relatives à la propriété publique sont traitées au chapitre 4.

2.2 Nationalisations passées

Comme nous l'avons déjà évoqué dans l'introduction, le phénomène des privatisations qui s'est répandu au cours de ces dix ou quinze dernières années a suivi une longue période au cours de laquelle les nationalisations d'entreprises et de biens privés étaient à l'ordre du jour. La détermination des droits des anciens propriétaires, dont les biens ont été ainsi confisqués, saisis ou nationalisés, nécessite une analyse détaillée dans la plupart des programmes de privatisation. La dépossession s'est-elle opérée dans des conditions légales[5], les anciens propriétaires (ou leurs héritiers) ont-ils toujours des droits légalement protégés à l'égard des actifs sujets à privatisation ? Ont-ils été correctement dédommagés ou indemnisés, ou ont-ils toujours des créances à faire valoir à l'encontre de l'Etat ? Existe-t-il différentes catégories d'anciens propriétaires et, le cas échéant, ont-elles toutes été traitées de la même manière ? Y a-t-il ou non prescription ? Dans cette section, l'accent sera mis sur la situation des pays anciennement communistes, où ces questions se posent aujourd'hui avec une acuité particulière, notamment au vu de la masse des entreprises et des biens concernés et des régimes différents de nationalisation[6].

Lorsqu'une analyse détaillée s'avère nécessaire et qu'elle aboutit à la conclusion que les anciens propriétaires ont toujours des droits dont ils peuvent se prévaloir, il faudra trouver un juste équilibre entre ces droits et ceux d'autres parties tels que les occupants actuels ou de nouveaux propriétaires de bonne foi, en tenant compte également des coûts que pourrait entraîner le rétablissement du statu quo ante (à savoir la situation existant avant les expropriations). Ces aspects devront souvent être précisés ou réglés par la loi.

Pour remédier à des expropriations ayant eu lieu illégalement ou sans dédommagement correct, certains pays ont choisi la restitution comme moyen d'indemnisation. Une telle formule peut être satisfaisante lorsque les lois d'expropriation ont eu un champ limité et sont intervenues dans un passé relativement proche. Dans la plupart des autres situations, il est à craindre que les biens ne fassent

5 Les lois ne sont malheureusement pas toujours justes. Dans certains systèmes juridiques, des lois injustes peuvent aussi être illégales sous certaines conditions. Le mot «légalement» veut dire conformément aux lois du pays, qu'elles soient justes ou non. Légalité et justice sont deux notions différentes.

6 En Allemagne de l'Est, par exemple, certains biens ont été expropriés par le régime nazi, d'autres l'ont été entre 1945 et 1949 sous l'administration militaire soviétique, et d'autres encore l'ont été suite à 1949 par le régime communiste est-allemand. Certaines de ces expropriations ont été faites en vertu de la loi et d'autres par décision arbitraire de l'administration. Un dédommagement approprié a été versé dans certains cas, mais non dans d'autres. Parfois, la prescription jouera. Selon les circonstances particulières de chaque cas, le propriétaire exproprié (ou ses héritiers) aura ou n'aura pas de droits juridiquement protégés.

l'objet de revendications contradictoires entre lesquelles il sera nécessaire de trancher. Dans certains cas, les documents établissant la propriété antérieure et les transferts effectués n'ont pas été conservés; ailleurs, les anciens propriétaires sont décédés et différents héritiers revendiquent le même bien. Les biens réclamés peuvent avoir été mis en valeur, détruits ou même loués ou revendus à un particulier cocontractant de bonne foi[7]. En outre, les systèmes judiciaires de ces pays sont rarement en mesure de se prononcer sur les multiples revendications auxquelles des lois de restitution donneraient naissance. Pour ne pas surcharger les tribunaux, et en vue d'assurer un traitement plus uniforme des demandes, certains pays ont ainsi établi des commissions ou autres organes spéciaux chargés d'examiner les requêtes des anciens propriétaires[8]. Finalement, en faisant peser un large degré d'incertitude sur les droits de propriété, les lois de restitution sont susceptibles de décourager l'investissement, et notamment l'investissement étranger[9]. C'est en grande partie ce qui a poussé les Allemands à modifier leur régime de restitution, ainsi qu'illustré dans l'encadré 6 ci-après.

Lorsqu'un pays décide toutefois de procéder par voie de restitution, il est impératif de fixer dans la loi une date limite pour le dépôt des revendications. Au-delà de ce délai, les biens non revendiqués doivent pouvoir être privatisés avec un titre libre et quitte, tandis que les droits des anciens propriétaires s'éteignent ou donnent lieu à une indemnisation monétaire à charge de l'Etat[10]. Une telle mesure permet de limiter les actions en justice initiées par un ancien propriétaire à

---

7 Comme l'écrivait Vaclav Klaus, alors ministre des finances de la République fédérale tchèque et slovaque, dans une lettre du 21 juin 1991 à une émigrée tchèque «Il n'est pas possible de demander à des personnes de renoncer à un bien qu'elles ont acquis de l'Etat de bonne foi, c'est-à-dire sans user de moyens illégaux».

8 Voir par exemple, au Ghana, le décret de 1979 portant création d'une «Commission des biens confisqués (recouvrement et cession)». Voir aussi Norbert Horn, *Legal Aspects of Privatization and Market Economy. The German Experience in Comparative Perspective,* article présenté au huitième colloque de l'Association Internationale de Droit Economique tenu à Budapest, 14-15 mai 1992, p. 26, au sujet de l'Allemagne de l'Est : «Toutefois, les restitutions réussies ne représentent que 5 % de toutes les demandes de restitution qui avaient été introduites au printemps 1992.Plus d'un million de demandes de ce type ont été déposées et la grande majorité d'entre elles doit encore être traitée par des services créés spécialement à cet effet, à savoir les bureaux chargés des problèmes de propriété contestée».

9 Voir notamment Gelpern (1993), pp. 325-326, qui fait référence à une déclaration commune faite en Tchécoslovaquie au mois de février 1991 par vingt-sept économistes dénonçant l'hypothèque que font peser les lois de restitution sur les investissements étrangers.

10 Un dédommagement de ce type est prévu par la loi de privatisation bulgare d'avril 1992 qui donne un délai de deux mois aux anciens propriétaires pour demander la restitution, à compter de la date de publication de la décision de privatiser une entreprise. Au-delà de ce délai, les propriétaires ne peuvent plus réclamer la restitution mais peuvent seulement prétendre à un dédommagement par l'Etat.

l'encontre des nouveaux propriétaires suite à une privatisation, comme il s'en est produit en Tchécoslovaquie et dans d'autres pays, au détriment de la réussite du programme de privatisation.

Encadré 6

Du système de la restitution à l'octroi d'indemnités : le cas de l'Allemagne

La loi de privatisation adoptée en Allemagne en 1990 a d'abord fait de la restitution le principal mode de réparation pour les anciens propriétaires dont les biens avaient été confisqués injustement. Cette formule s'est toutefois révélée inapplicable car la plupart des biens ont fait l'objet de revendications contradictoires qui ont finalement paralysé le processus de privatisation. Le parlement allemand a dû adopter une «loi pour éliminer les obstacles à la privatisation des entreprises et pour la promotion des investissements» (loi du 22 mars 1991). Celle-ci a notamment ajouté un nouvel article 3a dans la loi sur le règlement des problèmes de propriété contestée de 1990, entre autre pour autoriser la privatisation rapide, nonobstant les demandes de restitution pendantes, des biens indispensables à des fins d'investissement ou d'activités commerciales.

Dans une allocution prononcée à Washington, le 14 novembre 1991, Birgit Breuel, présidente de la Treuhandanstalt, a insisté sur le fait que les nouveaux investisseurs capables de sauver des emplois ou d'apporter des investissements supplémentaires devaient passer avant les anciens propriétaires. Des dispositions d'exception ont autorisé la Treuhandanstalt, durant un délai déterminé (jusqu'à la fin de 1992), à vendre les biens contestés tout en donnant aux anciens propriétaires le droit d'exiger de la Treuhandanstalt un dédommagement pour les biens dont ils ont été dépossédés. Cet amendement a permis d'accélérer considérablement l'application du programme de privatisation allemand.

En pratique, le choix entre restitution et indemnités se fera en grande partie sur base de considérations d'ordre politique et historique. En Tchécoslovaquie, par exemple, où plusieurs lois de compensation ont été adoptées[11], la restitution était vue comme nécessaire pour marquer une rupture définitive avec un régime communiste, qui, après l'invasion soviétique de 1968, était devenu l'un des plus conservateurs d'Europe de l'Est. La loi relative à l'atténuation de certaines injustices concernant la propriété a probablement été une des lois de restitution les plus populaires et les moins controversées, car elle portait principalement sur les biens qui avaient été confisqués à de nombreux petits propriétaires dans le cadre des nationalisations imposées au lendemain de l'intervention soviétique de 1956. En Pologne, par contre, l'absence d'une législation particulière relative aux droits des anciens propriétaires, s'explique en partie par la puissance des syndicats, traditionnellement opposés aux restitutions pour des raisons d'équité.

11 La loi n° 403/90 du 2 octobre 1990 relative à l'atténuation de certaines injustices concernant la propriété; la loi n° 87/91 du 21 février 1991 dite loi de réhabilitation extra-judiciaire; et la loi n° 229/91 du 21 mai 1991 portant ajustement des droits relatifs aux terres et aux autres biens agricoles.

L'octroi d'indemnités permet d'offrir une compensation aux anciens propriétaires qui auraient été dépossédés illégalement ou injustement, sans tous les inconvénients liés à la restitution. Cette alternative présente cependant d'autres problèmes. Les contraintes fiscales auxquelles beaucoup de gouvernements qui privatisent sont confrontés les empêchent souvent de dédommager correctement les anciens propriétaires, ce qui explique le peu d'engouement qu'une telle formule suscite chez les propriétaires dépossédés.

En Hongrie, par exemple, les propriétaires que l'Etat a privés de leurs biens après le 8 juin 1949 (c'est-à-dire sous le régime communiste) devaient être dédommagés en vertu de la loi d'indemnisation de 1991. Cependant, l'indemnité totale était plafonnée à cinq millions de forints (environ $ 50.000) et calculée à des taux dégressifs suivant une formule fixe qui tient compte pour les terres et bâtiments de leur emplacement et superficie et, pour les entreprises, du nombre de salariés. De plus, le paiement de l'indemnisation par l'Etat n'était pas effectué en monnaie mais en bons porteurs d'intérêts, négociables à la Bourse de Budapest et pouvant être utilisés en paiement de biens publics privatisés (y compris des actions de sociétés). Par ailleurs, les anciens propriétaires avaient également un droit de préemption à l'égard de leurs anciens biens lorsque ceux-ci étaient mis en vente par l'Etat ou par un autre organe public, sauf dans le cas des immeubles d'habitation locatifs, pour lesquels les locataires étaient déclarés prioritaires. En outre, une fraction du capital des sociétés nouvellement transformées ou des recettes de privatisation étaient versées à un fonds de compensation[12]. L'exposé des motifs de la loi hongroise explique le choix de la technique d'indemnisation plutôt que celle de restitution par la nécessité de développer une économie de marché, ce qui requiert que l'incertitude quant à la propriété des biens soit réduite au minimum possible. Ce même exposé des motifs précise également que les anciens propriétaires ne sont pas les seuls à avoir souffert sous l'ancien régime.

---

12 Dans un article intitulé «Hungary's Compensation Promise Proves Hollow for Many Claimants» (les promesses de la dédommagement en Hongrie se révèlent illusoires pour plus d'un créancier), Peter Maass écrit, dans le Washington Post (26 octobre 1991, p. A14) : «Les 'bons d'indemnisation' suscitent le scepticisme car le gouvernement n'a pas précisé contre quelles sociétés ou quels appartements ils peuvent s'échanger. De nombreux Hongrois en ont conclu qu'on ne leur offrirait que les biens publics dans le pire état. En outre, il n'est pas si simple d'obtenir ces bons de valeur douteuse car les autorités exigent que chaque demande soit documentée rigoureusement. (...) Les demandeurs doivent fournir toute une série de documents qu'il n'est pas facile d'obtenir. Les titres de propriété foncière jouent un rôle essentiel mais de nombreuses familles les ont perdus au cours des 40 dernières années.Souvent, ces titres ont été confisqués par les autorités communistes». Les demandes sont examinées par les bureaux d'indemnisation régionaux, dont les décisions sont susceptibles de recours devant les tribunaux. Voir aussi une étude des principaux recours judiciaires en matière d'indemnisation avant l'adoption de cette loi dans : Hungary : The Constitutional Politics of Compensation, *Soviet & East European Law,* Columbia University, Vol. 2, n° 4, juin 1991.

Le système de l'indemnisation est, en règle générale, préférable aux restitutions. Le versement d'indemnités est souvent non seulement plus efficace mais aussi plus équitable que la restitution. En effet, toutes les parties touchées peuvent être traitées de la même manière, quel qu'ait été le sort des biens dont les intéressés ont été privés. En dissociant le bien à privatiser et les revendications qui peuvent exister à son égard, les formules d'indemnisation permettent à l'Etat de privatiser les biens autrefois nationalisés sans qu'ils soient grevés d'aucune charge. Les acquéreurs reçoivent un titre sans restrictions et le recouvrement des créances qui subsistent est poursuivi contre l'Etat (ou l'un de ses organes) et non pas contre le nouveau propriétaire. Ce système peut éventuellement être complété par l'octroi aux anciens propriétaires d'un droit de préemption leur permettant par exemple de racheter leurs biens au prix offert par le mieux disant dans le cadre d'une vente aux enchères.

2.3 Expropriations futures

Les investisseurs sont susceptibles d'exiger des garanties contre la renationalisation avant de s'engager financièrement. Une législation acceptable relative aux pouvoirs d'expropriation de l'Etat est primordiale à cet égard. En pratique, l'Etat se réserve dans tous les pays le droit de s'approprier des biens, moyennant un juste dédommagement, si l'intérêt public l'exige, par exemple pour la construction de grands ouvrages d'infrastructure (routes, ports, voies ferrées, aéroports, etc.). Ces droits d'expropriation doivent cependant être limités et soumis au contrôle des tribunaux.

L'existence d'une législation appropriée relative à l'expropriation ne garantit pas, à elle seule, que des expropriations injustes ou à motifs politiques n'auront pas lieu. En effet, la législation peut être suspendue ou modifiée et les autorités concernées peuvent décider de l'ignorer. Les investisseurs tiendront compte, dans leur calcul de risques, de l'incertitude qui s'attache à la manière dont les autorités publiques choisiront, à l'avenir, d'utiliser leurs pouvoirs en matière d'expropriation ou de modifier cette législation[13].

2.4 Propriété intellectuelle

Lorsqu'ils formulent leurs décisions d'investissement, les entrepreneurs, tant étrangers que nationaux, évaluent la qualité et l'application effective qui est

13 Une assurance contre les risques politiques ou non commerciaux peut être obtenue auprès de l'Agence Multilatérale de Garantie des Investissements, ainsi qu'auprès d'organismes d'assurance nationaux ou privés. De même, la Banque mondiale a un programme de garanties permettant de couvrir les risques politiques au sens large (y compris le non-respect par l'Etat ou un autre organisme public de ses obligations contractuelles).

faite des lois sur la protection de la propriété intellectuelle. Ce cadre juridique comprend en principe les accords internationaux auxquels le pays adhère et les lois nationales sur les brevets, les marques de fabrique, les droits d'auteur (y compris sur les logiciels), les secrets commerciaux, le savoir-faire et les licences. Les lois fiscales déterminent dans quelle mesure les recettes provenant des transferts de technologie (comme les redevances, par exemple) sont taxées par l'Etat. En outre, de nombreux pays ont des lois ou dispositions expresses pour la protection de la propriété intellectuelle dans des secteurs particuliers de l'économie (produits pharmaceutiques, par exemple).

A l'occasion d'opérations de privatisation particulières, les investisseurs souhaiteront non seulement être rassurés à propos du cadre juridique général qui assure la protection de la propriété intellectuelle, mais ils rechercheront parfois aussi une protection supplémentaire qui ne sera pas nécessairement conforme au régime de la concurrence dans le pays, tout en résistant aux tentatives que l'Etat pourrait entreprendre pour les contraindre à transférer telle ou telle technologie ou licence à l'entreprise privatisée. Il n'est pas rare de voir des pays poursuivre en parallèle un programme de privatisation et un programme de renforcement du régime de protections de droits de propriété intellectuelle. Ainsi, le Pérou s'est embarqué dès 1992 dans un important programme de privatisation et a également créé vers la fin de 1992 une nouvelle agence chargée de la défense de la concurrence et de la propriété intellectuelle, le tout dans le cadre d'une ambitieuse politique de libéralisation et de modernisation de l'économie[14].

3 PROTECTION DE LA CONCURRENCE

La protection de la concurrence et, plus généralement, l'élaboration et l'imposition de règles assurant des conditions de concurrence égales pour tous sur le marché, est l'une des fonctions les plus complexes de l'Etat, touchant à de nombreux domaines différents de la politique économique et du droit, et nécessitant un haut niveau de compétence de la part des fonctionnaires responsables.

Pour atteindre l'objectif central d'un plus haut degré d'efficacité et de compétitivité, les programmes de désengagement doivent être conçus de manière à favoriser la concurrence. Dans ce cadre, certaines réformes et mesures de restructuration peuvent s'imposer avant la mise en oeuvre des privatisations[15].

---

14 La pression du gouvernement américain n'était pas pour rien dans le renforcement par le Pérou de ses mécanismes de protection de propriété intellectuelle. Voir Wall Street Journal, 15 avril 1994, p. A9.

15 Voir également la section 4 du chapitre 4, consacrée à la restructuration préalable des entreprises publiques.

3.1 Non-discrimination à l'égard du secteur privé

L'absence de toute discrimination entre les secteurs privé et public est un élément essentiel de la politique de concurrence et prend une importance toute particulière dans le contexte d'opérations de privatisation. Le secteur privé doit être autorisé à concurrencer le secteur public dans des conditions d'entière égalité. Ceci suppose, notamment : l'élimination des subventions, y compris les garanties d'Etat pour les emprunts, du moins dans le cas des entreprises publiques qui opèrent dans les secteurs concurrentiels (législation relative aux finances publiques et aux entreprises publiques); l'harmonisation ou l'alignement du régime fiscal des entreprises publiques avec celui qui s'applique aux entreprises privées (législation fiscale); l'application uniforme de dispositions relatives au droit de l'environnement, du travail, ou à d'autres domaines important de la vie économique à toutes les entreprises; la suppression des obstacles à l'entrée du secteur privé; et l'égalité d'accès aux marchés publics (réglementation des marchés publics). L'établissement et le maintien d'une telle égalité doivent être protégés par la loi. Dans certains pays, comme au Brésil[16], ce type de garantie est même prévu par la constitution.

L'élimination du traitement préférentiel des entreprises publiques dans la passation des marchés publics est souvent un aspect crucial d'une bonne politique de concurrence. Au demeurant, le régime des marchés publics n'importe pas seulement du point de vue des finances publiques (contrôle des coûts) et de la moralité publique (lutte contre la fraude). L'Etat (et le secteur public en général, qui inclut les municipalités, les entreprises publiques et les autres entités publiques) est, dans la plupart des pays, le client potentiel le plus important de biens et services. Il est crucial, pour un entrepreneur ayant investi dans une société nouvellement privatisée, de conserver l'accès à ce marché. Un mécanisme de passation des marchés publics équitable et ouvert, appliqué de manière systématique, constitue sa meilleure garantie.

3.2 Libéralisation des prix

La fixation libre et autonome de leurs prix par les entreprises est un élément essentiel au fonctionnement d'une économie de marché concurrentielle. Cette liberté connaît cependant certaines limites nécessaires pour prévenir ou sanctionner les abus[17]. La libéralisation des prix doit normalement intervenir avant la

16 L'article 173 de la constitution de 1988 prévoit que les sociétés publiques, les sociétés d'économie mixte et les autres entités publiques qui exercent une activité économique sont soumises au même régime juridique que les sociétés privées, y compris pour ce qui est des règles concernant le régime de l'emploi et la fiscalité (paragraphe 1); en outre, les sociétés publiques et sociétés d'économie mixte ne jouissent d'aucun privilèges fiscaux qui ne sont pas accordés au secteur privé (paragraphe 2).

17 Voir ci-dessous la section 3.3 ci-dessous consacrée aux dispositions antitrust.

privatisation, en particulier dans les pays où les contrôles exercés par les pouvoirs publics engendrent des distorsions de prix importantes, comme par exemple dans les pays d'Europe centrale et orientale en 1990-1991 ou en Inde. En effet, si la liberté de fixer leurs prix ne leur est pas reconnue, peu d'investisseurs sont susceptibles d'être intéressés par l'acquisition d'entreprises publiques. En outre, si l'entreprise publique est vendue pour une somme relativement basse, en raison de l'effet anticipé des contrôles des prix sur les bénéfices futurs, une libéralisation ultérieure des prix peut permettre à l'investisseur de réaliser des profits non anticipés considérables, ce qui entraînerait inévitablement une mise en cause des autorités concernées qui seraient accusées d'avoir bradé l'entreprise en question.

3.3 Dispositions antitrust

En vue de combattre toute tentative de restriction de la concurrence, il peut être nécessaire d'adopter des lois, applicables tant aux entreprises publiques qu'aux entreprises privées, interdisant la création de cartels, de trusts et de monopoles, ainsi que d'autres pratiques commerciales restrictives. L'introduction d'une telle législation peut avoir pour effet de bloquer certaines opérations de privatisation qui auraient été acceptables auparavant. L'acquisition d'une entreprise publique ou d'autres actifs de l'Etat par un concurrent pourrait, par exemple, entraîner un degré de concentration trop élevé[18]. Le processus de privatisation ne devrait normalement pas aboutir à la simple conversion de monopoles publics en monopoles privés, ni à la création de situations monopolistiques ou oligopolistiques sans aucun contre-poids[19].

Que des lois antitrust soient ou ne soient pas en vigueur, une option à considérer est le morcellement ou la fragmentation des entreprises publiques monopolistiques avant leur privatisation, parfois appelée démonopolisation[20]. Une telle mesure est souvent préférable à la création d'une réglementation complexe en vue de prévenir les abus de position dominante, surtout dans les pays où les moyens administratifs et judiciaires laissent à désirer[21].

18 Voir aussi la section 6 ci-après relative à la législation étrangère.

19 Lorsque des monopoles naturels sont privatisés en tant que tels, ils devront en général être réglementés. Cette question est étudiée plus en détail au chapitre 7, consacré à la privatisation des grandes infrastructures. Il faut aussi prendre en considération l'existence d'une protection douanière pour évaluer les situations monopolistiques ou oligopolistiques (Voir section 3.6 ci-après).

20 Voir la section 4 du chapitre 4 relative à la restructuration préalable des entreprises publiques.

21 Dans un article consacré à l'application des règles antitrust en Europe centrale («Enforcing anti-trust law in Central Europe»), Michael Reynolds écrit que, «malgré l'adoption récente en Pologne, en Hongrie et en Tchécoslovaquie de lois sur la concurrence inspirées de la législation de la Communauté européenne, les entreprises privatisées récemment continueront à opérer dans le contexte d'un système de .../...

Enfin, là où il n'existe pas de législation antitrust ou encore lorsque celle-ci est insuffisante, des règles de concurrence peuvent également figurer dans les dossiers d'appel d'offres et dans les contrats de privatisation. L'on retrouve ainsi fréquemment dans les accords de privatisation des dispositions interdisant certaines prises de participation dans des entreprises concurrentes ou dans des entreprises situées en amont ou en aval dans la chaîne de production.

3.4 Déréglementation et suppression de licences obligatoires

De nombreux pays ont créé une myriade de règles et institutions régissant l'exercice de toute activité économique. Pour autant qu'ils souhaitent attirer les investisseurs, ces pays auront intérêt à rationaliser ces réglementations et réduire le nombre de licences et autres permis officiels qui sont requis pour pouvoir exercer une activité économique. Si, par exemple, des règles imposant l'utilisation de produits d'origine nationale interdisent à un investisseur de s'adresser à ses fournisseurs traditionnels (qui pourraient inclure des sociétés qu'il contrôle), il risque de ne pas souhaiter participer au programme de privatisation.

Dans le cadre de son programme de libéralisation, l'Inde a ainsi aboli depuis 1991 un grand nombre d'exigences en matière de licences obligatoires dans le secteur industriel. De même, dans le contexte d'une réforme économique plus vaste englobant notamment la privatisation de la majorité des entreprises publiques, le Président de la République argentine, M. Menem, a signé en octobre 1991 un décret supprimant des dizaines de services administratifs, notamment parmi les quelques 36 administrations impliquées dans la réglementation du commerce extérieur, et éliminant les contrôles bureaucratiques souvent pointilleux qui pesaient sur l'exercice des activités commerciales[22].

3.5 Réglementation des monopoles

La réglementation du comportement des monopoles privés est souvent considérée comme étant indispensable pour éviter que ces derniers ne bénéficient d'une «rente de monopole» en limitant l'offre de leurs services et en imposant des prix élevés, ou qu'ils n'abusent de toute autre manière de la position exclusive

.../...distribution fortement concentré. Il faudra du temps pour faire disparaître les mauvaises habitudes prises durant 40 ans dans un système où les marchés étaient partagés impunément, où des secteurs entiers étaient dominés par un monopole et où les entreprises traitaient à des prix convenus fixés par le gouvernement. (...) La question fondamentale est la suivante : avec quelle efficacité ces lois seront-elles appliquées ? Dans plus d'un pays, les lois sur la concurrence qui ont été adoptées sont en fait ignorées ou appliquées sans conviction». Traduit du Financial Times, 26 septembre 1991, p. 14.

22 Voir Financial Times, 1er novembre 1991, p. 8.

qu'ils occupent sur le marché[23]. Par contre, dans bien des cas, les monopoles publics, dont l'objectif premier n'est pas censé être la recherche du profit, ne sont pas réglementés (à tort selon nous). La privatisation de ces monopoles impose donc la mise sur pied d'un cadre réglementaire approprié pour celles de leurs activités qui ne peuvent être soumises à concurrence, à savoir en règle générale les activités présentant les caractéristiques d'un monopole naturel. Les problèmes spécifiques qui se posent dans ce contexte sont étudiés au chapitre 7, consacré à la privatisation des grandes infrastructures.

3.6 Législation relative au commerce extérieur

Une protection extérieure (grâce à des tarifs douaniers ou à des restrictions quantitatives par exemple) basse ou modérée encourage la concurrence par les importations. Toutefois, les investisseurs chercheront souvent, dans leurs négociations avec l'Etat, à obtenir que la législation relative au commerce extérieur soit appliquée ou modifiée à leur avantage, ce qui peut être contraire à l'objectif d'une économie efficace et compétitive. Dans ce contexte, de nombreux investisseurs demandent une protection spéciale contre les importations qui leur font concurrence. Si une exemption des dispositions ordinaires de la législation sur le commerce extérieur est concédée à un acquéreur, elle doit l'être de manière transparente et être prise en considération dans l'évaluation des offres. Un investisseur est bien évidemment prêt à offrir davantage pour une entreprise protégée sur le marché national contre la concurrence d'opérateurs étrangers. Il faudra cependant apprécier ce prix plus élevé par rapport au coût que représente pour l'économie, l'octroi d'une telle protection[24]. En plus des tarifs douaniers ou des restrictions quantitatives, les investisseurs évalueront également, en matière de commerce extérieur, les subventions à l'exportation, les contrôles techniques exercés sur les importations et les exportations, les formalités d'expédition, ainsi que les accords conclus par le pays dans le cadre du GATT et les traités commerciaux multilatéraux, bilatéraux ou régionaux.

---

23 Il ne faut pas perdre de vue cependant que l'élaboration et l'imposition de cette réglementation ont elles-mêmes un coût qui pourrait, dans certains cas, dépasser les bénéfices qu'elles engendrent. Voir, à ce sujet, Bradburd (1992).

24 La Guinée, le Togo et d'autres pays ont accordé une protection très généreuse à l'occasion de certaines privatisations, notamment sous forme de tarifs douaniers élevés frappant l'importation de produits concurrents.

4 ASPECTS IMPORTANTS DU DROIT DES AFFAIRES

4.1 Droit des contrats

Le droit des contrats et les mécanismes permettant d'en assurer l'exécution, fut-elle forcée, sont des éléments essentiels du cadre juridique d'une économie de marché en ce qu'ils déterminent la manière dont les droits de propriété se transmettent. Une des notions de base de tout système juridique est décrite par le précepte «pacta sunt servanda», qui traduit l'obligation pour les parties de respecter les accords qu'elles ont conclus. Le sujet est trop vaste pour être examiné ici. Qu'il suffise de rappeler que le droit des contrats est fondamental pour le développement du secteur privé et pour les opérations de privatisation, ces dernières étant toujours exécutées par le biais de contrats, voire même, le plus souvent, d'un ensemble complexe de contrats étroitement imbriqués[25].

4.2 Droit des sociétés

Le droit des sociétés fixe en principe les règles fondamentales de la création des sociétés, de leur gestion, de leur exploitation et de leur liquidation. Les dispositions du droit des sociétés prévoient différents types de sociétés (avec ou sans responsabilité limitée, par actions, etc.), elles leur accordent la personnalité juridique, fixent le montant minimum du capital, déterminent dans quelle mesure les actionnaires sont tenus des dettes de la société, énoncent les règles applicables à la vente ou à la cession des actions, établissent les principes de base en matière de répartition des pouvoirs au sein de la société (notamment les fonctions et pouvoirs des actionnaires, du conseil d'administration, de la direction et des salariés), etc. En général, la législation relative aux sociétés leur donne la faculté de déroger à certaines des dispositions types de la loi et de définir leurs propres modes de fonctionnement, pour autant que les actionnaires et les créanciers soient adéquatement protégés[26]. On ne saurait trop insister sur l'importance d'un bon

25 Par ailleurs, le succès de la privatisation d'entreprises dans certains secteurs économiques, comme l'hôtellerie ou la distribution, peut dépendre de la possibilité de conclure et faire valoir des contrats commerciaux de type spécial comme le crédit-bail ou le franchisage.

26 Ainsi, même lorsqu'ils détiennent moins de 50 % des parts dans une société et que l'Etat ou le secteur public y détient la majorité, que ce soit dans le cadre de privatisations ou de création de nouvelles sociétés d'économie mixte, les investisseurs privés exigeront parfois le droit de nommer l'équipe de direction de la société et de désigner la majorité des membres du conseil d'administration, ainsi que d'autres dispositions particulières telles qu'un quorum plus élevé et des majorités qualifiées pour le fonctionnement des assemblées des actionnaires. Le droit des sociétés doit offrir la possibilité d'adopter de telles modalités, que ce soit en permettant la création de différentes classes d'actions ou par d'autres mécanismes. On peut se référer ainsi aux privatisations de Telmex, .../...

cadre régissant le fonctionnement des sociétés, comme l'illustre les difficultés rencontrées en la matière dans beaucoup de pays de l'Est[27].

Lorsque l'Etat cherche à se défaire de ses participations dans une société d'économie mixte où il est présent au côté d'actionnaires privés, les actionnaires ont souvent, en vertu du droit des sociétés et des statuts de la société elle-même, le droit d'approuver toute cession de parts à des non-actionnaires, voire même un droit de préemption. Si tel est le cas, il peut être utile que le gouvernement consulte d'abord les autres actionnaires pour étudier les diverses possibilités de restructuration ou de privatisation. Par ailleurs, en vue d'éviter que des actionnaires minoritaires ne puissent bloquer la réalisation des opérations de privatisation, certaines lois de privatisation prévoient une dérogation expresse au droit commun des sociétés[28]. Il est toutefois préférable d'éviter les dispositions de ce type car elles constituent en fait une modification unilatérale par l'Etat d'un accord commercial qu'il a conclu avec des tiers. Enfin, on peut également assister à des privatisations «par omission», lorsque, à l'occasion d'une augmentation de capital dans une société où l'Etat était majoritaire, celui-ci renonce à son droit de souscription et permet ainsi à la société de passer sous contrôle privé[29].

Les règles applicables à la création, à l'exploitation et à la vente des filiales, sociétés apparentées et succursales ont également un impact sur le choix des modalités de privatisation. Parmi les raisons pour lesquelles cette problématique est importante figurent : la multiplication, dans de nombreux pays, des filiales d'entreprises publiques, souvent soumises au droit commun des sociétés[30]; l'existence, dans d'autres pays, de sociétés de portefeuille d'Etat actionnaires de tout un ensemble d'entreprises publiques; et le fait que les acquéreurs privés d'entreprises publiques sont souvent des sociétés établies qui peuvent souhaiter transformer en filiale la société ainsi acquise.

.../...MATAV et CANTV, trois sociétés de télécommunications dans lesquelles un consortium privé a repris le contrôle de la société en acquérant une participation minoritaire, l'Etat restant, du moins dans un premier stade, l'actionnaire majoritaire. Voir également la section 11.2 du chapitre 7.

27 Voir Gray et Hanson (1993).

28 Voir, par exemple, l'article 15 de la loi de privatisation sénégalaise de 1987 selon lequel les dispositions du code civil qui exigent l'approbation préalable des autres actionnaires avant toute vente à des non-actionnaires, ne sont pas applicables aux cessions d'actions exécutées en vertu de la loi de privatisation.

29 Voir, par exemple, la privatisation en 1994 de la société aéronautique allemande Lufthansa, où l'Etat allemand détenait 51,4 % du capital avant augmentation de capital et seulement 41 % après.

30 Il s'ensuit notamment que la privatisation de ces filiales peut relever exclusivement du droit commun des sociétés et donc être opérée par décision de l'organe compétent de l'entreprise publique sans l'approbation du gouvernement. Voir aussi section 3 du chapitre 4.

Dans ce contexte, il est intéressant de noter que la Treuhandanstalt a été entraînée dans des controverses juridiques quant à l'étendue de sa responsabilité en ce qui concerne les dettes des sociétés qu'elle contrôle. Selon la jurisprudence allemande, en effet, la société mère est responsable des dettes de ses filiales si elle intervient dans les affaires de celles-ci ou si elle ne maintient pas de séparation nette entre son patrimoine et celui desdites filiales[31]. On retrouve une situation plus accentuée en Italie, où lorsque l'Etat est l'unique actionnaire d'une société de droit privé, il peut être tenu des dettes de celle-ci au-delà du montant du capital social.

Le droit des sociétés est souvent inutilement compliqué, ambigu ou défaillant. Il peut donc être nécessaire de rédiger, modifier ou simplifier les lois ou règlements applicables aux sociétés pour les adapter aux nécessités du programme de privatisation. Des modifications s'imposeront parfois, par exemple, pour permettre la création rapide d'une société en éliminant les formalités et les délais administratifs imposés pour la constitution et l'enregistrement ou, de manière générale, pour assurer un cadre favorable au développement des entreprises et protéger les intérêts légitimes de toutes les parties concernées. Dans certains cas, les modifications nécessaires auront pour objet de corriger des problèmes survenus suite au lancement du programme. Un décret présidentiel russe entré en vigueur en janvier 1994 limite ainsi les pouvoirs des dirigeants de sociétés privatisées en supprimant les restrictions au transfert d'actions que certains d'entre eux avaient imposées afin d'éviter une prise de contrôle par des investisseurs extérieurs, et en stipulant que les représentants des employés-actionnaires ne peuvent pas occuper plus du tiers des mandats d'administrateur desdites sociétés[32].

4.3 Droit comptable

Des problèmes différents peuvent se poser à propos de la législation comptable selon que l'on envisage le contexte général du développement du secteur privé ou les opérations de privatisation en particulier. Dans le premier cas, les procédures de comptabilité et de vérification des comptes importent principalement pour l'impact direct qu'elles ont sur les obligations fiscales de la société et pour assurer l'information sincère des actionnaires (la législation impose normalement la divulgation d'un minimum d'informations). Il importe en outre de garantir aux sociétés le libre choix de leurs propres vérificateurs. Ainsi, beaucoup d'investisseurs jugent inacceptable toute obligation de vérification des comptes de la société par un organisme public, tel qu'un corps d'inspection financière dépendant du ministère des finances.

Dans les opérations de privatisation, les candidats repreneurs sont souvent moins intéressés par les comptes officiels de l'entreprise publique que par un état précis des avoirs et des obligations. Ils se chargeront de toute façon d'établir leur

31 Voir Norbert Horn, op. cit., p. 6.

32 Voir The Economist, 12 mars 1994, p. 58.

propre évaluation de l'entreprise. Lorsque des repreneurs envisagent d'acquérir une société, ils voudront pouvoir effectuer une vérification approfondie de sa situation financière et ne prêteront généralement guère foi aux comptes officiels de l'entreprise publique, soit à cause de la carence des réglementations comptables dans le pays, soit faute de bien connaître les normes comptables du pays (qui peuvent être très différentes de celles dont ils ont l'habitude), soit encore parce que les documents et pratiques comptables de l'entreprise publique laissent trop à désirer.

En revanche, en cas de placement de titres auprès du public, les investisseurs individuels n'ont ni la possibilité ni les moyens d'analyser personnellement les opérations et les comptes de la société. Ces investisseurs doivent pouvoir se fier à des états financiers vérifiés et certifiés par des vérificateurs indépendants de bonne réputation. En outre, une telle vérification est normalement exigée préalablement à l'admission en bourse des actions de la société. L'exemple des privatisations chinoises est intéressant de ce point de vue. En effet, les autorités chinoises ont choisi plusieurs techniques de privatisation, y compris l'offre publique de vente. Lorsqu'une société est appelée à être cotée en bourse de Shanghai ou Shenzhen, une reformulation des comptes s'impose déjà. Lorsqu'elles sont cotées en bourse de Hong Kong ou New York, ces bourses exigent le respect de règles comptables et d'audit beaucoup plus strictes, ce qui requiert une préparation plus longue des entreprises concernées nécessitant l'assistance de cabinets comptables internationaux.

L'existence de règles comptables conformes aux principes comptables internationaux généralement acceptés et assorties de sanctions devrait améliorer sensiblement les perspectives de réussite du programme de privatisation en augmentant transparence et prévisibilité, et donc en réduisant les risques pris par les acheteurs[33].

4.4 Liquidation et faillite

La liquidation et la faillite sont des mécanismes de sortie du marché permettant de faire disparaître les entreprises les moins efficaces et donc de libérer des ressources pour des utilisations plus productives. Elles sont souvent utilisées aussi comme méthodes de privatisation. Bien que ces deux notions se recoupent[34], il convient d'y voir néanmoins des techniques de privatisation distinctes.

33 Pour une étude plus détaillée des problèmes comptables de la privatisation, voir «Comment résoudre les problèmes de comptabilité posés par la privatisation», Rapport du Secrétaire-général, Conseil économique et social des Nations Unies, E/C.10/AC.3/1992/5, 4 février 1992.

34 Le mot «liquidation» sert aussi à décrire le stade de la procédure de faillite où les actifs d'une société insolvable sont vendus et le produit de leur vente distribué aux créanciers et, le cas échéant, aux actionnaires.

Le terme «liquidation» s'applique à la cessation d'une entreprise lorsque, pour un motif quelconque, ses propriétaires ont décidé de s'en défaire en vendant ses biens, en payant ses dettes et en se répartissant le produit de la vente selon les droits proportionnels détenus par chacun. Dans la plupart des pays, la liquidation est réglementée par le droit des sociétés[35]. La liquidation d'une entreprise publique est le processus par lequel l'Etat se dessaisit de l'entreprise en transférant la propriété des actifs (et du passif) de l'entreprise plutôt que de l'entreprise elle-même. Dans une liquidation de société sans responsabilité limitée, le propriétaire est généralement tenu de toute dette de l'entreprise restant due au terme de sa liquidation et de sa dissolution. La liquidation permet souvent une privatisation rapide et efficace en évitant les formalités et complexités de la faillite. De ce fait, elle est la technique de privatisation privilégiée dans de nombreux pays, dont le Mexique dans la phase initiale de son programme de privatisation et beaucoup de pays d'Afrique subsaharienne. La liquidation tend aussi à être la technique de privatisation la plus pratique pour les entreprises publiques dont les comptes sont insuffisamment rigoureux ou dont le passif est inconnu, incertain ou conditionnel.

La faillite n'est pas, quant à elle, une technique de privatisation à recommander[36]. Elle a cependant servi dans ce contexte à l'occasion de privatisations intervenues au Mexique[37] et dans d'autres pays. La faillite diffère de la liquidation

35 Dans ce contexte, les investisseurs voudront savoir quelles sont les règles qui seraient d'application au cas où ils décideraient de liquider volontairement leur société : se heurteraient-ils, par exemple, à des restrictions concernant la vente des actifs ou le rapatriement du produit des ventes ?Des restrictions de ce type, qui figurent dans certaines réglementations relatives à l'investissement étranger ou aux opérations en devises, constituent un obstacle qui peut nuire à la mise en oeuvre des privatisations.

36 En Colombie, les actifs de Papelcol, un important fabricant de papier, placés sous «concordato» (semblable au régime du concordat du droit commercial français ou encore à celui du chapitre 11 de la loi des Etats-Unis sur la faillite), ont dû être soustraits à la procédure de faillite par le propriétaire lui-même, une société holding d'état, qui était devenue le principal créancier de l'entreprise, avant de pouvoir être cédés à une société privée.

37 Aeromexico a été déclarée en faillite en avril 1988.En septembre 1988, Aerovias, une société nouvelle au capital d'environ 44.000 dollars US, a été créée avec pour actionnaires l'administrateur de faillite et le syndicat des pilotes. Cette société a repris les activités de la compagnie aérienne et conclu de nouveaux contrats avec les principaux syndicats représentant un personnel radicalement comprimé. Durant le même mois, l'administrateur a mis en vente les actifs d'Aeromexico. Le soumissionnaire qui a emporté le marché avait offert d'acheter la plupart des actifs, à l'exception des avions, des moteurs et des pièces détachées superflues, ainsi que 75 % d'Aerovias, laissant les 25 % restants au syndicat des pilotes. L'offre comportait également la location du matériel volant nécessaire. Elle a été acceptée et le contrat de vente a été signéen novembre 1988.D'après Galal, Jones, Tandon et Vogelsang (1994). Voir également l'encadré 1 p. 23. Suite à leur privatisation, Mexicana et Aeromexico se sont lancées dans une lutte commerciale intensifiée par l'arrivée sur le marché de nouveaux transporteurs aériens. Mexicana se trouva rapidement dans une situation.../...

à plusieurs égards. Tout d'abord, la procédure de faillite est dirigée ou contrôlée par les tribunaux, généralement avec l'aide de syndics ou d'administrateurs désignés en justice. Ensuite, la faillite suppose généralement que la société soit insolvable. Les dirigeants de la société sont parfois légalement tenus de demander la mise en faillite si la société perd l'essentiel de son capital ou est en état de cessation de paiement, le fait de ne pas demander la mise en faillite pouvant donner lieu à poursuites et condamnation. D'autre part, la procédure peut être déclenchée par les créanciers ou par les tribunaux (ou par le ministère public), malgré les objections du propriétaire. L'utilisation des procédures de faillite comme technique de privatisation suppose l'existence d'un système judiciaire qui fonctionne bien, condition qui fait défaut dans de nombreux pays en développement où des institutions judiciaires souvent incompétentes, sous-équipées ou corrompues tendent à créer un goulet d'étranglement dans le fonctionnement de ce mécanisme critique de sortie du marché.

Les procès interminables ne sont pas rares dans ce domaine et les tribunaux sont souvent mal équipés pour accomplir leur mission. Par ailleurs, de nombreux pays ne disposent pas d'administrateurs (syndics) de faillite correctement formés auxquels les tribunaux peuvent confier la gestion des sociétés durant la procédure de faillite. De plus, comme les créanciers de l'entreprise jouent en général le rôle principal dans les procédures de faillite, le choix de ce mécanisme comme technique de désengagement peut rendre plus difficile la poursuite d'objectifs autres que la maximisation des recettes[38]. Enfin, dans beaucoup de pays, dont ceux à économie planifiée, où la grande majorité des créanciers des entreprises publiques sont d'autres entreprises publiques ou organismes d'Etat, la répartition des avoirs de l'entreprise défunte pourra être plus efficacement réalisée par l'Etat, celui-ci étant directement ou indirectement l'actionnaire et le créancier principal.

Il importe de déterminer si les règles en vigueur en matière de liquidation, faillite et cessation de paiements s'appliquent effectivement aux entreprises publiques[39]. Si tel est le cas, il faut en outre s'assurer que ces dispositions sont adéquates pour régler les liquidations d'entreprises publiques qui pourraient avoir

---

.../...financière difficile, obérée notamment par le fort endettement résultant de l'acquisition de 36 Airbus. En février 1993, Aeromexico acquit le contrôle de Mexicana, mais ne parvint pas à la restructurer et l'intégrer et se retrouva à son tour en état de cessation de paiements en septembre 1994. Voir New York Times, 6 septembre 1994, et Wall Street Journal, 3 octobre 1994.

38 Il convient d'observer aussi qu'une législation efficace en matière de faillite peut constituer une menace (ou une incitation à la bonne gestion) pour les dirigeants d'entreprises (privées ou publiques). Cette menace ou incitation ne devient toutefois opératoire qu'à partir du moment où la situation de la société s'est détériorée à un point tel que cette dernière se trouve effectivement menacée de faillite.

39 Si tel n'est pas le cas, il peut exister une loi expresse sur la liquidation des entreprises publiques. Voir la section 4.8 du chapitre 4 consacrée à la législation relative à la liquidation des entreprises publiques.

lieu, en particulier du point de vue de la protection des créanciers privés de ces entreprises. L'Etat pourra ainsi choisir de renoncer à certaines de ses créances sur une entreprise publique (par exemple les arriérés d'impôts) dans l'intérêt des créanciers privés de l'entreprise, en particulier des créanciers garantis. En outre, l'Etat peut choisir de demeurer légalement responsable des créances qui n'ont pas été honorées par l'ancienne entreprise publique, y compris celles dont le paiement est réclamé postérieurement à sa dissolution.

Dans la mesure du possible, les entreprises publiques doivent être soumises aux mêmes lois, réglementations et pratiques que les entreprises privées en matière de liquidation et de faillite. Des règles plus accommodantes ou une application inégale de règles communes[40] risquent en fait de laisser des entreprises publiques déficitaires concurrencer déloyalement les autres entreprises. Toutefois, l'application subite de la législation commerciale de la faillite à l'ensemble du secteur des entreprises publiques risquerait, si elle n'est pas précédée d'une restructuration financière approfondie des entreprises publiques concernées (notamment de celles dont le solde net est négatif), de provoquer une cascade de faillites, menaçant la survie du gouvernement et de son programme de réforme[41]. Le problème consiste donc a trouver un juste milieu entre une application immédiate et stricte des règles sur la faillite à toutes les entreprises en difficulté et un régime d'exception qui permettrait à ces entreprises de survivre indéfiniment.

La Hongrie, la République tchèque et la Pologne ont chacune adopté une attitude différente à cet égard, comme expliqué dans l'encadré 7 ci-après. La Hongrie a donné priorité à l'application rapide, par les tribunaux, de règles strictes relatives à la faillite. La procédure figurant dans la loi de septembre 1991 a cependant dû être assouplie en 1993 pour tenter de diminuer quelque peu la masse des affaires présentées devant les tribunaux, ainsi que le nombre d'entreprises devant fermer leurs portes. En République tchèque, par contre, l'accent a été mis sur la recherche, hors tribunaux, de solutions permettant la restructuration des entreprises en difficulté. Le risque, ici, est que le processus de réallocation des

40 Les créanciers, en particulier les banques qui appartiennent à l'Etat ou qui sont contrôlées par lui, sont susceptibles d'hésiter à engager des procédures de faillite contre les entreprises publiques. De même, les dirigeants de ces entreprises et les membres de leur conseil d'administration n'ont souvent aucune incitation à entamer la liquidation des entreprises en question, même s'ils y sont tenus par la loi. Dans beaucoup de pays, le manquement à ces obligations légales n'est, en règle générale, pas sanctionné, alors qu'en déclenchant la liquidation d'une entreprise publique, ces dirigeants savent qu'ils ont toutes chances de perdre leur poste.

41 Telle pourrait être la conséquence indirecte d'un vaste programme de transformation des entreprises publiques en sociétés de droit privé qui ne se bornerait pas à soumettre ces entreprises au droit privé des sociétés mais leur rendrait également applicables d'autres éléments de la législation des affaires tels que les lois sur la faillite. Ce fait est pourtant souvent négligé par les partisans d'une transformation générale des entreprises publiques en sociétés de droit commercial. Voir la section 4.6 du chapitre 4 consacrée à la transformation des entreprises publiques en sociétés de droit commercial.

ressources vers les activités les plus productives ne soit retardé par la survie d'entreprises malsaines pendant un trop long laps de temps. La Pologne, enfin, a opté pour une voie intermédiaire : les banques dont certains débiteurs sont en difficulté ont le choix entre, d'une part, une procédure de conciliation dont la durée dans le temps est limitée et qui doit conduire à un accord de restructuration et, d'autre part, l'application par les tribunaux de la législation relative à la faillite. Il est encore trop tôt pour tirer des conclusions définitives, mais l'approche polonaise paraît prometteuse dans la mesure où elle évite de surcharger les cours et tribunaux, impose des délais limités pour établir un programme de restructuration et permet aux banques d'acquérir de l'expérience dans le domaine de l'évaluation et du recouvrement des dettes.

Encadré 7

Droit de la faillite : les approches hongroise, tchèque et polonaise

Hongrie : la voie judiciaire

La Hongrie a choisi d'imposer aux entreprises en difficulté de strictes procédures judiciaires de faillite. La loi relative aux procédures de faillite, aux procédures de liquidation et au règlement des comptes, adoptée en septembre 1991 imposait aux managers d'entamer la procédure de faillite dès que l'entreprise connaissait un retard de paiement de plus de 90 jours pour le paiement d'une de ses dettes.

La loi prévoyait deux procédures alternatives : la réorganisation (appelée, de manière trompeuse, «faillite») et la liquidation. La procédure de réorganisation donnait soixante jours à un débiteur pour préparer un plan visant à rétablir sa solvabilité. Ce plan devait être accepté à l'unanimité par l'ensemble des créanciers sans quoi la procédure de liquidation devenait automatiquement applicable.

Le nombre de dossiers présentés devant les tribunaux a connu une énorme augmentation, passant de 528 en 1991 à 14.300 l'année suivante, qui s'est traduite par une multiplication du nombre d'entreprises amenées à fermer leurs portes. Sur les 14.300 dossiers sus-mentionnés, seuls 4.400 concernaient des procédures de réorganisation, les autres étaient des cas de liquidation. De plus, seulement un tiers des cas de réorganisation traités par les tribunaux en 1992 se sont effectivement conclus par l'accord des créanciers sur le plan proposé. La deuxième conséquence de la multiplication des procédures entamées est que les tribunaux se sont trouvés complètement débordés. Le manque de juges et de curateurs de faillite qualifiés – au milieu de l'année 1992 à Budapest, huit juges étaient chargés de 4000 affaires ! – entraîne des retards considérables dans le traitement des dossiers.

Cette situation a amené les autorités à proposer un assouplissement de la procédure imaginée en 1991 et la loi a été amendée en septembre 1993. Aujourd'hui, par exemple, la procédure de faillite n'est plus obligatoire mais seulement facultative en cas de retard de paiement de plus de 90 jours et il suffit, pour qu'un plan de réorganisation soit adopté, qu'il soit accepté par la moitié des créanciers, à condition que ceux-ci détiennent deux tiers au moins du montant total des créances à charge de l'entreprise

République tchèque : temporisation

La République tchèque a adopté en 1991 une loi relative à la faillite. Celle-ci n'avait cependant pratiquement pas encore été appliquée, un moratoire ayant été imposé jusqu'en avril 1993 sur les actions dirigées contre les entreprises d'Etat. Cette protection a depuis lors été prolongée à plusieurs reprises pour certains secteurs d'activités. La loi a notamment été déclarée inapplicable aux entreprises privatisées au moyen de coupons pendant un délai de deux mois suivant leur privatisation.

Plutôt que d'imposer l'application des lois relatives à la faillite, les autorités tchèques invitent les investisseurs intéressés par le rachat d'entreprises publiques à proposer des plans de restructuration pour ces entreprises. Ce système a l'avantage de ne pas surcharger les cours et tribunaux et de ne pas provoquer des liquidations en masse. Le risque, cependant, est que les entreprises en difficulté qui ne suscitent pas l'intérêt des investisseurs ne restent pour une longue période à charge de l'Etat.

Pologne : approche alternative

La Pologne possède une législation relative à la faillite, héritée de deux lois de 1934 qui ont été remises en application depuis 1991. De plus, des procédures de liquidation sont prévues dans la loi de 1981 relative aux entreprises d'Etat, tel qu'amendée en 1991. Ces lois, cependant, ne contiennent pas de dispositions imposant le recours à la procédure de la faillite lorsque certaines conditions sont réunies et relativement peu de cas de faillite ont jusqu'ici été traités par les tribunaux.

Toutefois, une récente loi relative à la restructuration financière des entreprises et des banques, donne aux banques le rôle principal en matière de restructuration d'entreprises publiques en difficulté. Débiteurs et créanciers ont quatre mois pour élaborer, sous l'égide des banques, un programme de restructuration. Si un ensemble de créanciers détenant plus de 50% des créances pesant sur le débiteur approuve ce programme, celui-ci s'impose à tous les créanciers. Un choix est ainsi donné aux banques quant à la procédure à suivre : soit avoir recours au mécanisme de conciliation instauré par la nouvelle loi, soit intenter une procédure de faillite traditionnelle devant les tribunaux, sous l'empire des lois de 1934.

Source : Gray (1993a).

4.5 Cession de dettes

La plupart des systèmes juridiques réglementent expressément la cession des dettes et des obligations, y compris les éléments conditionnels du passif, correspondant par exemple à des litiges en cours ou éventuels. Dans les pays de droit civil, une cession de dette est normalement subordonnée à l'approbation des créanciers. Sans cette approbation, le débiteur d'origine reste tenu.

Si la privatisation s'effectue par la vente de l'entreprise publique d'origine (c'est-à-dire de l'entité juridique qui était le débiteur), que ce soit par appel d'offres ou par cession d'actions, la société privatisée reste débitrice et la situation des créanciers n'est pas fondamentalement modifiée. Dans certains pays, comme en Bulgarie, le droit commercial oblige le vendeur d'une société (l'Etat en cas de privatisation d'une entreprise publique) à aviser préalablement les créanciers de la société de la vente prochaine. Sauf accord des créanciers, le vendeur demeure, même après la vente, débiteur des dettes de la société contractées antérieurement à la privatisation[42].

Si, au contraire, l'entreprise publique change de statut juridique[43], par exemple suite à une transformation en société de droit commercial, les créanciers pourraient ne pas être satisfaits de leur nouveau statut. En effet, la transformation

42 Voir l'article 15 du code de commerce bulgare du 16 mai 1991.

43 Voir sections 5.1 du chapitre 1 et 4.6 du chapitre 4.

du débiteur d'origine, c'est-à-dire (le plus souvent) d'une société publique à responsabilité non limitée jouissant implicitement du crédit de l'Etat, en société à responsabilité limitée constituée selon le droit des sociétés, peut réduire la garantie procurée à ses créanciers au montant du capital déclaré de la nouvelle société. Des lois sur la transformation de sociétés publiques en sociétés de droit commercial adoptées au Sri Lanka, en Pologne et dans d'autres pays prévoient néammoins expressément que le passif de l'ancienne entreprise publique est repris par la société nouvelle[44].

Comme, dans bien des cas, les entreprises publiques n'attireraient aucun repreneur si elles devaient continuer à supporter leurs dettes et obligations en cours, de nombreux gouvernements ont préféré apurer ces dettes, soit avant leur constitution en sociétés de droit commercial[45], soit au stade de la négociation de l'opération de privatisation avec les soumissionnaires intéressés[46].

Par ailleurs, si l'obligation initiale de l'entreprise publique était garantie par l'Etat (comme ce serait le cas pour un prêt de la Banque mondiale, par exemple), cette garantie reste en vigueur même lorsque, suite à la privatisation, le nouveau propriétaire est une personne privée. Là encore, dans de nombreux systèmes juridiques, l'Etat ne pourra pas céder son obligation de garantie à un tiers sans l'assentiment du créancier concerné[47]. Si la privatisation se fait par la cession d'un

44 La loi sri lankaise autorise la transformation des entreprises publiques en sociétés par actions par décision administrative et prévoit que les dettes de l'entreprise sont réputées dettes de la nouvelle société. De même, l'article 8, alinéa 2, de la loi de privatisation polonaise du 13 juillet 1990 dispose que la société constituée par suite de la conversion d'une entreprise publique assume tous les droits et obligations de l'entreprise convertie. Voir aussi la loi néo-zélandaise de 1986 sur les entreprises publiques.

45 Voir, par exemple, l'article 62 de la loi de 1984 sur British Telecommunications.

46 Dans une allocution prononcée à Washington, D.C. le 14 novembre 1991 devant des investisseurs américains, Mme Birgit Breuel, présidente de la Treuhandanstalt, déclarait : «Nous négocierons aussi avec souplesse au sujet des dettes et obligations environnementales à charge (des entreprises publiques privatisables). L'étendue de notre générosité dépendra de l'intérêt de vos propositions». «Le prix d'achat ne sera pas le seul facteur décisif. Le montant de l'investissement prévu et le nombre d'emplois garantis sont aussi importants pour nous». «Depuis sa création (à l'automne 1990), la Treuhandanstalt a pris à sa charge une moyenne de 85 % des dettes courantes des entreprises qui ont été privatisées». La Treuhandanstalt est habilitée, par un décret de septembre 1990 sur l'allégement de la dette, à prendre en charge les dettes contractées par les entreprises publiques avant le 1er juillet 1990.Voir également, la section 4 du chapitre 4 sur la restructuration préalable.

47 Lors de la privatisation de VASP, la compagnie aérienne de l'état de Sao Paulo (Brésil), cette difficulté a été évitée en exigeant que les créanciers de VASP soient remboursés par l'acheteur et que ce dernier émette une contre-garantie assortie de gages solides devant servir à rembourser l'Etat dans l'hypothèse où la garantie de celui-ci serait mise en jeu.

ensemble d'éléments d'actif et de passif et non par la cession d'une société (ou des parts d'une société), la question du transfert de dettes devra être examinée plus en détails.

4.6 Droit de l'environnement

L'interface entre droit de l'environnement et privatisation se joue sur plusieurs niveaux[48]. Tout d'abord, il s'agira d'examiner dans quelle mesure les entreprises à privatiser ont mené leurs activités en conformité avec la réglementation environnementale en vigueur. Elles peuvent en effet avoir été exemptées de cette législation, ou plus simplement l'avoir enfreinte. Quel que soit le cas, il s'agira de déterminer dans quelle mesure les repreneurs seront tenus de dédommager les personnes ayant souffert de la pollution et de corriger la situation en vue de faire cesser ces infractions si elles ont toujours cours. L'incertitude quant à l'étendue des obligations pour cause de dommages à l'environnement pesant sur les entreprises à privatiser a ainsi été l'une des principales raisons pour lesquelles le programme de privatisation allemand a démarré lentement. Il a fallu modifier la législation pour permettre aux gouvernements régionaux de libérer les investisseurs des obligations relatives aux dommages environnementaux causés par les entreprises publiques avant leur privatisation, et la Treuhand a dû absorber l'essentiel du coût de la réparation de ces dommages[49]. Il en a été de même en Pologne, où le gouvernement fut surpris de voir le nombre d'investisseurs demandant des clauses d'indemnisation spécifiques dans les accords de reprise d'entreprises publiques en vue de se prémunir contre les risques de responsabilité au titre d'actes de pollution commis par l'entreprise avant sa privatisation[50].

48 Voir notamment World Bank, *Privatization and Environmental Assessment : Issues and Approaches,* Washington, D.C., World Bank, Environmental Assessment Sourcebook Update, n° 6, mars 1994; Goldenman et al. (1994); Goldenman (1993); et Bell et Kolaja (1993).

49 «L'application stricte des lois ouest-allemandes sur l'environnement aurait provoqué la fermeture de la plupart des entreprises d'Allemagne de l'Est. La loi cadre sur l'environnement prévoit que les acquéreurs d'usines ou autres biens immobiliers commerciaux en Allemagne de l'Est peuvent être libérés de la responsabilité des dommages environnementaux provoqués par le fonctionnement de l'usine ou l'utilisation des biens antérieurement au 1er juillet 1990Les demandes de quitus doivent être déposées avant le 29 mars 1992L'exonération sera accordée si elle se justifie lorsque l'intérêt de l'investisseur et l'intérêt public en matière de protection de l'environnement sont comparés. Les amendements de mars 1991 relatifs aux opérations de privatisation prévoient désormais l'exonération des créances de droit civil détenues par les particuliers et des créances de droit public détenues par l'Etat. Auparavant, il n'était pas possible d'échapper de la sorte aux obligations nées de créances de droit civil. (...) Outre l'exonération de responsabilité, qui ne peut être accordée qu'après approbation émanant de l'état allemand compétent, les investisseurs peuvent obtenir de la Treuhandanstalt qu'elle les indemnise des obligations environnementales supportées». Traduit de Jones Day, *New Perspectives on Investments in Eastern Germany,* Comments to Clients, 17 mai 1991, pp. 1 et 2.

50 Voir Bell et Kolaja (1993), pp. 943-4.

Il est essentiel, pour les acquéreurs éventuels (en particulier dans le cas d'industries polluantes comme les industries chimiques, les mines ou la sidérurgie), de connaître précisément l'étendue de leur responsabilité pour les dommages à l'environnement ou les violations de la législation sur l'environnement commis par l'ancienne entreprise publique. Certaines de ces obligations peuvent être connues et chiffrables, alors que d'autres pourraient ne surgir qu'après la privatisation[51]. Le manque de clarté quant à l'étendue des dommages causés à l'environnement par l'entreprise à privatiser ou quant à la responsabilité présente ou future des acquéreurs en la matière est ainsi la cause du manque d'intérêt des investisseurs dans certaines privatisations[52].

Plusieurs options se présentent pour résoudre ce problème. Tout d'abord, l'option la plus simple qui conduit a exonérer l'entreprise privatisée de toute responsabilité liée aux actions ou inactions de l'entreprise publique, cette responsabilité revenant alors généralement à l'ancien actionnaire, à savoir l'Etat. Une seconde option consiste à transférer l'entreprise au secteur privé avec tous ses droits et obligations, mais en prévoyant un plafond de responsabilité environnementale au-delà duquel les repreneurs seraient indemnisés par l'Etat ou en négociant autrement le partage de responsabilités entre Etat et repreneur. Dans un troisième cas, les repreneurs accepteraient l'ensemble des obligations de l'entreprise qu'ils acquièrent, quitte à répercuter les risques d'obligations contingentes en réduisant le prix de reprise.

Chaque option a ses avantages et inconvénients qu'il convient d'évaluer en fonction de l'entreprise à privatiser, des techniques de privatisation envisagées ainsi que du secteur et pays concernés. Ainsi, la première option s'imposera lorsqu'il s'agit de privatiser des entreprises polluantes dans un contexte ou l'évaluation des obligations au titre de dommages à l'environnement est très difficile à établir, et la dernière dans le cas opposé, à savoir lorsqu'il s'agit d'entreprises peu polluantes ou dont les responsabilités sont aisément chiffrables. La deuxième option implique un certain degré de négociation et ne se prête donc pas aux privatisations par offre publique de vente d'actions. La dernière option ne sera généralement pas adaptée lorsque la réglementation même en matière de responsabilité environnementale et la jurisprudence sont peu claires ou peu développées. Au cas où la loi ou les conventions stipuleraient que les nouveaux propriétaires n'encourront aucune responsabilité, il faudra s'assurer que l'Etat assumera effectivement ses responsabilités d'ancien propriétaire.

La question suivante qui se pose est de déterminer les règles applicables lorsque les installations d'une entreprise ne sont pas conformes aux réglementa-

51 Par exemple, la responsabilité de l'entreprise vis-à-vis de ses travailleurs ou des populations locales pour des maladies contractées suite à des actes de pollution occasionnés sur une longue période ou il y a plusieurs années.

52 C'est le cas notamment de l'échec en mai 1994 de la tentative de privatisation de Centromin, large entreprise minière péruvienne. Voir Financial Times, 17 mai 1994.

tions environnementales. L'acheteur ne devrait normalement pas recevoir d'exemptions particulières, mais il peut être utile de prévoir un certain délai pour lui permettre d'effectuer les investissements nécessaires pour se mettre en règle. Les coûts liés à cette mise en règle seront normalement à charge du repreneur. Cette approche a été suivie par la Pologne, parmi d'autres pays[53].

Finalement, les acquéreurs éventuels chercheront aussi à savoir quelles réglementations environnementales nouvelles pourraient influer sur leurs obligations futures. Plus l'incertitude en la matière sera grande, plus faible sera le prix qu'ils seront prêts à offrir pour l'entreprise. Les privatisations peuvent ainsi offrir une occasion unique pour moderniser la législation environnementale du pays. Ceci peut être d'autant plus souhaitable qu'un transfert d'activités du secteur public au secteur privé pourrait, s'il n'est pas effectué dans un cadre approprié, entraîner une augmentation du taux de pollution (que ce soit en conséquence d'une utilisation accrue des moyens de production transférés, ou d'une recherche de profits rapides). Si une telle réforme a lieu avant la privatisation, les coûts qu'elle impose aux opérateurs privés se trouveront reflétés dans le montant des offres reçues. Si cette réforme est reportée, les nouveaux propriétaires auront tendance à s'y opposer dans la mesure où elle aboutirait à une augmentation de leurs coûts de production.

On peut également signaler ici que dans la mesure où le programme de privatisation favorise l'investissement étranger et l'introduction de nouvelles technologies, il pourra avoir un effet très positif sur l'environnement en accélérant le remplacement de technologies obsolètes et polluantes par des technologies plus récentes et «vertes». De même, en supprimant les subventions directes ou indirectes dont bénéficiaient souvent les entreprises publiques, les privatisations peuvent promouvoir une utilisation plus rationnelle de ressources avec également un effet bénéfique sur l'environnement. Enfin, la privatisation peut également contribuer à un meilleur respect des normes environnementales en supprimant les exemptions accordées à certaines entreprises publiques par rapport à la législation en vigueur ou les privilèges dont elles bénéficiaient sous forme d'application laxiste de ces normes.

Les questions évoquées dans cette section devront normalement faire l'objet de dispositions précises dans la législation relative à la protection de l'environnement, dans la législation de privatisation ou dans les accords de privatisation entre l'Etat-vendeur et l'acquéreur.

4.7 Lois relatives à l'investissement étranger

Certains aspects du régime de l'investissement étranger concernent l'ensemble des investissements étrangers, tandis que d'autres ont un impact particulier sur les privatisations. Il importe de déterminer, notamment, si la

53 Voir Bell et Kolaja (1993).

constitution et les lois du pays protègent correctement les investisseurs étrangers[54]; si le régime en vigueur discrimine contre les investisseurs étrangers en limitant leur participation aux sociétés locales à un plafond déterminé (par exemple moins de 50 % du capital), en excluant la propriété étrangère des terres[55] ou encore en interdisant ou en limitant leur intervention dans certains des secteurs qui doivent être privatisés[56]; si ce même régime garantit le rapatriement des bénéfices réalisés et du capital même; si le régime de l'investissement étranger introduit des discriminations indues à l'égard des investisseurs nationaux en accordant aux étrangers des exonérations fiscales et douanières dont les investisseurs nationaux ne jouissent pas; si les règles applicables aux investisseurs étrangers sont énoncées clairement ou si elles sont ambiguës et laissent un large pouvoir discrétionnaire à l'administration[57]; si les réglementations sur les rapports entre une société mère et sa filiale locale risquent de dissuader les étrangers de participer à la privatisation; si les avantages du code des investissements (ou de toute législation analogue) s'appliquent aux opérations de privatisation, qui portent sur la transmission de la propriété d'actifs existants, ou s'ils ne s'appliquent qu'aux investissements

54 Au Brésil, l'article 5 de la constitution de 1988 garantit un vaste ensemble de droits sociaux, économiques et politiques, y compris le droit à la propriété privée et le droit à une indemnisation juste et préalable en cas d'expropriation par l'Etat, mais uniquement pour les Brésiliens et les étrangers résidant au Brésil. Les étrangers non-résidents ne sont pas protégés. L'article 172 de la même constitution prévoit que «la loi réglemente l'investissement des capitaux étrangers, encourage le réinvestissement et réglemente le rapatriement des bénéfices, toujours sur la base de l'intérêt national». Ces dispositions constitutionnelles et diverses autres discriminations contre les étrangers figurant dans les lois et réglementations sur la privatisation ont créé des difficultés dans l'exécution du programme de privatisation du gouvernement. Suite à la faible participation étrangère et aux recettes décevantes des premières privatisations, le gouvernement a allégé les restrictions à la participation d'investisseurs étrangers (voir section 7.3 du chapitre 5). Des dispositions comme celles de l'article 10 de la constitution angolaise de 1975 ne sont pas spécialement rassurantes non plus pour les investisseurs étrangers. Cet article stipule: «La République populaire d'Angola reconnaît, protège et garantit les activités et la propriété privées, même celles des étrangers, pour autant qu'elles sont utiles à l'économie du pays et aux intérêts du peuple angolais».

55 Comme le fait l'article 22 de la constitution bulgare de 1991.

56 Dans le cadre de la préparation de son programme de privatisation, le Maroc a ainsi abrogé certaines dispositions prises en vertu de la loi de «marocanisation» de 1973, ouvrant les secteurs bancaires, de l'assurance, de l'immobilier, de l'élevage, ainsi que certaines activités commerciales et de transport à l'investissement étranger. En conséquence, celui-ci augmenta de 75 % en 1991 et de 30 % supplémentaires en 1992. En 1993, le gouvernement décida de libéraliser également le secteur de la distribution pétrolière. Voir World Equity et IFC (1993).

57 Le Financial Times indique, dans un article sur la Hongrie, que «la publication par le gouvernement d'une liste de sociétés stratégiques dans lesquelles un contrôle étranger ne serait pas autorisé pourrait paradoxalement avoir produit un effet bénéfique. Les administrations sont moins hésitantes depuis que les règles ont été clarifiées». (Voir Financial Times, 30 octobre 1991, section spéciale sur la Hongrie, p. VII).

comportant la création de nouveaux actifs productifs; enfin, si les lois d'un même pays sur l'investissement étranger et celles sur la privatisation se renforcent mutuellement ou se contredisent.

4.8 Législation relative aux marchés financiers et aux valeurs mobilières

Le développement des marchés des capitaux est souvent un des objectifs poursuivis par les gouvernements poursuivant une politique de privatisation. Dans la mesure où le programme de privatisation comporte des émissions d'actions auprès du public (ou du moins auprès d'un grand nombre d'investisseurs), les acheteurs doivent pouvoir échanger leurs titres sur un marché secondaire. Ceci n'implique cependant pas l'existence d'une bourse des valeurs organisée au sens traditionnel du terme (c'est-à-dire avec une salle de marché, etc.). Pour qu'il y ait un marché secondaire il suffit en effet qu'existe un système permettant aux particuliers d'échanger librement les titres entre eux et d'obtenir l'enregistrement ou la reconnaissance de la cession par la société émettrice. Ce marché doit en outre être réglementé pour protéger les investisseurs[58].

Bien que l'existence de marchés financiers établis et structurés facilite la privatisation, elle n'est donc pas indispensable à la réussite d'un programme de privatisation. En l'absence de tels marchés financiers, les options envisageables pour la privatisation seront toutefois plus restreintes. Le délai nécessaire pour créer de tels marchés est normalement trop long pour qu'il soit possible de les mettre en place et de reporter les opérations de privatisation jusqu'au moment où ils sont prêts à jouer leur rôle d'intermédiaire. En revanche, il est souvent souhaitable d'établir une législation de base sur les valeurs mobilières réglementant l'émission et l'échange des titres, ainsi que les opérations des intermédiaires financiers (banques, courtiers, agents de change, etc.).

Lorsqu'un marché financier structuré existe déjà, les privatisations peuvent être un excellent instrument pour contribuer à le développer en augmentant la capitalisation totale du marché et le volume des transactions et en encourageant la participation de nouveaux actionnaires. Réciproquement, le développement des marchés des capitaux locaux peut contribuer au succès des opérations de privatisation, notamment en permettant de faire davantage appel à l'épargne locale et de réduire la dépendance vis-à-vis des capitaux étrangers. Il importe, cependant, de ne

58 En Tchécoslovaquie, dans le cadre du programme de privatisation de masse (voir la section 5.2 du chapitre 6 pour une description de ce type de programme), un important volume d'actions a été placé sur le marché avant le 1er janvier 1993, date de l'entrée en vigueur de la loi relative aux valeurs mobilières, sans être accompagné d'un prospectus assurant l'information des investisseurs. Par la suite, les responsables de l'émission de ces actions ont cependant été obligés de régulariser ces émissions en publiant un tel prospectus a posteriori. Voir Goldstein et Horakova (1993).

pas chercher à brûler les étapes en inondant d'actions un marché financier nouvellement organisé et de taille réduite. La privatisation de la banque polonaise Slaski, décrite dans l'encadré 8 ci-dessous, illustre bien ce point. Faute de personnel suffisant, l'enregistrement des actions de la banque Slaski, qui devait obligatoirement être effectué avant que ses actions puissent être vendues, a connu d'importants retards. En conséquence, des centaines de milliers d'actionnaires se sont trouvés en possession d'actions qu'ils étaient dans l'impossibilité de vendre alors que le prix de ces dernières fluctuait considérablement. Des problèmes de cette sorte ne peuvent évidemment que contribuer à engendrer la méfiance des particuliers à l'égard du processus de privatisation en général.

Encadré 8

La privatisation de la banque Slaski

La privatisation de la banque Slaski, une des cinq banques les plus importantes de Pologne, constitue l'une des opérations les plus importantes du programme de privatisation polonais. A peu près 800.000 personnes ont acheté des actions de la banque Slaski et celles-ci ont été cotées à la bourse de Varsovie le 25 janvier 1994. Très peu d'investisseurs étaient cependant en mesure d'échanger leurs actions ce jour-là, car pour pouvoir être vendue une action devait avoir été enregistrée, or le processus d'enregistrement avait pris un retard considérable. Ce retard était dû au manque de courtiers qualifiés pouvant effectuer cet enregistrement : moins de quarante licences de courtier avaient été octroyées en Pologne. Ce retard est dans une large mesure la cause des fluctuations considérables qu'a connu le prix des actions Slaski. Vu le manque d'actionnaires susceptibles de vendre, seuls 0,35% du nombre total d'actions ont changés de mains le premier jour, tandis que la valeur de l'action était multipliée ce jour-là par plus de treize. Le prix a ensuite baissé, entraînant la frustration de nombreux actionnaires incapables de vendre.

Pour avoir introduit ses actions en bourse avant que la majorité des actionnaires aient eu la possibilité de les faire enregistrer, la banque Slaski, qui était elle-même détentrice d'une licence de courtier en bourse, s'est vu révoquer sa licence par la commission boursière. Celle-ci a octroyé un délai de six mois à la banque pour mettre fin à ses opérations de courtage et a demandé aux courtiers restants, qui ont déjà la plus grande peine à satisfaire leurs clients existants, de poursuivre les activités de la banque Slaski dans ce domaine.

Source : Financial Times, 7 et 18 février 1994.

Certaines mesures peuvent toutefois être prises pour renforcer les marchés financiers dans le cadre du processus de privatisation. Plusieurs gouvernements ont, par exemple, décidé de favoriser le développement de grands investisseurs institutionnels, qui pourraient participer au programme de privatisation en tant qu'acquéreurs (voir le tableau 3 ci-dessous).

Le Chili a, dans ce domaine, joué un rôle de pionnier. La première étape a consisté à privatiser le système de retraite en 1981 en confiant la gestion des cotisations sociales à des sociétés privées (les «administradoras de fondos de pensiones» ou AFP) détenues par des investisseurs nationaux et étrangers. Ensuite, en 1985, la loi sur les caisses de retraite à été modifiée pour permettre à celles-ci d'investir dans des actions de sociétés. Pour encourager plus directement encore l'exécution des privatisations, la réglementation imposée aux caisses de retraite interdit à ces dernières d'acquérir des participations dans les entreprises publiques qui transfèrent moins de 30 % de leur capital au public. Les caisses de retraite ont ainsi joué un rôle important dans la privatisation de plusieurs sociétés importantes comme Chilmetro, Endesa, Entel, Schwager et CTC. En treize ans d'existence, elles ont accumulé des avoirs de plus de dix-huit milliards de dollars.

Tableau 3

Développement de grands investisseurs institutionnels	
Chili	En 1985, le gouvernement chilien a modifié la loi sur les caisses de retraite pour leur permettre d'investir dans des sociétés par actions. Les caisses de retraite, privatisées en mai 1981, sont ainsi devenues de loin les plus importants acheteurs institutionnels d'actions des sociétés publiques en cours de privatisation au Chili entre 1985 et 1989.
Pérou	En parallèle avec son ambitieux programme de privatisation, le gouvernement péruvien a mis sur pied, en septembre 1993, des caisses de retraites privées, inspirées du modèle chilien. Les travailleurs affiliés au régime public de sécurité sociale peuvent transférer leurs contributions à ces caisses. Le gouvernement s'attend à ce que, à l'avenir, ces caisses soient en mesure de fournir des capitaux à moyen et long terme aux entreprises. Huit caisses privées ont ainsi été établies et se concurrencent pour obtenir les cotisations des travailleurs affectés.
Bolivie	L'article 7 de la loi de capitalisation du 21 mars 1994 prévoit le transfert, à des caisses de retraite à établir à cet effet, des actions de certaines entreprises publiques mentionnées à l'article 2. Le même article 7 stipule en outre que ces caisses de retraite seront administrées par des administrateurs sélectionnés par appels d'offres internationaux.
Singapour	Les réglementations sur l'emploi des fonds de la Caisse centrale de prévoyance (Central Provident Fund) de Singapour (l'équivalent d'une caisse de retraite) ont été modifiées en 1986 pour permettre des retraits destinés à l'achat de valeurs mobilières cotées en bourse et approuvées par le conseil d'administration de la caisse.
Italie	Diverses mesures législatives ont été adoptées pour permettre aux marchés financiers de jouer un rôle accru dans le processus de privatisation. Le décret législatif n° 124 du 21 avril 1993 permet l'établissement de caisses de retraite privées tandis que la loi n° 344 du 14 août 1993 porte création des fonds communs de placement. Enfin, des modifications ont été apportées à une loi bancaire de 1936 dans le but de permettre aux banques d'acquérir jusqu'à 15 % des parts des sociétés industrielles.
Sources : LatinFinance (1992), p. 62; Sharma (1992); Conradt (1993); Arfat, Selvam, Rodyk & Davidson, Challenges of Privatization and Corporatisation. The Singapore Experience. Its Legal Aspects, Singapour, août 1990, p. 11; Marcello Gioscia, Privatization of Telecommunications : The Italian Experience, Présentation au symposium international sur les privatisations dans le monde, Forum International, Nice, 2-4 décembre 1993; Financial Times, 30 juin 1993 et 17 mai 1994; The Economist, 11 décembre 1993; Oxford Analytica, 11 août 1994.	

L'expérience chilienne a incité d'autres pays, dont le Pérou, la Colombie et l'Argentine, à suivre la même voie. Le Pérou a ainsi mis sur pied des caisses privées de retraite directement inspirées du modèle chilien. Le directeur de l'agence chargée de la réglementation des caisses de retraite au Chili est en contact direct avec son homologue péruvien et les AFPs péruviennes sont toutes liées à des compagnies ou des AFPs opérant au Chili. Une différence importante existe cependant entre les deux modèles : alors qu'au Chili les travailleurs sont tenus de cotiser auprès d'une des caisses de retraite privées, les travailleurs péruviens ont le choix entre les nouvelles caisses privées et le régime public de sécurité sociale.

Les caisses privées péruviennes semblent connaître quelques difficultés initiales : ainsi, en un an, quelques 800.000 travailleurs (soit deux tiers seulement du nombre espéré) avaient opté pour les caisses privées. Suite à ces faibles cotisations, ainsi qu'aux retards de paiement par les employeurs et l'Etat et aux fortes dépenses publicitaires engendrées par la concurrence entre caisses, celles-ci ont enregistré des pertes plus importantes que prévu au cours de leur première année. Par ailleurs, le manque d'instruments financiers sur le marché péruvien ne leur a pas permis de respecter les quotas de répartition de leurs avoirs imposés par la loi. Elles ont notamment peu investi en actions péruviennes, les procédures de classification des risques requises par la loi étant relativement lourdes à mettre en oeuvre. Enfin, tant en Bolivie[59], qu'en Italie ou à Singapour, des mesures ont également été prises pour renforcer le rôle d'investisseurs institutionnels, en particulier de caisses de retraite, dans le cadre de la mise en oeuvre de programmes de privatisation.

Les opérations de privatisation peuvent être facilitées aussi par la faculté de scinder les droits liés aux parts des entreprises publiques, par exemple en séparant le droit aux dividendes et autres formes de revenu des droits de contrôle et de vote. Un tel démembrement du droit de propriété mobilière peut toutefois ne pas être autorisé par les lois relatives aux sociétés ou aux valeurs mobilières en vigueur. Dans certains pays, comme au Mexique et en Jamaïque, des catégories d'actions différentes ont été émises avec des droits différents; certaines des parts conservées par l'Etat dans des sociétés partiellement privatisées ont ainsi été privées de droits de vote pour toute la durée de la période pendant laquelle elles restent détenues par l'Etat[60]. Une formule de ce type est particulièrement utile lorsque l'Etat estime ne pas pouvoir se défaire de la majorité de ses actions en une seule fois, soit parce que le marché des capitaux n'est pas suffisamment développé, soit parce qu'il compte sur les améliorations de rendement réalisées par la nouvelle direction pour augmenter la valeur de l'action avant la vente d'une seconde tranche, l'Etat restant actionnaire majoritaire dans un premier temps. Certains investisseurs peuvent espérer que le maintien d'une participation de l'Etat dans la société leur apporte une garantie supplémentaire en diminuant le risque d'interventions néfastes des pouvoirs

59 Voir également l'encadré 11, p. 139.

60 Voir la note 26, p. 74-75.

publics à l'encontre de la société privatisée[61]. Dans cette optique, la combinaison d'une suspension ou élimination d'une partie des droits de vote de l'Etat, qui permet un contrôle des actionnaires privés sur la société, et du maintien d'un intérêt patrimonial important de l'Etat dans ladite société offre une option qui peut s'avérer intéressante tant pour l'Etat que pour les acquéreurs. Cette technique se rencontre régulièrement dans la privatisation de grandes sociétés d'infrastructure.

La technique diamétralement opposée, beaucoup moins rassurante pour les investisseurs privés, est celle des parts spéciales ou actions spécifiques, qui donne à l'état minoritaire (souvent détenteur d'une action unique) des pouvoirs exorbitant du droit commun des valeurs mobilières[62]. Une autre forme de démembrement que l'on retrouve, par exemple, en France, est celle des certificats d'investissement émis par des entreprises publiques, qui peuvent être comparés à des actions préférentielles sans droit de vote; l'objectif étant d'obtenir des capitaux privés en offrant à l'investisseur l'occasion de participer aux bénéfices de l'entreprise sans toutefois céder une partie correspondante du contrôle.

La législation française présente un autre exemple de dispositions particulières introduites dans la législation boursière en vue de faciliter le processus de privatisation. La réglementation boursière française fut modifiée, entre autre, pour autoriser la procédure dite de book-building, qui permet à l'intermédiaire financier d'obtenir des engagements révocables (des déclarations d'intérêt) d'investisseurs potentiels avant la période de souscription proprement dite. Un visa préalable peut depuis lors être issu permettant de lancer l'opération de book-building, un second visa n'étant issu que lorsque le prospectus a été finalisé et le prix de vente de l'action déterminé.

4.9 Droit bancaire

Un système bancaire fonctionnant correctement et de manière autonome est essentiel pour la collecte de l'épargne et le financement de l'activité économique. Des mécanismes bancaires efficaces permettent notamment aux investisseurs de financer leurs opérations et leurs fonds de roulement et d'effectuer des payements rapides. Par ailleurs, de nombreuses lois relatives au secteur financier non-bancaire, concernant notamment les sûretés, le crédit, le crédit-bail et l'assurance, peuvent également influer sur la réussite du programme de privatisation.

Il est parfois nécessaire de modifier les lois bancaires pour permettre la privatisation des banques commerciales, comme on l'a vu en Hongrie où le parlement a adopté, en novembre 1991, une loi autorisant la privatisation des

61 Il n'y a pas de réponse générale à la question de savoir si le maintien d'une présence de l'Etat dans le capital d'une entreprise privatisée a un effet positif ou négatif sur les investisseurs et donc sur le prix de l'action. Cela dépendra largement du degré de contrôle maintenu par l'Etat et de la réputation dudit état auprès des investisseurs.

62 Voir les sections 7.4 du chapitre 5 et 11.4 du chapitre 7.

banques d'Etat tout en limitant à 23 % maximum la taille de la participation pouvant être détenue par chaque actionnaire, y compris l'Etat[63]. De même au Pakistan, où la loi bancaire fut amendée pour permettre la privatisation en 1991 de Muslim Commercial Bank et de Allied Banks of Pakistan.

Une réforme du droit bancaire peut s'imposer aussi pour faciliter la privatisation des entreprises publiques non financières. Dans certains pays, comme au Sénégal, où n'existent pas de marchés formels des valeurs mobilières, les banques commerciales ont été désignées comme intermédiaires financiers pour l'émission des actions. Enfin, un programme de redressement et/ou de privatisation d'entreprises publiques requiert que soit mis fin à l'accès aisé au crédit dont bénéficiaient ces entreprises dans beaucoup de pays, par l'intermédiaire de banques contrôlées par l'Etat ou bénéficiant d'une garantie de l'Etat, en contraignant les banques commerciales à supporter elles-mêmes les risques attachés aux prêts qu'elles consentent aux entreprises publiques. Une restructuration du secteur bancaire peut ainsi également faciliter l'ensemble du programme de privatisation en réduisant le potentiel d'endettement supplémentaire des entreprises publiques. Une telle restructuration est normalement indiquée en début de programme, l'existence de banques dynamiques et saines étant nécessaire pour le développement de l'activité économique. Elle peut toutefois être compliquée, politiquement difficile et coûteuse, ce qui explique pourquoi certains gouvernements ont préféré ne pas toucher à ce secteur en premier lieu. En effet, il n'est pas rare, surtout dans les pays où les banques publiques dominent le secteur bancaire, que la restructuration de ce secteur soit rendue particulièrement difficile par l'existence des nombreux prêts qui ont été octroyés à des entreprises et organismes publics aujourd'hui en pleine déconfiture.

4.10 Droit du travail

Les dispositions du droit du travail et, de manière plus générale, le climat social d'une entreprise ou d'un pays figurent parmi les déterminants principaux de toute décision d'investissement, que ce soit dans le cadre d'une privatisation ou autrement. Ces dispositions détermineront notamment la flexibilité dont l'investisseur dispose pour fixer les salaires et avantages des employés, pour engager et licencier du personnel et, de manière générale, pour gérer les ressources humaines de son entreprise[64]. L'étendue des droits des salariés dans la gestion de la société, notamment les droits syndicaux et le droit pour les salariés d'être

63 Voir Financial Times, 15 novembre 1991, p. 3.

64 Au Brésil, les ports étaient régis par une législation de 1937 entraînant des coûts parmi les plus élevés au monde. Evoquant la privatisation des ports, le président de la BNDES (l'organisme chargé de coordonner le programme de privatisation brésilien) déclarait en janvier 1992 : «Nous devons d'abord moderniser la législation ou nous ne trouverons jamais d'acquéreur». En février 1993, le parlement adopta après deux ans de discussion une nouvelle loi portuaire. Plus d'an un après, peu de progrès avait été réalisé, .../...

représentés au conseil d'administration ou dans les autres organes de gestion de la société, constitue aussi une question importante. Les règles en vigueur par rapport au travail des étrangers pourront être déterminantes, en particulier dans les décisions prises par les investisseurs étrangers.

Le droit du travail applicable au personnel des entreprises publiques peut poser des obstacles à la réalisation du programme de privatisations. Si les lois en vigueur, ou le climat social, rendent le licenciement des salariés difficile, les investisseurs potentiels sont susceptibles d'exiger que, lorsqu'il y a sureffectifs, la compression des effectifs soit effectuée par l'Etat ou par l'entreprise publique avant privatisation[65]. Les droits des salariés licenciés, y compris les indemnités de licenciement et de chômage, peuvent varier selon que l'intéressé était employé dans le secteur public ou dans le secteur privé (c'est-à-dire, selon qu'il a été licencié par l'entreprise publique, au cas où ses travailleurs étaient soumis à un régime de droit public, ou par la nouvelle société privée). Si le régime légal de la représentation syndicale est différent dans les entreprises publiques et dans les sociétés privées, il peut être nécessaire de négocier des dispositions transitoires avec les syndicats concernés. Il faut également déterminer quelle est la situation des salariés des entreprises publiques qui ont contribué aux régimes de retraite et d'assurance du secteur public[66]. De même, les autres droits contractuels (ou légaux) des salariés doivent être confirmés ou modifiés, notamment le niveau des salaires, les droits liés à l'ancienneté et les autres prestations. Dans beaucoup de ces cas, la question juridique de base est de savoir s'il y a ou non continuité du rapport de travail.

Des arbitrages peuvent s'imposer entre la protection octroyée par le droit du travail aux salariés en place et le besoin de créer des emplois nouveaux. En Allemagne, par exemple, où le droit du travail ordinaire limite les motifs de licenciement acceptables, le parlement a accordé aux acquéreurs des entreprises privatisées une exonération temporaire de ces restrictions afin de faciliter le programme de privatisation[67]. En revanche, la Treuhand a introduit dans de

---

.../...la mise en oeuvre de la loi étant bloquée notamment dans l'attente d'une décision de la Cour Suprême statuant à la requête des syndicats sur sa constitutionnalité. Les syndicats s'opposent au transfert du contrôle des ports aux usagers, qui leur laisse comme seul rôle de représenter leurs membres aux négociations des conventions collectives. Sous le régime antérieur (toujours appliqué) ce sont les syndicats qui décident du nombre et de l'identité des dockers affectés au chargement ou déchargement de chaque bateau, et seuls les dockers affiliés peuvent obtenir du travail. Voir Financial Times, 21 janvier 1992, p. 24., et Journal of Commerce, 15 avril 1994.

65 Voir ci-après la section 4.3 du chapitre 4.

66 Voir également la section suivante sur le droit social, les paragraphes de la section 4.8 de ce chapitre traitant des caisses de retraite, ainsi que les sections 4.3 du chapitre 4 et 11.1 du chapitre 7 traitant de la restructuration préalable des entreprises publiques.

67 Une loi de mars 1991 prévoyait une exonération temporaire de l'article 613, alinéa a, du Code civil allemand en vertu duquel l'acheteur de biens qui constituent une entreprise devient, par l'effet de la loi, titulaire des droits et obligations existant, .../...

nombreux contrats de privatisation un engagement contraignant en vertu duquel l'acheteur garantit un niveau d'emploi déterminé dans la société privatisée, sous peine, en cas d'inexécution, d'amendes dont le montant est déterminé par le contrat[68]. Cette formule négociée est de loin préférable à la protection de l'emploi par l'interdiction de tout licenciement dans le cadre du programme de privatisation. Ainsi au Pakistan, par exemple, un accord entre gouvernement et syndicats interdit aux nouveaux propriétaires tout licenciement pendant une période de douze mois après la privatisation[69], tandis qu'en Malaisie les acquéreurs ne peuvent ni modifier les termes du contrat d'emploi, ni licencier les travailleurs de l'entreprise privatisée pendant une période de cinq ans suivant la privatisation. De même, au Sri Lanka, les nouveaux propriétaires sont tenus, depuis mai 1992, de faire bénéficier les employés, jusqu'à l'âge de la retraite, d'un régime identique à celui auquel ils étaient soumis avant la privatisation[70]. Des règles uniformes de ce type rendent le processus de privatisation inutilement rigide et coûteux.

Si l'entreprise publique n'est pas privatisée en tant que telle, mais suite à une liquidation par exemple, et que les acheteurs ne reprennent que certains actifs et certaines obligations de l'entreprise, la poursuite des contrats conclus avec certains salariés pourra faire partie des accords de privatisation. Suivant la législation du travail en vigueur, les salariés concernés peuvent avoir droit à une indemnité de rupture de contrat due par l'entreprise publique même s'ils sont réengagés immédiatement par la nouvelle société. Il est possible d'éviter ce cumul d'avantages en prévoyant des dispositions expresses dans la loi ou dans des arrangements contractuels négociés avec les travailleurs[71].

.../...en matière d'emploi, à la date de l'acquisition. En vertu de l'exonération susmentionnée, jusqu'au 31 décembre 1992, l'article 603, alinéa a, ne s'appliquait pas aux acquisitions d'entreprises est-allemandes en état de cessation de paiement. D'après Jones Day, *op. cit*, p. 3. Voir également la note 24, p. 46.

68 Voir Norbert Horn, *op. cit.*, p. 19.

69 Cette interdiction, que l'on retrouve dans l'ensemble du programme de privatisation pakistanais de 1991-93, résulte d'un accord entre gouvernement et syndicats, les termes de cet accord étant ensuite incorporés dans les conditions d'appel d'offres et dans les contrats de vente.

70 Au début de son programme de privatisation, le Sri Lanka avait opté pour une formule de prime au départ volontaire, qu'il fallut abandonner car trop de travailleurs voulaient s'en prévaloir. Les catégories de travailleurs éligibles furent ensuite réduites, ce qui créa des tensions sociales. Le gouvernement décida alors d'introduire une protection de deux ans contre tout licenciement, avant d'étendre cette protection jusqu'à l'âge de la retraite. CNUCED, *Rapport présenté à la troisième session du comité de travail sur les privatisations,* Genève, 29 novembre – 3 décembre 1993.

71 Souvent, les travailleurs qui ne sont pas engagés par la nouvelle société restent formellement employés par l'ancienne entreprise publique qui conserve une existence juridique jusqu'à sa dissolution, bien qu'elle ne poursuive plus aucune activité. Leurs droits contractuels ou statutaires sont alors réglés dans le cadre de la liquidation de cette entreprise. Voir la section 4 du chapitre 4.

Enfin, certains pays ont réservé une tranche d'actions des entreprises à privatiser aux salariés de ces entreprises, à des conditions préférentielles[72]. Cette formule, qui est bien adaptée aux entreprises importantes organisées sous forme de sociétés anonymes, l'est moins pour des petites ou moyennes entreprises. Certains investisseurs ne souhaitent pas que les salariés participent à la gestion de l'entreprise ou veulent simplement être seuls propriétaires. Là encore, l'obstacle peut être contourné partiellement, notamment en prévoyant que les actions ou parts réservées aux salariés seront dépourvues de droit de vote[73]. D'autres investisseurs, par contre, verront dans la participation des travailleurs au capital de l'entreprise une garantie d'un meilleur climat social et d'un meilleur rendement.

4.11 Droit social

Le licenciement de sureffectifs, dont il a été question à la section précédente, n'est pas à proprement parler une conséquence de la privatisation, mais plutôt d'une mauvaise gestion de l'entreprise publique aboutissant tôt ou tard à une restructuration nécessaire, que ce soit avec ou sans changement de propriété. Dans beaucoup de pays, les entreprises publiques faisaient en même temps fonction de système de sécurité sociale, fournissant de nombreux avantages sociaux à leurs membres, y compris la garantie d'emploi (une assurance contre le chômage). La décision prise par de nombreux gouvernements d'assainir leur secteur public peut être l'occasion de remplacer leur ancien système de sécurité sociale par un nouveau système, qui ne garantit plus l'emploi en tant que tel, mais plutôt un revenu minimum.

La mise en place d'un tel filet de sécurité et d'autres mesures d'ordre social sera dans bien des cas un élément essentiel du programme de privatisation, et probablement un des plus difficiles à concevoir et mettre en place dans un contexte de crise des finances publiques. La création ou la réforme d'un système de sécurité sociale adapté aux besoins et moyens du pays permettra ainsi de mieux gérer la transition d'un régime souvent étatique et centralisateur à un régime davantage privé et décentralisé. Ainsi, les pays d'Amérique latine qui sont généralement cités en exemple pour leurs programmes de réforme économique et de privatisation, tels que le Chili, l'Argentine, le Mexique et le Pérou, sont également fortement critiqués pour les conséquences sociales négatives de ces programmes qui ont souvent entraîné un accroissement des inégalités sociales. Il s'agit là d'un problème qu'ils devront corriger pour que ces réformes puissent avoir des effets durables sur leur économie et leur population.

La mise sur pied de caisses privées de retraite qui a été opérée dans certains de ces pays, comme nous l'avons vu à la section 4.8 ci-dessus, tente d'apporter un

72 Voir la section 8.1 du chapitre 5.

73 Voir, par exemple, les articles 22, alinéa 6, et 23, alinéa 2, de la loi de privatisation bulgare de 1992.

début de réponse à ce problème puisqu'elle doit permettre la participation d'un nombre important de travailleurs au processus de privatisation. Elle permet en outre, comme cela a déjà été souligné, de stimuler la mise en oeuvre du programme de privatisation en mobilisant des ressources financières souvent colossales. Pour atteindre ces objectifs, la réforme du régime des pensions de retraite devra permettre une gestion plus professionnelle et performante de ces ressources financières et faciliter le transfert des pensions des travailleurs passant du secteur public au secteur privé ou d'une entreprise privée à une autre.

4.12 Fiscalité

Investisseurs et acquéreurs potentiels sont bien sûr concernés par la pression fiscale globale sur les entreprises et le degré de prévisibilité de l'interprétation et de l'application qui seront faites des dispositions fiscales. Les entreprises doivent en effet pouvoir déterminer quelles taxes leur sont applicables et estimer le montant des impôts qui leur seront réclamés. Certains aspects techniques peuvent être importants également. On peut citer, notamment : les règles relatives à l'établissement des prix des transactions conclues entre entreprises d'un même groupe («transfer pricing»), par exemple entre une société locale et la société mère ou des sociétés apparentées établies à l'étranger; les règles relatives au report à nouveau des pertes fiscales, qui peuvent avoir une influence majeure sur le choix de la technique de privatisation[74]; le traitement fiscal des intérêts sur emprunts et des dividendes; le régime fiscal des plans de participation des salariés à la propriété de l'entreprise, du crédit-bail, du franchisage et autres mécanismes de privatisation, qui déterminera souvent le choix opéré en faveur de l'une ou l'autre de ces techniques; enfin, les règles relatives à la double imposition.

Les lois fiscales devraient s'appliquer uniformément aux entreprises privées et aux entreprises publiques. Les avantages fiscaux accordés aux entreprises publiques dans les secteurs de l'économie ouverts à la concurrence devraient ainsi être éliminés. On peut enfin se poser la question de savoir dans quelle mesure il est justifié de prévoir, dans les lois relatives aux investissements ou dans les dispositions expresses de la loi de privatisation par exemple, des avantages fiscaux spéciaux pour les opérations de privatisation. Si des exonérations des droits de timbre et d'enregistrement sur les transferts de parts[75] ne sont en général pas susceptibles d'affecter sérieusement les recettes de l'Etat ou de constituer un avantage concurrentiel important pour ceux qui en bénéficient, il n'en va pas nécessairement de même lorsque sont octroyées des exonérations temporaires de

74 Si les nouveaux propriétaires peuvent bénéficier d'une telle faculté de report à nouveau, une entreprise publique déficitaire peut représenter une affaire très intéressante. Du point de vue du gouvernement, cependant, le prix de vente plus élevé est compensé par des recettes fiscales moindres dans les années à venir.

75 Voir, par exemple, l'article 15 de la loi de privatisation française d'août 1986.

l'impôt sur les bénéfices des sociétés. C'est le cas, par exemple, en Tunisie, où l'article 30 de la loi n° 89-9 prévoit des avantages fiscaux très généreux au profit des entreprises privatisées, notamment des exonérations d'impôt sur les bénéfices des sociétés et sur les plus-values[76]. Des dispositions analogues existent aux Philippines[77] et dans d'autres pays.

4.13 Monnaie et changes

Le régime de la monnaie et des changes aura une importance particulière lorsque le gouvernement vendeur cherche à attirer les investisseurs étrangers. De manière générale, les restrictions frappant l'attribution, la disponibilité, la convertibilité, le rapatriement, l'enregistrement ou les autres opérations sur devises nuiront aux efforts faits pour attirer les investisseurs étrangers. Dans les pays qui n'ont pas une monnaie convertible et stable, les restrictions applicables aux paiements en devises dans le pays lui-même, en particulier en matière de rémunération du personnel expatrié, au règlement des fournisseurs nationaux et aux paiements par les clients, seront également source de préoccupations.

Dans le contexte particulier des opérations de privatisation, certains gouvernements ont souhaité établir un taux de change spécial, moins favorable, pour les investisseurs étrangers soumettant des offres pour les entreprises publiques ou pour leurs actifs, afin de compenser ce qu'ils estimaient être un taux de change artificiellement déprimé permettant aux soumissionnaires étrangers d'acquérir des biens sensiblement en dessous de leur valeur. Les formules de ce type sont à éviter car elles sont le plus souvent faciles à tourner et difficiles à administrer. Il en va de même des taux de change multiples, comme il en existe en Russie, où le taux applicable aux investissements étrangers est près de dix fois supérieur au taux du marché[78].

---

76 Voir également la section 4.7 de ce chapitre portant sur l'investissement étranger.

77 L'article 35 de la loi de privatisation exonère le fonds pour la privatisation des actifs de tous impôts ou droits qui seraient dûs à l'occasion de la cession des biens acquis par le fonds ou cédés par lui à des acquéreurs privés. Le même article exonère aussi ces cessions de toutes restrictions ou contraintes qui pourraient résulter de privilèges des administrations fiscales préexistant sur les biens cédés, à condition que le produit de la vente serve en premier lieu à désintéresser lesdites administrations.

78 Si l'objectif est en fait d'avantager les investisseurs nationaux par rapport aux investisseurs étrangers, le même résultat peut être atteint en attribuant une marge de préférence aux soumissionnaires nationaux.

5 MECANISMES DE REGLEMENT DES DIFFERENDS

Un procès peut être fort coûteux et absorber beaucoup de temps. La bonne (ou mauvaise) marche du système judiciaire d'un pays est un aspect capital, quoique souvent négligé, du cadre juridique de l'activité marchande. Les investisseurs éventuels tiendront compte du niveau de compétence et du degré d'indépendance du pouvoir judiciaire, de l'accessibilité et de l'efficacité des cours et tribunaux et des possibilités qui existent de régler les différends à l'amiable ou en dehors du système judiciaire. En effet, les litiges naissant de contrats avec les travailleurs, les banques, les fournisseurs et les clients locaux relèvent normalement de la juridiction de tribunaux locaux.

Tout aussi important est l'arbitrage, qui peut être national ou international. Les arbitrages nationaux ont normalement lieu sous l'empire du droit local et font intervenir des institutions d'arbitrage locales. En revanche, les arbitrages internationaux suivent le plus souvent les règles du droit des affaires international et se déroulent généralement sous les auspices d'organismes créés spécialement pour régler les litiges internationaux[79]. Le recours à une forme d'arbitrage local est particulièrement important dans les pays où l'efficacité des tribunaux laisse à désirer, car il offre alors un moyen supplémentaire de régler les litiges entre parties locales portant sur de petites sommes (fournisseurs, clients, salariés, etc.), tandis que l'arbitrage international est souvent la voie choisie pour les contrats plus importants, en particulier ceux auxquels un Etat est partie[80]. Bien entendu, la possibilité de recourir à l'arbitrage n'est pas suffisante en soi, encore faut-il pouvoir obtenir l'exécution des sentences arbitrales, ce qui est également une préoccupation majeure pour les investisseurs éventuels.

L'attitude que le gouvernement adopte dans le cadre des différends qui l'opposent à certains investisseurs a, elle aussi, une importance critique. Ainsi, en parallèle avec l'adoption de son programme de réformes économiques et avant le lancement des opérations de privatisation, le gouvernement péruvien a voulu résoudre les principaux litiges en instance entre le Pérou et les investisseurs étrangers[81]. Un règlement équitable de ces différends ne pouvait en effet que contribuer à la bonne image du pays, un préalable pour attirer de nouveaux investisseurs.

---

79 Comme les mécanismes d'arbitrage créés par la Chambre de commerce internationale (CCI) à Paris, et le Centre international pour le règlement des différends relatifs aux investissements (CIRDI), à Washington, D.C. Le CIRDI fait partie du groupe d'institutions de la Banque mondiale et n'est compétent que pour les litiges opposant un état à un investisseur ressortissant d'un autre état, les deux états dont question devant être signataires de la convention de Washington.

80 Dans ce contexte, il convient d'observer que la loi interdit parfois aux états de se soumettre à l'arbitrage (comme c'était le cas en Belgique jusqu'à une époque récente).

81 Le gouvernement aurait ainsi versé des indemnités à l'American Insurance Group qui avait dû intervenir en faveur de la société Belco suite à la nationalisation dont .../...

Enfin, l'existence de mécanismes efficaces de règlement des différends peut également être importante pour résoudre les problèmes survenant à l'occasion même des privatisations[82].

6 LEGISLATION ETRANGERE

Les lois étrangères peuvent aussi avoir un impact, souvent inattendu, sur le processus de privatisation[83]. Ainsi, lors de la privatisation d'ENTEL, en Argentine, le dossier d'appel d'offres initial exigeait que l'exploitant des compagnies de téléphone privatisées possède au moins 10 % de leur capital. Cependant, le gouvernement argentin avait manifesté son intention de sélectionner, parmi les soumissionnaires, une des compagnies téléphoniques américaines. Or, selon le droit américain, les Baby Bells (sociétés issues du démantèlement d'AT&T) n'auraient pas été autorisées à détenir plus de 4,9 % du capital de la société privatisée. De toute évidence, les deux règles étaient incompatibles et le gouvernement argentin a décidé de réduire à 4,9 % la part minimum du capital devant être détenue par l'exploitant. Ce type de problème devrait normalement être identifié et réglé au stade préparatoire, c'est-à-dire avant le lancement de l'opération de privatisation proprement dite.

La privatisation de la compagnie téléphonique hongroise MATAV offre un autre exemple intéressant. Un consortium comprenant des sociétés allemandes et américaines acquis 30 % de la société en décembre 1993[84]. Six mois plus tard, le gouvernement hongrois voulut initier une offre publique d'actions sur le marché de Budapest. Les actionnaires étrangers disposant d'une minorité de blocage s'y sont opposés, craignant que le prix de l'OPV soit inférieur au prix qu'ils avaient payé, ce qui aurait notamment obligé le partenaire américain à enregistrer une perte correspondante à son bilan pour se conformer à la législation comptable américaine.

De même, en cas de privatisation d'une banque ayant des filiales étrangères, le gouvernement doit normalement se mettre en rapport avec les organismes de contrôle étrangers qui pourraient éventuellement devoir approuver l'effet du

.../...cette dernière avait fait l'objet au Pérou. Le gouvernement est également arrivé à un accord avec Southern Peru Copper Corporation (SPCC) : SPCC se serait engagée à procéder à de nouveaux investissements tandis que le gouvernement aurait accepté de débloquer un compte de plus de 50 millions de dollars appartenant à cette société, qui avait été gelé dans le cadre de procédures judiciaires antérieures. Enfin, Occidental Petroleum aurait obtenu du gouvernement qu'il augmente le prix du baril de pétrole. Voir également Financial Times, 20 novembre 1991.

82 Voir à ce sujet la section 2.4 du chapitre 6.

83 Pour un examen de l'impact du droit international, voir la section 4 du chapitre 2.

84 Voir section 5.3 du chapitre 7.

changement de propriété sur les filiales. De manière plus générale, les opérations de privatisation peuvent soulever des problèmes dans un autre pays en matière de législation sur les monopoles, alors même que la société privatisée n'est pas en contravention avec le droit de la concurrence du pays où elle est établie.

Dans le cas des grandes privatisations où il est fait appel aux capitaux internationaux, les titres de l'entreprise à privatiser seront parfois placés sur les marchés financiers étrangers, soit simultanément avec l'émission sur le marché national, soit dans une seconde phase. Les réglementations relatives aux valeurs mobilières dans les pays concernés sont alors applicables. De nombreuses privatisations intervenues au Royaume-Uni ont été accompagnées de placements privés ou publics aux Etats-Unis suivant la technique des American Depository Receipts (ADR)[85]. La même technique a été utilisée pour la privatisation de nombreuses sociétés, notamment des sociétés de télécommunications, en Argentine, au Chili, en Nouvelle-Zélande, au Mexique et au Venezuela[86]. Des dispositions législatives ont également été adoptées en Chine pour faciliter l'offre directe et la cotation d'actions d'entreprises publiques chinoises en bourse de Hong Kong[87].

7 CONCLUSIONS

Dans le présent chapitre, nous avons tenté d'illustrer comment différents aspects de l'environnement juridique d'un pays qui ne sont généralement pas directement associés au programme de privatisation peuvent toutefois avoir un impact considérable sur ce programme. En effet, privatiser une entreprise dans un contexte général qui serait hostile au secteur privé mènera le plus souvent droit à l'échec. La reconnaissance et la protection de la propriété privée, la suppression de toutes formes de discrimination à l'égard du secteur privé, l'adoption d'un régime favorisant tant la création que le fonctionnement efficace et la liquidation de sociétés commerciales, le développement des marchés financiers, le renforcement des mécanismes de sécurité sociale, ainsi que la stabilité, la mise en oeuvre et la sanction de ces règles, figurent parmi les facteurs pouvant contribuer au succès d'un programme de privatisation. Il s'agira même dans certains cas d'opérer une réelle privatisation de l'économie nationale en changeant radicalement le rôle du secteur public, tel qu'il se manifeste dans tous ces domaines.

85 Titre émis par une banque américaine en échange d'actions déposées auprès d'elle ou dans une banque étrangère. Ce titre circule comme un document au porteur représentatif des actions déposées.

86 Voir *American Depository Receipts and Privatizations,* The Bank of New York, 1991.

87 Voir Christian Salbaing, *Les privatisations en Chine,* Présentation au symposium international sur les privatisations dans le monde, Forum International, Nice, 2-4 décembre 1993.

Bien que l'impact de certaines de ces matières sur le processus de privatisation puisse dans certains cas être indirect, dans d'autres il l'affectera directement. Il en est ainsi de la législation relative à la propriété, qui peut entraîner des transferts du secteur public au secteur privé, en particulier dans les pays ayant connu de fortes nationalisations. Par ailleurs, de nombreuses privatisations s'effectueront selon les règles du droit des sociétés et du droit de la faillite; tel sera le cas lorsque l'entreprise publique est organisée sous forme de droit privé. La législation sur l'investissement étranger pourra déterminer dans quelle mesure les étrangers peuvent participer au processus de privatisation, alors que les lois sur les marchés financiers et valeurs mobilières s'appliqueront normalement aux offres publiques de vente effectuées dans ce cadre. De même les questions de droit du travail et de droit social seront souvent au centre des privatisations.

Il importe cependant de rappeler qu'il serait vain de tenter de répertorier et de remédier à toutes les insuffisances identifiées dans l'ensemble des matières dont il a été question dans ce chapitre. L'ampleur du programme de réformes à entreprendre dépendra principalement de la situation du pays, un pays émergeant d'un système économique de type communiste, par exemple, devant créer, souvent de toutes pièces, ces nouvelles règles du marché.

Les conseillers du gouvernement devront identifier les lois, règlements, pratiques ou institutions du pays concerné qui créent les goulets d'étranglement les plus contraignants pour la privatisation. Une fois ces problèmes prioritaires repérés, leur élimination devra occuper une place privilégiée dans le train de réformes général visant à favoriser la privatisation. Cela se fera tantôt en abrogeant ou amendant la législation concernée, tantôt en insérant des dispositions spécifiques dans une loi de privatisation. D'autres problèmes surgiront immanquablement en cours d'exécution du programme et pourront toujours être adressés à ce moment-là.

Enfin, l'ingéniosité du gouvernement, des acquéreurs ou de leurs conseillers devrait également permettre de contourner certains obstacles de manière contractuelle, en utilisant des techniques adaptées aux spécificités du pays et de la transaction. En effet, le gouvernement n'est pas seul à devoir réexaminer l'ensemble du cadre juridique affectant la vie des affaires : les investisseurs stratégiques en feront de même de leur côté, comme l'illustre l'encadré 9 ci-dessous.

Encadré 9

Evaluation de la société par les conseils des investisseurs potentiels

Avant d'acheter une société particulière, les acquéreurs potentiels prendront normalement les mesures qu'ils jugent nécessaires pour évaluer les perspectives économiques de la société et la valeur de l'actif et du passif de cette dernière, en tenant compte de tous les vices juridiques qui pourrait éventuellement grever la société, certains de ses actifs ou leur cessibilité. L'évaluation typique d'une entreprise publique privatisable comprend : l'analyse de sa forme juridique et l'étude de ses règlements intérieurs, statuts, etc.; l'évaluation des contrats en cours conclus par la société (achat et vente), de leur force contraignante et de la possibilité de les renégocier; l'examen du régime de propriété et de cessibilité des actifs, tels que les droits de propriété intellectuelle, brevets, marques de fabrique ou biens immobiliers; l'analyse des réglementations ou pratiques du travail applicables aux salariés de l'entreprise publique et l'étude de tous accords ou arrangements qui auraient été conclus avec les travailleurs et qui auraient une incidence particulière sur le processus de privatisation; l'évaluation des obligations de garantie et des risques supportés par la société au titre de la responsabilité du fait des produits; l'identification des types de permis, approbations et licences officielles éventuellement nécessaires à l'exercice de ses activités par la société, ainsi que l'étude des conditions d'acquisition de ces permis, approbations et licences; l'évaluation de la conformité des pratiques de la société aux lois applicables (concurrence, protection de l'environnement, droit du travail, etc.) et des risques de poursuites judiciaires qui pourraient exister; l'étude des dispositions fiscales en vigueur et l'évaluation de la situation de la société privatisée au regard de la législation fiscale applicable aux sociétés; enfin, l'évaluation de tous litiges en instance ou prévisibles et une réévaluation de la manière dont la société traitera ces différends lorsqu'elle aura été privatisée.

Source : Javade Chaudhri, *Documents relating to Legal Aspects of Privatization*, note adressée à la Banque mondiale, 8 juillet 1991.

Chapitre 4

Privatisation et gestion publique

1 INTRODUCTION

Privatiser est avant tout un acte public, chose trop souvent oubliée ou ignorée. Outre les principes constitutionnels et la législation relative aux activités des opérateurs économiques privés, évoqués dans les chapitres précédents, une attention particulière doit également être accordée à l'examen des lois qui déterminent la manière dont fonctionne l'Etat ou le secteur public. Certaines de ces règles affectent directement les opérations de privatisation dans la mesure où, sans être des lois de privatisation au sens du chapitre 5, elles régissent toutefois les modalités de leur mise en oeuvre. D'autres normes, dont l'objet premier n'est pas de réglementer le transfert d'entreprises ou de biens du secteur public au secteur privé, peuvent cependant également avoir un impact sur le processus de privatisation.

On examinera tout d'abord, au présent chapitre, les normes permettant de préciser, d'une part, quelle est l'entité publique propriétaire d'une entreprise ou d'un bien à privatiser et, d'autre part, quelles règles gouvernent l'exercice des droits de propriété relatifs à ce bien ou à cette entreprise. Il importe notamment d'identifier et d'éliminer les dispositions qui interdiraient le transfert d'entreprises ou de biens publics au secteur privé. Il est nécessaire également de vérifier que le cadre juridique en vigueur permet de restructurer les entreprises publiques avant leur privatisation pour les rendre suffisamment attrayantes aux yeux des investisseurs potentiels. Il s'agira, par exemple, de prendre les mesures requises pour libérer la nouvelle entreprise de certaines des obligations qui pesaient sur l'ancienne entreprise publique. Lorsque la privatisation porte sur le transfert d'entreprises de droit public avec l'ensemble de leur patrimoine, leur restructuration en sociétés de droit privé constituera normalement un préalable indispensable. La restructuration des entreprises à privatiser pourra même aller, dans certains cas, jusqu'au démembrement ou à la liquidation de ces dernières. Enfin, les lois de finance et les dispositions relatives aux immunités d'Etat, qui sont elles aussi susceptibles d'affecter les privatisations, font l'objet des dernières sections de ce chapitre.

2 IDENTIFICATION DU PROPRIETAIRE

Bien que cela puisse paraître tout à fait évident, il est important de relever que, pour être propriétaire, il faut, juridiquement parlant, posséder la personnalité juridique, c'est-à-dire avoir une existence propre et distincte en droit. L'Etat, personne morale, sera en règle générale, propriétaire de certaines entreprises publiques. Les entités provinciales ou locales, dans la mesure où elles possèdent également la personnalité juridique, peuvent aussi être propriétaires d'entreprises publiques. Par contre, dans beaucoup de pays, les ministères ne possèdent pas une personnalité juridique propre et ils ne peuvent donc être propriétaires d'entreprises.

Les entreprises publiques (ou les sociétés holding publiques) elles-mêmes seront normalement propriétaires de leurs biens ou filiales. Il n'en va pas toujours ainsi cependant. En Bulgarie, en Pologne, en Guinée (jusqu'en 1985) et dans d'autres pays dont le système juridique s'inspire ou s'inspirait du modèle soviétique, les entreprises ne sont (ou n'étaient) pas propriétaires de leurs propres biens immobiliers (terrains, bâtiments, installations) ni même parfois de leurs biens mobiliers (outillage, véhicules, meubles). Typiquement, l'Etat finançait l'acquisition de ces biens et l'entreprise publique payait chaque année à l'Etat une somme représentant le montant des amortissements. Ces biens restaient propriété de l'Etat et ne pouvaient pas être vendus par l'entreprise sans autorisation préalable. Ce régime a notamment des implications importantes pour l'affectation des recettes de privatisations. En cas de vente, le produit revient normalement à l'Etat[1].

Dans de nombreux pays socialistes (ou anciennement socialistes), dont le Vietnam[2], la Hongrie et l'ex-Yougoslavie[3], une confusion profonde existe entre propriété de l'Etat et propriété de l'entreprise (ou de ses employés). En fait, une incertitude plus générale pèse sur l'identité de l'autorité publique qui est véritablement propriétaire, comme l'illustre également les exemples du Laos, de la Russie,

1 En Bulgarie, la loi a été modifiée en février 1991 pour autoriser les entreprises publiques à conserver 40 % du produit de telles ventes. Voir section 10 du chapitre 5 sur l'affectation des recettes de privatisations.

2 Au Vietnam, l'Etat perçoit une rémunération limitée sur le capital investi dans les entreprises publiques (4 à 6 % selon les secteurs). Certains en ont déduit que si les revenus de l'entreprise dépassaient la somme des frais de fonctionnement et de la rémunération de l'Etat, l'excédent de revenus appartenait en propre à l'entreprise. C'est oublier que l'Etat n'est pas un prêteur percevant une commission fixe pour un risque limité, mais bien un investisseur ayant engagé ses fonds dans un certain nombre d'entreprises publiques. Dans ces conditions, les profits des entreprises publiques appartiennent à l'Etat dans la mesure où ces entreprises elles-mêmes lui appartiennent. Le gouvernement vietnamien a dû semble-t-il clarifier la situation en déclarant que l'ensemble du capital des entreprises, comprenant l'investissement initial et les profits réalisés par la suite, lui appartenait. Cette clarification des droits de propriété ne peut que faciliter le processus de transformation de ces entreprises en sociétés commerciales et la réalisation des opérations de privatisation.

3 La clarification des droits de propriété est particulièrement problématique dans les républiques issues de l'ex-Yougoslavie vu le caractère diffus de la propriété des entreprises organisées sous forme de coopératives. L'article 1er de la loi de privatisation de la République de Slovénie du 20 novembre 1992 est particulièrement révélateur à cet égard. Il énonce : «Cette loi réglemente la transformation des entreprises à capital social en entreprises dont les propriétaires sont connus».

et de l'Allemagne[4]. Ce type de problème y est encore amplifié par les complications résultant des lois ou mesures de nationalisation ou d'expropriation dont il a déjà été question[5]. On ne saurait donc trop insister, sur l'importance que revêt la clarification préalable des droits de propriété pour le bon déroulement du processus de privatisation.

3 EXERCICE DES DROITS DE PROPRIETE

3.1 Détermination de l'autorité habilitée à vendre

Une fois le propriétaire identifié, il reste à déterminer qui a le pouvoir d'exercer ses droits. Il s'agit là de deux questions distinctes qui sont toutefois souvent confondues. L'Etat ou les entreprises publiques ne sont en effet susceptibles d'exercer leurs droits que par l'intermédiaire de personnes dûment habilitées. S'agissant de privatisation, il importe tout particulièrement de déterminer à qui le pouvoir d'aliéner (c'est-à-dire de céder la propriété), élément essentiel du droit de propriété, a été confié[6].

En l'absence de dispositions expresses dans la législation relative aux entreprises ou biens publics, il faut se référer aux autres éléments du cadre juridique en vigueur et apprécier si celui-ci permet de déterminer précisément qui a la capacité juridique de vendre les entreprises publiques. En Nouvelle-Zélande, par exemple, sauf législation expresse contraire, le gouvernement et les différents ministres du gouvernement sont réputés habilités à vendre les biens publics[7]. La même situation se retrouve dans la plupart des pays de «common law».

Quelle que soit l'autorité habilitée à vendre au nom de l'Etat, le principal est que l'habilitation (expresse ou tacite) soit dépourvue d'ambiguïté afin d'éviter tous litiges ultérieurs.

---

4 Voir, par exemple, les municipalités d'Allemagne orientale qui revendiquèrent, sans succès, la propriété des sociétés d'électricité établies sur leur territoire. Le Stromvertrag conclu en 1990 par les deux gouvernements allemands de l'avant-réunification stipulait en effet que 49% seulement du capital de ces sociétés pouvait appartenir aux municipalités, la majorité de 51% revenant selon cet accord aux sociétés électriques d'Allemagne occidentale. La Treuhandanstalt a ainsi conclu la vente des sociétés de distribution d'électricité de l'ancienne Allemagne de l'Est en février 1994 par la vente de trois sociétés de Thuringie à Bayernwerk, la troisième société électrique d'Allemagne occidentale; la vente du producteur électrique est-allemand VEAG à un consortium comprenant Bayernwerk et PreussenElektra fut quant à elle conclue en septembre 1994. Voir Financial Times, 10 février 1994 et 7 septembre 1994.

5 Voir les sections 2.2 et 2.3 du chapitre 3.

6 Voir également le chapitre 5 sur les lois de privatisation et, surtout, le chapitre 6 sur le cadre institutionnel des privatisations.

7 Voir section 3.2 du chapitre 2.

3.2 Aliénation d'entreprises et de participations publiques

La législation relative aux entreprises publiques autorise parfois explicitement la privatisation de ces dernières en la soumettant à certaines règles, généralement assez simples. Au Burundi, par exemple, le décret-loi relatif aux entreprises publiques désignait le Président comme la seule autorité habilitée à vendre les participations de l'Etat dans une entreprise régie par ce texte[8].

Quant au programme mexicain, un des programmes de privatisation parmi les plus ambitieux et couronnés de succès, il repose, dans une large mesure, sur les dispositions de la loi relative aux entreprises parapubliques de 1986[9]. Cette loi dispose en son article 32 que lorsqu'une entreprise publique n'a plus d'importance stratégique ou que l'intérêt public ou l'économie nationale le dicte, le ministre chargé des programmes et du budget propose au gouvernement fédéral la vente des participations de l'Etat en tenant compte des vues des ministères sectoriels concernés. En cas de vente, le même article prévoit que les travailleurs de l'entreprise bénéficieront d'un droit de préemption. L'article 68 de la même loi stipule que les ventes se feront par voie de ventes en bourse ou par l'intermédiaire d'institutions financières sur base de directives adoptées par les ministres chargés des programmes, du budget et des finances. Ces deux articles constituent ainsi la base juridique d'une grande partie des privatisations mexicaines. Des dispositions similaires se retrouvent dans les lois relatives aux entreprises publiques d'autres pays[10].

La législation en vigueur peut également exiger certaines formes juridiques. Ainsi, le principe juridique du parallélisme des formes – selon lequel, pour abolir ou transformer une entreprise publique, il faut utiliser le même instrument juridique que celui employé pour la créer – peut imposer l'usage d'instruments juridiques

8 L'article 6 du décret-loi n° 1/027 fixant le cadre organique des sociétés de droit public et des sociétés d'économie mixte de droit privé (9 septembre 1988) prévoit que les participations de l'Etat ne peuvent être aliénées que par décret présidentiel pris sur avis du ministre des finances et du ministre de tutelle de l'entreprise publique privatisable. Cette disposition a été modifiée par le décret-loi n° 1/21 relatif à la privatisation des entreprises publiques (12 août 1991) qui délègue au gouvernement le pouvoir de privatiser et en organise les modalités, le ministre des finances étant habilité à signer l'acte de vente au nom du gouvernement.

9 Plus de 80 % des 1.155 entreprises publiques que le gouvernement comptait en début de programme ont ainsi été liquidées ou vendues, rapportant entre 1988 et 1993 (la période la plus active du programme) un total de plus de $ 21 milliards de dollars. Ces résultats fort impressionnants ont toutefois été acquis à un coût élevé pour certains, 400.000 emplois ayant ainsi été supprimés suite au programme de réformes du gouvernement. Voir New York Times, 27 octobre 1993.

10 Ainsi, en Guinée l'ordonnance 91/025 de mars 1991 portant cadre institutionnel des entreprises publiques disposait en son article 7 que «les participations de l'Etat dans les sociétés publiques sont gérées par une Direction spécialisée du Ministère chargé.../...

déterminés et parfois différents pour la privatisation d'entreprises publiques dans un même pays. Ce principe, qui n'est pas universel, est parfois consacré par la loi, comme au Togo où l'article 36 de la loi organique n° 82-5 du 16 juin 1982 relative aux sociétés d'économie mixte, prévoit que «si une entreprise publique a été créée par décret ministériel en conseil des ministres, l'entreprise ne peut être privatisée ou liquidée que dans la même forme»[11].

Par ailleurs, les lois sur les entreprises publiques contiennent souvent des dispositions relatives à la prise et à la cession par l'Etat (ou d'autres organismes publics) de participations dans des sociétés d'économie mixte, ainsi qu'à la création et à la cession de filiales d'entreprises publiques. Ces lois peuvent ainsi limiter le droit des entreprises publiques d'acheter ou de vendre des actions d'autres sociétés. Bien que ce type de restrictions puisse ralentir le processus de privatisation, il s'impose souvent pour prévenir les abus et soumettre ces ventes à un minimum de règles. De telles restrictions peuvent également être contenues dans la loi de privatisation[12].

3.3 Aliénation de biens publics

L'aliénation des biens d'Etat sera souvent régie par le droit administratif, une législation spécifique sur le patrimoine public ou la législation relative aux finances publiques. Dans les pays dont la législation s'inspire du système français, on opère parfois une distinction entre les biens appartenant au domaine public[13] et ceux qui relèvent du domaine privé de l'Etat, ces derniers étant plus faciles à aliéner. Les biens appartenant au domaine public de l'Etat ne peuvent en effet pas être aliénés, sauf moyennant un transfert préalable dans le domaine privé de l'Etat, qui ne peut être effectué qu'en vertu d'une loi.

.../... de l'économie et des finances. Cette Direction peut céder tout ou partie de ces participations à des personnes privées dans les conditions fixées par une convention de reprise ou de cession». Un peu plus d'un an plus tard cette disposition fut toutefois remplacée par un nouvel article 7 qui stipule que «les participations de l'Etat dans les sociétés publiques sont gérées par un Service spécialisé du Ministère chargé des finances qui peut céder tout ou partie de ces participations dans les conditions fixées par la loi» (ordonnance 92/022 de mai 1992). Il fallut attendre plus d'un an pour qu'une loi fixant les règles de la privatisation des entreprises publiques soit promulguée (le 20 août 1993).

11 Adji Ayassor soutenait, dans sa thèse de doctorat sur la privatisation au Togo, que la disposition de la constitution selon laquelle les entreprises publiques doivent être créées en vertu d'une loi implique que «la privatisation d'une entreprise publique nécessite également une loi». Voir Adji Ayassor, *Privatization of Public Enterprises and its Impact on the Promotion of the Private Sector in West African Countries : the Example of Togo,* Thèse de doctorat non-publiée, University of Wisconsin Law School, novembre 1990, p. 91. Depuis lors, la constitution togolaise a été modifiée et stipule qu'une loi est en effet requise pour privatiser une entreprise publique.

12 Voir les sections 3.3, 10 et 11 du chapitre 5.

Les règles portant sur la vente de biens publics, lorsqu'elles existent, sont souvent mal adaptées aux besoins d'un programme de privatisation. Ainsi, en Italie les modalités de vente de propriété de l'Etat remontaient à une loi de 1924, qui imposait des procédures administratives très compliquées soumises à l'avis du conseil d'Etat et au contrôle de la cour des comptes. En vue d'accélérer le processus de privatisation le gouvernement a dû prendre un décret-loi autorisant notamment l'Etat à aliéner ses biens en suivant des procédures considérablement allégées[14].

En ce qui concerne l'aliénation de biens des entreprises publiques, la législation sur les entreprises publiques et leur statuts habilitent normalement les organes de direction d'une entreprise publique à vendre, dans certaines limites, les biens de l'entreprise ou ses filiales. Quant aux sociétés de portefeuille publiques, elles sont autorisées, en règle générale, à céder des filiales ou des participations financières[15]. Lois et statuts fixent ainsi les pouvoirs des divers organes, notamment l'assemblée générale des actionnaires (s'il y en a une), le conseil d'administration et le directeur-général, en précisant, le cas échéant, des seuils financiers délimitant leurs compétences respectives, notamment en matière de cession d'actifs. Certaines dispositions peuvent aussi réglementer le pouvoir d'engager l'entreprise publique par contrat et prévoir des sanctions contre les dirigeants de l'entreprise qui outrepasseraient leurs pouvoirs.

La législation devrait, pour bien faire, permettre à l'entreprise publique de disposer d'une souplesse suffisante pour mener efficacement son activité, sans pour autant qu'elle puisse vendre les principaux éléments de son patrimoine ou entreprendre d'aliéner ce dernier sans contrôle par le propriétaire, c'est à dire l'Etat ou d'autres organismes publics. De telles aliénations abusives apparaissent souvent en l'absence d'assemblées générales des actionnaires ou d'organes similaires, et faute de mécanismes rendant la direction et les administrateurs de l'entreprise dûment responsables de leurs actes. La législation sur les entreprises publiques peut restreindre la latitude dont la direction et le conseil d'administration d'une entreprise publique disposent pour privatiser les principaux éléments d'actif et

---

13 Le domaine public de l'Etat se compose des biens qui sont la propriété d'une personne juridique constituée en vertu du droit public, comme l'Etat, une municipalité, une province ou un établissement public, et qui sont destinés à l'usage et à l'exploitation publics ou collectifs (par exemple : biens affectés à un service public, cours d'eau, rivages et routes). Le domaine privé de l'Etat comprend tous ses biens qui n'appartiennent pas au domaine public.

14 Ce décret-loi n° 389 (27 septembre 1993) dut être renouvelé par décrets-lois n° 486 (novembre 1993) et n° 75 (janvier 1994) et devait être soumis au parlement pour ratification. Ces textes stipulent également les modalités de privatisation. D'après Roberto Ulissi, *Privatization in Italy. The Legal and Institutional Framework,* mimeo, 1994.

15 C'est le cas, par exemple, de CORFO au Chili ou des sociétés de portefeuille publiques égyptiennes.

pour décider de l'affectation du produit des ventes. Ainsi, au Vietnam, une circulaire du ministère des finances stipule que les entreprises publiques doivent obtenir l'autorisation de leurs autorités de tutelle pour contribuer une partie de leur actif à la création de sociétés d'économie mixte et du Premier ministre pour se porter acquéreur d'actions dans des sociétés anonymes ou pour investir dans des sociétés à responsabilité limitée[16].

3.4 Interdiction d'aliéner

Lorsque les réformes du secteur parapublic découlent de réformes plus importantes des structures de l'Etat ou de changements de régime politique, événements souvent accompagnés d'une certaine instabilité et d'une incertitude quant à l'exercice des droits de propriété, il n'est pas rare de voir les autorités compétentes édicter un moratoire sur la cession d'actifs ou d'actions d'entreprises publiques. De tels moratoires ont notamment été adoptés en Russie, en Bulgarie et au Cambodge[17]. Ils interdisent les cessions d'entreprises et biens publics pendant une certaine période, en vue d'endiguer la multiplication de transactions souvent frauduleuses entraînant le transfert d'actifs du secteur public au secteur privé au détriment de la collectivité publique.

La législation en vigueur peut également faire obstacle à la privatisation. Ainsi, la législation sur les établissements publics ou autres entreprises de droit public exclut la possibilité de les privatiser. Une loi relative aux entreprises publiques peut énumérer un certain nombre d'entreprises ne pouvant pas être privatisées, comme le fait la loi néo-zélandaise, par exemple[18]. Dans d'autres cas, ce sont les statuts de la société publique elle-même qui empêchent la privatisation.

---

16 Circulaire du ministère des finances n° 95 TC/CN portant instructions supplémentaires concernant l'utilisation du capital des entreprises publiques (11 novembre 1993).

17 Voir, par exemple, la décision du conseil suprême national du Cambodge du 10 juin 1993 sanctionnant la directive n° 93-7 de l'UNTAC (autorité transitoire des Nations Unies chargée de l'administration du pays) plaçant un moratoire sur la vente, le transfert ou le leasing de biens publics et stipulant que toute transaction portant sur de tels biens intervenant entre la date de cette décision et la constitution d'un nouveau gouvernement serait considérée comme illégale, nulle et non avenue. cette décision fur publiée sous forme d'annonce dans la presse nationale et étrangère (Voir *Far Eastern Economic Review,* 5 août 1993).

18 Voir note 10, p. 53.

4 RESTRUCTURATION PREALABLE DES ENTREPRISES PUBLIQUES

4.1 Un processus complexe et multiforme

Il est souvent nécessaire, voire même indispensable, de prendre certaines mesures de restructuration de l'entreprise publique pour en permettre la privatisation. Dans certains cas, l'objectif sera de faciliter le transfert de l'entreprise au secteur privé avec l'ensemble de son actif et passif. Il s'agira de remettre au secteur privé une entreprise au moins potentiellement viable. Les mesures de restructuration susceptibles d'être adoptées relèveront principalement, dans cette hypothèse, de la gestion et des finances. Lorsque l'entreprise concernée est constituée sous l'empire du droit public, elle devra normalement être transformée en société de droit privé[19]. Dans d'autres cas, il sera jugé préférable de modifier plus fondamentalement l'entreprise publique à privatiser. C'est le démembrement ou même la liquidation complète de cette dernière qui devra alors être envisagé.

Ces différentes mesures de restructuration peuvent nécessiter la modification ou l'abrogation de dispositions législatives en vigueur, voire même l'adoption d'une législation nouvelle. Certains aspects de la restructuration préalable peuvent également s'opérer dans le cadre du processus de privatisation lui-même et faire l'objet de négociations entre vendeur et acheteur. Dans ce contexte, l'adjectif «préalable» signifie seulement que la restructuration est faite par le propriétaire public avant la vente et non par l'acheteur privé après la privatisation.

Bien que l'accent soit mis ici sur les mesures de restructuration à incidence juridique, de nombreux autres aspects seront souvent considérés. Ainsi, la privatisation de la société pétrolière argentine YPF suivit trois années de restructuration intense[20]. De même, les privatisations des grandes sociétés d'infrastructure requièrent généralement plusieurs années de préparation et de

19 Voir la section 5.1 du chapitre 1 sur le statut juridique des entreprises publiques.

20 Le succès de la privatisation de la compagnie pétrolière argentine YPF est en grande partie attribué à l'efficacité du PDG que le gouvernement avait installé en 1990 à la tête de YPF pour préparer la privatisation. YPF était un géant mal géré, avec des effectifs surnuméraires, des actifs très diversifiés et des pertes importantes. Le nouveau PDG ramena les effectifs de l'entreprise de 51.000 fin 1990 à 11.000 en mars 1993, et moins de 6.000 fin 1994. Il vendit plus du tiers des réserves de YPF à des sociétés concurrentes dans le cadre d'un programme de démonopolisation de l'industrie, et liquida les activités et actifs hors-noyau (notamment 23 avions et 27 bateaux). Après avoir perdu $ 6 milliards entre 1981 et 1989, YPF réalisa un bénéfice net de $ 706 millions en 1993, malgré une baisse des prix pétroliers. L'OPV de YPF, conclue en juillet 1993, fut un énorme succès, rapportant plus de $ 3 milliards. Voir International Financing Review, *Review of the Year 1993*, p. 168; et The Economist, 2 juillet 1994, pp. 62-63.

restructuration préalable[21]. Certains gouvernements ont été tentés d'aller au-delà des mesures de remise en ordre évoquées ici et d'investir des sommes importantes dans l'entreprise avant sa privatisation en vue de la rendre plus attrayante. Ces investissements lourds (par exemple, la modernisation et l'extension d'immeubles, infrastructures et équipements) se sont généralement révélés peu judicieux, les gouvernements ayant rarement pu récupérer les sommes investies en obtenant un prix de vente reflétant leur coût[22].

Vu la complexité et la multiplicité des problèmes à aborder, il importe que l'organisme responsable d'une éventuelle restructuration préalable possède de larges pouvoir pour prendre les mesures qui s'imposent. Il s'agira parfois du ministère de tutelle, de la société holding, de l'agence de privatisation, de la direction de l'entreprise même ou d'un organisme spécial créé à cet effet, telle l'agence albanaise de restructuration des entreprises publiques.

4.2 Obligations contractuelles

Si la nouvelle société succède juridiquement à l'ancienne, elle succède en principe à tous les droits et obligations de l'entreprise publique, parmi lesquels: les contrats en cours, y compris les contrats de travail et les contrats avec les fournisseurs et les clients; les obligations de prestations de retraite; les obligations contingentes (par exemple, celles pouvant naître suite à des actes de pollution commis par l'entreprise publique ou suite à un recours en justice contre l'ancienne entreprise publique); les arriérés et impayés, ainsi que les obligations ou dettes non divulguées; le droit de recouvrer les sommes dont l'ancienne entreprise publique était créancière; et, le bénéfice des garanties de l'Etat au profit des obligations de l'ancienne entreprise publique.

Une telle succession à titre universel pourrait dans certains cas nuire au succès de la privatisation, les acheteurs pouvant ne pas être disposés à assumer certaines obligations de l'ancienne entreprise publique, et notamment les obligations contingentes ou non déclarées, même s'ils disposent d'un recours contre le vendeur. Ce problème peut cependant être contourné en limitant, au moment de la transformation en société commerciale ou à la date de la privatisation, les obligations de la nouvelle société à celles qui sont explicitement énumérées dans les conventions de constitution de ladite société, l'Etat prenant en charge le reliquat[23]. De même, il peut être opportun de prévoir l'extinction des garanties publiques dont bénéficiait l'entreprise publique ou la renégociation des contrats qui les soustendent.

21 Voir la section 11.1 du chapitre 7.

22 Voir Kikeri, Nellis et Shirley (1992), p. 60.

23 Voir les sections 4.7 et 4.8 ci-dessous.

Il sera en effet parfois nécessaire de renégocier certains contrats en cours en vue de permettre ou faciliter une privatisation. Il peut s'agir d'une gamme assez vaste de contrats allant de contrats de gestion ou d'exploitation à de simples contrats de fournitures. On pouvait ainsi lire, dans un article sur la privatisation de l'hôtellerie en Allemagne de l'Est, que l'une des premières mesures prises par la Treuhand en préparation à la privatisation d'Interhotel a été d'annuler un contrat d'exploitation entre cette entreprise et un groupe hôtelier ouest-allemand. Ce contrat était rédigé d'une manière telle que le groupe ouest-allemand aurait pu obtenir le contrôle d'Interhotel moyennant un investissement initial fort modique[24]. En vue d'éviter ce genre de problèmes, certaines agences de privatisation ou holdings d'Etat exigent que l'entreprise privatisable leur soumette tous les contrats importants pour approbation préalable.

4.3 Statut du personnel

En présence de sureffectifs importants, de nombreux gouvernements ont estimé qu'une rationalisation de la direction et des effectifs des entreprises à privatiser devait être effectuée avant la privatisation. Ces gouvernements se sont ainsi trouvés contraints, soit de licencier eux-mêmes les travailleurs en surnombre avant de procéder au transfert d'une entreprise au secteur privé, soit d'accepter une réduction des recettes de privatisation s'il incombe au nouvel acquéreur de payer les indemnités de licenciement[25].

En plus des bénéfices explicitement prévus par leur contrat, les travailleurs employés au sein du secteur public jouissent souvent d'avantages légaux liés au statut de la fonction publique qui devront normalement être abrogés, quitte à être remplacés par d'autres avantages de droit privé octroyé par la nouvelle société. C'est le cas des pensions, particulièrement difficile à régler lorsque le régime public des retraites n'est pas autofinancé et que l'Etat n'a pas les capitaux nécessaires pour transférer à une caisse de retraite les droits acquis du personnel passant d'un statut public à un statut privé. Dans certains pays d'Amérique latine, ce problème a été réglé par l'émission d'obligations d'Etat remises aux nouvelles caisses privées[26]. En Allemagne, un différend entre l'Etat et la Lufthansa portant sur le financement des obligations de la société en matière de retraite dut être réglé pour débloquer la

---

24 Voir Financial Times, 22 novembre 1991, p. 22.

25 Dans le cas d'Aeroperu, la rationalisation des effectifs eut lieu en préalable à la privatisation. Alors que cette entreprise publique comptait 2.300 employés pour six avions en 1990, soit un ratio de plus de 380 employés par avion par rapport au ratio normal de 100 ou 150, ses effectifs ont été ramenés à 980 employés au moment de sa privatisation en janvier 1993. Toujours au Pérou, les effectifs de la mine Cerro Verde furent réduits de moitié avant sa privatisation en novembre 1993. Voir Washington Post, 8 décembre 1993. Quant à la compagnie aérienne vénézuélienne VIASA, elle ne comptait pas moins de 450 employés par avion avant sa privatisation en 1991, et plus que 215 deux ans plus tard.

26 Voir également la section 4.8 du chapitre 3.

privatisation de cette compagnie aérienne[27]; le financement des pensions était également un des aspects les plus délicats de la restructuration de la société allemande des postes et télécommunications[28]. Le transfert d'un régime de retraite public à un régime privé constitue ainsi un des problèmes les plus fréquents en matière de privatisation[29].

4.4 Restructuration financière

Un autre problème courant, lié au processus de succession, vient de ce que de nombreuses entreprises publiques sont techniquement en situation de faillite. C'est souvent le cas d'entreprises publiques de droit privé, mais aussi d'entreprises publiques transformées en sociétés commerciales. Une telle transformation entraîne en effet l'application immédiate du droit commercial, et notamment des dispositions en matière de maintien du capital social et de faillite. Une restructuration financière peut donc s'imposer pour permettre tant la conversion de l'entreprise en société de droit privé que sa privatisation proprement dite. Une telle restructuration portera typiquement sur l'apurement de la dette, le sort des obligations garanties par l'Etat, la renégociation des accords en cours avec les banques, bailleurs de fonds et autres créanciers[30] ou encore la rectification de la comptabilité et la préparation d'états financiers suivant des principes comptables généralement acceptés.

Pour attirer les investisseurs privés, un gouvernement, créancier d'une entreprise publique à privatiser, devra parfois envisager d'accorder à celle-ci une remise totale ou partielle de ses dettes[31]. Dans certains cas, l'Etat devra également

---

27 En ne participant pas à l'augmentation de capital de Lufthansa, la part de l'Etat dans le capital de cette société devait tomber de 51,4 à 41 %. Dès lors que la participation du gouvernement tombe en dessous des 50 %, celui n'a plus l'obligation de contribuer au financement de la caisse de retraite des employés. L'accord intervenu prévoit le retrait de Lufthansa du fonds de pension public et la création d'un nouveau fonds devant être financé par Lufthansa. Le montant des capitaux devant être investis dans le fonds de pension de Lufthansa pour qu'il puisse assurer ses obligations existantes était de l'ordre de quatre milliards de DM (plus de $ 2,5 milliards); l'Etat accepta de fournir la moitié, l'autre moitié restant à charge de la compagnie. Voir Financial Times, 5 mai 1994 et 20 septembre 1994.

28 Voir la section 11.1 du chapitre 7.

29 Voir, par exemple, la loi canadienne du 30 janvier 1990 portant autorisation de l'aliénation de Nordion International Inc. et de Theratronics International Limitée, dont les articles 9 à 11 contiennent des dispositions transitoires régissant le régime de retraite.

30 Surtout lorsque ces accords contiennent des clauses limitant la cessibilité de l'entreprise publique ou de son patrimoine.

31 Lorsque l'Etat reste créancier de l'entreprise privatisée, certains gouvernements se sont réservé un certain contrôle sur la gestion de l'entreprise pour veiller au remboursement des sommes qui lui restent dues, par exemple, par la technique des parts spéciales. Voir note 56, pp. 147-8.

assumer une partie des dettes que les entreprises à privatiser ont contractées vis-à-vis de tiers ou, à tout le moins, garantir que les obligations à charge des investisseurs ne dépasseront pas un certain plafond[32].

En Allemagne, toutes les entreprises publiques (à quelques exceptions près) ont été transformées au 1er juillet 1990 en sociétés de droit privé[33]. La Treuhandanstalt est devenue le seul actionnaire des anciens combinats (l'équivalent de sociétés holdings ou de conglomérats) réorganisés en sociétés par actions, tandis que les entreprises qui constituaient les combinats étaient converties en sociétés à responsabilité limitée détenues par ces nouvelles sociétés par actions. En vertu d'une loi distincte[34], les nouvelles sociétés devaient établir leur bilan d'ouverture en Deutsche Mark. A cette fin, tous leurs actifs et passifs devaient être réévalués. Si les dettes dépassaient les avoirs, l'actionnaire (la Treuhandanstalt ou une société par actions appartenant à la Treuhandanstalt) devait décider s'il couvrait ou ne couvrait pas le déficit. S'il décidait de couvrir les pertes, l'actionnaire devait alors reconstituer le capital de la nouvelle société en le portant au niveau minimum exigé par la loi. La Treuhandanstalt a ainsi dû assumer de nombreuses dettes et injecter des capitaux frais dans certaines entreprises, ce qui explique en partie ses besoins d'emprunt considérables et son énorme endettement en fin de mandat[35].

En Nouvelle-Zélande, la privatisation de nombreuses entreprises publiques a également été précédée par une restructuration financière, menée dans le cadre de leur transformation en sociétés de droit commercial («corporatization»). L'un des objectifs de cette restructuration était l'ouverture de bilans conformes aux principes comptables reconnus, dans le but de soumettre ces entreprises à la même discipline financière que les entreprises du secteur privé[36].

4.5 Abolition des discriminations

Un objectif essentiel de toute restructuration préalable devrait être d'abolir les droits et obligations exceptionnels des entreprises publiques à privatiser. Il est en effet indispensable, avant d'effectuer une privatisation, de créer des conditions

---

32 Cette garantie sera particulièrement demandée lorsque l'étendue du passif d'une entreprise n'est pas connu avec précision au moment de la privatisation, comme cela a été souligné dans la section 4.6 du chapitre 3 relative au droit de l'environnement.

33 Voir les articles 11 et 12 de la loi de privatisation de juin 1990.

34 La loi sur les états financiers en Deutsche Mark de 1990. Voir Norbert Horn, *Legal Aspects of Privatization and Market Economy. The German Experience in Comparative Perspective,* article présenté au huitième colloque de l'Association Internationale de Droit Economique tenu à Budapest, 14-15 mai 1992, pp. 15 à 18.

35 Voir la note 46, p. 83, ainsi que la section 2.5 du chapitre 6.

36 Voir Franks (1993). Voir également l'encadré 10, p. 120 relatif à la transformation d'entreprises publiques en sociétés de droit commercial en Nouvelle-Zélande.

d'égalité entre ces entreprises et les entreprises du secteur privé[37]. Cela suppose l'élimination de tous les privilèges spéciaux accordés aux entreprises publiques à privatiser, qu'il s'agisse de subventions, d'exonérations fiscales ou douanières, de garanties publiques (expresses ou tacites) de leurs emprunts, de préférences dans l'attribution des marchés publics, de l'accès à prix réduits à certains facteurs de production (énergie ou pétrole, par exemple), d'exonérations de l'application du droit de la concurrence, de dispositions spéciales en matière de droit du travail ou de tous autres avantages ou protections. Cette politique a été suivie, par exemple, pour la plupart des privatisations qui ont eu lieu en Nouvelle-Zélande[38].

De même, si une entreprise publique supporte des obligations qui ne pèsent pas sur ses concurrents privés, ce type de discrimination devra être éliminé. Ainsi, les entreprises publiques remplissaient souvent des fonctions sociales sans dédommagement adéquat par l'Etat, tel que la fourniture à perte de biens et services à certaines régions ou catégories de clients, ainsi que la prestation de services de santé, d'éducation, de logement et autres services sociaux aux salariés et à leurs familles, et parfois même à une ville entière (surtout dans les pays anciennement communistes). Ces activités sociales sont généralement déficitaires et financées par des subventions croisées provenant d'autres activités. Ce type de subventions n'est toutefois possible que lorsque l'entreprise a un monopole, sans quoi ses concurrents pourront fournir des biens et services concurrents à un prix moindre et ainsi miner la base même du système des subventions croisées. Lorsque des fonctions de ce type ont été mises à charge d'entreprises publiques par la loi, ces dispositions législatives devront être éliminées préalablement à la privatisation de l'entreprise. Ces fonctions sociales pourront alors soit être attribuées à d'autres organismes publics, soit faire l'objet d'un contrat de prestations de services avec l'Etat[39].

---

37 Voir la section 3 du chapitre 3 sur la protection de la concurrence.

38 La New Zealand Coal Corporation a ainsi cessé d'être exonérée de l'obligation d'obtenir des licences d'exploitation minière. De même, New Zealand Telecom a été transformée en société de droit privé tandis que le secteur des télécommunications était progressivement déréglementé et ouvert à la concurrence. Voir Evan Williams et Stephan Franks, *Legal Aspects of Divestiture : The New Zealand Experience*, document préparé par Chapman Tripp Scheffield Young (Nouvelle-Zélande) pour le département juridique de la Banque mondiale, 1992, p. 22.

39 L'Etat peut conclure un contrat avec la société nouvellement privatisée, ou avec une autre société, ou lui accorder une subvention pour qu'elle poursuive l'activité. Ainsi, les services de transports urbains par chemin de fer et métro de Buenos Aires ont, suite à un appel d'offres, été concédés aux opérateurs privés demandant le moins de subsides; la subvention totale, qui était de l'ordre de $500 millions par an au courant des années quatre-vingts, a pu être ramenée à environ $100 millions par an suite à la privatisation. Voir World Bank (1993), p. 8. Les obligations sociales qui sont imposées aux services postaux à travers le monde expliquent en partie pourquoi ce secteur a connu aussi peu de privatisations. Ceci dit, moyennant des contrats bien conçus visant à assurer le maintien du service postal universel, rien n'empêcherait la privatisation des postes.

Pour aligner le régime des entreprises à privatiser sur celui des entreprises du secteur privé, il faut enfin veiller, dans le cadre des opérations de restructuration, à limiter le contrôle que le gouvernement exerce sur certaines entreprises publiques. Les lois générales ou particulières applicables aux entreprises publiques comprennent en effet parfois des dispositions limitant l'autonomie de l'entreprise et donnant, par exemple, au gouvernement le droit de désigner (outre les administrateurs représentant l'Etat au conseil d'administration en sa qualité de propriétaire) un représentant spécial possédant le pouvoir de suspendre les décisions du conseil d'administration[40]. Ce type de dispositions exceptionnelles devra généralement être levé avant la date de la privatisation ou au plus tard à cette date.

4.6 Transformation en société de droit commercial

L'adoption d'une loi sera souvent nécessaire pour autoriser la transformation d'entreprises de droit public en sociétés de droit privé[41]. Cette transformation («corporatization» en anglais) est pratiquement indispensable pour privatiser de telles entreprises publiques avec l'ensemble de leur actif et passif et sans interruption dans leurs activités[42]. Les lois de transformation sont tantôt spécifiques à une entreprise, tantôt d'application plus générale, ce qui peut permettre de restructurer le secteur parapublic de manière plus globale.

Dans certains pays, la transformation des entreprises publiques en sociétés de droit privé constitue une première mesure précédant la privatisation; ce fut, par exemple, le cas en Nouvelle-Zélande[43], en Italie[44], en Roumanie[45] et au Sri Lanka.

40 C'est ce que prévoyait, par exemple, la législation du Sénégal relative aux entreprises publiques jusqu'en 1990, lorsque la loi n° 87-19 du 3 août 1987 fut abrogée par la loi n° 90-07 du 26 juin 1990. La nouvelle loi a éliminé de nombreux types de contrôles sur les entreprises publiques.

41 La «commercialisation» d'une entreprise publique est une opération similaire mais de moindre portée car elle n'implique pas la constitution de l'entreprise publique en société de droit privé. Elle vise à orienter davantage l'entreprise vers la réalisation de bénéfices et peut inclure les éléments suivants : mise en place d'une comptabilité commerciale, publication d'états financiers, définition d'objectifs commerciaux, attribution à l'entreprise du libre choix de ses fournisseurs et mise en place d'un conseil d'administration et d'une direction autonomes. L'entreprise publique sera ainsi gérée conformément à la pratique commerciale (ou privée). Toutefois, son statut juridique restera public. Voir la section 5.1 du chapitre 1 sur le statut juridique des entreprises publiques.

42 Si, au contraire, la privatisation de l'entreprise publique s'opère par la vente de certains actifs déterminés et la cession d'obligations précises, aucune transformation juridique ne sera nécessaire mais les éléments restants de l'entreprise publique (la société de droit public et l'ensemble de ses avoirs et obligations non transférés) devront être liquidés. Voir à ce sujet les deux sections suivantes portant sur le démembrement des entreprises publiques et leur liquidation.

43 Voir l'encadré 10, p. 120 ci-dessous.

Ailleurs, c'est la législation de privatisation elle-même qui prévoit cette transformation, comme en Allemagne[46], en Tchécoslovaquie[47], au Nigéria[48], au Royaume-Uni[49] ou en Argentine[50]. D'autres pays, enfin, ont choisi de combiner ces deux formules[51].

La conversion d'une entreprise de droit public en société de droit privé doit généralement être autorisée par ou en vertu d'une loi. Elle ne devient normalement effective que suite à la modification des statuts de l'entreprise concernée, qui devra en général être effectuée dans un délai déterminé par la loi; dans certains pays, toutefois, la transformation produit ses effets automatiquement. La transformation en société commerciale va au-delà d'un simple changement de statut juridique et comporte normalement de nombreuses autres mesures de restructuration, que nous avons déjà évoquées aux sections précédentes. Ce peut être une opération difficile, requérant la participation de nombreux intervenants et soulevant toute une série de problèmes juridiques complexes. L'encadré 10 sur la Nouvelle-Zélande illustre certaines de ces questions.

---

44 Voir notamment le décret-loi n° 333 (11 juillet 1992), ratifié par la loi n° 359 relative à la transformation des entreprises publiques en sociétés commerciales (8 août 1992).

45 L'article 1er de la loi roumaine n° 15 du 31 juillet 1990 prévoit la restructuration des unités économiques d'Etat en unités autonomes ou en sociétés constituées selon le droit privé. Les unités autonomes opèrent dans les secteurs dits stratégiques de l'économie comme la défense, l'énergie, les mines, les postes et les télécommunications (article 2). Partout ailleurs, ce sont des sociétés de droit privé qui doivent être mises sur pied (article 16). La constitution de ces sociétés est la première étape d'un processus qui doit conduire à leur privatisation partielle. En effet, l'article 23 stipule que dans le mois qui suit la formation de ces sociétés, l'Etat doit transférer 30 % des parts à l'agence nationale de privatisation qui doit en assurer la distribution aux citoyens roumains.

46 Voir l'article 11 de la loi du 17 juin 1990 relative à la privatisation et à la réorganisation des biens appartenant à la collectivité.

47 Voir les articles 11 et 12 de la loi du 26 février 1991 relative aux grandes privatisations.

48 Voir l'article 5 du décret n° 25 du 5 juillet 1988, qui stipule que toutes les entreprises publiques à privatiser qui ne sont pas déjà constituées sous statut de droit privé devront l'être dans les douze mois suivant l'entrée en vigueur dudit décret.

49 Les lois autorisant la privatisation des grandes entreprises publiques britanniques ont généralement prévu leur transformation préalable en sociétés commerciales à responsabilité limitée. Voir Graham et Prosser (1991), p. 78.

50 Voir la loi n° 23696 relative à la réforme de l'Etat (18 août 1989), en particulier les articles 6 et 15 qui autorisent le gouvernement à modifier la forme juridique de toutes les entreprises publiques dans un délai d'un an.

51 Comme en Bulgarie, où des dispositions sur la transformation d'entreprises publiques en sociétés de droit privé ont été incluses dans une loi de janvier 1989, modifiées à plusieurs reprises avant d'être finalement incorporées dans la loi de privatisation d'avril 1992.

Encadré 10

Transformation d'entreprises publiques en Nouvelle-Zélande

En 1984, date de l'accession au pouvoir du parti travailliste en Nouvelle-Zélande, le pays traversait une crise économique grave caractérisée par un très faible taux de croissance, une inflation importante et une détérioration de la balance des paiements. Le gouvernement précédent avait tenté de résoudre ces problèmes par l'érection de barrières douanières ainsi que par l'imposition de contrôles des prix et des changes. Le gouvernement travailliste opta, quant à lui, pour une politique de déréglementation dont une composante importante était la transformation des entreprises publiques en sociétés de droit commercial en prélude à leur transfert au secteur privé.

Les objectifs

Les objectifs du programme avaient été clairement définis:

- Libérer les entreprises publiques de toute fonction non-commerciale, à moins qu'un subside ne leur soit explicitement versé par le gouvernement pour assurer de telles fonctions;
- Donner pour mission aux managers de gérer ces entreprises comme des entités commerciales;
- Aligner le régime des entreprises publiques sur celui des entreprises privées de manière à pouvoir juger leurs managers sur base de critères commerciaux;
- Séparer clairement propriété et gestion et organiser la création de conseils de surveillance constitués de représentants du secteur privé.

La loi de 1986 relative aux entreprises publiques

Cette loi transforme certains départements ministériels en entreprises constituées selon le droit privé. Elle stipule notamment que :

- Les parts de chaque entreprise publique sont détenues par deux membres du gouvernement;
- L'objectif principal de chaque entreprise publique doit être de fonctionner comme une entreprise privée et, notamment, d'être aussi profitable que les firmes du secteur privé opérant dans le même secteur d'activités;
- Lorsque l'Etat entend imposer à une entreprise publique la fourniture de biens ou de services, il doit conclure un contrat explicite spécifiant notamment le montant des paiements qui seront versés en échange de ces biens ou services;
- Chaque entreprise publique doit produire un rapport annuel définissant notamment la nature exacte de ses activités, ses pratiques comptables et ses objectifs en terme de performance.

Le transfert de droits et d'obligations aux nouvelles entreprises

Deux instruments principaux ont été utilisés pour opérer ce transfert :

- Un contrat de vente conclu entre l'Etat et l'entreprise concernée;
- Une loi décrivant les droits et obligations transférés ou autorisant le recours à des normes d'un rang inférieur pour établir la liste de ces droits et obligations.

Les contrats conclus par les anciennes entités publiques avec les travailleurs ou avec des tiers ont en règle générale fait l'objet de dispositions législatives particulières lors de la transformation de ces entités en sociétés de droit privé. Ces dispositions déterminent notamment dans quelle mesure les termes et conditions des contrats de travail restent d'application et comment les travailleurs peuvent jouir, après transformation de l'entreprise, des bénéfices accumulés sous le régime ancien. En ce qui concerne les contrats conclus avec des tiers, les dispositions législatives ont souvent pour objet d'obliger les diverses parties à continuer à remplir leurs obligations vis-à-vis de la nouvelle entreprise publique.

Source : Franks (1993).

4.7 Démembrement des entreprises publiques

En vue de rendre certaines entreprises plus attrayantes pour les investisseurs, ou de briser la position dominante dont elles bénéficient, il peut être nécessaire de les fragmenter ou de les subdiviser. Une telle désagrégation des activités de l'entreprise peut rentrer dans plusieurs cas de figure. L'ancienne société peut ainsi continuer à exister (sous forme publique ou privée) avec des activités désormais restreintes, ou peut être liquidée. Les éléments de l'actif et du passif de l'ancienne entreprise devront soit être répartis entre les entreprises ou entités concernées, l'Etat pouvant figurer parmi ces dernières, soit vendus comme tels à des opérateurs privés, le produit de la vente revenant tantôt à l'entreprise, tantôt à l'Etat. Les entreprises publiques slovènes ont ainsi dû transférer à l'Etat ou aux municipalités les bois et les terres agricoles qui faisaient partie de leur patrimoine[52].

Un exemple de ce type de restructuration est le processus dit de démonopolisation, par lequel certains pays de l'Est ont liquidé de nombreuses grandes entreprises publiques, après avoir transféré les principaux éléments de leur actif et passif à plusieurs entreprises nouvelles constituées conformément au droit des sociétés et destinées à être privatisées. Cette technique est également utilisée pour le démembrement de monopoles nationaux dans les secteurs d'infrastructure[53].

En Tchécoslovaquie[54] et dans d'autres pays[55], ce sont des holdings ou des fonds publics qui ont servi d'intermédiaire pour réaliser de telles restructurations[56]. Ceux-ci ont ainsi créé de nouvelles sociétés conformément au droit des sociétés et ont transféré des éléments d'actif et de passif des anciennes entreprises publiques à la nouvelle société, en échange d'actions de celle-ci. Ensuite, le fonds a cédé à son tour ces actions. Une telle procédure en deux stades présente de nombreux avantages et évite notamment de devoir dresser avant la privatisation un inventaire détaillé de l'actif et du passif de l'ancienne entreprise. Elle donne également la possibilité de diviser l'ancienne entreprise publique en sociétés plus petites, de

52 Article 5 de la loi de privatisation de Slovénie de 1992.

53 Voir également le chapitre 7.

54 Les entreprises publiques privatisables ont été transférées avec l'ensemble de leur actif et passif à l'un des trois fonds des biens d'Etat.

55 En Bulgarie, une société de consolidation des banques a été créée pour reprendre toutes les participations publiques dans les banques commerciales et restructurer l'ensemble du secteur bancaire par des fusions, liquidations et privatisations.

56 Voir aussi la section 5 du chapitre 6 pour une description des programmes de privatisation par coupons et des fonds de privatisation. Les fonds mentionnés à la présente section sont des organismes de restructuration qui n'ont pas nécessairement de fonctions de privatisation. En République tchèque et en Allemagne, cependant, le même organisme cumule les deux types de fonctions.

regrouper les actifs de différentes entreprises en une seule société, de vendre séparément le patrimoine immobilier de l'entreprise publique qui n'est pas indispensable à l'exploitation de l'entreprise. Elle permet aussi d'attribuer au fonds la responsabilité juridique du licenciement des salariés en surnombre, des dettes douteuses, des obligations en rapport avec l'environnement, etc.. Le fonds prend à sa charge toute obligation restante, connue ou inconnue, de l'ancienne entreprise publique qui échappe ainsi aux lourdes procédures de la faillite ou de la liquidation. Les nouvelles sociétés privatisables peuvent alors entrer en activité et être vendues dans de bonnes conditions.

4.8 Liquidation des entreprises publiques

Lorsque l'ancienne entreprise publique est appelée à disparaître totalement après transfert de certains éléments de son actif et passif, il importe d'en organiser la liquidation. Il ne s'agira plus souvent à ce stade que d'une coquille, comprenant principalement des dettes et autres obligations[57].

La liquidation d'une entreprise publique est une forme courante de restructuration préalable à la privatisation. Différentes lois peuvent s'appliquer selon que l'entreprise publique est constituée en société de droit privé, auquel cas la liquidation relèvera normalement du droit des sociétés et des lois sur la faillite des sociétés commerciales[58], ou en société sous statut de droit public, auquel cas la faillite ne sera pas possible et la liquidation éventuelle obéira à d'autres règles.

Certains pays, comme le Sénégal, le Togo et le Vietnam, ont adopté une législation expresse sur la liquidation et la faillite des entreprises publiques[59]. Ailleurs, comme en Guinée[60], où la liquidation a été la principale technique de privatisation, ou en Italie[61], une loi peut être nécessaire pour pouvoir procéder à la

57 Dans le cadre de la privatisation de la société de télécommunications, le gouvernement fédéral argentin a ainsi adopté un décret n° 2762/90 portant création d'une commission de liquidation chargée de veiller à l'exécution des obligations restées à charge du gouvernement, une fois effectué le transfert au secteur privé du personnel et des principaux avoirs d'ENTEL.

58 Voir section 4.4 du chapitre 3.

59 Voir la loi sénégalaise n° 84-64 relative à la liquidation des entreprises publiques (16 août 1984), la loi togolaise n° 82-5 relative aux sociétés d'économie mixte (16 juin 1982) et la décision n° 388 du conseil des ministres vietnamien relative à l'établissement et à la liquidation d'entreprises publiques (20 novembre 1991).

60 Voir l'ordonnance n° 306 PRG-85 du 12 décembre 1985 énumérant douze entreprises dont elle ordonne la clôture et la liquidation ou l'ordonnance n° 315 PRG-85 du 21 décembre 1985 ordonnant la liquidation de 34 magasins ruraux. Sous le régime militaire en vigueur à l'époque en Guinée, une ordonnance était l'équivalent d'une loi.

61 Voir le décret-loi n° 340 relatif à la liquidation d'EFIM (18 juillet 1992).

liquidation de certaines entreprises publiques. Enfin, dans d'autres pays, comme la France, c'est la jurisprudence qui semble dégager le droit applicable à la liquidation de différents types d'établissements publics[62].

5 LOIS DE FINANCES

Les lois de finances peuvent également contenir des dispositions régissant les privatisations. Ainsi, la loi organique des finances du Canada impose qu'une loi soit adoptée par le parlement pour que la privatisation d'une entreprise publique puisse avoir lieu[63]. Dans d'autres pays, et notamment en Malaisie et en Nouvelle-Zélande[64], le parlement intervient principalement dans le programme de privatisation dans le cadre de la discussion et de l'approbation du budget ou de la loi de finance annuelle.

Par ailleurs, la réglementation budgétaire générale peut être applicable à l'affectation ou à l'emploi du produit des privatisations. Même lorsque les lois de privatisation précisent l'affectation du produit des opérations, d'autres lois de finances pourront s'appliquer[65]. Dans de nombreux pays dont la procédure budgétaire s'inspire de celle de la France, par exemple, les dépenses publiques ne peuvent pas être déduites des recettes publiques (la loi n'autorisant ni compensation ni contraction des dépenses et des recettes) et toutes les dépenses publiques doivent être autorisées par le parlement et engagées, réglées et contrôlées par les agents autorisés. La cour des comptes française a ainsi critiqué, dans son rapport annuel de 1990, la manière dont les dépenses liées à des émissions de titres ou à d'autres opérations de privatisation (principalement des commissions et remboursement de frais au profit d'intermédiaires financiers, et des impôts) avaient été déduites directement par ces intermédiaires du montant brut reçu, seul le produit net des opérations de privatisation effectuées étant finalement versé au compte spécial du Trésor établi pour la privatisation, en contravention directe «aux dispositions de l'article 18 de la loi organique relative aux lois de finances»[66].

---

62 Voir Bienvenu (1993) et Conseil d'Etat (1989).

63 Voir CNUCED, Ad Hoc Working Group on Comparative Experiences with Privatization, Third Session, 29 novembre - 3 décembre 1993, Country Presentation submitted by Canada, p. 12.

64 La stratégie de privatisation du gouvernement néo-zélandais ayant pris fonction suite aux élections de 1990 constitue ainsi l'annexe 5 du budget de 1991 soumis au parlement.

65 Voir la section 10 du chapitre 5 pour un examen des dispositions expresses des lois de privatisation sur l'affectation du produit des opérations de privatisation.

66 Voir Cour des Comptes, *Rapport au Président de la République,* Vol. III, Paris, 1990, pp. 24-25. La cour des comptes a également critiqué le manque de transparence des aspects financiers des opérations d'échange de la dette, en particulier les pertes subies lors du rachat d'obligations indexées sur l'or.

Enfin, la réglementation des marchés publics est susceptible de s'appliquer à un nombre de contrats devant être conclus par le gouvernement dans le cadre de la préparation et de la mise en oeuvre d'un programme de privatisation, dont l'octroi de contrats de concession, ainsi que le recrutement d'experts engagés pour conseiller le gouvernement en matière de privatisation, qu'il s'agisse d'avocats, de cabinets d'audit, de banques d'affaires ou d'autres conseillers.

6 IMMUNITES DE L'ETAT

Aussi évident que cela puisse paraître, il est bon néanmoins de rappeler qu'une privatisation est une opération à laquelle participent une entité privée et une entité publique, en général un état souverain. Dans de nombreux pays, l'Etat peut, cependant, jouir d'immunités de juridiction ou de poursuites à l'égard des actions engagées contre lui. En vue d'attirer les acquéreurs privés et d'améliorer les chances de succès du programme de privatisation et le prix de vente, un état pourrait ainsi décider de renoncer à ses immunités dans le contexte d'un tel programme. Par ailleurs, certaines lois de privatisation, comme celle des Philippines[67], prévoient des immunités restreintes à l'égard des poursuites pouvant être intentées contre l'agence de privatisation et ses membres.

7 CONCLUSIONS

Au terme de ce chapitre, il apparaît qu'en matière de droit public, comme dans les autres domaines du droit examinés précédemment, une multitude de normes ont un impact direct ou indirect sur le processus de privatisation. La privatisation est en effet un acte public, impliquant un transfert d'actifs appartenant au secteur public. Elle est aussi un processus public géré par des administrations publiques.

Nous avons notamment mis l'accent sur l'importante distinction entre, d'une part, l'identification de l'organisme public détenteur du droit de propriété sur des entreprises ou biens inclus dans le programme de privatisation (Etat, municipalités, autres organismes ou entités publics) et, d'autre part, les autorités qui sont habilitées à exercer les droits de propriété de l'Etat ou d'un autre organisme public sur ces entreprises et biens, et en particulier le droit d'aliéner.

Nous avons ensuite examiné comment le statut juridique de l'entreprise publique, qui a fait l'objet d'une analyse à la section 5.1 du premier chapitre, détermine les mesures devant être prises avant de pouvoir privatiser. Ainsi, lorsque l'entreprise publique est déjà régie par le droit privé, les mesures préalables devant

67 Voir l'article 32 de la proclamation de 1986.

être prises relèveront surtout de la gestion et des finances. Il s'agira notamment de rationaliser le niveau d'emploi (lorsqu'on est en présence de sureffectifs) et d'assainir les comptes et états financiers, l'objectif étant de privatiser une entreprise viable. Il pourra également être nécessaire de renégocier certains contrats ou obligations.

Ces mêmes questions se poseront également lorsque l'entreprise est régie par le droit public. Dans ce cas il faudra en outre choisir entre deux options de restructuration principales. La première est la transformation de cette entreprise en société de droit privé, la seconde est la liquidation. Dans tous ces cas, il peut également être nécessaire d'effectuer un certain démembrement de l'ancienne entreprise publique et de séparer certaines de ses activités ou actifs de son activité principale. On s'attachera également à supprimer les discriminations éventuelles dont l'entreprise publique bénéficie par rapport au secteur privé, ou dont elle souffre.

D'autres dispositions de droit public sont susceptibles d'affecter le programme de privatisation. On a ainsi évoqué les dispositions du droit des finances publiques qui peuvent porter sur l'autorisation ou la mise en oeuvre du programme ainsi que sur certaines immunités dont l'Etat pourrait se prévaloir. En outre, les aspects constitutionnels de la privatisation, qui sont traités au chapitre 2, et les lois de privatisation, qui constituent l'objet des chapitres 5 à 7, relèvent aussi du droit public.

Le rôle des conseillers du gouvernement sera d'indiquer le chemin à suivre pour privatiser en toute légalité, que ce soit en restant dans les limites autorisées par le droit public en vigueur ou en recommandant les modifications qui pourraient s'imposer pour permettre l'exécution des opérations de privatisation et en assurer le succès.

Chapitre 5

La loi de privatisation

1 INTRODUCTION

La situation juridique et politique d'un pays et les caractéristiques particulières de l'entreprise (ou des entreprises) à privatiser détermineront s'il y a lieu d'adopter une loi de privatisation ou si l'on peut s'en passer[1]. Dans ce domaine, la loi présente notamment les avantages suivants : elle concrétise immédiatement un appui et une volonté politiques exprès en faveur du processus; elle responsabilise davantage l'organisme chargé d'exécuter la privatisation; elle rend les réformes poursuivies plus difficiles à annuler; et elle permet d'ajouter aux dispositions d'habilitation d'autres modifications du régime juridique pouvant faciliter la privatisation, qu'une loi soit juridiquement requise ou non. Elle a pour inconvénients les longs délais souvent nécessaires pour obtenir l'approbation du parlement, le risque que ses dispositions soient trop contraignantes ou rigides et que les parlementaires décident de s'immiscer dans la mise en oeuvre même des privatisations[2].

Selon les besoins, le contenu des lois de privatisation peut varier considérablement. D'une part, les éléments clefs de la législation de privatisation, c'est-à-dire les dispositions autorisant et organisant le processus de privatisation, sont traités fort différemment d'une loi à l'autre. D'autre part, de nombreuses lois de privatisation remédient à certaines lacunes présentes dans la législation en vigueur, telles qu'évoquées aux chapitres 3 et 4 ci-dessus[3]. Ce type de dispositions peut être qualifié de dispositions de facilitation, par opposition aux dispositions d'habilitation.

---

1 Voir en particulier la section 3 du chapitre 2 consacrée aux dispositions de nature constitutionnelle. Par ailleurs, comme nous l'avons noté au chapitre précédent, les entreprises publiques n'ont en général pas besoin de lois spéciales pour privatiser leurs biens ou filiales.

2 Voir, à ce sujet, la section 2.3 du chapitre 6 consacrée au rôle du parlement.

3 Ainsi, par exemple, l'article 7.a du décret-loi péruvien n° 26120 du 24 décembre 1992, établit une exception au droit commun du travail pour les entreprises publiques à privatiser, de manière à faciliter les réductions de personnel qui doivent être effectuées dans le cadre de restructurations préalables à la privatisation, tandis que l'article 7.c prévoit l'adoption de mesures destinées à permettre la régularisation des titres de propriété relatifs aux entreprises publiques. Quant à l'article 73 de la loi roumaine n° 58/1991, il impose au gouvernement de préparer un projet de loi relatif à la constitution d'une bourse de valeurs, alors que la loi n° 15/1990 abroge plusieurs lois relatives à l'organisation et au fonctionnement des unités de production socialistes et réorganise en sociétés de droit commercial celles de ces unités destinées à être privatisées. Voir également les chapitres 3 et 4.

Tableau 4

Comment quelques pays ont contourné certains obstacles à la privatisation

Contraintes	Solutions	Pays
La propriété du sol ne peut pas être transférée à une entreprise privée.	Création de sociétés d'économie mixte dont le partenaire public est titulaire de droits d'usage du sol.	Vietnam
	Octroi de baux de longue durée (par ex. baux emphytéotiques)	Pays socialistes
Les titres de propriété du gouvernement sur certains biens sont imprécis ou contestés ce qui rend la vente de ces biens à des investisseurs privés plus difficile.	Conclusion de contrats de location-vente qui permettent le transfert de biens sans avoir à procéder immédiatement à la vente, tout en donnant au locataire une option d'achat sur ces biens en fin de contrat.	Nicaragua
L'exercice de certaines activités ne peut pas être transféré à titre définitif au secteur privé.	Recours au contrat de concession qui prévoit, au terme de la concession, le retour à l'autorité concédante de la propriété des biens, transférés pour la durée de la concession au concessionnaire.	Mexique, Brésil
Le cadre juridique des privatisations est ambigu.	Ratification des conventions de privatisation par le Président de la République	Guinée
La privatisation nécessite l'adoption d'une loi d'habilitation alors que le gouvernement ne veut pas soutenir une telle loi politiquement.	Recours à une méthode de transfert de gestion privée autre que la privatisation au sens strict, telle que les contrats de location ou de concession.	Chine, Vietnam
La privatisation de la société nationale de télécommunications requiert une longue période de préparation ainsi que l'adoption d'une loi.	Vente au public de coupons donnant droit à des actions de la future société privatisée, le gouvernement s'engageant à racheter ces coupons à un prix déterminé si la société n'est pas privatisée dans les deux ans.	Pakistan
La privatisation d'une société est bloquée par l'opposition et les tribunaux	Emission d'obligations de l'Etat convertibles après la privatisation en actions de la société privatisée.	Turquie
Nécessité d'une loi pour privatiser une entreprise de droit public.	Création par l'entreprise de droit public de filiales organisées selon les règles du droit privé qui peuvent, elles, être privatisées sans que leur forme juridique ne doive être modifiée.	France
Nécessité d'octroyer des parts aux travailleurs des entreprises privatisées, alors que les repreneurs intéressés ne souhaitent pas partager le contrôle des entreprises dans lesquelles ils investissent.	Emission de parts pour les employés dépourvues de droit de vote.	Bulgarie
La loi prévoit qu'une augmentation de capital doit être considérée comme nulle et non-avenue si elle n'est pas entièrement souscrite.	Recours aux services d'une banque ou de tout autre organisme financier qui s'engage à acquérir l'ensemble des actions nouvellement émises, à organiser leur revente à des tiers et à supporter les risques associés à cette opération.	Pologne

A la lecture de ce chapitre, qui porte sur les dispositions les plus fréquemment insérées dans les lois de privatisation, il importe de se rappeler que de telles lois ne sont pas toujours nécessaires, ni souhaitables. Nous avons vu que dans certains pays, aucune législation spéciale d'habilitation n'est requise pour permettre au gouvernement de procéder à l'exécution d'opérations de privatisation, soit parce que les principes constitutionnels du pays en disposent ainsi (voir chapitre 2), soit parce que les lois relatives aux entreprises publiques ou d'autres lois fournissent au gouvernement le cadre juridique requis pour privatiser (voir chapitre 4).

Il importe en outre de ne pas perdre de vue que des contraintes qui peuvent à juste titre être considérées comme des obstacles à la privatisation peuvent parfois, avec un peu d'imagination et de créativité, être contournées sans qu'il soit nécessaire de procéder à l'adoption d'une loi. Le tableau 4 ci-dessus illustre ceci par quelques exemples, certains plus heureux que d'autres. L'émission de coupons, de warrants ou d'obligations convertibles en action d'une société devant être privatisée plus tard risque, par exemple, de compliquer inutilement cette privatisation.

L'exposé qui suit ne s'appliquera donc que dans la mesure où une loi spéciale de privatisation est nécessaire (juridiquement) ou jugée souhaitable (politiquement[4]). L'annexe contient une liste non exhaustive de lois, décrets et autres règlements adoptés à travers le monde en matière de privatisation.

2 LOI OU INSTRUMENTS SUBALTERNES

Lorsqu'il faut légiférer pour privatiser, il peut être préférable de limiter les dispositions de la loi aux grands principes et de laisser à des textes ou décisions de rang subordonné le soin de régler les détails et les modalités d'application. Il n'y a toutefois pas de recette universelle pour décider quelles dispositions de privatisation devront être laissées à la discrétion des parties et quelles dispositions devront figurer dans la loi de privatisation, dans les décrets ou règlements d'application, dans les décisions de l'autorité habilitée (par exemple le ministre des finances ou le président de l'agence de privatisation) ou dans des directives générales. La décision à cet égard dépendra en partie du système et des traditions constitutionnelles, juridiques et politiques du pays, et en partie des préoccupations politiques du moment, notamment du degré de confiance dont le gouvernement jouit au parlement. Le choix de l'instrument juridique dépendra d'un nombre de paramètres : entend-on promouvoir souplesse et flexibilité, ou plutôt standardisation et rigueur, une centralisation du processus ou une certaine décentralisation, des contrôles a priori ou une responsabilisation des organes chargés de l'exécution moyennant certains contrôles a posteriori ? Ces choix devront être effectués dès l'origine car ils détermineront dans une large mesure l'architecture juridique de la privatisation.

4 Même lorsque le droit en vigueur autorise juridiquement la privatisation, un gouvernement voudra parfois se couvrir politiquement en obtenant un vote du parlement.

La législation française de 1986 illustre de manière intéressante, quoique fort particulière, comment des dispositions identiques peuvent trouver place aussi bien dans une loi de privatisation que dans des règlements d'application. L'article 5 de la première loi de privatisation de 1986 autorisait le gouvernement à légiférer par ordonnances sur la base de l'article 38 de la constitution française. Le Président Mitterrand (socialiste) refusa cependant de signer l'ordonnance rédigée par le gouvernement de son Premier ministre, M. Jacques Chirac (conservateur). Pour contourner l'obstacle, le gouvernement de M. Chirac soumit le texte de l'ordonnance à l'assemblée nationale sous forme d'un projet de loi, ce qui explique pourquoi deux lois durent être adoptées successivement en juillet et en août 1986 pour permettre l'exécution du programme de privatisation.

Par ailleurs, une loi ne devrait pas se substituer à une stratégie de privatisation en bonne et due forme. Si tel était le cas, la loi aurait tendance à être encombrée de nombreuses considérations qu'il vaut mieux laisser aux instruments juridiques subordonnés. Plusieurs aspects de la privatisation, bien qu'essentiels d'un point de vue stratégique, comme la rapidité, le choix du moment ou celui de telle ou telle technique de privatisation, ne devraient pas être réglementés par la loi, celle-ci pouvant facilement devenir un véritable carcan[5]. Alors qu'une stratégie peut être modifiée assez facilement pour s'adapter à l'évolution des circonstances ou tenir compte des enseignements tirés de l'expérience nouvelle, il n'en va pas de même pour une loi.

---

5 La loi du 10 avril 1990 sur le service du téléphone portoricain illustre bien les inconvénients d'une loi de privatisation trop détaillée. Elle comprenait des dispositions hautement restrictives, parmi lesquelles : la détermination du produit net minimum à obtenir de la vente de la société, fixé en l'occurrence à deux milliards de dollars US après déduction du montant total de la dette de l'entreprise publique à la date de la vente et des frais de vente; l'interdiction d'augmenter les tarifs du service téléphonique de base durant les trois années suivant la privatisation; l'interdiction, pour l'acquéreur, de licencier des salariés en conséquence directe de la vente; enfin, à titre de condition préalable à la réalisation de la vente, l'obligation pour le parlement d'approuver des lois créant un fonds permanent pour le développement de l'éducation, un fonds permanent pour l'équipement et la commission portoricaine de contrôle des télécommunications, et l'obligation d'adopter une résolution proposant un amendement constitutionnel. Ces conditions, en particulier le prix de vente minimum (qui représentait environ trois milliards de dollars US), ont empêché la conclusion des négociations avec les soumissionnaires intéressés. Comme le gouvernement ne disposait d'aucune marge de manoeuvre pour tenir compte des préoccupations et demandes des soumissionnaires, il a dû retirer la société du marché. En février 1992, les autorités portoricaines signèrent un accord portant sur la privatisation de TLD, une société qui regroupe uniquement les services internationaux et longue distance. La société espagnole Telefónica devint ainsi l'actionnaire majoritaire de TLD détenant 79 % de son capital.

3 CHAMP D'APPLICATION

Que la constitution ou la loi l'exige ou non, la plupart des pays qui ont privatisé ont adopté une loi de privatisation. Dans ce cadre, ils ont dû choisir entre une législation de portée générale applicable à toutes les entreprises publiques privatisables et une loi particulière pour chaque entreprise publique ou groupe d'entreprises publiques à privatiser. Dans certains cas, les entreprises visées ont été nommément désignées, dans d'autres, la loi vise une ou plusieurs catégories d'entreprises sans toutefois mentionner d'entreprises particulières.

Le champ d'application de certaines lois peut également être limité dans le temps. La période d'habilitation pendant laquelle le gouvernement est autorisé à privatiser peut ainsi avoir été limitée à un certain nombre d'années[6]. Les restrictions de ce type peuvent s'avérer néfastes. Elles risquent en effet d'affaiblir le pouvoir de négociation du gouvernement avec les acquéreurs éventuels, en particulier lorsque l'échéance fixée par la loi se rapproche.

3.1 Loi de portée générale

Une loi de portée générale devra-t-être considérée si l'on juge important d'établir des règles communes à toutes les privatisations. Une telle loi peut donner au gouvernement ou à l'organisme chargé de la privatisation un mandat général de privatiser les entreprises publiques, comme c'est le cas aux Philippines où la loi dispose que le Président du pays est chargé de décider quels actifs ou entreprises appartenant à l'Etat doivent être privatisés[7]. Lorsqu'une loi autorise la privatisation de manière large sans mentionner spécifiquement quelles entreprises sont visées, elle procédera généralement à une définition de son champ d'application, soit en définissant les termes «privatisation», «secteur privé» et/ou «secteur public», soit en utilisant des critères d'inclusion ou d'exclusion. Le mandat de privatisation peut être ainsi limité par l'exclusion de secteurs ou d'entreprises publiques déterminés, comme ce fut le cas dans l'ancienne Allemagne de l'Est où l'infrastructure de transport, le service des postes et les entreprises municipales figuraient parmi les secteurs exclus par la loi de privatisation. Il est possible aussi de déterminer les secteurs dans lesquels la privatisation peut avoir lieu sans qu'aucune entreprise ne soit désignée spécifiquement[8].

---

6 Voir, par exemple, l'article 1 de la loi de privatisation marocaine d'avril 1990, qui fixe la date limite pour conclure les privatisations au 31 décembre 1995.

7 Voir l'article IV de la Proclamation présidentielle n° 50 du 8 décembre 1986.

8 Voir, par exemple, le décret du conseil des ministres bulgare n° 36 du 10 avril 1990 autorisant la privatisation des magasins, ateliers, hôtels, restaurants et autres établissements des secteurs du commerce, du tourisme et des services. Ce décret a été rapporté depuis lors.

3.2 Loi générale désignant les entreprises privatisables

Une loi générale peut énumérer les entreprises publiques qui doivent être soit totalement soit partiellement privatisées. Dans ce cas, le pouvoir de privatiser donné au gouvernement est généralement limité aux entreprises publiques énumérées, comme ce fut le cas en France (65 entreprises en 1986, et 21 en 1993[9]), au Maroc (112 entreprises), au Sénégal (27 entreprises), au Nigéria (110 entreprises), au Burkina Faso (12 entreprises), ou en Argentine[10].

L'énumération des entreprises privatisables dans la loi n'est pas nécessairement une bonne solution. Une telle énumération limite en effet la flexibilité dont le gouvernement peut avoir besoin dans la mise en oeuvre de son programme de privatisation. Or les conditions du marché tant intérieur que mondial sont en évolution constante, et ces changements peuvent dicter des priorités différentes de celles fixées initialement par la loi. De plus, la désignation d'entreprises spécifiques est susceptible d'engendrer l'incertitude dans le chef des cadres et employés des entreprises concernées. En l'absence de mécanismes ou d'incitations assurant que ceux-ci restent motivés, une telle incertitude pourrait conduire à une baisse de productivité ou même à des activités frauduleuses, comme on l'a vu dans certains pays où un long délai entre la désignation d'une entreprise destinée à être privatisée et l'ouverture du processus a abouti au pillage et à la dilapidation du patrimoine de l'entreprise par ses salariés et dirigeants.

Par ailleurs, dans certains pays, une liste d'entreprises à privatiser a été adoptée par un décret pris en exécution de la loi de privatisation. Ainsi, au Mozambique, une première liste fut adoptée par un décret de novembre 1991 et une deuxième par un décret d'avril 1993, ces décrets étant pris en application de la loi de privatisation d'août 1991. Cette formule est plus souple que la désignation par la loi même.

3.3 Dispositions s'appliquant à certaines catégories de privatisations

Une loi de portée générale peut aussi s'appliquer aux opérations de privatisation menées par les entreprises publiques ou les sociétés de portefeuille publiques, c'est-à-dire aux situations où c'est l'entreprise publique qui vend et non pas l'Etat. Dans un tel cas, la loi établira parfois une dérogation au droit commun des entreprises publiques ou des sociétés, notamment en imposant que le produit

9 La liste annexée à la loi du 2 juillet 1986 comportait 65 entreprises qui constituaient en fait 28 groupes publics différents. Parmi ceux-ci, treize groupes ont été privatisés entre novembre 1986 et janvier 1988. Quinze groupes restaient donc à privatiser, qui étaient devenus douze en 1993 suite à la réalisation de certaines fusions. Les vingt et une entreprises annexées à la loi du 21 juillet 1993 comprennent ces douze groupes ainsi que neuf nouvelles entreprises.

10 Voir l'annexe 1 à la loi n° 23.696 relative à la réforme de l'Etat du 18 août 1989.

des opérations de privatisation réalisées par les entreprises publiques soit versé, en tout ou en partie, au budget de l'Etat[11], ou en donnant à l'Etat (et non à la société mère) tant le droit de vendre les participations détenues par une entreprise publique dans d'autres sociétés que d'en percevoir le prix de vente[12].

Enfin, une loi de portée générale peut soumettre des types différents de privatisation à des réglementations différentes. En France, par exemple, les lois de privatisation des 2 juillet et 6 août 1986, telles que modifiées par la loi du 19 juillet 1993, autorisent trois procédures de privatisation différentes. Les entreprises figurant en annexe de ces lois doivent être privatisées conformément aux règles et procédures qui y sont énoncées. Pour ce qui est des autres entreprises, il convient de distinguer deux catégories : une autorisation législative préalable est requise pour pouvoir opérer le transfert au secteur privé des entreprises dont l'Etat détient directement plus de la moitié du capital social et des entreprises qui sont entrées dans le secteur public par l'effet d'une loi[13]; une décision administrative suffit dans le cas des entreprises dont l'Etat détient directement moins de 50 % des parts et qui sont entrées dans le secteur public sans approbation législative, et dans les cas de vente partielle d'actions d'entreprises publiques où l'Etat est majoritaire lorsque celui-ci reste l'actionnaire majoritaire après la vente[14].

3.4 Lois particulières

Par ailleurs, des lois particulières autorisant la privatisation d'une ou plusieurs entreprises publiques, ou de l'ensemble d'un secteur, ont été adoptées au Royaume-Uni, au Canada, en Nouvelle-Zélande, en Argentine[15], au Brésil[16], en

11 Voir les sections 2 et 3 du chapitre 4 et la section 10 du chapitre 5.

12 Voir Graham et Prosser (1991), p. 82, au sujet des pouvoirs donnés à l'Etat par la loi britannique de 1982 relative au pétrole et au gaz.

13 A l'exception toutefois des entreprises qui sont entrées dans le secteur public en application de dispositions législatives mais qui sont détenues, directement ou indirectement, par des entreprises figurant sur la liste annexée à la loi du 19 juillet 1993. Le transfert d'entreprises de ce type au secteur privé doit, lui aussi, intervenir conformément aux dispositions de la loi de juillet 1993. Voir l'article 2.I de la loi n° 93-923 du 19 juillet 1993.

14 Voir le décret n° 91-332 du 4 avril 1991 qui établit les conditions de l'ouverture minoritaire du capital des entreprises publiques. Voir également Debène (1991), Richer et Viandier (1991) et Saint-Girons (1991).

15 L'Argentine a ainsi combiné les deux procédés : une loi générale s'appliquant aux entreprises qui y sont nommées, suivie quelques années plus tard de lois particulières pour certaines entreprises individuelles, telles que la société pétrolière YPF, Gas del Estado et certaines institutions financières.

16 Au Brésil, alors que juridiquement, aucune loi n'était nécessaire pour privatiser VASP, la compagnie aérienne de l'Etat de Sao Paulo, des raisons politiques ont conduit à solliciter l'approbation du législateur afin d'obtenir la coopération du gouvernement provincial de Sao Paulo car on craignait une vive opposition politique à cette opération. Voir la loi n° 6629 du 27 décembre 1989.

Belgique[17] et dans divers autres pays[18]. Des lois de privatisation de portée aussi précise sont spécialement indiquées quand le champ du programme de privatisation est limité ou qu'une entreprise publique ou un groupe d'entreprises publiques soulève des problèmes juridiques particuliers, difficiles à régler dans le contexte d'une loi d'habilitation générale[19]. Ce sera le cas normalement lorsqu'il s'agit de privatiser un secteur entier, et en particulier un secteur fortement réglementé, tels que les secteurs financiers, des ressources naturelles ou de l'infrastructure[20].

En outre, certains pays au cadre juridique très lacunaire ou peu favorable au secteur privé ont eu recours à un type très spécial de loi de privatisation. En Guinée, des accords relatifs à la vente d'entreprises particulières ont ainsi été ratifiés par voie d'ordonnance présidentielle pour leur donner pleine force, nonobstant dispositions contraires de la législation en vigueur. Cela a permis à la Guinée de privatiser des entreprises publiques dès 1986 sans devoir attendre la mise en oeuvre d'une refonte complète de sa législation commerciale ou l'adoption d'une loi de privatisation.

4 CADRE INSTITUTIONNEL DES PRIVATISATIONS

Il est essentiel que la loi définisse clairement les compétences respectives des différentes autorités qui ont un rôle à jouer dans le processus de privatisation, qu'il s'agisse du parlement, du gouvernement, du ministre ou de l'agence de privatisation, de la direction des entreprises publiques ou des autres institutions impliquées dans ce processus. Des mécanismes doivent être établis pour rendre ces autorités responsables de leurs actes et pour créer les incitations et sanctions appropriées en vue de garantir la bonne exécution du programme de privatisation. Ces questions, couvertes par presque toutes les lois de privatisation, sont examinées de manière plus approfondie au chapitre 6.

17 Voir l'article 98 de la loi du 22 juillet 1993 qui autorise l'Etat à céder les parts qu'il détient dans quatre institutions financières publiques.

18 Voir l'annexe législative pour une liste partielle.

19 Dans le cas de Petro-Canada, par exemple, le gouvernement canadien ne souhaitait pas privatiser PCIAC, la filiale de Petro-Canada pour l'assistance internationale. La loi spécifique a prévu la cession au gouvernement des actions de PCIAC détenues par Petro-Canada avant que la privatisation ait lieu. Voir la loi de février 1991 relative à la participation publique au capital de Petro-Canada.

20 Voir le chapitre 7 ci-dessous pour une analyse plus détaillée de la privatisation des secteurs d'infrastructures, et en particulier des grandes sociétés de télécommunications.

5 EVALUATION ET VENTE DES ENTREPRISES PRIVATISABLES

Les parlements et les gouvernements ont souvent introduit des mesures de sauvegarde dans les textes législatifs afin d'assurer la transparence du processus et réduire certains risques normalement associés aux privatisations[21]. La loi impose ainsi souvent certaines règles minimales aux agences chargées de l'exécution du programme, notamment en matière d'évaluation préalable des entreprises et de recours à certaines techniques de vente particulières. Les sections 6 et 7 traiteront des modalités de sélection des acquéreurs.

5.1 Evaluation

L'évaluation des entreprises publiques ou des actifs publics tend à être une opération délicate, notamment parce que les responsables publics veulent éviter de pouvoir être accusés de «brader les joyaux de famille». L'évaluation leur procure la protection politique nécessaire au cas où la décision de vendre à un prix donné est contestée («c'est le prix auquel l'entreprise a été évaluée par les auditeurs»). En pratique, même dans les pays industrialisés, les évaluations faites par des spécialistes hautement qualifiés sont souvent très éloignées de la valeur marchande réelle de l'entreprise. Dans certains cas, une surévaluation par le gouvernement de la valeur d'une entreprise l'a forcé à annuler ou reporter une opération; ce fut notamment le cas de VSNL, l'opérateur téléphonique international indien[22], et de la société porto-ricaine de télécommunications[23].

21 La loi de privatisation uruguayenne n° 16211 d'octobre 1991, par exemple, énonce un certain nombre de principes qui doivent gouverner les opérations de privatisation, à savoir, liberté de choix pour les consommateurs, élimination des monopoles, concurrence loyale et publicité adéquate visant à assurer la transparence du programme de privatisation.

22 L'OPV de VSNL fut annulée le 3 mai 1994 au vu des réactions négatives du marché au prix élevé auquel l'action était offerte. Ce prix fixé par le gouvernement avant la chute des cours des actions indiennes, se situait apparemment dans une fourchette de 1.400 à 1.600 rupees, alors que les conseillers financiers du gouvernement estimaient que le marché n'était prêt à payer que 1.100 rupees. Le gouvernement n'a pas voulu baisser son prix de peur d'être accusé de vendre la société au rabais à des étrangers. Le gouvernement était d'autant plus sensible à cette question, qu'un comité parlementaire venait de l'accuser d'avoir vendu certaines participations en 1992 et 1993 en dessous de leur valeur réelle. Cinq mois plus tard, l'offre a été relancée, le gouvernement ayant donné instruction à ses banquiers d'obtenir un prix entre 1.100 et 1.200 rupees, soit 25 % de moins que lors de la tentative précédente et ce alors que la bourse indienne avait monté d'environ 25 % depuis mai. Cette seconde tentative s'avéra également infructueuse. Voir Wall Street Journal, 4 mai 1994; *Emerging Markets Week*, 26 septembre 1994; *EuroWeek*, 30 septembre 1994.

23 Voir la note 5, p. 130.

Sans vouloir nier l'utilité de l'établissement d'un prix de référence, il peut cependant être préférable d'obtenir le juste prix en ayant recours à des modalités de vente concurrentielles, transparentes et ouvertes, avec une large diffusion de l'information. Un tel procédé peut en effet donner au gouvernement de meilleures garanties qu'une évaluation par des spécialistes établie comme préalable de la vente[24]. La mise en concurrence de plusieurs candidats acheteurs, qui procéderont chacun à leur propre évaluation de l'entreprise, devrait permettre de mieux dégager la valeur réelle de l'entreprise. Ce procédé est également plus rapide et moins coûteux. De nombreux pays ont cependant adopté des lois exigeant une évaluation préalable avant toute privatisation.

L'évaluation préalable se justifie cependant lorsque les entreprises ou les biens mis en vente le sont par voie de vente aux enchères ou par offre publique de vente. Dans le premier cas, le vendeur souhaitera en général établir un prix de référence ou de réserve en dessous duquel il ne souhaite pas vendre. Dans le second, il est indispensable de procéder à des évaluations préalables pour déterminer le prix d'émission de l'action, comme ce fut le cas le plus fréquent en France et au Royaume-Uni. Le prix résultant de ces évaluations peut toutefois être ajusté sur base de sondages de marché, notamment par la procédure du book-building[25].

Une évaluation rigoureuse est en outre absolument indispensable lorsque l'entreprise est vendue de gré à gré, et notamment lorsque celle-ci est vendue directement à son personnel (employés et/ou cadres). Dans ce cas, le gouvernement doit établir une évaluation sans avoir recours au marché. Très souvent, l'évaluation initiale est effectuée par les dirigeants de l'entreprise même, qui peuvent avoir tout intérêt à en sous-estimer la valeur, et qui se référeront dès lors fréquemment à la valeur comptable de l'entreprise, celle-ci n'étant souvent qu'une fraction de sa valeur marchande réelle. Ceci s'est produit, entre autre, dans un certain nombre de pays ex-socialistes, dont la Hongrie et le Vietnam.

Lorsqu'une évaluation s'impose, elle devrait être effectuée par des personnes indépendantes et qualifiées, et dans le respect de principes d'évaluation

24 C'est la méthode qui a été choisie lors des privatisations par ventes aux enchères des entreprises municipales de la ville de L'viv qui marquèrent le début du programme de privatisation en Ukraine. Pour assurer l'information des investisseurs, la liste des entreprises à privatiser est publiée chaque mois par voie de presse. (Voir l'article 5.2 du programme de privatisation des entreprises municipales de la ville de L'viv pour 1992, approuvé par résolution du conseil municipal de la ville de L'viv du 18 septembre 1992). La valeur de chaque entreprise est ensuite déterminée exclusivement par la meilleure offre faite lors de la mise aux enchères, le prix de mise en vente étant délibérément fixé à un niveau relativement bas. (Voir l'article 6.1.3 dudit programme. Voir également, International Finance Corporation, *L'viv, First Privatization in Ukraine,* Washington, D.C., 1993).

25 Cette procédure fut utilisée, par exemple, pour l'OPV de la société pétrolière argentine YPF et pour certaines privatisations françaises.

communément acceptés. Les règles et principes d'évaluation établis à l'époque des nationalisations pour indemniser les propriétaires et actionnaires privés d'entreprises nationalisées peuvent être utiles également, du moins lorsque ces règles et principes furent établis dans le respect des droits des propriétaires expropriés (comme dans le cas des nationalisations françaises de 1982[26]). Il n'est cependant pas souhaitable de chercher à prescrire une méthode d'évaluation d'application générale. Au contraire, la méthode devra tenir compte notamment des caractéristiques particulières du pays, du secteur auquel l'entreprise publique appartient et de la nature de ses actifs. Ainsi, l'utilité d'une évaluation effectuée dans un pays ou secteur où les prix ne sont pas librement déterminés par le marché peut paraître assez aléatoire. Enfin, le coût de l'évaluation ne devrait pas excéder les bénéfices que l'on espère en tirer.

En toute hypothèse, une évaluation éventuelle devrait seulement servir d'indication à l'organisme vendeur. La législation ne devrait pas interdire à cet organisme de conclure une vente à un prix inférieur à l'estimation si, à l'issue d'un processus de sélection concurrentiel, aucune offre acceptable n'a été reçue pour un montant égal ou supérieur à celui de l'estimation. Une évaluation préalable par des professionnels indépendants peut ainsi fournir un prix de référence qui aidera le vendeur à décider s'il y a lieu d'accepter les offres reçues et qui peut réduire les risques de collusion entre l'acquéreur et le personnel chargé de la privatisation.

5.2 Techniques autorisées

Trop souvent, les lois et réglementations relatives à la privatisation énoncent restrictivement les méthodes et techniques de privatisation autorisées. Avant de procéder de la sorte, il importe d'examiner quelles techniques seraient autorisées juridiquement en l'absence de dispositions expresses dans la législation de privatisation. Si nécessaire, des mesures peuvent être alors introduites dans la législation pour autoriser d'autres techniques ou restreindre l'emploi de certaines méthodes, selon les cas. Les textes d'application de la loi préciseront souvent dans quelles conditions les techniques visées peuvent être utilisées.

En pratique, le législateur n'est généralement ni très au fait des techniques de privatisation ni en mesure de prévoir quelles circonstances particulières pourraient apparaître et nécessiter l'application de méthodes spéciales pour telle ou telle opération spécifique. Il est donc préférable d'avoir une loi rédigée en termes généraux, laissant le choix des méthodes de privatisation appropriées à la discrétion de l'autorité chargée de l'exécution des opérations ou, du moins, permettant

26 Voir, par exemple : Jean-Jacques Israël, La commission administrative nationale d'évaluation des actions des banques nationalisées non inscrites à la cote officielle (article 18 de la loi du 11 février 1982)*Revue du Droit Public*, LGDJ, 4-1986, juillet-août 1986, pp. 971 à 1013.

l'emploi d'un éventail de techniques de privatisation selon les besoins spécifiques de chaque cas particulier. La liquidation ne doit en tout état de cause pas être exclue de ces options, parce qu'elle est souvent l'unique ou le meilleur moyen de privatiser certaines entreprises publiques.

Lorsque la loi énonce néanmoins des techniques spécifiques que l'agence de privatisation sera tenue de suivre, l'utilisation d'autres techniques (non prévues par la loi) devrait également être autorisée moyennant le respect de conditions minima, telle que l'obligation d'obtenir l'approbation du ministre compétent, voire même du conseil des ministres lorsqu'il s'agit, par exemple, d'appliquer des procédures de privatisation non-concurrentielles (vente de gré à gré, par exemple). De telles dispositions figurent notamment dans les législations tchèque[27], polonaise[28], française[29], nigériane[30] et argentine[31].

L'exemple de l'Argentine montre combien il est important de ne pas restreindre indûment la gamme des techniques susceptibles d'être utilisées en matière de privatisation. La diversité des régimes juridiques et des caractéristiques économiques des entreprises à transférer au secteur privé a imposé le recours à un large éventail de techniques différentes. Le tableau 5 ci-dessous, qui ne porte que sur une petite partie du programme de privatisation, à savoir celle relevant du ministère de la défense nationale, l'illustre bien.

La plupart des techniques de privatisation sont empruntées des pratiques commerciales du secteur privé, où les fusions et acquisitions sont fréquentes. D'autres méthodes sont cependant propres à la privatisation d'entreprises publiques et devront éventuellement figurer dans la loi de privatisation si le gouvernement

---

27 Article 10 de la loi tchèque du 26 février 1991 concernant les conditions de la cession des actifs publics à des tiers.

28 L'article 23, alinéa 2, de la loi de privatisation polonaise dispose que le conseil des ministres, sur la recommandation du ministre du changement de propriété, peut, dans des cas particuliers, autoriser des procédures de privatisation autres que celles visées à l'article 23, à savoirla vente aux enchères, l'émission de titres dans le public et l'appel à la concurrence. En vertu de cet article, le conseil des ministres a ainsi accordé une autorisation spéciale pour permettre la vente de deux tiers des actions de Polam Pila, producteur d'ampoules électriques, à la société néerlandaise Philips. (Voir *East European Business Law,* juillet 1991, p. 6).

29 Voir la note 33 ci-dessous.

30 L'article 4, alinéa 3, du décret nigérian sur la privatisation et la commercialisation des entreprises publiques prévoit que «si le comité technique estime qu'une entreprise ne répond pas aux conditions voulues pour qu'elle puisse être cédée par émission publique d'actions, il recommande au gouvernement militaire fédéral un autre mode d'aliénation pour cette entreprise».

31 L'article 17 de la loi argentine 23696 de 1989 énonce une liste non restrictive de méthodes de privatisation, tandis que l'article 18 prescrit les procédures de sélection à suivre dans tous les cas, insistant spécialement sur la concurrence et la transparence.

entend y recourir. Les techniques de distribution gratuite d'actions à la population et des bons ou coupons de privatisation constituent un excellent exemple[32].

Tableau 5

Privatisation des entreprises du ministère argentin de la défense	
Situation de l'entreprise publique	**Technique de vente**
Participation minoritaire de l'Etat dans le capital de l'entreprise. Exemple : PETROPOL, MONOMEROS VINILICOS, INDUCLOR y POLISUR, qui font partie du complexe pétro-chimique Bahia Blanca.	Parts de l'Etat vendues en bloc à un investisseur particulier.
Participation majoritaire de l'Etat dansle capital de l'entreprise. Exemple : le chantier naval TANDANOR.	Différents blocs d'actions vendus à plusieurs investisseurs différents.
Entreprises faisant partie des forces armées. Exemple : compagnie aéronautique Area Material Cordoba.	Transformation en société de droit commercial pour permettre la vente ultérieure des parts de l'Etat.
Entreprises non-rentables, largement subsidiées par l'Etat. Exemple : l'industrie minière HIPASAM.	Vente directe des biens de l'entreprise au secteur privé.
Entreprises fortement endettées. Exemple : SOMISA, une grande entreprise sidérurgique.	Création d'une société nouvelle, à privatiser, à laquelle ont été transférés certains des actifs et certaines des dettes de l'ancienne entre-prise.Certains biens de l'ancienne entreprise ont été vendus directement et les dettes non transmises à la nouvelle entité sont restées à charge de l'Etat.
Entreprises qui ne sont pas propriétaires du terrain qu'elles occupent. Exemple : TAMSA.	Recours à des contrats de location.
Grandes entreprises multi-fonctions dépourvues de personnalité juridique. Exemple : ALTOS HORNOS de ZAPLA, une firme sidérur--gique possédant des ressources forestières (production de charbon de bois pour les hauts-fourneaux).	Restructuration, préalable à la privatisation, en différentes sociétés commerciales opérant chacune dans un domaine d'activités distinct.
Source : De Kessler (1993), p.135.	

32 Voir, à ce sujet, la section 5.2 du chapitre 6.

Il est possible aussi de combiner différentes techniques au sein d'une même opération de privatisation, comme dans le cas des privatisations françaises où le gouvernement a sélectionné un noyau dur de grands actionnaires industriels ou financiers[33] et vendu les parts restantes par voie d'offres publiques de vente privilégiant la participation populaire. Cette procédure a joué un rôle central dans le programme de privatisation français et visait à garantir l'existence d'un groupe stable d'actionnaires actifs qui nommeraient une équipe de direction solide et éviteraient l'atomisation de l'actionnariat en même temps que le risque de prises de contrôle inopinées. Ces actionnaires pivots ont dû payer une prime par rapport au prix auquel l'action fut vendue au public et étaient tenus de conserver leurs actions durant un délai déterminé[34]. Le procédé, et notamment la présence des mêmes grands groupes dans de nombreux noyaux durs et les fréquentes participations croisées qui en résultent, a toutefois été fortement critiqué par certains, qui y voient une manière de maintenir le contrôle de l'Etat ou du moins de la haute technocratie sur les entreprises privatisées[35].

De même, le Mexique, l'Argentine et d'autres pays ont privatisé leurs sociétés de télécommunications par étapes, vendant d'abord une participation de contrôle à un groupe d'investisseurs (comprenant un exploitant) et procédant ensuite à des émissions publiques[36]. La loi bolivienne de mars 1994 a, quant à elle, suivi une approche assez originale qui consiste en une augmentation de capital devant être souscrite par des investisseurs stratégiques, accompagnée par un transfert des actions existantes détenues par l'Etat en vue de capitaliser un nouveau régime de retraite, tel qu'expliqué dans l'encadré 11 ci-dessous[37].

33 Juridiquement, ce fut là une exception à la règle générale du placement des actions dans le public par l'intermédiaire des marchés financiers, permise par l'article 4 de la loi du 6 août 1986 qui autorisait le ministre chargé de l'économie à choisir l'acheteur sans passer par les marchés financiers, après consultation de la commission de la privatisation et sur la base d'un décret fixant notamment les conditions minima de publicité (voir la note 37 ci-dessous). Cet article a été modifié par l'article 5 de la loi du 19 juillet 1993 qui renforce le rôle de la commission de la privatisation en prévoyant que le ministre ne peut plus agir que sur avis conforme de la commission lorsqu'il choisit des acquéreurs hors marché.

34 Lors de la première vague de privatisations en 1986-88, la part du capital de l'entreprise privatisée vendue au noyau dur variait en général entre 20 et 30 % du capital, et la prime de contrôle est restée modeste, allant de 2,5 % par rapport à l'offre publique pour Paribas à 10% pour Matra. La prime pour TF1, chaîne de télévision privatisée en vertu d'une autre loi, a été de 73 %. Voir Cour des Comptes (1990), p. 27.

35 Voir, par exemple, l'article de E. Leser et C. Monnot dans Le Monde du 8 mars 1994.

36 Voir la section 11 du chapitre 7.

37 Voir également la section 4.8 du chapitre 3 consacrée à la législation relative aux marchés financiers et aux valeurs mobilières.

Encadré 11

La loi de capitalisation bolivienne

Ayant constaté l'échec des efforts déployés dans le passé pour améliorer les performances des entreprises publiques monopolistiques par l'intermédiaire de contrats de plan, le gouvernement entré en fonction en août 1993 a opté pour une réforme plus radicale en préparant un programme de privatisation consacré par l'adoption de la loi de capitalisation n° 1544 du 21 mars 1994.

L'article 2 de la loi prévoit la conversion en sociétés d'économie mixte de YPFB (hydrocarbures), ENTEL (télécommunications), ENDE (génération et transmission d'électricité), ENFE (chemins de fer), LAB (compagnie d'aviation) et ENAF (métallurgie). La transformation en sociétés d'économie mixte doit être réalisée, selon l'article 4, par augmentation de capital grâce aux apports d'investisseurs privés (nationaux ou étrangers). Les actions émises à cette occasion sont des actions ordinaires. Leur nombre ne peut en aucun cas excéder le nombre total d'actions existant avant l'augmentation de capital, ce qui revient à dire que les nouveaux investisseurs ne pourront pas détenir plus de 50 % du capital des sociétés ainsi «capitalisées». L'article 4 ajoute que la sélection des nouveaux actionnaires et le montant de leurs apports seront déterminés suite à des appels d'offres internationaux.

L'article 6 donne le pouvoir au gouvernement de transférer aux citoyens, à titre gratuit, les parts qu'il détient dans les entreprises susmentionnées. L'article 7 précise que ce transfert doit en fait être réalisé au profit de caisses de retraite qui devront être établies en vertu d'une autre loi et dont les gestionnaires seront également sélectionnés par appels d'offres internationaux. Le programme gouvernemental prévoit la création de cinq à dix caisses de retraite, qui géreront au profit des quelques 3,2 millions de Boliviens adultes les participations dans les sociétés capitalisées transférées par l'Etat.

Par cette formule originale, le gouvernement bolivien renonce donc à une vente au profit du Trésor mais demande au secteur privé de souscrire à des augmentations de capital que l'état des finances publiques ne lui permet plus d'assurer. La création de caisses de retraite devrait, quant à elle, pourvoir à la sécurité sociale des citoyens, contribuer au développement des marchés financiers et faciliter l'accès des entreprises aux sources de financement intérieures dont elles ont besoin.

6 SELECTION DES ACQUEREURS

En vue d'assurer la transparence du processus, la loi devrait normalement fixer les grands principes devant être respectés en matière d'appels d'offres. Il s'agit notamment de spécifier les règles de publicité nécessaires à l'information des investisseurs[38] et de déterminer les conditions et critères minima devant être satisfaits par les acquéreurs potentiels[39]. La sélection des acquéreurs est un sujet

38 Nous avons vu (note 33 ci-dessus) qu'en France, la loi autorise le ministre de l'économie à vendre des actions hors marché. Lorsque cette procédure dérogatoire est utilisée, la privatisation prévue doit être portée à la connaissance du public dans le Journal Officiel et deux journaux financiers de grande diffusion au moins un mois avant la clôture du délai de réception des offres. Voir également le décret n° 86-1140 du 24 octobre 1986.

39 Par exemple, l'article 5 de la loi de la République tchèque et slovaque relative aux petites privatisation prévoit que pour pouvoir participer à la vente aux enchères d'une entreprise déterminée, toute personne doit déposer en caution au moins 10 % du prix…/…

délicat en raison notamment des problèmes que suscitent dans de nombreux pays la corruption, le népotisme et les discriminations exercées à l'encontre des étrangers ou de certaines minorités et groupes ethniques. L'étendue des droits des employés et cadres de l'entreprise, y compris un éventuel droit de préemption, constitue également un sujet délicat. Ces questions sont traitées dans cette section et dans les deux sections suivantes.

D'autres aspects de la sélection des acquéreurs sont directement liés au choix de la technique de privatisation et ont déjà été évoqués à la section précédente. Un mécanisme de sélection transparent, non-discriminatoire et concurrentiel devrait également produire un prix de vente correspondant à la valeur marchande actuelle de l'entreprise, permettant ainsi de faire l'économie d'une évaluation préalable de l'entreprise privatisable.

Il importe de laisser à l'organisme d'exécution le soin d'adopter des réglementations plus précises et d'adapter les conditions exigées des soumissionnaires aux caractéristiques particulières de chaque transaction[40]. La délégation de ces questions doit cependant être assortie de mécanismes permettant de responsabiliser les autorités chargées de la mise en oeuvre du programme de privatisation, ainsi que de procédures de contrôle et de recours.

7 RESTRICTIONS IMPOSEES A LA SELECTION DES ACQUEREURS

La loi de privatisation devrait être exempte de toutes restrictions inutiles. Ainsi, les restrictions concernant la nationalité ou d'autres caractéristiques de l'acheteur peuvent souvent être contournées par l'utilisation de prête-noms, par exemple, tandis que les restrictions quant à la revente d'actions de sociétés privatisées tendent à être difficiles à faire respecter. Néanmoins, intérêts nationaux et objectifs gouvernementaux (y compris objectifs de politique industrielle) se manifestent dans certaines lois, le plus souvent sous forme de mesures de protection

.../... de mise en vente de celle-ci. Une majorité d'opérations de privatisation d'entreprises de grande infrastructure fait l'objet de critères de qualification stipulés par la loi ou ses textes d'application (voir les sections 7.2 et 11.2 du chapitre 7).

40 Par exemple, dans le cadre de certaines privatisations récentes menées en Argentine, les soumissionnaires furent tenus de joindre à leur offre une copie signée du contrat qui leur était proposé. Le but de cette opération était d'éviter que des négociations longues et difficiles aient lieu après la désignation du candidat ayant emporté le contrat, comme ce fut le cas lors de la privatisation d'ENTEL et lors de l'attribution des premières concessions ferroviaires. Des négociations de ce type peuvent en effet modifier considérablement les conditions de la vente et donc introduire des éléments nouveaux dont il n'a pas pu être tenu compte lors de la sélection des soumissionnaires. Voir Alexander et Corti (1993), p. 9.

contre la prise de contrôle étrangère d'entreprises privatisées. D'autres restrictions, telle que l'exclusion d'organismes publics comme acquéreurs d'entreprises privatisées peuvent par contre être nécessaires pour renforcer les objectifs du programme.

7.1 Restitution d'entreprises ayant été nationalisées

Nous avons vu aux chapitres 3 et 4 combien l'existence de droits de propriété clairs était importante pour la privatisation, et comment ceux-ci pouvaient avoir été affectés par d'importants programmes de nationalisation dont la légalité et l'équité laissaient souvent à désirer. Dans certains pays, la loi de privatisation (ou une loi dite de restitution) contient des dispositions donnant le droit aux anciens propriétaires ou à leurs héritiers de demander à ce que leurs biens leur soient retournés, forme ultime de restriction quant à l'identité des acquéreurs des entreprises privatisables[41].

7.2 Exclusion ou limitation de la participation du secteur public

Afin de réduire effectivement le rôle du secteur public dans leur économie, de nombreux pays, dont le Brésil[42], le Pérou[43], la Russie[44], la Bulgarie[45] et la Pologne, ont limité le droit des entreprises publiques de participer au processus de privatisation en se portant acquéreur de parts dans d'autres entreprises. La Jamaïque

41 Voir à ce sujet, la section 2.2 du chapitre 3.

42 Le comité directeur créé en vertu de la loi de privatisation a adopté le 19 août 1991 une résolution n° 15 fixant globalement à 15 % la part maximale des actions d'une entreprise privatisée qui peuvent être acquises par des entreprises publiques.

43 L'article 1 du décret-loi péruvien n° 674 du 25 septembre 1991, qui porte sur la promotion de l'investissement privé dans les entreprises publiques, fut modifié par le décret-loi n° 26120 du 28 décembre 1992, par l'ajout d'un second alinéa qui définit comme étant un investissement privé celui qui «provient de personnes naturelles ou morales, nationales ou étrangères publiques ou privées, *distinctes de l'Etat péruvien et des organismes qui constituent le secteur public national et des entreprises d'Etat»*. Cette formulation permettait ainsi d'exclure le secteur public national sans toutefois exclure les entreprises publiques étrangères.

44 L'article 9 de la loi de privatisation russe prévoit que les entités dans lesquelles des actionnaires publics détiennent plus de 25% du capital social ne peuvent se porter acquéreur d'entreprises privatisées.

45 Le paragraphe 4 de l'article 5 de la loi de privatisation bulgare d'avril 1992 dispose que les établissements et entreprises publics dans lesquels l'Etat ou une municipalité détient plus de 50 % des actions ne peuvent participer aux opérations de privatisation, sauf autorisation expresse donnée par écrit dans chaque cas par l'agence de privatisation.

a poursuivi un objectif semblable de manière indirecte : une loi, abolie en 1991, limitait à 7,5 % la part que chaque investisseur individuel pouvait acquérir dans le capital de la Banque Commerciale Nationale, partiellement privatisée en 1986, dans le but notamment, semble-t-il, d'empêcher que le gouvernement ne reprenne dans le futur le contrôle de la banque[46]. Enfin, l'objet même de la loi de privatisation peut exclure le transfert d'actions ou d'actifs à des entreprises publiques. Ainsi, l'article premier de la loi marocaine de 1990 stipule explicitement que la propriété des participations détenues par l'Etat ou d'autres organismes publics dans les sociétés figurant en annexe à la loi sera transférée du secteur public au secteur privé.

Par ailleurs, en vue de maintenir la cohérence du programme de privatisation et limiter la création de nouvelles entreprises publiques, certains pays ont introduit dans leur loi de privatisation des règles plus contraignantes à cet égard. Ainsi, la même loi marocaine stipule que, sous peine de nullité, la création de toute nouvelle entreprise publique (à l'exception de celles créées par voie législative), filiale ou sous-filiale d'entreprise publique, ainsi que toute prise de participation par une entreprise publique dans le capital d'une entreprise privée doit être autorisée par un décret pris sur proposition du ministre chargé de la privatisation[47].

7.3 Exclusion ou limitation de la participation étrangère

Il n'est pas rare de trouver des restrictions expresses à la participation d'étrangers aux procédures d'appel d'offres pour la privatisation d'entreprises publiques. Le tableau 6 ci-dessous décrit les dispositions législatives de ce type adoptées par quelques pays.

Ces restrictions ont généralement des effets néfastes sur le succès des privatisations, ce qu'ont bien vu des pays comme la France, le Portugal[48] ou le Brésil[49], qui, après les avoir introduites, les ont ensuite abolies. Dans le cas de la France[50] et du Portugal, les pressions de la commission européenne n'étaient pas étrangères à la levée de ces restrictions contraires au droit communautaire. Il n'est pas surprenant qu'on retrouve les restrictions les plus strictes dans le cadre législatif de pays dont les programmes de privatisation ne connaissent pas un grand succès.

46 Voir Privatisation Yearbook 1992, p. 167.

47 Voir l'article 8 de la loi marocaine de privatisation n° 39-89 d'avril 1990.

48 Voir Financial Times du 3 février 1994.

49 Voir Wall Street Journal du 24 février 1994.

50 Selon certains observateurs, la modification de la loi française était également nécessaire pour pallier l'absence de grands investisseurs institutionnels privés en France, ce qui fait de la mobilisation de capitaux étrangers une condition nécessaire au succès des privatisations. (Voir Financial Times, 30 juin 1993).

Tableau 6

Restrictions à la participation étrangère	
Pays	**Mesures adoptées**
Brésil	L'article 13 de la loi n° 8031 de 1990 (art. 44 du décret n° 724 de janvier 1993) limite la participation des étrangers à 40 % des actions avec droit de vote. En outre, il était initialement exigé que les fonds investis dans le programme de privatisation par des étrangers utilisant la conversion de dette en capital restent au Brésil durant au moins 12 ans et que la participation dans une société privatisée acquise à l'aide de ces fonds soit détenue durant au moins deux ans au cours desquels l'investisseur étranger n'était autorisé à rapatrier aucun fonds. Toutefois, vu la faible participation des étrangers aux premières privatisations par vente aux enchères, le gouvernement brésilien a ultérieurement levé ces restrictions dans l'espoir de stimuler l'intérêt des investisseurs étrangers pour les privatisations futures. Une mesure provisoire adoptée le 26 octobre 1993 et renouvelée tous les trente jours depuis lors permet aux étrangers d'acquérir 100% des actions d'entreprises publiques privatisées.
Burkina Faso	L'article 10 de l'ordonnance n° 91-00044/PRES de juillet 1991 donne au ministre chargé du suivi de la gestion des sociétés d'Etat le pouvoir de réserver la priorité, dans le cadre des opérations de privatisation, à des personnes physiques ou morales de nationalité burkinabé pour une part déterminée de chaque opération concernée.
France	L'article 10 de la loi d'août 1986 interdisait que le montant total des titres cédés directement ou indirectement par l'Etat à des personnes étrangères excède 20 % du capital de l'entreprise. Cette disposition a été modifiée par l'article 8 de la loi de juillet 1993 qui stipule que ce plafond ne s'applique pas aux investissements communautaires.
Sénégal	L'article 11 de la loi n° 87-23 d'août 1987 portant privatisation d'entreprises stipule : «Pour chaque entreprise, le ministre chargé du portefeuille de l'Etat fixe la proportion des titres susceptibles d'être cédés en priorité aux personnes physiques ou morales de nationalité sénégalaise».
Tchad	L'article 9 de l'ordonnance n° 017/PR/92 d'août 1992 portant autorisation du désengagement de l'Etat dans les entreprises prévoit : «Lors de la vente et/ou cession d'actifs détenus par l'Etat la priorité est accordée aux personnes physiques ou morales de nationalité tchadienne. L'arrêté du Ministre du Commerce et du Développement Industriel pris en vertu de l'article 7 de la présente Ordonnance fixe le nombre ou la proportion des titres qui seront offerts en priorité de même que la période de validité de l'offre. A l'expiration de la période fixée, la vente des titres restants n'est plus assujettie à cette priorité.»
Tchécoslovaquie	L'article 3 de la loi de décembre 1990 relative aux petites privatisations prévoit que seuls les nationaux de la République fédérale tchèque et slovaque et les sociétés ou autres entités juridiques dont tous les propriétaires ou membres sont des nationaux peuvent devenir propriétaires des entreprises ou des biens privatisés en vertu de cette loi. La loi relative aux grandes privatisations ne contient pas, quant à elle, une telle restriction.

En limitant le nombre d'acheteurs éligibles, en excluant les acquéreurs potentiels ayant typiquement le plus de moyens, ces dispositions réduisent les chances de conclure la vente dans de bonnes conditions. Cela peut paraître quelque peu paradoxal dans le cas de pays pauvres ou fortement endettés, d'autant plus que ces mêmes pays se plaignent en général de la difficulté d'attirer des capitaux étrangers et adoptent des codes d'investissement souvent fort généreux en vue d'attirer ces mêmes investisseurs[51].

L'on trouvera parfois même des restrictions à l'encontre de certaines catégories de citoyens que le gouvernement entend exclure des avantages de la privatisation réservés aux populations autochtones, tels que les Bumiputra en Malaisie[52].

7.4 L'action spécifique ou golden share

La technique de l'action spécifique ou part spéciale (ou encore «golden share») a été utilisée par certains pays, dont la France (voir encadré 12 ci-après), le Royaume-Uni[53], la Belgique, la Turquie, le Brésil, la Nouvelle-Zélande et la Malaisie, pour permettre à l'Etat d'exercer un contrôle sur la société privatisée, principalement sur la composition de son actionnariat. Cette technique prolonge ainsi le contrôle étatique au-delà de la privatisation, alors que l'Etat n'est plus qu'un actionnaire minoritaire au sein de la société. Ces parts spéciales sont créées par la loi ou par les statuts de la société dans le but exprès d'accorder à leur titulaire (l'Etat) des droits exceptionnels allant bien au-delà de ceux que comportent les actions ordinaires. Elles sont conservées par l'Etat pendant un certain délai après la privatisation des parts ordinaires. Les droits qui s'y rattachent doivent être décrits dans le prospectus de vente de ces entreprises.

Cette technique a ainsi été utilisée pour donner à l'Etat le moyen de contrôler les cessions futures de blocs d'actions de compagnies aériennes privatisées, en vue d'éviter que d'éventuels changements d'actionnariat ne fassent passer l'entreprise sous contrôle étranger, lui faisant ainsi perdre le droit d'exploiter certaines routes

51 Voir la section 4.7 du chapitre 3 sur les lois relatives à l'investissement étranger.

52 La politique de privatisation malaise s'inscrit dans le cadre de la nouvelle politique économique du gouvernement, dont un des objectifs est de renforcer le pouvoir économique des Bumiputra. Ainsi, dans une majorité de privatisations, seuls les investisseurs Bumiputra pouvaient se porter acquéreur d'actions mises en vente par l'Etat. Voir Galal, Jones, Tandon et Vogelsang (1994).

53 Dans le cas de British Airports Authority (BAA), par exemple, la vente par BAA d'un aéroport est sujette à l'approbation du gouvernement, porteur de la part spéciale. En général, la part spéciale donne à l'Etat le droit d'intervenir pour bloquer les prises de contrôle et/ou les participations étrangères. Voir également les exemples fournis à la section 11.4 du chapitre 7.

Encadré 12

Actions spécifiques en France

L'article 10 de la loi de privatisation française du 6 août 1986 autorisait le ministre de l'économie à déterminer, pour chacune des 65 sociétés privatisables figurant en annexe de la loi n° 86-793 du 2 juillet 1986, si la protection des intérêts nationaux exigeait qu'une action spécifique soit accordée à l'Etat et, si tel était le cas, à établir une telle action. Les statuts de la société devaient alors être modifiés en conséquence. L'article 10 de la loi du 6 août 1986 stipulait : «(...) L'action spécifique permet au ministre chargé de l'économie d'agréer les participations excédant 10% du capital détenues par une personne ou par plusieurs personnes agissant de concert. L'action spécifique peut, à tout moment, être définitivement transformée en action ordinaire par arrêté du ministre chargé de l'économie. Elle l'est de plein droit au terme d'un délai de cinq ans. (...) En cas de violation des dispositions du premier alinéa, (...) le ou les détenteurs des participations acquises irrégulièrement ne peuvent pas exercer leurs droits de vote et doivent céder les titres correspondants dans un délai de trois mois». En pratique, cependant, ces dispositions ont été peu utilisées en 1986-88 et la plupart des entreprises publiques ont été privatisées sans recours à ce mécanisme. D'autres dispositions législatives en vigueur à l'époque donnaient au gouvernement le pouvoir de contrôler, et parfois de bloquer, les prises de contrôle indésirables. Voir Graham et Prosser (1990), p. 154, ainsi que la section 3.3 du chapitre 2.

L'article 7 de la loi de privatisation n° 93-923 du 19 juillet 1993 élargit le champ d'application de l'action spécifique en supprimant notamment sa limitation dans le temps, en permettant de soumettre au pouvoir d'agrément du ministre chargé de l'économie le franchissement de seuils de contrôle du capital social inférieurs à 10 %, ces seuils n'étant plus définis dans la loi, mais précisés par décret au cas par cas. De plus, un ou deux représentants de l'Etat sans voix délibérative peuvent être désignés par décret au conseil d'administration ou de surveillance des entreprises privatisées. Enfin, un droit de veto peut être exercé à l'égard des décisions de cession d'actifs ou d'affectation de ceux-ci à titre de garantie, qui sont de nature à porter atteinte aux intérêts nationaux.

L'existence d'une action spécifique au profit de l'Etat français prévue dans le cadre du projet de fusion Renault-Volvo fut l'une des raisons pour lesquelles les actionnaires de Volvo décidèrent de rejeter ce projet en décembre 1993. Par contre, cela n'a pas semblé affecter le succès de la privatisation d'Elf, où toutefois la présence de deux commissaires du gouvernement siégeant sans voix délibérative au sein du conseil d'administration fut, semble-t-il, moins bien reçue par les investisseurs internationaux.

internationales[54]. Elle est également très fréquente dans les privatisations de sociétés d'infrastructure[55]. Les droits conférés par l'action spéciale ne sont toutefois pas nécessairement limités au contrôle de l'actionnariat et peuvent porter sur d'autres décisions de la société, tel que l'illustre l'exemple du Sénégal[56].

54 Le pourcentage minimum d'actionnariat national requis peut varier d'un traité à un autre. British Airways, Malaysian Air System, VIASA (Venezuela) et Air New Zealand figurent parmi les sociétés de transport aérien privatisées avec action spécifique au profit du gouvernement. Voir également ci-dessus la section 4 du chapitre 2 sur le droit international et l'encadré 5, p. 58, sur la privatisation de la KLM.

55 Voir à ce sujet la section 11.4 du chapitre 7.

56 Au Sénégal, la loi de privatisation autorise l'utilisation d'une action spéciale dans des circonstances limitées, principalement pour protéger les intérêts de l'Etat en tant que créancier des entreprises privatisées ayant des obligations de remboursement .../...

Bien qu'elles puissent être nécessaires dans certains cas (tels que pour les privatisations de compagnies aériennes), les golden shares ne constituent nullement un élément essentiel des lois de privatisation. Au contraire, en empêchant le fonctionnement normal du marché et en bloquant certains types de prises de contrôle (ce qui est leur but le plus fréquent), elles peuvent réduire les incitations à la bonne gestion et nuire aux résultats des entreprises privatisées.

8 REGIMES PREFERENTIELS

8.1 Droit de préemption et autres avantages octroyés aux employés

L'octroi d'avantages aux salariés des entreprises privatisées est stipulé par de nombreuses lois. Une majorité d'entre elles réservent (ou permettent de réserver) une partie des actions des entreprises à privatiser pour les salariés et/ou leur accordent des rabais importants sur le prix de l'action. C'est le cas par exemple en Pologne[57], en Bulgarie[58], en Argentine[59] et en France[60]. Certaines lois encouragent la participation des salariés en autorisant l'octroi de prêts sans intérêts ou de

.../...ou de garantie envers l'Etat. L'article 14 de la loi prévoit que «le Ministre chargé du Portefeuille de l'Etat peut décider par arrêté que l'un des titres de participation détenu par l'Etat dans une entreprise à privatiser et ayant antérieurement bénéficié de prêts avalisés ou rétrocédés par l'Etat, sera transformé en une action spéciale assortie de droits particuliers. (...) L'action spéciale permet au Ministre chargé du portefeuille de l'Etat, dans les conditions et suivant les modalités définies par décret, de s'assurer que toutes dispositions sont prises, au niveau de l'entreprise, pour pourvoir au remboursement des prêts avalisés ou rétrocédés par l'Etat».

57 L'article 24 de la loi de privatisation polonaise prévoit notamment que jusqu'à 20% des actions sont réservés aux travailleurs de la société, qui pourront en outre bénéficier d'une remise de 50 % par rapport au prix de vente au grand public (citoyens polonais). La valeur globale des remises accordées aux salariés d'une entreprise est toutefois plafonnée.

58 Les articles 22 et 23 de la loi de privatisation bulgare du 23 avril 1992 contiennent des dispositions similaires en ce qui concerne la privatisation d'entreprises publiques organisées sous forme de sociétés commerciales; elles plafonnent la valeur totale du rabais dont chaque travailleur peut bénéficier à une somme limite déterminée en fonction de l'ancienneté de celui-ci au sein de l'entreprise et de son salaire.

59 En règle générale, une fraction des parts, souvent de l'ordre de 10 %, a été réservée aux salariés dans le cadre des opérations de privatisation en Argentine. En mai 1993, à peu près 117.000 employés avaient ainsi acquis une participation dans 64 entreprises privatisées. Voir, Esops flourish in Argentina, *Privatisation International*, n° 56, p. 31, mai 1993.

60 La loi de privatisation française du 6 août 1986 prévoyait que 10 % des actions mises en vente devaient être réservés aux salariés (et certains anciens salariés); .../...

modalités de paiement à tempérament pour l'acquisition d'actions[61], voire même en permettant le paiement des actions par le biais de futurs dividendes[62]. Ces avantages se combinent parfois, comme en Slovénie, où dirigeants et travailleurs bénéficient d'un régime préférentiel très généreux comprenant des actions gratuites, des rabais et des possibilités de paiement différé[63].

Par ailleurs, certains pays ont favorisé la reprise d'entreprises par leurs salariés dans le cadre de leur programme de privatisation[64]. La législation russe a probablement été la plus généreuse en la matière. Elle donne trois choix au collectif des travailleurs des entreprises transformées en société de droit privé : soit recevoir 25 % des actions à titre gratuit et 10 % à titre subventionné, soit acheter 51 % des

.../...elle autorisait des remises aux salariés allant jusqu'à 20 % du prix de l'action ainsi qu'un plan de paiement différé étalé sur une durée maximum de trois ans. Les salariés qui bénéficiaient d'un rabais supérieur à 5 % ne pouvaient cependant céder leurs actions avant un délais minimum de deux ans tandis que ceux qui avaient obtenu des facilités de paiement étaient tenus de conserver leurs actions jusqu'à leur paiement intégral. Dans le cas de la banque Paribas, par exemple, 10 % des parts vendues ont été réservés aux salariés (et anciens salariés), un tiers de ces parts étant vendu avec une remise de 20 % et moyennant un paiement différé (sur deux ans), et deux tiers étant vendus au comptant avec remise de 5 %. En outre, des parts gratuites pouvaient être attribuées aux salariés qui restaient porteurs de leurs actions durant au moins un an au-delà de la période de conservation obligatoire (une action gratuite par titre acheté et conservé pendant un an après son plein paiement dans le cas de Paribas), de même qu'aux petits porteurs qui conservaient leurs actions pendant une période minimum (18 mois dans le cas de Paribas). La Cour des Comptes (1990, p. 27) a estimé le coût total (en recettes non réalisées) de ces avantages donnés aux salariés et aux petits porteurs à légèrement plus d'un milliard de francs français pour les remises en faveur des salariés et légèrement plus de 5 milliards de francs français pour les actions gratuites, soit un avantage total de plus de 6 milliards de francs français, l'équivalent d'à peu près un milliard de dollars US. La loi de privatisation n° 93-923 du 19 juillet 1993 maintient les rabais et délais de paiement offerts aux salariés. Elle stipule cependant que lorsqu'un rabais a été consenti – même d'un montant inférieur à 5 % du prix de l'action – les titres ainsi acquis ne peuvent être cédés avant deux ans.

61 Les prêts et les plans de paiement à tempérament ont toutefois des inconvénients et ne devraient pas couvrir le montant total de l'achat d'actions. Si les prêts sont accordés directement par la société, il faudra que le montant total des prêts pour l'achat d'actions par les salariés soit peu élevé par rapport aux fonds propres de la société afin d'éviter tout préjudice pour les créanciers et les autres actionnaires de la société.

62 En Argentine, par exemple, il est prévu que les salariés peuvent payer les actions qui leur sont attribuées au moyen des dividendes. La Banco de la Nacion Argentina est dépositaire de ces actions. Voir *Privatisation International,* op. cit.

63 Voir Financial Times du 12 avril 1994. Le fait que les entreprises de l'ex-Yougoslavie étaient largement autogérées par leurs employés et cadres explique en partie cette générosité.

64 Voir EBRD et CEEPN (1993).

actions à un prix équivalent à 1,7 % la valeur comptable (très inférieure à la valeur réelle suite notamment à la forte inflation que connut la Russie), soit une troisième formule qui ne fut pratiquement pas appliquée. La deuxième option étant de loin la plus favorable aux travailleurs, il n'est pas surprenant que plus de 70 % des entreprises concernées la choisirent, permettant ainsi aux employés et cadres d'acquérir 51 % des actions à une fraction de leur prix normal et de se protéger contre d'éventuelles prises de contrôle par des investisseurs externes à l'entreprise[65].

Au Mexique, les syndicats ont bénéficié d'un droit de préemption dans les privatisations, qui leur a permis d'acheter une entreprise en faisant une offre équivalente à l'offre la plus élevée obtenue suite à une procédure d'appel à la concurrence[66]. Les législations iranienne[67] et bulgare[68] contiennent d'autres mécanismes de préemption, assortis d'avantages supplémentaires pour les salariés.

8.2 Avantages octroyés à d'autres catégories d'acheteurs

Des remises, des rabais, des distributions d'actions gratuites ou des modalités de financement à des conditions de faveur ont également été accordés aux locataires (comme en Tchécoslovaquie[69]), aux petits porteurs (comme en France),

65 Voir Ira W. Lieberman et Suhail Rahuja, *An Overview of Privatization in Russia,* in Lieberman et Nellis (1994), pp. 13-15. Ce même scénario s'est également déroulé en République kirghize et dans d'autres anciennes républiques soviétiques ayant copié leur législation en matière de privatisation sur le modèle russe (voir la section 8.3 ci-dessous, ainsi que la section 3.3 du chapitre 6 sur les conflits d'intérêts).

66 Seize entreprises ont été ainsi vendues à leurs syndicats de travailleurs respectifs en vertu de cette disposition en 1989-1991. La revente de l'entreprise était interdite pour éviter les abus éventuels, tel qu'un accord entre un acquéreur intéressé et le syndicat permettant à l'acquéreur d'acheter l'entreprise une fois que le syndicat aura exercé son droit, ce qui lui garantirait l'acquisition de l'entreprise sans devoir soumissionner et sans risque de faire monter les enchères. Voir Galal, Jones, Tandon et Vogelsang (1994).

67 Le décret de privatisation n° 5283/T 109H réserve 33 % des parts des entreprises privatisées aux travailleurs du secteur manufacturier et octroit à ces derniers un droit de préemption sur les 67 % restants.

68 Lorsque l'entreprise à privatiser n'est pas organisée sous une des formes prévues par le droit privé, l'article 31 de la loi de privatisation bulgare de 1992 stipule que pour autant qu'au moins 30 % des effectifs de l'entreprise participent, ceux-ci peuvent soumissionner dans le cadre d'une vente aux enchères ou d'un appel d'offres. Au cas où ils offrent le prix le plus élevé lors de ces enchères, ils seront déclarés acquéreurs et bénéficieront d'un rabais de 30 % sur le prix qu'ils ont offert.

69 Voir l'article 16 de la loi sur les petites privatisations qui donne aux locataires un droit de préemption à l'égard du bien qu'ils louent en leur accordant la possibilité d'acheter ce bien avant qu'il soit mis aux enchères. Le prix de vente est la mise à prix qui aurait servi pour la vente aux enchères (article 8).

aux porteurs ayant gardé leurs actions pendant une période déterminée (actions gratuites distribuées après un ou deux ans en France, trois ans pour les privatisations de sociétés électriques au Royaume-Uni) et aux citoyens[70]. Ainsi, l'article 16 de la loi de privatisation argentine[71] énonce cinq catégories d'acheteurs pouvant bénéficier d'un régime préférentiel. Outre les salariés, la loi mentionne les actionnaires actuels, les usagers habituels des services de l'entreprise publique privatisable, les producteurs des matières premières transformées par l'entreprise, et les particuliers ou sociétés qui apportent de nouveaux contrats de vente à l'entreprise.

8.3 Choix d'un régime incitatif et équitable

Les régimes préférentiels décrits ci-dessus auront évidemment des répercussions sur les finances publiques et ils devront donc, en règle générale, être autorisés par ou en vertu d'une loi. La législation sur la privatisation devrait en outre fixer les conditions minima applicables à de tels avantages ou régimes de faveur, ceux-ci entraînant non seulement une perte de recettes pour le trésor public, mais impliquant également un transfert de ressources de l'Etat à une catégorie d'individus déterminée.

Des dispositions de ce type peuvent en fait constituer un obstacle au bon déroulement des privatisations si elles sont mal conçues. L'octroi d'avantages aux salariés, par exemple, soulève des questions d'équité (pourquoi les salariés de certaines entreprises publiques devraient-ils recevoir de l'Etat un avantage dont ne bénéficient ni les salariés des autres entreprises publiques, ni les fonctionnaires, ni les agriculteurs, ni les chômeurs, pour ne citer qu'eux ?), d'efficacité (la participation des salariés au capital et aux bénéfices d'une société contribue-t-elle à une plus grande efficacité ?) et de nécessité (l'octroi d'avantages s'impose-t-il pour gagner l'appui des salariés et assurer ainsi un bon déroulement du programme de privatisation ?). La difficulté se fait plus grande encore lorsqu'il s'agit d'adopter des réglementations détaillées[72]. Diverses modalités ont été proposées pour réduire les risques liés à l'octroi de privilèges aux salariés, notamment l'émission de parts préférentielles dépourvues de droits de vote.

---

70 La distribution à la population de bons ou coupons de privatisation a déjà été évoquée dans la section précédente et fait l'objet d'une analyse plus détaillée à la section 5 du chapitre 6.

71 Loi n° 23696 sur la réforme de l'Etat du 18 août 1989.

72 Quels employés doivent pouvoir prétendre à ces parts salariales : les salariés actuels (y compris ceux engagés récemment; quelle doit être la date limite ?), les anciens salariés (minimum d'années de service ?), le personnel à la retraite, le personnel temporaire ou seulement les salariés permanents, etc. ? A combien de parts chaque employé aura-t-il droit ? Sera-ce fonction de son ancienneté, de son salaire, de son rang ou d'autres facteurs ? Faut-il restreindre la cessibilité de ces parts, par exemple en n'autorisant leur vente qu'à d'autres salariés, en imposant une période de conservation minimum, en imposant une vente obligatoire lorsque le salarié quitte la société, etc. ?

Bien que les régimes préférentiels et les clauses qui s'y rapportent ne constituent pas des éléments essentiels du cadre juridique de la privatisation, des dispositions d'habilitation permettant d'accorder ce type d'avantages trouvent leur place dans de nombreuses lois de privatisation, dans la mesure où elles correspondent effectivement à la politique de nombreux gouvernements. Ce sont avant tout des mesures d'ordre politique dont l'objectif est d'assurer le soutien et la participation des travailleurs et de la population au programme de privatisation. Dans certains cas, des considérations électorales à court terme prévaudront sur les objectifs d'efficacité économique qui devraient, en principe, être au coeur de ce programme[73]. Ainsi, de nombreux observateurs estiment que les avantages octroyés en Russie aux travailleurs et cadres des entreprises privatisées ont été excessifs et ont, en protégeant et renforçant la position de l'équipe dirigeante de l'ancienne entreprise publique, freiné le développement de ces entreprises privatisées[74].

9 FINANCEMENT

9.1 Paiement au comptant et modalités de financement

Le paiement au comptant devra normalement être considéré comme la règle[75], non pas parce qu'il s'agit là de la procédure la plus courante, mais plutôt parce que, sauf dispositions particulières autorisées par la loi, le paiement comptant sera souvent le seul mode légal. Presque toutes les lois ou programmes de privatisation incorporent des techniques de financement spéciales, que l'on peut subdiviser en modalités de paiement différé (financement par le vendeur) et de crédit (financement bancaire). De telles modalités devront être autorisées par la loi dans la mesure où elles impliquent des avantages accordés par l'Etat de manière sélective (voir la section précédente). En l'absence de tels avantages, c'est-à-dire si la méthode de financement n'a pas d'incidence négative sur le budget de l'Etat ou s'applique à tous les acquéreurs intéressés, aucune législation spéciale ne devrait être nécessaire. En effet, si un mode de financement avantageux est offert à tous les acquéreurs intéressés, il fait alors partie des conditions générales (il devient en fait un élément du prix) et ne constitue plus un régime préférentiel.

Des techniques ont été développées permettant de réduire certains des risques liés au paiement partiel d'actions. Lorsque les parts sont payables à

73 Voir la section 2 du chapitre 1 consacrée aux objectifs du programme de privatisation.

74 Voir les sections 8.1 ci-dessus et 3.3 du chapitre 6.

75 Voir, par exemple, l'article 8 de la loi de privatisation sénégalaise selon lequel «sauf dérogation exceptionnelle, autorisée par décret, les titres mis en vente sont payés au comptant».

tempérament, par exemple, les droits de vote des actionnaires qui n'ont pas libéré pleinement leurs parts peuvent être restreints, et leurs parts peuvent être déposées sur un compte ou fonds bloqué jusqu'au règlement de la dernière échéance.

9.2 Echange de titres obligataires et de créances

Des effets représentatifs de la dette nationale ont été acceptés en paiement, notamment dans les pays fortement endettés, comme le Brésil, l'Argentine[76], le Chili, le Mexique et les Philippines, mais aussi en France et dans d'autres pays relativement moins endettés. Le problème principal est alors de fixer la valeur de la dette, c'est-à-dire, pour de nombreux pays en développement, le taux de décote qui s'appliquera aux titres pouvant être échangés contre des actions. Au Brésil, la décote pour les conversions dette-capital a été fixée à 25 %[77]. Lors de la privatisation des sociétés sidérurgiques mexicaines, les conditions de conversion ont été fixées par une formule indiquée dans les dossiers d'appel d'offres. En France, la loi de privatisation prévoyait la possibilité de payer les actions des sociétés à l'aide de titres d'emprunt d'Etat et de certificats d'investissement émis par ces sociétés, dont la valeur d'échange devait faire l'objet d'un arrêté ministériel[78].

Chaque titre d'emprunt accepté en paiement d'actions aura normalement son propre taux, correspondant à sa valeur vénale. Le taux de conversion ou de décote ne devrait pas comporter de subvention implicite au profit de l'acheteur. Il peut être fixé soit avant le lancement de l'opération de privatisation (dans le dossier

76 En outre, dans le cadre de la privatisation de YPF, une tranche spéciale de 45 millions d'actions a été réservée à l'échange par les pensionnés argentins de leurs BOCONs, des obligations spéciales qui avaient été émises par l'Etat, à un taux favorable, à savoir de 15% supérieur à la valeur moyenne du marché à cette époque. Les actions de YPF ainsi acquises sont détenues par une institution financière et ne peuvent être vendues pendant la première année. Les pensionnés ont ainsi acquis 13 % de YPF et la décote des BOCONs a été sensiblement réduite. Voir International Financing Review, *Review of the Year 1993*, p. 170, et World Equity et IFC (1993), p. 91.

77 La loi n° 8031 du 12 avril 1990, qui réglemente le programme brésilien de privatisation, stipule que les actions des sociétés à privatiser peuvent être payées au moyen de créances échues sur le gouvernement fédéral et à l'aide de fonds bloqués en dépôt auprès de la banque centrale. La résolution n° 14 du comité directeur du programme de dénationalisation énumère les instruments financiers utilisables pour acquérir les sociétés privatisables dans le contexte du programme et fixe les règles de leur conversion en cruzeiros. Les instruments acceptés sont notamment les fonds bloqués, diverses obligations du secteur public, les billets à ordre, les certificats de privatisation et les titres de la dette étrangère et intérieure de l'Etat. Les certificats de privatisation, utilisables exclusivement en paiement d'actions d'entreprises publiques en cours de privatisation, avaient été créés en vertu de la loi 8018/90 qui avait contraint les institutions financières et autres à acquérir ces certificats. (Source : Legal Letter, Pinheiro Neto – Advogados, août et septembre 1991).

78 Articles 5 et 6 de la loi du 6 août 1986.

d'appel d'offres, par exemple), soit à la date de paiement[79]. Les deux formules s'accompagnent de difficultés parmi lesquelles : la fluctuation du taux de décote et/ou du taux de change fixés par le marché entre la publication du dossier d'appel d'offres, l'ouverture des plis, la sélection de l'acquéreur, la signature des accords et la date de paiement; l'effet du processus de privatisation sur le taux de décote lui-même; enfin, les risques et coûts que la présentation d'une offre basée sur un échange de titres de la dette entraîne pour les soumissionnaires, qu'il s'agisse de la possibilité de se procurer les titres nécessaires au prix prévu, de l'existence et du coût d'instruments de couverture des risques, ou encore du danger d'acquérir des titres de la dette sans savoir si l'opération au paiement de laquelle ils sont destinés se réalisera effectivement.

La conversion de dette en capital («debt-equity swap») peut être réglementée par la loi de privatisation, la législation des finances publiques (en ce qui concerne l'amortissement de la dette publique), une loi ou réglementation spéciale sur la conversion de dette en capital (qui peut être antérieure à la loi de privatisation et s'appliquer à la conversion de la dette du secteur public comme du secteur privé) ou des dispositions incorporées au dossier d'appel d'offres pour une privatisation déterminée. La possibilité concrète d'opérer des conversions de dette en capital peut dépendre en outre des conditions dont sont assortis les instruments de création de la dette qui sont échangés (accords de prêt entre l'entreprise publique concernée et ses prêteurs; dette publique envers les banques étrangères; obligations d'Etat, par exemple) et des restrictions d'origine réglementaire qui s'appliquent aux créanciers (dans beaucoup de pays, par exemple, les banques commerciales ne sont pas autorisées à détenir des participations dans des entreprises non-financières). Le problème est particulièrement complexe lorsqu'il faut que des banques étrangères renoncent à certains droits. L'obtention d'une telle renonciation était nécessaire, par exemple, pour permettre le lancement de la procédure d'appel d'offres pour la privatisation des deux sociétés régionales de télécommunications argentines succédant à ENTEL, dont 60 % des actions ont été vendues en novembre 1990 au prix de $ 214 millions au comptant et $ 5 milliards en titres représentatifs de la dette publique (valeur nominale).

10 AFFECTATION DES RECETTES DE PRIVATISATION

Beaucoup de gouvernements voient miroiter d'importantes sommes lorsqu'ils s'engagent dans un programme de privatisation. La réalité est malheureusement bien souvent différente, et décevante. Dans de nombreux pays en développe-

79 La marge de décote de la dette en cours pourrait aussi figurer parmi les variables de la procédure d'appel d'offres mais une telle formule compliquerait inutilement la procédure d'évaluation car elle nécessiterait des opérations fort complexes pour comparer les différentes offres financières.

ment et pays anciennement socialistes, le solde financier net de la privatisation sera probablement négatif, c'est-à-dire que les coûts entraînés par la privatisation dépasseront probablement le produit des ventes. Dans ces cas, la détermination de priorités pour l'affectation des recettes de privatisation ne devrait soulever aucune controverse, ces recettes devant servir à couvrir les coûts liés au programme, dont notamment l'apurement des dettes des entreprises publiques, les indemnités de licenciement du personnel surnuméraire et le paiement des services de conseil[80]. Dans la mesure où le total des recettes dépasse celui des coûts, et vu que ce produit net a la double nature d'une recette exceptionnelle et d'une recette en capital, une politique prudente suggérerait que cet excédent soit affecté au remboursement de la dette publique, à d'autres dépenses ayant pour effet de réduire le déficit public ou à la capitalisation de fonds de sécurité sociale, par exemple, et cela par opposition au financement de dépenses courantes ou du budget ordinaire.

La stratégie ou le programme de privatisation précisera normalement comment le produit des opérations de vente sera employé. Si les lois du pays (y compris la législation relative aux finances publiques et aux entreprises publiques) ne comportent pas de dispositions à cet effet, ou si l'on estime que les dispositions pertinentes sont mal adaptées à l'utilisation des recettes de la privatisation, la législation de privatisation devra inclure des dispositions relatives à l'affectation de ces recettes. Le tableau 7 ci-dessous illustre la manière dont différents pays ont procédé à l'affectation des recettes de privatisation.

Comme le montre ce tableau, l'affectation des recettes de privatisation étant souvent déterminée par la loi, elle se trouve de manière générale soumise au contrôle du parlement. De plus, de nombreux pays ont effectivement choisi d'affecter les ressources engendrées par les opérations de privatisation au financement des coûts liés au programme de privatisation. L'affectation des recettes nettes des privatisations à la réduction de leur dette est une saine politique poursuivie par certains de ces pays (auxquels on peut également ajouter l'Italie[81]).

Les exemples bulgare et portoricain sont, quant à eux, symptomatiques des illusions que se faisaient les parlementaires ayant voté la loi de privatisation sur l'ampleur des montants auxquels on pouvait s'attendre. Une détermination aussi détaillée de l'affectation des recettes est à déconseiller car elle peut créer des attentes peu réalistes auprès des bénéficiaires de ces différentes affectations, alors même que le montant à affecter risque d'être faible ou non-existant, une grande partie du produit des ventes (si pas la totalité) servant dans de nombreux cas à couvrir les coûts liés à la privatisation. Elle introduit également une trop grande rigidité quant aux priorités de financement futures du pays et peut ainsi nuire inutilement à une bonne gestion fiscale.

80 Voir également la section 2.5 du chapitre 6.

81 La loi n° 432 d'octobre 1993 crée ainsi un fonds spécial de privatisation devant être utilisé pour la remboursement de la dette publique.

Tableau 7

Affectation du produit de la privatisation dans quelques pays

Pays	Modalités d'affectation des recettes de privatisation
Allemagne	L'article 5, alinéa 1, de la loi relative à la Treuhand dispose que «les recettes de la Treuhandanstalt serviront principalement à l'ajustement structurel des entreprises (...) et accessoirement à des contributions au budget de l'Etat et pour couvrir les dépenses courantes de la Treuhandanstalt. Les recettes seront employées en accord avec le conseil des ministres». L'article 25 du traité d'unification d'août 1990 prévoyait que «les recettes de la Treuhand peuvent aussi servir, dans des cas individuels, à alléger la dette des entreprises agricoles».
Bulgarie	L'article 6, alinéa 1, de la loi de privatisation d'avril 1992 prévoit que les recettes de la privatisation doivent être versées sur un compte spécial servant à financer cinq fonds spéciaux distincts : un fonds pour la privatisation (destiné à couvrir les frais), un fonds mutuel (dont les parts doivent être distribuées à la population, aux anciens propriétaires expropriés et aux caisses de sécurité sociale), un fonds pour la sécurité sociale, un fonds pour la reconstruction et le développement et un fonds agricole.
France	Un compte spécial du Trésor a été créé par la loi n° 86-824 du 11 juillet 1986 (premier amendement à la loi de finances pour l'exercice 1986) pour recevoir toutes les recettes des opérations de privatisation. Côté recettes, le compte spécial devait être crédité du produit des ventes d'actions, de certificats ou autres titres et droits sur les entreprises dont la cession au secteur privé a été autorisée par la loi. Il ne devait pas recevoir les recettes des ventes de parts ou de droits relatifs à des entreprises non-visées par la loi de privatisation (notamment des ventes qui pouvaient être effectuées sans autorisation parlementaire). Côté dépenses, le compte spécial pouvait être utilisé, d'une part, pour les remboursements de la dette publique par transferts au fonds d'amortissement de la dette nationale, au fonds pour l'industrie nationale et au fonds pour les banques nationales et, d'autre part, pour les dotations en capital au profit des entreprises appartenant à l'Etat, par transferts à un autre compte spécial. Sur les 86 milliards de francs français rapportés par les privatisations de 1986-1988, deux tiers ont servi à l'amortissement de la dette et un tiers aux dotations en capital pour les entreprises publiques. Comme dans le cas des autres comptes spéciaux du Trésor, les opérations de ce compte étaient sujettes à l'approbation du parlement dans le cadre de la procédure budgétaire. L'inclusion d'un tel compte spécial dans la procédure budgétaire ordinaire et l'exercice du contrôle parlementaire à son égard sont essentiels pour assurer la transparence et le respect des objectifs et des procédures approuvés. (Voir Cour des Comptes, 1990). En ce qui concerne les privatisations autorisées par la loi de 1993, le gouvernement a cependant annoncé qu'il adopterait une politique différente. Une fraction des recettes réalisées sera à nouveau inscrite sur un compte spécial du Trésor affecté aux dotations en capital au profit des entreprises publiques, mais le reste, à peu près deux tiers des recettes totales, sera versé au budget général de l'Etat pour financer notamment des mesures exceptionnelles en faveur de l'emploi. (Voir le Rapport au Sénat n° 326, pp. 35-39, 1992-1993).
Hongrie	L'article 6 de la loi de finances pour l'année 1993, adoptée le 17 décembre 1992, précise qu'une partie des recettes de la privatisation doit être allouée à l'agence des biens d'Etat pour couvrir les dépenses que cette dernière a effectuées dans le cadre de la mise en oeuvre du programme de privatisation. La loi stipule en outre que trois fonds différents, le fonds pour l'emploi, le fonds pour le développement régional et le fonds pour la reconstruction et la conversion de l'agriculture, doivent également recevoir une part des revenus de la privatisation.
Mexique	La vente d'entreprises publiques a rapporté au gouvernement plus de 21 milliards de dollars et pratiquement la totalité de cette somme a été affectée au remboursement de la dette publique. Voir New York Times, 27 octobre 1993.
Nouvelle-Zélande et Royaume-Uni	Les recettes provenant de l'exécution des opérations de privatisation sont allouées au budget général de l'Etat.
Philippines	L'article 34 de la proclamation présidentielle n° 50 prévoit que les recettes de la privatisation, nettes des dépenses subies par le fonds pour la privatisation des actifs, font partie des recettes générales de l'Etat et doivent être remises au Trésor dès leur réception. Le fonds peut, cependant, conserver, avec l'approbation du comité de privatisation, composé de membres du gouvernement, «la part des recettes jugée nécessaire pour maintenir un fonds de roulement devant servir au paiement des frais et dépenses remboursables et pour financer les coûts et dépenses subis par le fonds pour entretenir et céder les actifs détenus par lui, ou d'autre manière, dans l'exercice de ses responsabilités en vertu de la présente proclamation».
Porto Rico	La loi autorisant la privatisation des télécommunication prévoyait que, sur les recettes nettes totales, au moins un milliard de dollars US devraient être attribués au fonds permanent pour le développement de l'éducation et au moins un milliard de dollars US iraient au fonds permanent pour l'infrastructure, lesdits fonds devant servir exclusivement à financer des projets dans ces deux secteurs. Toutefois, l'opération n'a jamais eu lieu. (Voir ci-dessus note 5, p. 130.)

Lorsque des comptes ou des fonds spéciaux sont créés, la loi ou les règlements d'application détermineront la manière dont ils doivent être constitués, ainsi que leurs modes de fonctionnement et de contrôle. Ils devront donc déterminer, par exemple, qui décide de l'utilisation de ces fonds (le parlement, le conseil des ministres, un ministre, les administrateurs du fonds, le directeur de l'agence chargée de la privatisation) et de la manière dont ils sont investis. Ils préciseront si les fonds sont porteurs d'intérêt et, dans ce cas, à quel compte les intérêts échus seront affectés, et à quelles fins ils pourront être utilisés. Dans la plupart des systèmes juridiques, les recettes de privatisation sont considérées comme des recettes publiques soumises à la législation des finances publiques et non comme des recettes que le gouvernement est libre d'employer sans restriction aucune. Les dépenses financées par ces recettes devraient donc normalement être sujettes aux règles en matière de dépenses et de comptabilité publiques.

La situation peut être plus complexe quand des entreprises publiques vendent une partie de leurs actifs (un département, une usine ou une filiale) à des investisseurs privés[82]. Suivant le droit commun des sociétés (et certaines législations relatives aux entreprises publiques), les recettes appartiennent au vendeur, c'est-à-dire à l'entreprise publique. Cependant, une telle formule peut aller à l'encontre du but poursuivi par le programme de privatisation, par exemple lorsque l'objectif est de réduire la taille du secteur public ou de renflouer les caisses de l'Etat[83]. Certes, en tant qu'actionnaire unique ou majoritaire, l'Etat devrait être en mesure de récupérer les recettes provenant de ces privatisations, ou au moins une partie d'entre elles, sous forme de dividendes ou de remboursement des sommes qui lui sont dues par l'entreprise publique. En pratique, cependant, ce résultat risque de n'être jamais atteint à cause de l'inefficacité des mécanismes de contrôle des entreprises publiques, de l'absence de politique de dividendes bien définie, de l'existence de fraudes ou de collusion entre les membres du conseil d'administration et de la direction. Dans certains pays, les règles en matière de privatisation fixent la manière dont le produit des ventes d'actifs doit être réparti[84]. Dans d'autres, dont le Brésil[85], la question a soulevé de vives controverses entre le ministère des finances et l'entreprise publique concernée.

---

82 Voir également la section 3 du chapitre 4.

83 Bien entendu, si la vente porte sur des titres nouvellement émis par l'entreprise dans le cadre d'une augmentation de capital, le produit de la vente devra revenir à l'entreprise. Dans ce cas, on pourra parler de privatisation au sens strict si l'augmentation du capital souscrite par des privés a pour effet de faire passer le contrôle de l'entreprise du secteur public au secteur privé, même si cette transaction n'implique en soi aucune vente par l'Etat d'actions ou d'actifs.

84 Des dispositions provisoires en matière de privatisation en Bulgarie (article 13 du décret n° 56, modifié le 28 février 1991), prévoyaient, par exemple, que 40 % des recettes devaient aller à l'entreprise, 30 % à un fonds pour le service de la dette de l'Etat et 30 % au fonds d'investissement de l'Etat.

85 L'affectation du produit de la privatisation a soulevé des difficultés considérables dans certaines privatisations au Brésil où le programme de privatisation du gouvernement.../...

11 MESURES TRANSITOIRES ET INTERPRETATION

Au vu de la complexité des opérations de privatisation et des délais requis pour leur mise en oeuvre, des mesures intérimaires pourront s'imposer en vue de gérer les entreprises et biens publics en attendant leur privatisation. Ces mesures portent par exemple sur : le remplacement de l'équipe de direction qui peut être requis pour préparer la privatisation de l'entreprise; le régime transitoire des privilèges des entreprises publiques; les limites imposées aux pouvoirs d'aliénation des gestionnaires de l'entreprise publique durant la période précédant la privatisation; le statut des salariés des anciennes entreprises publiques, y compris les licenciements préalables à la privatisation; la liquidation de ce qui reste de l'entreprise publique après sa transformation en société de droit commercial ou sa privatisation par vente d'actifs; l'exécution des obligations qui restent à charge de l'Etat; l'affectation des recettes de l'entreprise publique réalisées durant la période intérimaire[86]. Elles figurent souvent dans la législation relative à une entreprise ou un secteur spécifique, en particulier lorsqu'une restructuration des entreprises concernées s'impose avant leur privatisation[87].

Il se peut également que plusieurs lois contiennent des dispositions mutuellement contradictoires, ou que de nouvelles lois affectent des procédures de privatisation en cours. En Guinée, par exemple, une loi relative à la réglementation générale des télécommunications, adoptée le 2 juin 1992, autorisait l'Etat à concéder «l'établissement, le développement, l'exploitation et l'entretien du réseau public et la fourniture de tous les services publics de télécommunications» (article 5), tandis qu'une loi fixant les règles de la privatisation des entreprises publiques fut adoptée le 20 août 1993. La question s'est posée de savoir dans quelle mesure les procédures de privatisation de la Sotelgui (la société publique concessionnaire) devaient suivre les règles édictées par la nouvelle loi de privatisation. Les lois furent interprétées de manière à valider les démarches entreprises pour la privatisation de Sotelgui avant l'entrée en vigueur de la nouvelle loi de privatisation, tout en

.../... a porté, dans une première phase, sur l'acier, les engrais et la pétrochimie. Ainsi, Petrobras, actionnaire majoritaire de Petrofertil et Petroquisa (les sous-holdings pour les secteurs des engrais et de la pétrochimie) estimait que c'était elle et non pas le Trésor qui devait recevoir le prix des ventes.

86 Voir, par exemple, la proclamation présidentielle philippine n° 50 de 1986 qui contient plusieurs dispositions de ce genre et dont l'article 29 dispose que la gestion des biens durant la période de transition précédant la privatisation est confiée à l'organe public qui était précédemment responsable des mêmes biens, cette gestion étant toutefois soumise à des conditions devant être convenues avec le gouvernement.

87 Au Royaume-Uni, la loi de 1989 sur l'électricité comprend, entre autres, des dispositions provisoires sur la restructuration des actifs du secteur de l'énergie par la création de sociétés nouvelles, succédant aux anciennes et destinées à être privatisées; d'autres dispositions transitoires fixent la manière dont l'Etat peut intervenir dans ces sociétés nouvelles tant qu'elles appartiennent entièrement à la Couronne. Voir également la section 4 du chapitre 4, ainsi que la section 11.1 du chapitre 7.

soumettant à l'empire de cette dernière toutes démarches restant à entreprendre, et notamment l'organisation de l'appel d'offres et les conditions de la vente.

12 AMENDEMENTS

Bien que la mise en oeuvre de programmes de privatisation soit d'origine relativement récente, des amendements ont déjà été apportés, dans de nombreux pays, au cadre législatif adopté à l'origine. On a déjà mentionné, par exemple, les modifications apportées à la législation française concernant les privilèges accordés aux salariés des entreprises privatisées (voir supra note 60, pp. 148-9), le rôle de la commission de la privatisation lors du choix d'un acquéreur hors marché (voir supra note 33, p. 140), l'affectation des recettes de la privatisation (voir supra tableau 7), les limites imposées à l'investissement étranger (voir supra section 7.3) et enfin les caractéristiques de l'action spécifique du gouvernement (voir l'encadré 12, p. 147). La loi française de privatisation du 19 juillet 1993 apporte encore d'autres modifications au régime institué en 1986. Ces modifications ont notamment pour but de permettre une plus grande souplesse dans le lancement d'opérations sur le marché[88]. Les législations tchécoslovaques et péruviennes fournissent d'autres exemples d'amendements apportés aux lois de privatisation. Dans le cas de la loi tchécoslovaque, des limites nouvelles ont été imposées au processus de privatisation[89] tandis qu'au Pérou, les modifications apportées ont plutôt pour but de rendre le processus plus souple et plus rapide[90].

---

88 La loi de 1993 autorise la cession par tranches successives du capital d'une même entreprise ainsi que le paiement échelonné des titres tout en laissant à l'acquéreur la possibilité de céder ceux-ci avant de les avoir intégralement payés. Voir le Rapport au Sénat n° 326, pp. 32-33 (1992-1993).

89 La loi tchécoslovaque n° 92/91 du 26 février 1991 relative aux grandes privatisations a été modifiée par une loi du 18 février 1992. Cette dernière stipule notamment (article I.7) que l'acquéreur d'une entreprise privatisée ne pourra exercer, pendant la première année suivant la privatisation de l'entreprise, que les activités que cette entreprise était autorisée à accomplir. Lorsque la transaction ne porte que sur une unité d'une entreprise privatisée, cette loi est encore plus stricte dans la mesure où elle interdit l'exercice de toute activité différente de celle qui était effectivement exercée au sein de cette entreprise avant sa privatisation.

90 Ainsi, par exemple, l'article 1 du décret-loi n° 26120 du 28 décembre 1992 modifie l'article 1 du décret-loi n° 674 du 25 septembre 1991 relatif à l'investissement privé dans les entreprises publiques pour permettre expressément à des entreprises publiques étrangères d'acquérir des parts dans les entreprises privatisées. De plus, l'article 4 du décret-loi n° 26120 modifie l'article 16 du décret-loi n° 674 pour laisser à la COPRI – la commission pour la promotion de l'investissement privé, qui est l'agence responsable de l'exécution du programme de privatisation péruvien – une plus grande liberté de choix concernant le mode de transfert qui doit être utilisé lorsqu'au cours d'une mise aux enchères d'une entreprise à privatiser, aucune offre atteignant le prix minimum imposé par le gouvernement n'a été reçue.

En fait, des exemples d'amendements pourraient être cités concernant pratiquement chacun des points qui ont été cités tant dans ce chapitre, que dans les chapitres précédents. Il s'agit là d'un processus inévitable dans la mesure où l'élaboration de lois de privatisation n'est ni une tâche aisée, ni une science exacte. Le nombre de problèmes à résoudre est énorme – les chapitres précédents en témoignent – et les solutions dépendent, dans chaque cas, des objectifs spécifiques du programme de privatisation et des contraintes particulières, d'ordres juridiques, économiques, politiques et autres auxquelles le gouvernement est soumis. Qui plus est, aucun législateur n'est omniscient ou prescient, et certains ajustements et corrections s'imposeront souvent en cours d'exécution du programme. Enfin, les privatisations sont un processus nouveau pour la majorité des gouvernements et parlements, les leçons des autres pays sont souvent mal connues ou interprétées et il ne reste aux autorités compétentes qu'à procéder par tâtonnement, en précisant davantage les approches et méthodes au fur et à mesure qu'elles acquièrent une expérience directe. En adoptant une loi de nature générale, établissant les grands principes qui devront guider le programme de privatisation et en évitant d'entrer dans le détail de procédures ou modalités particulières, le législateur peut diminuer considérablement le besoin d'amendements ultérieurs de la loi. Cela requiert toutefois un degré de confiance au gouvernement qui n'existe pas toujours.

13 CONCLUSIONS

Nous venons de faire un tour d'horizon des dispositions de base figurant dans les lois de privatisation adoptées à travers le monde. Les deux chapitres suivant examineront plus en détail deux sujets importants qui sont souvent traités par ces lois, à savoir l'organisation institutionnelle du processus de privatisation et les dispositions particulières régissant la privatisation des grandes entreprises d'infrastructure ou de service public.

L'objet de ce chapitre étant davantage descriptif que normatif, il importe de rappeler qu'une loi de privatisation ne doit pas nécessairement englober toutes les questions évoquées ci-dessus. En réalité, il est parfois possible de privatiser sans loi spéciale, soit parce que la constitution et les lois en vigueur ne requièrent pas une telle loi, soit parce que des solutions originales ont pu être trouvées qui n'exigent pas de changements dans le cadre juridique.

Loi et stratégie sont deux concepts qu'il ne faut pas confondre. Si l'on peut en effet soutenir que tous les éléments majeurs d'un programme de privatisation doivent être envisagés dans la stratégie de privatisation élaborée par le gouvernement, il n'en va pas de même pour la législation de privatisation. Il faut, tout d'abord, analyser les conséquences juridiques de la stratégie et du programme de privatisation adoptés, ainsi que la législation en vigueur dans le pays, pour déterminer si une nouvelle loi s'impose du point de vue juridique.

Par ailleurs, même si un texte de ce rang n'est pas strictement nécessaire du point de vue juridique, des considérations politiques peuvent plaider en faveur d'une loi, que ce soit pour couvrir le gouvernement politiquement, pour consacrer un consensus entre forces politiques, pour assurer une certaine stabilité à cette nouvelle politique et rendre tout changement d'approche par un futur gouvernement plus difficile, ou pour d'autres raisons.

Parce que les conditions (juridiques, politiques ou autres) qui ont mené à l'adoption de la loi seront inévitablement différentes d'un pays à l'autre, il faut s'attendre à ce que son contenu varie également. Il ne peut donc pas y avoir de loi-type pouvant être aisément copiée d'un pays à l'autre.

Lorsqu'une loi est nécessaire, il devrait normalement s'agir d'une loi d'habilitation, conférant les pouvoirs de privatiser au gouvernement ou à l'organisme chargé de la privatisation et organisant le processus sans trop leur lier les mains. D'autres instruments juridiques, tels que décrets, règlements d'application, directives et décisions, mais aussi les conventions négociées directement avec les acquéreurs, peuvent également occuper une place importante dans l'arsenal juridique de la privatisation.

Des lois détaillées peuvent cependant être nécessaires lorsqu'il s'agit de privatisations complexes, qui requièrent la modification de nombre de dispositions législatives existantes. Nous pensons non seulement aux lois régissant la restructuration et la privatisation des secteurs d'infrastructure, telles les lois britanniques de l'électricité ou de l'eau par exemple, dont il sera davantage question au chapitre 7, mais également aux modifications de la législation en vigueur qui peuvent être nécessaires pour faciliter les privatisations et qui ont déjà été évoquées aux chapitres 3 et 4. Ainsi, une loi de privatisation déterminée peut également contenir des dispositions relatives à de nombreux sujets traités dans d'autres chapitres de ce livre.

Permettre une certaine souplesse dans la mise en oeuvre est essentiel. En effet, il est impossible de prévoir toutes les situations et difficultés qui peuvent surgir au cours de l'exécution d'un programme de privatisation. Un cadre juridique souple permettra au gouvernement et aux organismes responsables d'adapter leurs méthodes à l'évolution des circonstances. Un cadre rigide risquerait fort, par contre, de ralentir les opérations, d'imposer des méthodes inefficaces, de forcer un retour au parlement pour obtenir certains amendements à la loi, le tout produisant plus que probablement des résultats décevants. Au contraire, la loi de privatisation devrait contribuer à supprimer tout obstacle ou contrainte pouvant exister. En règle générale, plus on introduit de contraintes, d'objectifs ou de restrictions dans la loi, plus la privatisation sera difficile.

Il ne faut cependant pas confondre souplesse et ambiguïté. Il est impérieux que la loi soit très claire, en particulier au niveau de la délégation de pouvoirs, des responsabilités des différentes parties impliquées, de l'étendue du mandat, des exigences minimales en matière de transparence et de compétitivité des procédures de vente, des critères de sélection, des avantages éventuels qui pourraient être accordés à certaines catégories d'acquéreurs, des moyens mis à disposition des agences d'exécution, de l'affectation des recettes de privatisation, et des contrôles auxquels les responsables seront soumis. La loi peut également prévoir des procédures plus légères et décentralisées pour des petites entreprises ou des entreprises municipales, par exemple.

Il faut aussi se garder de tout «optimisme législatif». Même à supposer que le législateur puisse prévoir correctement les principaux problèmes qui peuvent se présenter au cours de l'exécution du programme de privatisation et qu'il soit donc capable de concevoir un cadre juridique optimum pour la privatisation, la réussite ne serait pas garantie pour autant. Encore faudra-t-il, en effet, que ce cadre juridique soit appliqué effectivement, ce qui suppose que les institutions et les moyens nécessaires existent ou soient mis en place, et que chaque opération individuelle soit préparée, structurée, négociée et exécutée avec compétence et probité. Certaines de ces questions seront évoquées plus en détail au chapitre 6.

Enfin, il faut rappeler, d'une part, que le phénomène des privatisations demeure assez récent et qu'il est encore trop tôt pour en tirer des leçons définitives, et, d'autre part, qu'il s'agit là d'un phénomène extrêmement vaste recoupant des réalités très différentes, portant sur une vaste gamme d'entreprises dans tous secteurs d'activités, de toutes tailles, mis en oeuvre dans des pays à régime politique, juridique et économique très différent. Il ne pourrait donc y avoir d'approche unique, valable pour tous les pays et toutes les privatisations. Une loi de privatisation devra avant tout traduire en termes législatifs la stratégie et le programme adoptés par les autorités nationales compétentes et répondre aux besoins spécifiques du pays.

Chapitre 6

Le cadre institutionnel des privatisations

1 INTRODUCTION

Au chapitre précédent nous avons analysé les lois de privatisation et les dispositions minimales qu'elles contiennent, en reportant au présent chapitre un sujet particulièrement important couvert par ces lois, à savoir le cadre institutionnel des privatisations. Comme l'exécution des opérations de privatisation s'effectue pendant une période limitée, ne dépassant généralement pas cinq à dix ans, et qu'elle requiert une expertise et une disponibilité que les services existants de l'administration publique n'ont normalement pas, de nombreux gouvernements ont décidé, d'une part, de créer une ou plusieurs institutions spéciales pour gérer ce processus et, d'autre part, de faire appel à des experts extérieurs pour porter soutien aux cadres de l'administration.

Ce chapitre est principalement consacré à l'examen du rôle de ces nouvelles structures et de ces experts, ainsi que de leur interaction avec les autres institutions et services concernés dans le cadre de la préparation et de la mise en oeuvre du programme de privatisation. Les trois sections suivantes de ce chapitre portent successivement sur le cadre institutionnel général, et sur les règles applicables, d'une part, aux agents responsables de l'élaboration et de la mise en oeuvre du processus de privatisation et, d'autre part, aux repreneurs des entreprises privatisées. Une section spéciale est consacrée à un type particulier d'institutions, à savoir les fonds de privatisation, qui jouent un rôle important dans les pays en transition. Quant aux deux dernières sections, elles traitent des conseillers du gouvernement en général, et des conseillers juridiques en particulier.

2 STRUCTURE INSTITUTIONNELLE

2.1 Organes politiques et organes d'exécution

L'on peut généralement distinguer deux niveaux de responsabilités pour les programmes de privatisation, à savoir un niveau politique et un niveau technique. Le niveau politique est constitué soit d'un organe ad hoc comprenant généralement des membres du gouvernement, soit du chef d'Etat ou de gouvernement, soit du gouvernement même. L'autorité politique arrête le programme de privatisation, détermine les priorités et prend les décisions importantes. Elle peut, dans certains pays, être investie de pouvoirs spécifiques en matière de privatisations, tels que la détermination des entreprises à privatiser et l'approbation des conventions de cession. Au niveau technique on retrouve souvent soit un organe d'exécution ad hoc (par exemple une agence de privatisation), qui peut bénéficier de plus ou moins d'autonomie dans la mise en oeuvre du programme de privatisation, soit les services de l'administration centrale. Les relations entre ces deux niveaux varient largement d'un pays à l'autre et dépendent notamment de la clarté du mandat de privatisation donné : plus ce mandat est clair et plus il fait l'objet d'un consensus, plus les responsables politiques pourront déléguer leurs pouvoirs aux organes d'exécution.

Ces deux niveaux se retrouvent, par exemple, au Pérou, au Brésil, au Chili, en Nouvelle-Zélande et aux Philippines. Au Pérou une commission interministérielle (la COPRI), composée de six membres du gouvernement, supervise le travail de comités spéciaux (les CEPRI), chacun responsable d'une entreprise à privatiser et composés en majorité de représentants du secteur privé. Au Brésil, un comité de privatisation composé de quatre membres du gouvernement et de sept représentants du secteur privé est notamment chargé de soumettre au Président le nom des entreprises à inclure dans le programme et d'approuver les principales méthodes de privatisation ainsi que le prix de vente. La mise en oeuvre du programme est assurée par la BNDES (la banque nationale de développement économique et social), chargée, en tant qu'administrateur du programme de privatisation, de gérer le fonds de privatisation, de nommer conseillers et auditeurs et, de manière générale, d'exécuter les privatisations[1]. Au Chili, c'est le conseil d'administration de la holding d'Etat CORFO qui a fait fonction d'organe politique, celui-ci étant composé des ministres de l'économie (président), des finances, du plan, du vice-ministre chargé de CORFO et d'un autre membre nommé par le Président de la République. Le conseil autorisait les ventes d'actions, en approuvait les termes et conditions et était appuyé dans ses fonctions, d'une part, par un comité comprenant les adjoints directs des membres et, d'autre part, par une petite unité dite de normalisation qui gérait l'ensemble du processus en sous-traitant la majorité du travail[2]. Aux Philippines, enfin, le comité de privatisation est composé de ministres et présidé par le ministre des finances. Il est assisté par un bureau des privatisations au sein du ministère des finances, chargé de la mise en oeuvre du programme de privatisation, et d'un fonds pour la privatisation des actifs non-performants, organisme spécial créé pour gérer la liquidation de participations et créances de l'Etat.

A côté ou à la place des organes politiques de type collectif, on retrouve souvent un ministre chargé des privatisations. Ainsi, en France, c'est le ministre de l'économie qui décide de procéder à la privatisation des entreprises mentionnées

1 Voir World Equity et IFC (1993), p. 76.

2 Voir Hachette et Lüders (1993), pp. 61-63.

en annexe de la loi de privatisation du 19 juillet 1993 et qui fixe le prix de vente de ces dernières sur avis de la commission de la privatisation[3], tandis qu'au Maroc, c'est un «ministre chargé de la mise en oeuvre des transferts des entreprises publiques au secteur privé» qui a été chargé de l'exécution de la loi de privatisation promulguée en avril 1990, assisté en cela par une commission interministérielle des transferts et par un organisme d'évaluation. En Pologne, bien que le trésor public, organisme doté de la personnalité juridique et relevant du ministère des finances, soit légalement le propriétaire des entreprises publiques et participations de l'Etat, c'est le ministre des changements de propriété qui est à titre principal responsable de leur cession[4].

En ce qui concerne les organes techniques, nombre de pays ont confié l'essentiel des responsabilités d'exécution en matière de privatisation à une nouvelle agence indépendante, créée à cet effet. C'est notamment le cas de la Russie et de la majorité des pays d'Europe centrale et orientale. C'est également le cas de l'Allemagne, où la Treuhandanstalt a été créée et dotée de pouvoirs importants et de larges moyens – elle a compté jusqu'à 4100 employés – pour procéder à la privatisation de l'économie de l'ex-Allemagne de l'Est. Au Pakistan, trois organes différents avaient été créés, à savoir une commission de privatisation avec compétence en matière industrielle et bancaire, une commission pour l'énergie électrique et un comité pour les télécommunications, les commissions étant des structures plus ou moins permanentes et le comité une structure ad hoc sans effectifs propres. La répartition sectorielle des responsabilités en matière de privatisation a été supprimée par une décision gouvernementale d'août 1993, les trois entités étant fusionnées au sein d'une unique commission de privatisation. Cette fusion devait notamment permettre de faire bénéficier l'ensemble des secteurs des expériences acquises dans l'un de ceux-ci et d'éviter ainsi de répéter les mêmes erreurs et de «réinventer la roue». Ces agences de privatisation ont souvent un conseil d'administration ou de supervision, dont la composition peut être davantage politique, et dont les compétences comprennent souvent l'approbation des accords de privatisation ou du moins les plus importants d'entre ceux-ci.

Si certains pays ont établi des organes techniques de grande taille, d'autres par contre ont opté pour des entités de taille réduite. Au Mexique, par exemple, le gouvernement avait créé en 1988 une petite cellule de privatisation au sein du ministère des finances. Cette cellule était responsable de la gestion de l'ensemble du processus mais déléguait les principales tâches à des banques commerciales intervenant en tant qu'agents du gouvernement. Cette technique simple, autorisée par l'article 12 du règlement d'application de la loi sur les entreprises publiques

---

3 Voir le titre II de la loi n° 86-793 du 2 juillet 1986 tel que modifié par la loi de privatisation n° 93-923 du 19 juillet 1993.

4 Voir notamment les articles 1 et 19 de la loi de 1990 relative à la privatisation, ainsi que la loi de 1990 créant le poste de ministre des changements de propriété.

(janvier 1990)[5], s'est révélée très efficace en permettant notamment une grande délégation et répartition du travail à des institutions ayant les compétences et l'expérience requises.

Des sociétés holdings ou institutions financières publiques ont également été chargées d'exécuter des privatisations dans de nombreux pays, que ce soit en se désaisissant de participations qu'elles détenaient en portefeuille ou en agissant comme agent de l'Etat dans la vente d'entreprises publiques. Ainsi, en Colombie, IFI, la holding publique chargée du développement industriel, s'est vue confier la responsabilité de la privatisation dans le secteur industriel, alors que FOGAFIN, le fonds de garantie des institutions financières, était responsable des privatisations bancaires. Au Venezuela, c'est le FIV, le fonds d'investissement du Venezuela, qui a été chargé de la mise en oeuvre du programme de privatisation.

On dénombre également certains comités spéciaux chargés de l'évaluation des entreprises à privatiser ou de la détermination du prix de l'action. Nous avons déjà évoqué la commission française de la privatisation. En Argentine, c'est l'agence chargée de l'audit des entreprises publiques (Sindicatura General de Empresas Pùblicas) et la banque de développement (Banco Nacional de Desarrollo) qui sont chargées d'évaluer chaque entreprise à privatiser et de fixer un prix de vente minimum.

Dans les pays en transition et autres pays devant fondamentalement restructurer leur secteur parapublic, un organe compétent devra-t-être identifié pour assurer la gestion des entreprises privatisables durant la période qui précède leur privatisation[6]. En Pologne, c'est le ministère des changements de propriété qui exerce les droits de propriété de l'Etat sur les entreprises privatisables pendant cette période. Comme le gouvernement espérait, à l'origine, compléter le processus de privatisation dans de brefs délais, le ministère des changements de propriété a eu tendance à considérer son rôle de gestionnaire comme étant d'importance secondaire par rapport à son rôle de privatiseur. Cependant, la dégradation, à partir de 1991-1992, de la situation économique et financière de plusieurs des entreprises qui lui étaient confiées a obligé le ministère à renforcer son contrôle sur ces entreprises en intervenant notamment par l'intermédiaire des membres des conseils de supervision. La Treuhand allemande a également été fortement critiquée pour avoir mis l'accent sur la vente rapide des entreprises au détriment de leur restructuration préalable et du maintien de l'outil industriel et de l'emploi; vers la fin de son mandat elle a porté davantage attention à la gestion des entreprises restant dans son portefeuille. De manière générale, il s'est avéré très difficile pour une même institution de faire justice au double rôle d'agence de restructuration et de gestion

5 Cet article dispose que pour la vente d'actions d'une entreprise publique détenue par le gouvernement fédéral ou d'autres organismes parastataux, le ministre chargé des finances désigne une institution financière chargée d'exécuter la vente en question.

6 Voir également la section 4 du chapitre 4.

du portefeuille d'une part, et d'agence de privatisation de l'autre. Par ailleurs, d'autres pays qui avaient créé une agence distincte chargée de la gestion et de la restructuration des entreprises publiques l'ont vu s'engager dans des luttes de pouvoir et d'influence avec l'agence de privatisation[7].

Les tableaux 8, 9 et 10, pp. 183 à 187 ci-dessous, illustrent bien la variété des structures institutionnelles qui ont été mises en place dans différents pays pour assurer l'exécution de programmes de privatisation. On y voit notamment que certains pays ont créé des organismes nouveaux tandis que, dans d'autres, les opérations de privatisation sont menées au sein de structures préexistantes, appuyées le cas échéant par des organismes ou experts externes.

On y voit également que, outre les organes de privatisation que nous venons d'évoquer, d'autres institutions sont souvent appelées à intervenir à un titre ou un autre dans le processus de privatisation. Les ministères techniques ou de tutelle concernés auront souvent un rôle important, surtout au niveau des grandes décisions; c'était le cas, par exemple, du ministère argentin de la défense lorsque des entreprises relevant de son ministère devaient être privatisées. Lorsqu'ils contrôlent le portefeuille d'entreprises publiques actives dans leur secteur, ces ministères sont toutefois souvent assez hostiles aux privatisations, qui peuvent en effet réduire considérablement leur pouvoir et parfois même la justification de leur existence. Ceci explique en partie la création d'organismes spéciaux responsables des privatisations. Par ailleurs, les réformes sectorielles liées à la privatisation relèveront normalement de la compétence des ministères techniques.

Les municipalités et pouvoirs locaux et régionaux sont dans de nombreux pays directement responsables de l'exécution de certaines privatisations, typiquement celles affectant les entreprises municipales ou les petites entreprises. Ils peuvent également être associés au processus, comme en Allemagne où, bien que l'exécution des privatisations était fortement centralisée au sein de la Treuhandanstalt, la loi de privatisation imposait par exemple que des représentants de la ville et de l'état concernés soient consultés préalablement à la vente d'un bien immobilier pour déterminer le type d'investissement qui serait exigé de l'acquéreur[8]. De même, certaines lois requièrent la consultation des organisations représentatives des travailleurs ou d'autres intérêts. Enfin, des mécanismes spéciaux ont parfois été mis en place pour faciliter le placement d'actions de sociétés privatisées auprès du public. Ainsi, au Pakistan, un comité comprenant des représentants des trois bourses pakistanaises a été chargé d'établir les règles relatives à la privatisation par offre de vente en bourse.

Il ne faut pas perdre de vue, cependant, que la mise en place de structures trop complexes peut être cause de retards ou même de blocages dans la mise en oeuvre du programme. En Tunisie, la loi 87-47, autorisant la privatisation des entreprises

7 Voir la section 2.2 du chapitre 6.

8 Voir Elling (1992), pp. 633-634.

publiques, prévoyait la participation de trois organes différents au processus de privatisation : une commission de restructuration des entreprises publiques (article 4); un comité ministériel (article 7); une commission de suivi instituée auprès de la bourse des valeurs mobilières (article 9). Elle conférait en outre d'autres pouvoirs à plusieurs ministres. Cette loi s'est révélée trop compliquée à appliquer et elle a été abrogée et remplacée par la loi 89-9 qui prévoit seulement la création d'une commission d'assainissement et de restructuration des entreprises à participations publiques (article 24). Suite à cette nouvelle loi, le programme de privatisation tunisien prit son envol.

2.2 Répartition des compétences

S'il n'existe pas un type unique ou idéal de structure institutionnelle propre à assurer l'exécution d'un programme de privatisation, il est cependant toujours indispensable que soient clairement définis les rôles et pouvoirs respectifs des principales autorités intervenant dans le programme de privatisation : parlement, gouvernement, ministre de la privatisation, ministre des finances, ministre de tutelle de l'entreprise concernée, organisme(s) responsable(s) de la privatisation, sociétés de portefeuille publiques (préexistantes ou créées spécialement pour le processus de privatisation), fonds de privatisation, bourses des valeurs, direction et conseil d'administration des entreprises publiques et autres acteurs.

Les répartitions de compétences devront être précisées dans le cadre juridique en vigueur, qu'il s'agisse de normes de droit public, de dispositions nouvelles prévues par la loi d'habilitation, d'une loi spéciale telle que la loi établissant un organisme de privatisation (si elle est différente de la loi d'habilitation[9]) ou, en ce qui concerne la vente par les entreprises publiques de leurs actifs ou filiales, de dispositions applicables du droit des sociétés ou du droit des entreprises publiques[10].

A partir de ces textes, il devrait être possible de déterminer qui a le pouvoir : de demander l'engagement d'une opération de privatisation[11]; de préparer la transaction; d'organiser la sélection de l'acquéreur et/ou de négocier le marché; d'autoriser la conclusion de l'opération[12]; de signer les accords pertinents; de

9 Voir, par exemple, la loi hongroise sur la création de l'agence pour les biens d'Etat aux fins de la gestion et de l'utilisation de ces biens (26 janvier 1990) ou la loi polonaise portant création du ministère des changements de propriété (13 juillet 1990).

10 Voir une étude plus approfondie de cet aspect à la section 3 du chapitre 4.

11 Par exemple : toute personne, les salariés, la direction de l'entreprise, le conseil d'administration, le ministère, les autorités locales et/ou des investisseurs intéressés.

12 La loi peut, par exemple, exiger que l'agence de privatisation ou le conseil des ministres approuvent la privatisation négociée par un autre organe, comme dans le cas d'une vente d'actifs par une entreprise publique ou de la vente d'une entreprise publique par une municipalité.

ratifier ces accords, le cas échéant[13]; de mettre en oeuvre les accords de privatisation; et, finalement, de s'assurer de leur exécution correcte par toutes les parties. Il faudra examiner également si les mêmes règles de compétence s'appliquent tant à la privatisation qu'aux liquidations et aux restructurations d'entreprises (y compris la scission d'entreprises publiques et toutes autres modalités de regroupement des actifs).

Un cadre juridique lacunaire peut avoir des conséquences graves. Ainsi, dans certains pays dont la législation en matière de privatisations était imprécise, et notamment en Ouganda et au Pakistan, des procès ont été intentés pour obtenir l'annulation de transactions conclues, d'après les requérants, sans que l'agence de privatisation ait les pouvoirs requis.

Il convient d'éviter autant que possible d'attribuer à différents organes des compétences concurrentes sous peine de voir adopter des politiques ou approches contradictoires, ou de se trouver face à d'interminables marchandages bureaucratiques ou luttes de pouvoir, qui porteraient immanquablement préjudice à la crédibilité du programme de privatisation. En Hongrie, par exemple, la création en 1990 de deux agences distinctes, l'une responsable de la privatisation, l'autre de la gestion des entreprises publiques, a posé certains problèmes. Leurs philosophies divergentes ou leurs intérêts particuliers ont surtout entraîné des tensions lorsque toutes deux étaient actionnaires d'une même entreprise à privatiser, comme ce fut le cas dans le secteur électrique. La privatisation de la société de télécommunications MATAV fut également compliquée par l'absence d'un «champion» ou chef de file clair au niveau du gouvernement pour préparer et négocier cette opération et coordonner l'intervention des deux agences sus-mentionnées, du ministère des télécommunications et de la société même[14]. En 1994, le gouvernement hongrois prit la décision de fusionner les deux agences en une seule, en partie pour éviter la répétition de ce genre de problèmes et en partie pour utiliser plus efficacement les ressources humaines et techniques disponibles[15].

13 En Guinée, où aucune loi de privatisation n'avait été adoptée, les accords de privatisation conclus avant l'entrée en vigueur de la loi de 1993 étaient généralement signés par le ministre concerné (le plus souvent, le ministre de l'industrie) et les investisseurs, puis ratifiés par une ordonnance présidentielle (l'équivalent d'une loi). Cette procédure était suivie notamment pour écarter ou éliminer tout élément d'illégalité qui aurait pu figurer dans les accords ou entacher la manière dont ils avaient été conclus. Leur ratification par la loi les exonérait ainsi de l'effet des autres lois qu'ils auraient pu enfreindre. Voir également la note 1, p. 61 et le tableau 4, p. 128.

14 Le comité de pilotage établi à cet effet, qui regroupait les principales agences concernées, ne fut guère efficace.

15 Un projet de loi en ce sens devait être soumis au parlement fin 1994. Voir Financial Times, 20 septembre 1994, et Central European Business Weekly, 30 septembre-6 octobre 1994.

En Roumanie, c'est le mode de distribution des actions de l'Etat à différents fonds qui posa problème, 70 % des actions de chaque entreprise publique à privatiser étant distribués au fonds de propriété d'Etat et 30 % répartis entre cinq fonds privés[16]. La tension entre le fonds public et les dirigeants des entreprises publiques d'une part, et les fonds privés de l'autre, a été grande et retarda fortement la mise en oeuvre du programme de privatisation, résultat apparemment escompté par les dirigeants des entreprises et du fonds publics[17].

2.3 Rôle du parlement

Dans la majorité des pays, et en particulier dans les pays à tradition démocratique, le parlement a joué un rôle important dans le processus de privatisation. On pense bien sûr aux nombreuses lois de privatisation qui ont été adoptées[18], que ce soit sur proposition du gouvernement ou à l'initiative du parlement lui-même. Les débats autour de ces projets ou propositions de loi ont eu tendance à être intenses et longs, et les projets ont souvent fait l'objet d'amendements afin de satisfaire les différentes tendances représentées. Ensuite, une fois adoptées, les lois elles-mêmes ont souvent dû être amendées, ce qui implique un nouveau passage au parlement. Cette intervention législative du parlement est non seulement souvent nécessaire (juridiquement) pour autoriser les privatisations, mais elle peut également être un moyen pour réaliser ou confirmer un consensus sur la politique gouvernementale et démontrer ainsi l'existence d'une solide base politique permettant de lancer le processus.

Ceci dit, l'expérience internationale en matière de privatisation montre combien les relations entre parlements et gouvernements ont parfois été tendues. Un gouvernement peut ainsi légitimement souhaiter réduire le recours au parlement au strict nécessaire, en particulier lorsqu'il s'est donné un horizon relativement bref pour privatiser. Les délais susceptibles de résulter de l'intervention du parlement ont tendance à être particulièrement marqués en régime bicaméral, c'est-à-dire quand le pouvoir législatif est composé de deux chambres, une chambre haute (sénat, chambre des lords) et une chambre basse (chambre des représentants, chambre des communes, assemblée nationale).

---

16 Voir la section 5 ci-dessus et le tableau 11, pp. 196-197 ci-dessous, décrivant les fonds privés roumains.

17 La tension qui existait entre les fonds privés et le fonds d'Etat se serait dissipée suite au remplacement, début 1994, du président du fonds d'Etat. Le maintien des anciennes équipes dirigeantes des entreprises publiques continue à poser problème, toutefois; celles-ci ont peu d'incitations pour gérer leurs entreprises efficacement; aussi, la corruption semble y être courante. Voir Financial Times, 3 mai 1994, et Journal of Commerce, 29 septembre 1994.

18 Voir l'annexe pour une liste partielle de lois de privatisation.

En Pologne, par exemple, le gouvernement avait annoncé un nouveau programme de privatisation en juin 1991, prévoyant la privatisation rapide d'environ 400 entreprises publiques au moyen de fonds communs de placement dont les actions devaient être vendues aux citoyens polonais. Cependant, la chambre basse du parlement, dominée par l'opposition, a réussi à bloquer le projet en le renvoyant pour examen à la session suivante du parlement. La loi fut finalement adoptée le 30 avril 1993. Par ailleurs, cinq gouvernements se sont succédés en Pologne en moins de cinq ans, et le premier ministre du gouvernement ayant pris fonction en septembre 1993 ne semble pas particulièrement favorable au processus de privatisation, notamment au rôle important donné à des sociétés étrangères dans la gestion des fonds de privatisation[19]. Ces tensions et changements politiques ont provoqué des retards importants et, fin 1994, lesdits fonds n'avaient toujours pas vu le jour[20].

L'exemple le plus connu de tensions entre gouvernement et parlement est probablement celui du parlement fédéral et de plusieurs assemblées locales russes qui ont pu faire obstacle à la politique de privatisation du gouvernement[21]. La Russie a ainsi connu d'innombrables escarmouches entre gouvernement et parlement, qui se sont terminées, comme on le sait, par le renversement par la force du parlement et par la déclaration d'élections anticipées qui se sont tenues en décembre 1993. La Bulgarie fournit un autre exemple, moins dramatique toutefois, du blocage institutionnel qui peut résulter de conflits entre gouvernement et parlement, tel qu'illustré dans l'encadré 13 ci-dessous. Les lois de privatisation françaises de l'été 1986 sont, quant à elles, un exemple intéressant de conflit entre, cette fois, le parlement et le gouvernement, d'une part, et le chef de l'Etat d'autre part[22].

---

19 Voir tableau 11, p. 196-197.

20 Voir, notamment, Financial Times, 22 septembre 1994, p. 2.

21 Des ventes aux enchères d'actions contre coupons ont ainsi été suspendues dans les régions de Chelyabinsk et de Novosibirsk notamment, tandis que le parlement fédéral a annulé, en juillet 1993, un décret présidentiel obligeant les entreprises publiques à échanger au moins 29 pour-cent de leurs actions contre des coupons de privatisation distribués à tous les citoyens. Le parlement a annoncé que ces coupons pourraient être remplacés par des «comptes de privatisation», dont les modalités de fonctionnement n'étaient pas définies, ouverts dans des banques d'épargne appartenant à l'Etat. Cette nouvelle a fait chuter de 20 % la valeur des coupons de privatisation sur le marché. Voir Privatisation International n° 56, mai 1993, p. 8 et The Economist, 24 juillet 1993, p. 50.

22 Voir la section 2 du chapitre 5.

Encadré 13

Bulgarie (1990-1993) : institutions bloquées

Dès février 1990, date de la formation du premier gouvernement bulgare de l'ère post-Zhivkov, la privatisation était une des priorités des responsables politiques bulgares, tous partis confondus. En mai 1990, un projet de loi de privatisation, rédigé par le ministère des réformes économiques, était prêt. Par ailleurs, différents décrets furent pris en 1990 pour lancer les privatisations sans attendre la nouvelle loi. L'absence d'une telle loi et d'un organe chargé de mettre en oeuvre cette politique constituèrent, toutefois, un frein important à la mise en oeuvre de cette dernière.

En vue d'accélérer le processus de privatisation, le conseil des ministres bulgare créa une agence pour la privatisation par décret n° 16 du 8 février 1991. L'agence avait cependant un mandat ambigu, lui donnant une fonction principalement consultative. Un an plus tard, cet organisme n'avait encore pris aucune initiative importante, le programme des petites privatisations lancé en 1991 par le ministère de l'industrie et du commerce était au point mort et le projet de loi de privatisation rédigé en avril 1990 et soumis à l'assemblée nationale en septembre de la même année n'avait toujours pas été adopté, malgré le fait que le gouvernement avait la majorité absolue à l'assemblée nationale et même, de janvier à octobre 1991, une majorité de plus de 80 %.

Ces retards s'expliquaient en grande partie par des rivalités et des compromis politiques dus au manque de confiance entre les divers groupes en présence, à savoir parlement, gouvernement, président, partis et factions, et agence de privatisation. La loi fut finalement adoptée par l'assemblée nationale le 23 avril 1992, soit deux ans après l'adoption du premier projet par le conseil des ministres, et une nouvelle agence pour la privatisation remplaça celle établie en 1991. Il fallut encore attendre quelques mois pour que les membres du conseil de surveillance et le directeur général de l'agence soient nommés.

L'année 1993 apporta d'autres rebondissements institutionnels. Un nouveau gouvernement décida de remplacer les membres du conseil de surveillance de l'agence de privatisation nommés par le gouvernement précédent. Ceux-ci intentèrent un recours en justice. La cour décida que ce remplacement était effectivement illégal, constatant qu'aucune des causes permettant la cessation de leurs fonctions (telles que prévues à l'article 12 de la loi de privatisation de 1992) n'étaient présentes. Les anciens membres furent donc réinstallés dans leur fonction, avant d'être à nouveau limogés par le gouvernement.

Il n'est pas surprenant de noter que la mise en oeuvre du programme de privatisation bulgare ne progressa pas beaucoup pendant cette période. Ainsi entre 1990 et 1993, on ne dénombra que deux privatisations importantes, toutes deux dans le secteur alimentaire : la vente de Tsarevichni Produkti à un consortium belgo-anglo-américain pour $ 20 millions et $ 18 millions en instruments de la dette bulgare, et la vente de Republika à Kraft Jacobs Suchard.

John Pomfret explique dans le Washington Post que plusieurs facteurs ont contribué à cette impasse. Parmi ceux-ci : une intransigeance de la part des responsables politiques qui exclut tout compromis; une opposition et une méfiance entre supporters et opposants de l'ancien régime; la faiblesse des deux gouvernements non-socialistes post-Zhivkov, qui ne leur a pas permis de démanteler les réseaux des anciens communistes; les alliances commerciales entre anciens dirigeants du parti communiste, anciens membres des forces de sécurité et dirigeants des entreprises publiques, par lesquelles les premiers fournissent des matières premières et autres biens aux entreprises publiques en échange de leur production, qu'ils revendent ensuite en réalisant des profits faramineux. En bref, ces facteurs et d'autres favorisent le statu quo, dont certains profitent substantiellement.

Source : L'auteur; Reason Foundation (1994); John Pomfret, *Bulgaria Mired by Failure to Push Reforms*, The Washington Post, 13 mai 1994, p. A36

Au-delà de la mise en place d'un cadre juridique général, certains parlements se sont en outre réservés un rôle au niveau de l'adoption de programmes annuels de privatisation. Cela est relativement courant dans les pays en transition où le champ d'application de la loi de privatisation est généralement très large[23]. Le programme de privatisation peut en outre faire l'objet d'un débat parlementaire dans le cadre de l'examen de la loi budgétaire[24], du programme d'un nouveau gouvernement ou d'interpellations parlementaires, par exemple.

Certains parlements se sont arrogés des prérogatives supplémentaires en matière de privatisation, souvent en opposition directe avec le gouvernement. Ainsi, en Argentine, une commission parlementaire bicamérale représentant les différents partis politiques devait ratifier la plupart des opérations de privatisation[25]. A l'origine, la commission parlementaire bicamérale jouait un rôle actif dans le processus de privatisation. Elle a, par exemple, exigé que les termes de l'appel d'offres pour ENTEL soient modifiés. Les pouvoirs de la commission parlementaire ont été diminués par la suite : ainsi, lorsqu'elle ne prend pas position dans un délai de trente jours, la privatisation peut avoir lieu. A Taïwan, une délibération législative est requise dans le cadre de chaque opération de transfert d'entreprises du secteur public au secteur privé[26]. Par ailleurs, en Hongrie, le parlement a d'abord placé la nouvelle agence pour la privatisation sous son autorité (loi VII du 26 janvier 1990). Moins d'un an plus tard, la loi a été modifiée pour placer cette agence sous l'autorité du conseil des ministres et du bureau national des comptes à la suite de critiques au sujet de l'exécution des premières privatisations. En Slovaquie, enfin, le nouveau parlement a adopté en novembre 1994 une loi annulant de nombreuses transactions de privatisation conclues par le gouvernement sortant peu de temps avant les élections du premier octobre 1994.

De telles interventions non-législatives du parlement portant sur des transactions particulières nuisent en général à la bonne exécution du programme de privatisation. Les parlementaires ne sont en effet normalement ni les mieux informés ni les mieux à même de prendre les décisions rapides qui s'imposent dans le cadre de ces opérations de privatisation. Comme l'illustrent les exemples ci-dessus, certains pays s'en sont rendu compte et ont décidé de réduire le rôle important qui avait, à l'origine, été octroyé au parlement.

---

23 Voir, par exemple, l'article 2 de la loi de privatisation polonaise de 1990.

24 Voir également la section 5 du chapitre 4.

25 Cette commission a été créée par l'article 14 de la loi de réforme de l'Etat de 1989. Elle comprend six députés et six sénateurs élus par leurs pairs et a pour objet de coordonner les rapports entre parlement et gouvernement concernant l'exécution de la loi.

26 D'après *A Review of Privatization in the Republic of China*, mimeo, présenté à un séminaire informel de l'OCDE sur les privatisations, Buenos Aires, 29-30 mars 1994. Cette note cite également une résolution du parlement de Taïwan adoptée le 18 juin 1992 lors de l'examen du budget de la Taïwan Machinery Manufacturing Corporation pour l'exercice fiscal 1993, traduite et reproduite ci-après : «En vue de bloquer l'octroi de bénéfices et le gaspillage de fonds gagnés par le sang et la sueur du peuple, le plan de privatisation de l'entreprise devra-t-être soumis au parlement pour délibération».

En règle générale, on peut s'attendre à ce que le contrôle parlementaire soit d'autant plus fort que le mandat donné au gouvernement est plus vaste. Une loi limitant strictement les entreprises pouvant être privatisées et les modalités de leur privatisation est, en effet, moins susceptible de contenir des dispositions permettant au parlement d'intervenir en cours d'exécution du programme.

2.4 Organes juridictionnels et réglementaires

Sujet contentieux et controversé s'il en est, les privatisations se sont retrouvées au coeur de nombreuses actions en justice intentées généralement soit par des opposants au programme soit par des candidats acquéreurs non retenus, y compris des anciens propriétaires[27]. La majorité de ces actions ont ainsi été intentées par des parties tierces essayant de bloquer ou d'annuler une privatisation, plutôt que par des acquéreurs mécontents ou lésés. Bien que dans une majorité des cas dont nous avons eu connaissance, les demandeurs aient été déboutés, ces actions ont néanmoins eu pour effet de ralentir la mise en oeuvre du programme de privatisation. Ceci fut notamment le cas en Turquie[28], au Brésil[29], au Pakistan, en Ouganda[30], en Allemagne et dans certains pays d'Europe de l'Est, dont la Bulgarie et la République tchèque.

La constitutionnalité de la législation de privatisation ou de certaines dispositions particulières a également fait l'objet d'un certain nombre de recours. Le conseil constitutionnel turc a ainsi déclaré en juillet 1994 que l'utilisation par

27 Voir la section 2.2 du chapitre 3.

28 La cession à la Société des Ciments Français, en 1989, de cinq sociétés cimentières appartenant à l'Etat et la cession d'une participation majoritaire dans la société USAS (services de restauration en vol) à une filiale de la société scandinave SAS ont été bloquées par un tribunal administratif en janvier 1990 en raison d'une action engagée par les partis de l'opposition contre la décision de l'organisme public chargé de la privatisation. Dans un jugement rendu en mars 1990, le tribunal a déclaré les deux accords de privatisation nuls et non avenus au motif qu'ils contrevenaient aux dispositions d'un décret de 1987 sur la privatisation donnant la priorité aux acquéreurs nationaux. En juillet 1990, le conseil d'Etat a rejeté le recours du gouvernement, annulant ainsi les ventes des cimenteries et d'USAS. Le gouvernement a ensuite régularisé la situation et n'a pas cherché à reprendre le contrôle de ces sociétés. De nombreux autres procès ont été intentés en Turquie pour bloquer, souvent avec succès, la mise en oeuvre du programme de privatisation. Voir Kjellström (1990), pp. 30 à 32. Voir également le Wall Street Journal du 29 avril 1994.

29 Des dizaines d'actions en justice ont été engagées pour tenter de bloquer le programme de privatisation brésilien, en particulier la privatisation d'Usiminas, première entreprise publique devant être vendue dans le cadre de ce programme. Voir Financial Times, 21 janvier 1992, p. 24. Fin 1992, Usiminas avait cependant été privatisée, ainsi que dix-sept autres compagnies. Voir LatinFinance (1993), p. 62.

30 Nous avons déjà évoqué les actions intentées dans ces deux derniers pays à la section 2.2 ci-dessus.

le gouvernement de décrets pour organiser le programme de privatisation était illégal, ces pouvoirs relevant exclusivement du parlement[31]. Ce même conseil a, toujours en 1994, également suspendu la mise en oeuvre de la loi autorisant la privatisation de la société nationale de télécommunications. Dans d'autres pays, dont la France, le conseil constitutionnel a été saisi de projets de lois de privatisation en vue d'en examiner la constitutionnalité.

La privatisation est par ailleurs souvent l'occasion de réformes importantes du secteur concerné. Ainsi, lorsqu'il s'agit de secteurs d'infrastructure, la privatisation sera souvent accompagnée ou précédée par la mise en place ou le renforcement d'organes réglementaires qui seront chargés d'assurer le bon fonctionnement du secteur privatisé, ainsi que nous le verrons à la section 10 du chapitre 7.

2.5 Financement des structures

Privatiser, nous l'avons vu, n'entre pas dans les compétences normales des administrations publiques. Quelle que soit l'option institutionnelle choisie, l'organisme chargé des privatisations devra disposer de moyens adéquats pour préparer et négocier ces transactions et en assurer le suivi. Certaines lois précisent comment les organismes responsables doivent couvrir leurs coûts, parmi lesquels les frais de fonctionnement de leurs services, le coût des opérations de restructuration préalable (en particulier l'apurement de dettes dans le cadre de la restructuration du bilan des entreprises publiques), le paiement des services de conseil et les autres frais liés à leurs activités. Le financement de ces dépenses provient souvent d'un compte ou fonds spécial[32] éventuellement alimenté par des recettes de la privatisation, du budget général, et/ou de l'emprunt, dans la mesure où ces organismes possèdent le pouvoir d'emprunter.

Au Pérou, par exemple, l'article 29 du décret-loi n° 674 a créé un fonds de privatisation (le FOPRI), géré par l'agence de privatisation (la COPRI) et dont les revenus sont affectés aux dépenses engendrées par le processus de privatisation. L'article 30 stipule que deux pour cent des recettes de privatisation et de liquidation doivent être attribuées à ce fonds.

En Allemagne, il était prévu que les recettes de la privatisation serviraient notamment à couvrir les dépenses de la Treuhandanstalt[33]. L'article 25 du traité d'unification d'août 1990 limitait le pouvoir d'emprunt de l'agence à un maximum de 25 milliards de Deutsche Mark, le plafond pouvant être relevé par décision du ministre fédéral des finances. En réalité, l'agence a dû emprunter assez lourdement pour couvrir ses dépenses, son endettement net total étant estimé à 270 milliards de

31 Voir Financial Times, 13 juillet 1994.

32 Voir la section 10 du chapitre 5 consacrée à l'affectation du produit de la privatisation.

33 Voir ci-dessus le tableau 7, p. 156.

DM (plus de $ 170 milliards) en 1994. Les privatisations en Allemagne de l'Est ont donc représenté une charge nette importante pour les finances publiques allemandes.

En Belgique, le rôle relativement modeste joué par la commission de privatisation peut s'expliquer en partie par le peu de moyens dont elle dispose : son budget est très faible, son secrétariat est assuré par le service du Crédit public, elle ne siège qu'une fois par semaine, ses membres ne sont pas rétribués, et l'expérience tant de ses membres que du service assurant son secrétariat en matière de privatisations ou de fusions et acquisitions est relativement limitée[34].

3 REGLES APPLICABLES AU PERSONNEL DES ORGANISMES DE PRIVATISATION

3.1 Recrutement

Une attention particulière devra être portée au mode de recrutement et à la rémunération des agents responsables de l'élaboration et de la mise en oeuvre du programme de privatisation. En effet, les représentants de l'Etat devront souvent négocier des transactions difficiles avec des partenaires très puissants, proposer des approches dont l'impact peut être énorme pour les parties concernées, prendre des décisions portant sur des montants fort importants et accomplir d'autres actes de nature commerciale. Or, la majorité des fonctionnaires des administrations publiques ne disposent pas de ce type de qualifications. Il importera donc d'attirer des cadres avec la compétence et l'expérience voulues et de leur offrir les moyens qui leur permettront d'atteindre les objectifs fixés. De même, lorsque l'Etat délègue la responsabilité de l'exécution du programme à d'autres organismes, il faudra s'assurer que les cadres de ces organismes ont les qualifications requises.

Aux Philippines, par exemple, le fonds pour la privatisation des actifs non performants, dirigé par un homme d'affaires expérimenté et composé de professionnels issus du secteur privé et rémunérés comme tels, avait réalisé fin 1992 la vente de près de 300 actifs non-productifs (participations financières, propriétés, créances) sur les quelques 400 qui lui avaient été confiés, ces ventes rapportant un total de 32 milliards de pesos (environ $ 1,2 milliards)[35].

En Guinée par contre, des pouvoirs discrétionnaires ont en pratique été laissés aux responsables du ministère de l'industrie, du commerce et de l'artisanat, sans expérience aucune en matière de privatisation. La valeur des entreprises à

34 Voir Le Soir, 27 août 1993.

35 L'ensemble du programme de privatisation du gouvernement philippin aurait rapporté environ $ 4,5 milliards entre 1987 et 1994, dont près de 30 % sous forme d'investissement étranger. Voir Financial Times, 12 septembre 1994.

privatiser n'a pas toujours fait l'objet d'une évaluation par les agents du gouvernement, les ventes n'ont pas toujours été effectuées suite à un appel d'offres et plusieurs ventes auraient été conclues à des prix dérisoires. De plus, le gouvernement a sélectionné, à plusieurs reprises, des investisseurs qui ne possédaient pas les capacités techniques ou financières requises[36]. Par ailleurs, bien qu'initialement assisté par des experts internationaux en privatisation, le gouvernement a décidé en 1986 de mettre fin à leur contrat avant le stade des négociations avec les repreneurs intéressés, une décision qui n'a pas contribué à la transparence et à la qualité des transactions.

3.2 Incitations

Que la tâche à accomplir relève de fonctionnaires appartenant à un ministère ou à l'agence de privatisation, ou de cadres d'un organisme privé engagé pour assister le gouvernement dans la mise en oeuvre des privatisations, il importe de concevoir des mécanismes incitant les agents concernés à exécuter leurs tâches conformément aux intérêts de l'Etat et aux objectifs établis par le gouvernement ou le parlement.

L'exemple allemand est une fois encore très instructif. Le gouvernement allemand ayant clairement indiqué que la Treuhandanstalt cesserait d'exister aussitôt qu'elle aurait accompli sa mission, on aurait pu s'attendre à ce que ses employés prennent tout leur temps pour restructurer ou privatiser les entreprises dans leur portefeuille afin de reporter la date à laquelle la Treuhand aurait accompli sa mission et fermerait ses portes. En réalité, le processus de privatisation a plutôt eu tendance à s'accélérer, les cadres de la Treuhand augmentant leur rythme de travail pour obtenir des primes liées à l'accomplissement de certains objectifs[37].

3.3 Conflits d'intérêts

De nombreux gouvernements ont pris des mesures pour éviter que les responsables impliqués dans la mise en oeuvre des privatisations se trouvent confrontés à d'importants conflits d'intérêt[38]. En Russie et dans d'autres anciennes républiques de l'Union soviétique ayant suivi le modèle de privatisation russe, par contre, le choix de la technique de privatisation a en fait été confié à une catégorie importante d'acquéreurs potentiels, à savoir les employés de l'entreprise à

36 Voir Hiroaki Suzuki, *Lessons learned from the Guinea Privatization Program : Critical Analysis of the Divestiture Program of Public Enterprises,* Washington, D.C., World Bank, mimeo, 1992.

37 Voir Dodds et Wächter (1993).

38 Voir également la section 7.5 ci-dessous sur les conflits d'intérêt qui peuvent se poser aux juristes impliqués dans les privatisations.

privatiser[39]. Il n'est pas surprenant, dès lors, que ceux-ci aient privilégié en règle générale un mode de privatisation attribuant la majorité des parts aux associations de travailleurs elles-mêmes. De nombreux citoyens sont ainsi marginalisés par le processus de privatisation, ce qui est en contradiction avec un des objectifs mentionnés dans la majorité des programmes de privatisation de ces pays, à savoir une large diffusion de la propriété des actions. Par ailleurs, lorsque les parts restantes sont mises en vente, le prix offert ne représente souvent qu'une fraction de la valeur intrinsèque de la société, ce qui reflète le manque de confiance des investisseurs dans ce mode de gestion.

Les lois et règlements régissant la privatisation stipuleront généralement une série d'interdictions permettant de limiter les risques de conflit d'intérêt. Il sera, par exemple, interdit aux cadres directement (ou indirectement) impliqués dans le processus de privatisation de se porter acquéreurs d'entreprises ou actions mises en vente[40].

Il peut aussi être prudent d'imposer des restrictions applicables postérieurement à la privatisation, notamment pour interdire aux cadres impliqués dans le processus de privatisation, en particulier ceux qui étaient responsables de la sélection du repreneur, d'accepter, pendant une période déterminée après la réalisation de l'opération de privatisation, un emploi de l'un des soumissionnaires, comme c'est le cas en Belgique[41].

---

39 L'on retrouve la même situation en République kirghize. En décembre 1992, le soviet suprême kirghize approuvait le «Concept de dénationalisation et de privatisation des biens appartenant à l'Etat et aux communes pour l'année 1993». Ce document énumère trois «variantes standards» pour la répartition des parts des entreprises privatisées entre différentes catégories d'actionnaires. Cependant, aucune instruction précise n'avait été donnée pour déterminer dans quelles hypothèses il convenait d'adopter telle ou telle «variante». Le choix est ainsi souvent laissé à la discrétion des comités de privatisation qui sont institués au cas par cas pour chaque opération de privatisation. Or ces comités sont composés de représentants du fonds des biens de l'Etat et des associations de travailleurs. Voir également la section 8.1 du chapitre 5 sur les avantages accordés par les lois de privatisation aux salariés.

40 L'article 17 du décret-loi de privatisation du Burundi d'août 1991 interdit ainsi «aux membres du gouvernement, aux autres membres du comité interministériel de privatisation, au commissaire général aux entreprises publiques ainsi qu'à leurs conjoints et descendants en ligne directe de se porter acquéreurs des titres des entreprises publiques à privatiser. La même interdiction s'applique également aux membres de la commission technique d'évaluation, à l'expert évaluateur ainsi qu'à leurs conjoints et descendants en ligne directe, mais uniquement à l'égard des entreprises à l'évaluation desquelles ils auront participé.»

41 L'arrêté royal du 8 octobre 1992 relatif à la commission d'évaluation des actifs de l'Etat stipule que «le président et les membres de la commission ne peuvent exercer concomitamment et pendant un délai de cinq ans à compter de la fin de leur mandat, une activité rétribuée au service d'une société évaluée par eux, ou de l'acquéreur d'un actif vendu par l'Etat.»

3.4 Contrôles

Comme cela apparaît à la lecture des tableaux 8 à 10 ci-dessous, des mécanismes de contrôle ont été mis sur pied dans pratiquement tous les pays. Parfois, ce contrôle est exercé au préalable. C'est le cas, par exemple, en Malaisie, où chaque opération de privatisation particulière doit être approuvée par le gouvernement. Il en va de même en Pologne où certaines mesures susceptibles d'avoir un impact négatif sur les finances publiques ne peuvent être prises par le seul ministère des changements de propriété : le ministère des finances doit autoriser, notamment, la prise en charge par le ministère des changements de propriété des dettes des entreprises à privatiser, l'octroi de facilités de paiement aux citoyens polonais qui ont acquis des actions d'entreprises privatisées, ainsi que les participations d'organismes publics dans le capital de ces entreprises. L'article 18.2 de la loi de privatisation polonaise stipule, quant à lui, que les transferts d'actions à titre gratuit requièrent l'accord du conseil des ministres.

D'autres contrôles sont exercés a posteriori, soit par un organisme de vérification ou d'inspection créé à cet effet, soit par l'intermédiaire de rapports au conseil des ministres, au parlement ou à un autre organe. Ainsi aux Philippines par exemple, les principaux organes responsables du programme de privatisation doivent faire parvenir des rapports annuels au Président et à l'assemblée législative[42]. Un équilibre doit être trouvé, dans ce domaine, entre l'obligation de communiquer les informations demandées aux organes de contrôle et la nécessité de préserver le caractère confidentiel des transactions conclues. Certains problèmes ont éclaté en Allemagne à cet égard. La Treuhand a refusé de communiquer ses dossiers à une commission parlementaire enquêtant sur la manière dont le ministère des finances avait exercé son pouvoir de supervision sur l'agence de privatisation. La commission parlementaire a alors décidé d'introduire une action devant la cour constitutionnelle pour obtenir l'accès à ces dossiers[43].

3.5 Sanctions

Il est essentiel que les agents publics, qu'il s'agisse des dirigeants ou administrateurs des entreprises publiques, des fonctionnaires ou de tous autres agents, soient tenus responsables de leurs actions. Les lois en vigueur doivent traiter correctement notamment de la corruption, de la fraude, du détournement de fonds publics, de la complicité et de comportements analogues. Dans beaucoup de pays, dont la Hongrie[44], l'Allemagne[45] et l'Italie[46], les privatisations ont été ternies par des accusations de fraude.

---

42 Voir l'article 38 de la proclamation présidentielle n° 50 de décembre 1986.

43 Voir The Economist, 30 avril 1994, p. 76.

44 Voir, par exemple, un exposé des problèmes de fraude dans la tentative de privatiser HungarHotels *in* Crane (1991), p. 88. Quatre ans plus tard, le problème de la corruption était toujours à l'ordre du jour. En septembre 1994, le nouveau gouvernement .../...

Dans certains pays, ces accusations ont conduit à l'adoption d'une nouvelle législation plus rigoureuse sur le contrôle du processus de privatisation. C'est le cas, par exemple, en Moldavie où un décret parlementaire a été adopté en mars 1993 pour tenter de mettre un terme aux nombreuses ventes illégales de biens de l'Etat effectuées notamment par des autorités et entreprises publiques excédant leurs pouvoirs. Ce décret donne instruction au gouvernement de rappeler tous les actes passés en violation de la loi de privatisation, de prendre les textes d'application qui s'imposent pour appliquer la loi sur le leasing, et de soumettre des projets de loi au parlement en matière pénale, administrative et civile modifiant la législation en vigueur pour pouvoir poursuivre plus aisément les responsables de ces aliénations illégales[47].

La Pologne constitue un autre exemple. L'auto-appropriation des biens publics par la nomenklatura a été facilitée dans ce pays par la croissance extraordinaire des sociétés par actions et à responsabilité limitée. Certaines opérations, où les dirigeants étaient présents des deux côtés, comme vendeurs au nom de leur entreprise publique et comme acheteurs pour leur société privée (ou d'économie mixte), ont été annulées par la cour suprême, mais il est peu probable que la majorité des opérations de ce type ayant été réalisées aient été contestées, surtout celles qui ont été conclues avec des acheteurs étrangers[48].

.../...hongrois révoqua huit des dix membres de AVRt, l'agence holding d'Etat, et fit initier une enquête sur son directeur général accusé de corruption. Voir Financial Times, 5 octobre 1994.

45 Le directeur régional de la Treuhand pour la région de Halle, arrêté au Texas, a fait l'objet d'une procédure d'extradition et deux des repreneurs principaux de la région ont été appréhendés en Allemagne et accusés de fraudes et d'usage de faux. L'un d'entre eux avait acquis 29 entreprises de la Treuhand et l'autre 10. Suite à ce scandale, la Treuhand a dû réexaminer les contrats portant sur les quelques 800 entreprises et biens qui avaient été privatisés par le bureau de Halle pour s'assurer qu'ils n'étaient pas entachés de fraude. Voir Financial Times, 4 mai 1994.

46 Le lancement du programme de privatisation italien remonte à la création de la commission Cassese en 1985 qui établit un registre des entreprises à privatiser. Il fallut attendre 1992 pour que les préparatifs de privatisation soient sérieusement engagés et à la fin de 1993 presqu'aucune entreprise n'avait encore été privatisée. Selon un rapport de la CNUCED, cette lenteur dans la mise en oeuvre du processus avait plusieurs causes, dont des divergences de vue concernant l'évaluation des actifs à vendre, le manque de capitaux privés dans un contexte de récession, les subventions qui seules permettaient à ces entreprises de survivre, des mécanismes de prise de décision trop lourds et la lenteur des procédures administratives (notamment due à la participation de trois ministères différents dans le processus de privatisation), ainsi que la corruption prévalant dans les entreprises publiques italiennes. D'après CNUCED, *Trade and Development Report, 1993,* New York, CNUCED, Nations Unies, encadré 8, p. 89.

47 Voir l'article 6 du décret du 12 mars 1993 portant mesures en vue d'empêcher les privatisations illégales.

48 Un cas connu est celui d'Igloopol, le principal complexe agro-industriel polonais qui, bien qu'évalué à 145 milliards de zlotys, a été artificiellement liquidé et cédé .../...

Dans les pays en transition, la lutte contre les abus commis au cours du processus de privatisation pose souvent des problèmes particuliers. Dans certains cas, les indélicatesses commises ne sont pas, à strictement parler, illégales, vu l'absence du cadre juridique habituel d'une économie de marché, et notamment d'une réglementation sur les valeurs mobilières. De plus, les autorités doivent doser leur réaction avec un soin tout particulier : une attitude trop laxiste pourrait conduire la population à conclure que le processus de réforme n'est bon qu'à permettre à certains de s'enrichir frauduleusement, tandis que des contrôles incessants seraient susceptibles d'alourdir les procédures bureaucratiques et de décourager l'investissement[49]. Face à ce type de fraudes, ou même à l'apparence de situations frauduleuses, une réaction ferme de la part des autorités devient cruciale pour éviter une remise en question du processus de réforme dans son ensemble.

4 CONTROLE DES OBLIGATIONS CONTRACTEES PAR LES REPRENEURS

La signature d'un contrat de vente ne clôture pas le processus de privatisation. En effet, ce contrat comprend certaines obligations dont l'acquéreur et l'Etat doivent se décharger. Ces obligations, qui peuvent s'étendre sur de nombreuses années, ont souvent trait au maintien de l'emploi ou à la création de nouveaux emplois, à la sauvegarde de l'environnement et à la réalisation d'objectifs déterminés en matière d'investissement. L'agence de privatisation doit avoir les moyens d'assurer le suivi de ces contrats et d'intenter les actions qui s'imposent pour forcer les acquéreurs à respecter leurs engagements.

En Pologne, par exemple, comme le ministère des changements de propriété avait pour mission d'opérer le transfert de nombreuses entreprises au secteur privé aussi rapidement que possible et ne disposait que d'un nombre limité d'agents, il

---

.../...pour 55 milliards de zlotys à une société par actions ayant les mêmes administrateurs et dont les actionnaires étaient des organisations et dirigeants de l'ancien parti communiste. Le ministère de l'agriculture (dont le directeur-général d'Igloopol était vice-ministre) a approuvé la procédure de liquidation malgré un rapport du ministère des financesqui la déclarait illégale et économiquement injustifiée. Un décret du gouvernement Mazowiecki a ensuite rendu illégale la participation des dirigeants et des associations de salariés d'une entreprise d'Etat au capital de sociétés fondées par leur propre entreprise. D'après Nuti (1991), p. 66, note 13.

49 Au Vietnam, par exemple, les accusations de corruption se sont multipliées depuis le début du processus de réforme. Plus de mille fonctionnaires furent traduits en justice rien que pendant la première moitié de l'année 1988. Récemment, les dirigeants de Legamex, une entreprise textile en cours de privatisation, durent démissionner car ils étaient accusés d'avoir utilisé des actifs de l'entreprise dans le but de faciliter les opérations commerciales de certains parents. La vente d'actions de cette entreprise fut également suspendue à cette occasion. Voir Vietnam Investment Review, 11-17 avril 1994, p. 3, et The Economist, 4 juin 1994, p. 33.

n'a d'abord exercé aucune supervision en matière d'application des normes environnementales, déléguant entièrement aux autorités régionales la tâche d'imposer aux nouveaux propriétaires le respect de ces normes. Il est vite apparu cependant qu'un contrôle était nécessaire au niveau national pour éviter que certains gouvernements régionaux n'adoptent une attitude beaucoup plus laxiste que d'autres. Une nouvelle unité interministérielle a été mise sur pied en février 1993 par les ministères des changements de propriété et de l'environnement pour veiller à ce que les normes nationales soient effectivement appliquées de manière uniforme aux investisseurs par les différents gouvernements régionaux[50].

La Treuhandanstalt, quant à elle, a inséré dans de nombreux contrats de transfert d'entreprises des clauses obligeant les investisseurs à maintenir un nombre minimal d'emplois ou à réaliser certains investissements. Vu la situation économique difficile en Allemagne, beaucoup d'entrepreneurs ont manqué à leurs obligations, pensant qu'ils ne seraient pas, en fait, obligés de payer les amendes prévues aux contrats. Au début, la Treuhand hésitait en effet à faire jouer les clauses pénales figurant dans les contrats car si trop de firmes nouvellement privatisées tombaient en faillite, elle risquait soit d'être accusée de s'en être débarrassée sans les avoir restructurées de manière satisfaisante au préalable, soit de devoir les reprendre en portefeuille. Pour mieux assurer le suivi de ces contrats, dont le nombre approchait les 50.000 en 1994, la Treuhand a créé un département spécial chargé de l'application des contrats de privatisation; cette fonction sera transférée à l'organisme qui sera appelé à succéder à la Treuhand.

50 Voir Greenspan-Bell et Kolaja (1993).

Tableau 8

Le cadre institutionnel des privatisations dans deux pays d'Amérique latine

	Argentine	Pérou
Principaux organes responsables du processus de privatisation	-Unité spéciale au sein du ministère de l'économie. -Différents secrétariats au sein des ministères de l'économie (y compris énergie,transports et travaux publics) et de la défense. -Différentes commissions de privatisation établies pour chaque entreprise à privatiser.	-Commission pour la promotion de l'investissement privé (COPRI). -Différents comités spéciaux (CEPRI) établis pour chaque entreprise à privatiser.
Fondement légal	Loi du 15 septembre 1989 relative à la réforme de l'Etat.	Décret-loi n° 674 du 25 septembre 1991 relatif à l'investissement privé dans les entreprises publiques.
Structure interne et effectifs	-L'unité spéciale est dirigée par un sous-secrétaire aux privatisations. -Les différentes commissions de privatisation, dirigées chacune par un directeur exerçant ses fonctions à plein temps, sont composées de représentants de l'unité spéciale, des secrétariats concernés, de l'entreprise à privatiser, ainsi que des membres des exécutifs provinciaux et municipaux et des vérificateurs de comptes.	-Le COPRI est une commission inter-ministérielle, composée de 6 membres du gouvernement, nommés par le Président de la République. Un secrétariat technique, de taille réduite, a été créé en février 1992 pour assister le COPRI. -Les membres de chaque CEPRI sont nommés par une résolution suprême de l'exécutif sur proposition du COPRI. Ils viennent en majorité du secteur privé et ils ne peuvent, en règle générale, être employés au sein de l'entreprise à privatiser.
Fonctions	-L'*unité spéciale* est chargée d'assurer l'uniformité et la transparence des procédures. -Les différents *secrétariats* supervisent l'exécution des opérations de privatisation. -Les *commissions de privatisation* procèdent au transfert des entreprises au secteur privé.	-Le COPRI établit la liste des entreprises à privatiser, désigne les membres des CEPRI responsables de l'exécution des opérations de privatisation pour chaque entreprise particulière, et supervise le travail de chaque CEPRI. -Chaque CEPRI prépare, pour l'entreprise dont il est responsable, un plan pour la promotion de l'investissement privé. Ce plan comprend une description des modalités de transfert de l'entreprise au secteur privé, une évaluation de la valeur de cette entreprise ainsi qu'un calendrier des opérations à accomplir. Une fois ce plan approuvé par le COPRI, le CEPRI est responsable de son exécution.
Degré d'autonomie	-Une *commission parlementaire bicamérale* représentant les différents partis politiques devait, dans un premier temps, ratifier la plupart des opérations de privatisation. Les pouvoirs de la commission parlementaire ont été diminués par la suite : il est maintenant prévu que lorsqu'elle ne prend pas position dans un délais de trente jours, la privatisation peut avoir lieu. -La commission de privatisation jouit d'une large autonomie quant aux modalités de l'opération de privatisation dont elle a la charge. Son directeur rend compte de ses activités au chef d'entreprise ou au secrétariat concerné.	-Toutes les décisions importantes du COPRI doivent être ratifiée par l'exécutif. Il en est ainsi, par exemple, de l'établissement de la liste des entreprises à privatiser, de la désignation des membres de chaque CEPRI et de l'approbation donnée par le COPRI aux plans qui lui sont présentés par les CEPRI. -Les CEPRI font régulièrement rapport de leurs activités au COPRI. Chaque CEPRI a compétence exclusive pour régler les litiges en rapport avec les opérations de privatisation qu'il conduit.
Autres acteurs	-Le ministère de la défense intervient lorsque des entreprises dont il a la charge doivent être privatisées. -La législation argentine requiert qu'un organisme public évalue chaque entreprise et fixe un prix de vente minimum. Dans la plupart des cas, les évaluations ont été réalisées par l'agence chargée de l'audit des entreprises publiques, Sindicatura General de Empresas Pùblicas, ou par la banque de développement, Banco Nacional de Desarrollo (BANADE). -Chaque commission de privatisation peut engager des juristes, des experts financiers et des spécialistes du secteur concerné pour restructurer les entreprises et rédiger les documents d'appel d'offres et les contrats de transfert de propriété.	Chaque CEPRI peut avoir recours aux services de cabinets de conseils. Le COPRI peut en faire autant pour identifier, par exemple, les réformes structurelles qui doivent être réalisées dans un secteur économique donné avant que les privatisations n'aient lieu. Le COPRI a ainsi engagé des experts pour déterminer comment le monopole pétrolier Petroperu devait être divisé préalablement à sa privatisation.

Sources : Banque mondiale (1993); J. Amado, I. Noya et J. Ossio, *International Financial Law Review*, Special Supplement on Privatization, 1992, pp.41-44.

Tableau 9

Le cadre institutionnel des privatisations dans deux pays asiatiques		
	Malaisie	**Philippines**
Principaux organes responsables du processus de privatisation	-Comité inter-ministériel de privatisation. -Secrétariat de privatisation. -Quatre comités techniques qui sont chacun responsable d'un des secteurs d'activités suivants : (i) transports, (ii) industrie manufacturière et commerce, (iii) énergie, postes et télécommunications et (iv) services sociaux et autres.	-Comité de privatisation. -Bureau des privatisations. -Fonds pour la privatisation des actifs.
Fondement légal	Décision d'ordre administratif du gouvernement.	-Proclamation présidentielle n° 50 du 8 décembre 1986. -Le bureau des privatisations a été créé par le décret-loi n° 127-A de juillet 1987.
Structure interne et effectifs	-Le comité de privatisation est dirigé par le directeur général de l'unité de planification économique faisant partie du cabinet du Premier ministre. Le comité de privatisation est composé du ministre de la justice, des directeurs généraux du département des services publics et de l'unité d'exécution et de coordination, ainsi que des secrétaires généraux du ministère du commerce et de l'industrie, du ministère des finances, du ministère de l'énergie, des postes et télécommunications, du ministère des transports, du ministère des travaux publics et du ministère des affaires intérieures. -Le secrétariat de privatisation est une petite équipe de fonctionnaires. -Les comités techniques comprennent des représentants du ministère contrôlant les entreprises à privatiser ainsi que des représentants de ces entreprises elles-mêmes.	-Le comité de privatisation est composé du ministre des finances (président), du ministre du commerce et de l'industrie, du directeur de l'agence nationale de l'économie et du développement, du ministre de la gestion et du budget et du ministre en charge de la commission présidentielle pour la réorganisation du gouvernement (membres). -Le fonds pour la privatisation des actifs est composé de cinq membres, un directeur et quatre associés, nommés par le Président sur recommandation du comité de privatisation.
Fonctions	-Le comité de privatisation est responsable de la planification, de la coordination, de l'exécution, de l'évaluation et du contrôle du programme de privatisation. -Le secrétariat de privatisation joue un rôle de liaison entre les différents comités techniques et le comité de privatisation. Il est, de plus, chargé d'étudier la faisabilité de certaines opérations de privatisation et de conseiller le comité de privatisation. -Les quatre comités techniques sont chargés de préparer des rapports d'information sur les opérations de privatisation et de faire parvenir des recommandations au comité de privatisation.	-Le *comité de privatisation* est chargé d'identifier les biens et les entreprises à privatiser, d'établir les lignes directrices de l'opération de privatisation et de désigner l'organisme qui sera responsable de l'exécution de cette opération (par exemple,le fonds pour la privatisation des actifs ou la société mère de l'entreprise à privatiser). -Le *bureau des privatisations* a été mis sur pied pour assister le ministre des finances dans ses fonctions de président du comité de privatisation. -*Le fonds pour la privatisation des actifs* est chargé de transférer au secteur privé, directement ou par l'intermédiaire d'autres organismes, les biens qui lui sont confiés par le comité de privatisation. Le fonds exerce les droits de propriété relatifs aux biens qui lui sont confiés et il en assure la gestion jusqu'à leur transfert au secteur privé.

Degré d'autonomie Autres acteurs	-L'ensemble du processus est très centralisé. Toute décision de procéder à la privatisation d'une entreprise déterminée ainsi que les modalités de chaque opération de privatisation doivent être approuvées par le gouvernement.	-La liste des biens et des entreprises à privatiser est établie par l*e comité de privatisation* mais elle doit être approuvée par le Président. -Le comité de privatisation doit, au moins une fois par an, présenter un rapport de ses activités au Président et à l'assemblée législative. -Le f*onds pour la privatisation des actifs* doit obtenir l'accord du comité de privatisation sur le prix, la personne de l'acquéreur et le mode de transfert pour pouvoir procéder à la vente des biens qui lui ont été confiés. -Tous les trimestres, le fonds pour la privatisation des actifs doit présenter un rapport au comité de privatisation sur ses activités et sur sa situation financière. Il doit en outre présenter, par l'intermédiaire du comité de privatisation, un rapport annuel de ses activités au Président et à l'assemblée législative.
	-Le secteur privé joue un rôle particulier dans le programme de privatisation car il est encouragé à prendre l'initiative. En effet, lorsque la proposition de procéder à une opération de privatisation déterminée émane du secteur privé, le premier investisseur qui soumet un plan détaillé bénéficie d'un certain degré d'exclusivité et son offre est examinée en premier. -Un consortium d'experts du secteur privé (banquiers, juristes, experts-comptables) a contribué à la formulation du «Master Plan» adopté par le gouvernement, qui établit les lignes générales du programme de privatisation pour les années 1991-1995. -Le gouvernement a également eu recours aux services d'experts privés pour le conseiller dans le cadre de certaines opérations spécifiques.	-La «Securities and Exchange Commission» (l'agence responsable de la réglementation des valeurs mobilières et des bourses) nomme, sur demande du fonds pour la privatisation des actifs, un administrateur provisoire pour assurer la gestion des biens qui avaient été originellement confiés au fonds mais dont ce dernier a ensuite transféré la garde à d'autres organismes, lorsque ces biens sont en danger imminent d'être perdus ou détruits. -La proclamation présidentielle n° 50 prévoit expressément que le fonds pour la privatisation des actifs peut avoir recours aux services d'experts privés, nationaux ou étrangers.
Sources : Nankani (1988); Hensley et White (1993).		

Tableau 10

Le cadre institutionnel des privatisations dans trois pays européens

	Allemagne	France	Pologne
Principaux organes responsables du processus de privatisation	La Treuhandanstalt (THA), agence de privatisation et de restructuration, unique actionnaire de toutes les entreprises publiques est-allemandes.	– Ministère de l'économie. – Commission de la privatisation.	Ministère des changements de propriété.
Fondement légal	Loi du 17 juin 1990 relative à la privatisation et la réorganisation des biens appartenant à la collectivité (Treuhandgesetz).	Loi n° 86-793 du 2 juillet 1986 et loi n° 86-912 du 6 août 1986, modifiées par la loi n° 93-923 du 19 juillet 1993.	Loi du 13 juillet 1990 portant création du poste de ministre des changements de propriété.
Structure interne et effectifs	Le personnel de la THA a atteint son maximum fin 1992 avec approximativement 4100 employés. Une moitié du personnel était affectée au bureau principal à Berlin tandis que l'autre moitié était répartie entre 15 bureaux régionaux dans les principales villes des cinq nouveaux Länder issus de la réunification. A la tête de la THA se trouve un conseil de supervision dont la majorité des membres sont nommés par le gouvernement fédéral, composé de représentants du secteur industriel et de la classe politique. Ce conseil exerce un contrôle sur les activités du directoire de la THA qui comprend un président et quatre autres membres au moins. En plus des départements traitant des questions administratives (personnel, finances etc...), la THA compte plusieurs divisions commerciales qui sont chacune chargées de privatiser les entreprises appartenant à un secteur industriel spécifique. Diverses filiales de la THA ont en outre été mises sur pied pour mener à bien certaines tâches particulières. Il en est ainsi notamment de la Treuhand Liegenschaftsgesellschaft GmbH et de la Bodenverwertungs und Verwaltungs GmbH, responsables de la privatisation des biens immobiliers, ainsi que de la Vertragsrecht Abteilung GmbH, chargée du suivi et de la gestion des contrats de privatisation, de la restitution des biens à leurs anciens propriétaires et de la liquidation des entreprises non-viables. Enfin, la THA a mis sur pied un cabinet de conseils, la Treuhand Osteuropa Beratungsgesellschaft, pour exporter son expertise dans les pays d'Europe centrale et orientale.	La commission de la privatisation est composée de sept membres nommés par décret pour une durée de cinq ans.	Le ministère des changements de propriété compte approximativement 320 fonctionnaires qui sont répartis entre 14 départements. Un secrétaire et trois sous-secrétaires d'Etat dirigent les départements les plus importants.

Fonctions	La THA est une holding, propriétaire des entreprises à privatiser. C'est à elle qu'est conféré le rôle central en matière de privatisation. Elle doit, lorsque c'est possible, transférer les entreprises en sa possession au secteur privé, si besoin est en les restructurant au préalable; elle doit liquider les entreprises qu'il n'est pas possible de restructurer en entités compétitives, et elle est responsable de la gestion des entreprises non encore liquidées ou privatisées.	La commission de la privatisation est chargée d'évaluer la valeur des entreprises à privatiser. La loi de privatisation du 19 juillet 1993 a renforcé le rôle de la commission de la privatisation, principalement en en faisant l'acteur déterminant pour le choix de l'acquéreur lorsque le ministre décide de sélectionner celui-ci hors marché. Le ministre ne choisit plus l'acquéreur simplement après avis de la commission mais bien sur avis conforme de celle-ci.	Le ministère des changements de propriété est chargé d'organiser le processus de privatisation, d'exécuter les transferts de propriété et de mener à bien certaines tâches annexes comme l'organisation de séminaires et la dissémination d'informations sur la privatisation et la promotion de l'initiative privée. Pendant la période qui précède le transfert effectif d'une entreprise au secteur privé, le ministère des changements de propriété exerce les droits de propriété de l'Etat sur cette entreprise. Il nomme les directeurs exécutifs et la majorité des membres du conseil de supervision de l'entreprise.
Degré d'autonomie	-La THA rend compte de son activité au ministre des finances. La conclusion des ventes les plus importantes - celles qui concernent une entreprise employant plus de 2000 personnes, dont la valeur est estimée à plus de 100 millions de DM ou dont le chiffre d'affaires est supérieur à 300 millions de DM - requière non seulement l'accord du ministre des finances mais aussi celui du conseil de supervision. -Il avait été envisagé, tout d'abord, que les bureaux régionaux disposent chacun d'une très large indépendance. Il est vite apparu cependant qu'un grand nombre de décisions requéraient un large degré de coordination et les 15 bureaux régionaux travaillent en très étroite collaboration avec le bureau central de Berlin.	La commission est saisie par le ministre de l'économie à l'occasion de chacune des opérations concernant les 21 entreprises mentionnées en annexe à la loi du 21 juillet 1993. Les membres de la commission sont choisis en fonction de leur compétence et de leur expérience en matière économique, financière ou juridique. La commission a été établie pour souligner l'indépendance du processus d'évaluation vis-à-vis du ministère de l'économie et éviter que ce dernier puisse être accusé de favoriser certains investisseurs.	Certaines décisions importantes doivent être prises par le conseil des ministres dans son ensemble. C'est le conseil des ministres, par exemple, qui établit la liste des compagnies qui sont considérées comme essentielles pour l'économie nationale et qui ne peuvent pas être privatisées. De plus, l'article 2 de la loi de privatisation du 13 juillet 1990 énonce que le parlement doit déterminer chaque année les lignes directrices du programme de privatisation et décider de l'affectation des revenus de la privatisation. Enfin, l'autorisation du ministère des finances est requise, notamment, pour que le ministère des changements de propriété puisse prendre à sa charge les dettes des entreprises à privatiser, pour que des entités de droit public ou des entreprises publiques puissent participer au capital des entreprises privatisées et pour que des parts achetées par des citoyens polonais puissent être payées par traites échelonnées.
Autres acteurs	-Le ministre des finances coopère, sur les problèmes les plus importants, avec le ministre de l'économie et les autres ministres concernés. -En cas de vente de propriétés immobilières, la THA consulte des représentants des autorités municipales pour déterminer les obligations qui seront imposées aux investisseurs. -La THA ayant largement réalisé les objectifs pour lesquels elle avait été constituée est appelée à disparaître vers fin 1994. Plusieurs agences spécialisées lui succéderont.	Des cabinets d'audit et des banques-conseils sont sélectionnés par le ministre de l'économie pour procéder à des études d'évaluation des sociétés à privatiser. Ces études servent de base aux travaux de la commission de la privatisation.	-Le ministère du commerce et de l'industrie participe aux opérations de liquidation ainsi qu'aux négociations concernant la privatisation des grandes entreprises. -L'agence de développement industriel coopère avec le ministère des changements de propriété lorsque des entreprises doivent être restructurées avant de pouvoir être privatisées. -Le ministère des changements de propriété a recours aux services de cabinets de conseils et de banques d'investissements.

Sources : Elling (1993); Dodds et Wächter (1993); Durupty (1988); *Rapport de la commission des finances, du contrôle budgétaire et des comptes économiques de la Nation*, Sénat, seconde session ordinaire de 1992-1993, n° 326; OCDE (1993).

5 FONDS DE PRIVATISATION

5.1 Typologie

Le concept de fonds de privatisation recouvre un large éventail d'institutions dont les objectifs et les structures peuvent varier considérablement. Ceux dont il sera question ici sont les fonds qui ont été créés dans certains pays d'Europe centrale et orientale, soit à l'initiative, soit avec le support du gouvernement, en vue de jouer un rôle d'intermédiaire entre le public et les entreprises privatisées par distribution de coupons dans le cadre de programmes de privatisation dits de masse[50]. Les caractéristiques principales des fonds de privatisation de ce type établis (ou à établir) en Pologne, en Roumanie, en Russie, et en République tchèque sont décrites dans le tableau 11 (pp. 196-197) ci-dessous.

Nous n'évoquerons donc ici ni les fonds-agences de privatisation[51], dont il a déjà été question dans ce chapitre, ni les fonds-mécanismes de portage[52], qui sont tous deux des fonds gérant de manière transitoire des participations étatiques, ni les fonds-comptes spéciaux du Trésor évoqués au chapitre 5. Ce chapitre ne portera pas non plus sur les fonds privés dont l'objectif est d'acquérir des actions de diverses entreprises privatisées ou privatisables, mais qui n'ont pas été mis sur pied pour participer à un programme spécifique de privatisation de masse. Certains de ces fonds de privatisation purement privés sont décrits dans l'encadré 14 ci-dessous.

---

50 Ce type de programme de privatisation est décrit à la section suivante.

51 Ces fonds sont chargés de la gestion et de la cession des participations de l'Etat. La Treuhand peut ainsi être considérée comme un fonds en ce qu'elle détient en portefeuille les actions des entreprises à privatiser. Comme nous l'avons vu ci-dessus, la mission de ce type de fonds consistera généralement à restructurer ces entreprises et à réaliser la vente au secteur privé des participations qu'ils détiennent. Ils ont vocation à disparaître au terme de leur mandat.

52 Un fonds peut être établi comme mécanisme de portage lorsque le transfert au public d'actions d'entreprises à privatiser ne peut avoir lieu immédiatement, par exemple parce qu'aucun marché financier n'existe encore ou parce que les montants en cause risquent de noyer un marché national trop étroit. Ces fonds pourront ainsi être dépositaires («trustee»), à titre temporaire, d'actions à transférer progressivement au public lorsque la situation le permettra. C'est le cas, par exemple, du Privatization Trust Fund récemment établi en Zambie.

Encadré 14

SICAV et autres fonds de privatisation purement privés

Ces fonds privés sont créés par des institutions financières sans aucune intervention publique. La majorité sont des fonds fermés, qui n'acceptent des investisseurs que lors de leur constitution; un investisseur ne peut en sortir qu'en vendant ses parts de fonds à un autre investisseur. Suite à leur lancement, ils sont cotés en bourse comme des actions de sociétés ordinaires. D'autres sont des fonds ouverts qui acceptent de nouveaux investisseurs après le lancement et qui remboursent directement les investisseurs souhaitant retirer leur argent; tel est le cas des SICAV par exemple. Ces fonds ont pour objectif, souvent exclusif, d'investir dans des valeurs d'entreprises privatisées ou privatisables.

De nombreux fonds de privatisation ont ainsi été mis sur pied récemment. Tel est, par exemple, le cas de Kleinwort European Privatisation Investment Trust, lancé en janvier-février 1994 par la banque d'affaires Kleinwort Benson pour investir dans des sociétés privatisées en Europe continentale et au Royaume-Uni. Cet «investment trust» se propose d'investir à la fois dans le secteur industriel, dans le secteur financier et dans le secteur des services publics, notamment en matière de télécommunications. On peut encore citer le Mercury European Privatisation Trust, lancé à la même époque avec des objectifs d'investissement comparables, le Global Privatization Fund, mis sur pied par Alliance Capital avec le soutien de Kleinwort Benson, qui compte investir dans des entreprises privatisées dans le monde entier, et le Guinness Flight Global Privatisation Fund, établi en février 1994, qui compte investir dans des valeurs de privatisation du monde entier tout en concentrant une partie importante de son activité en Europe. En France, Natio Perspective, une société d'investissement à capital variable (SICAV), a été créée dès septembre 1992 avec pour principal objectif d'investir dans des valeurs de privatisation. Les valeurs d'entreprises privatisées ou privatisables représentaient, en décembre 1993, 30 % de son portefeuille. Enfin, il existe également certains fonds de privatisation limités à un seul pays, tel que le Peru Privatization Fund, géré par Montagu Mining Finance, une filiale de la banque Midland.

Sources : La Tribune Desfossés, 3 décembre 1993, p. 23; International Financing Review, n° 1011, 31 décembre 1993, p. 28; Financial Times des 3 février et 17 mars 1994.

5.2 Fonds de privatisation et programmes de privatisation de masse

Comme cela a été indiqué à la section précédente, les fonds dont il sera question ici jouent un rôle d'intermédiaire entre le public et les entreprises privatisées dans le cadre de programmes de privatisation dits «de masse»[53]. Ces fonds se retrouvent principalement aujourd'hui dans les pays de l'ancien CAEM (Comecon)[54].

53 Sur ce sujet, voir notamment English (1991).

54 Notons que plusieurs pays avaient déjà procédé à des distributions gratuites d'actions ou de coupons de privatisation avant leur introduction massive dans les pays en transition. C'est le cas, par exemple, du Chili et du Canada. Ainsi, en 1979, une partie des actions de British Columbia Resources Investment Corporation (BCRIC) .../...

Plusieurs formes de distribution de bons ou coupons à la population ont été employées. Les différences entre elles portent notamment sur les caractéristiques suivantes : Les parts des entreprises publiques privatisables sont-elles remises à un ou plusieurs fonds, ou directement au public ? Le programme s'applique-t-il à toutes les entreprises publiques privatisables ou seulement à certaines d'entre elles ? Les parts ou coupons des entreprises publiques ou des fonds sont-ils vendus ou distribués gratuitement ? Les bons ou coupons peuvent-ils être échangés ou négociés librement ou sont-ils incessibles ? Les émissions sur-souscrites sont-elles réoffertes à un prix supérieur ou les souscriptions sont-elles réduites proportionnellement à l'offre ?

Lorsque des fonds sont créés, la manière la plus courante pour les citoyens d'en devenir actionnaires, consiste à échanger les coupons distribués par le gouvernement contre des parts émises par les fonds. C'est la méthode utilisée, par exemple, dans les Républiques tchèques et slovaques[55], en Pologne, en Russie, en Ukraine, au Kazakhstan et en Mongolie. Dans certains pays, comme la République tchèque[56], les citoyens ont le choix entre utiliser leurs coupons pour acquérir des parts de fonds ou pour acquérir directement des actions d'entreprises; dans

.../... furent distribuées gratuitement à la population de la province canadienne de Colombie britannique. Cette distribution résultait d'un mouvement d'opinion publique exprimant le mécontentement de la population qui estimait ne pas deVoir acheter ce qui lui appartenait déjà et avait l'impression que le gouvernement bradait ses entreprises au profit des riches. Dans ce cas, des parts ont été également offertes au public moyennant paiement. Voir Vuylsteke (1988), Vol. I p. 14, citant T.M. Ohashi et T.P. Roth, *Privatization : Theory and Practice : Distributing Shares in Private and Public Enterprises* (Part One : Privatization in Practice : The Story of the British Columbia Resources Investment Corporation), pp. 1-105, Vancouver, The Fraser Institute, 1980. Voir aussi W. T. Stanbury, *Giving away Shares in Government Enterprises : Lessons from the British Columbia Resources Investment Corporation,* document non-publié, Washington, D.C., World Bank, juin 1990.

55 Ainsi, la loi fédérale tchèque et slovaque relative aux grandes privatisations stipule (article 22) : «1. Un coupon d'investissement (...) est un titre conférant au porteur le droit d'acheter les actions déclarées expressément vendables en échange de coupons. Ledit coupon est incessible et les droits dont il est assorti ne se transmettent qu'à un héritier légitime. 2. Le coupon susmentionné n'est pas remboursable.» L'article 23 précise notamment que les coupons (ou bons) sont émis et vendus par le ministre fédéral des finances. Des carnets de coupons de privatisation furent mis en vente pour une somme modique. L'article 24 énonce que «chaque citoyen tchécoslovaque qui a son domicile permanent sur le territoire de la République fédérale tchèque et slovaque et qui est âgé de 18 ans révolus à la date d'émission des coupons a droit auxdits coupons».

56 En échangeant leurs coupons contre des parts de fonds ou directement contre des actions d'entreprises, 80 % des citoyens tchèques sont ainsi devenus actionnaires de près de 1.850 entreprises privatisées, représentant plus d'un tiers des entreprises publiques tchèques. Voir Wall Street Journal, 28 novembre 1994.

d'autres, comme le Kazakhstan, seuls les fonds peuvent participer aux ventes aux enchères d'entreprises et les citoyens doivent donc choisir un fonds auquel ils remettront leurs coupons[57].

5.3 Structure

On peut distinguer deux principaux types de fonds, à savoir des fonds établis par ou à l'initiative du gouvernement, auxquels le gouvernement transfère directement un portefeuille d'actions d'entreprises à privatiser, comme c'est le cas en Pologne et en Roumanie, et des fonds créés par des entrepreneurs privés qui se concurrencent pour obtenir les coupons distribués aux citoyens et utilisent ces coupons pour acquérir des actions d'entreprises dans le cadre de ventes aux enchères organisées par l'Etat.

Le rôle principal des fonds est de gérer leur portefeuille et de verser des dividendes à leurs propres actionnaires. Dans certains pays le mécanisme mis en place est quelque peu différent. C'est le cas notamment en Roumanie, comme cela apparaît à la lecture du tableau 11 ci-après. Dans ce pays, les coupons distribués aux citoyens représentent des actions dans les fonds de privatisation. Aussi longtemps qu'ils conservent ces coupons, les citoyens perçoivent donc les dividendes versés par les fonds, mais ils ont également la possibilité, pendant cinq ans, d'échanger, aux conditions du marché, leurs coupons contre les actions détenues par les fonds dans les entreprises elles-mêmes[58].

On peut, en règle générale, distinguer un «sponsor», qui met en place une équipe de gestionnaires établissant et administrant le fonds proprement dit[59]. En Pologne et en Roumanie, le sponsor est le gouvernement. Lorsque les fonds sont établis à l'initiative de personnes privées, comme c'est le cas en Russie et dans les Républiques tchèques et slovaques, les «sponsors» peuvent être, notamment, des banques, des compagnies d'assurances ou des individus privés. L'équipe de gestionnaires sera en général constituée sous forme de société. Celle-ci exercera souvent les droits de propriété sur le fonds jusqu'à ce que les parts de ce dernier soient distribuées aux porteurs de coupons.

5.4 Fonctions

Trois fonctions principales peuvent être distinguées. Les fonds de privatisation permettent tout d'abord aux citoyens de diversifier indirectement leur portefeuille, et donc de réduire les risques auxquels ils sont exposés, puisqu'au lieu

57 Voir The Economist, 30 avril 1994, p. 42.

58 Voir les articles 3 et 7 de la loi de privatisation n° 58 du 14 août 1991.

59 Voir Anderson (1994).

d'acheter des actions émises par une entreprise déterminée, ils acquièrent des parts dans un fonds qui a, lui, investi dans une série d'entreprises différentes. Ces fonds jouent un rôle critique dans la promotion d'un actionnariat populaire, c'est à dire d'une large diffusion des titres dans la population. Sans eux, peu de citoyens participeraient effectivement au processus de privatisation. En effet, de manière générale et tout particulièrement dans des économies en transition, les petits porteurs n'ont pas les moyens de suivre l'évolution de chaque société particulière, ni de diversifier leurs risques en répartissant un petit capital entre de nombreuses participations.

Deuxièmement, la création de fonds de privatisation peut contribuer au développement des marchés financiers, non seulement en favorisant une large participation de la population dans les marchés des capitaux, mais également en contribuant à la création d'intermédiaires financiers et d'investisseurs institutionnels. Pour que l'existence des fonds de privatisation favorise le développement des marchés financiers, il est indispensable que les actionnaires de ces fonds puissent vendre ou échanger leurs titres[60]. La loi ou les conventions établissant ces fonds devront également préciser s'il s'agit de fonds à capital fixe ou variable et stipuler, le cas échéant, la date à partir de laquelle les fonds seront tenus de rembourser les actionnaires qui souhaitent retirer leur mise[61].

Troisièmement, les fonds de privatisation permettent une certaine concentration de l'actionnariat des entreprises privatisées qui, sans eux, serait réparti entre une multitude de petits porteurs individuels. Certains fonds peuvent ainsi être en mesure de jouer un rôle actif dans la gestion des entreprises dont ils détiennent une fraction substantielle du capital. Par ce biais, on limite les effets pervers d'une large distribution d'actions dans la population en assurant que les entreprises privatisées ont un noyau d'investisseurs professionnels représentés au sein de leurs organes de direction. Cette dernière fonction est particulièrement importante dans les pays en transition qui, après avoir subi un système de planification pendant des dizaines d'années, possèdent peu de gestionnaires capables de diriger efficacement des entreprises dans un système d'économie de marché.

Lorsque le gouvernement a affecté directement des participations dans certaines entreprises publiques aux fonds ainsi créés, il est généralement intervenu dans le processus même de création des fonds de privatisation, dans le but de s'assurer que leurs gestionnaires ont les compétences requises de dirigeants d'entreprises et une notoriété suffisante pour inspirer la confiance des investisseurs.

60 L'article 19 de la loi de privatisation roumaine d'août 1991 stipule expressément que les parts que les citoyens détiennent dans les fonds de privatisation peuvent être échangées en bourse dans les conditions énumérées dans la loi relative à l'organisation et au fonctionnement de la bourse.

61 Les parts dans les fonds d'investissement tchèques émises en 1992 ne pouvaient être revendues aux fonds qu'à partir de juin 1994, date à laquelle ceux-ci devenaient ainsi des fonds ouverts ou à capital variable.

En Roumanie, par exemple, les premiers administrateurs des fonds de propriété privée sont choisis par le gouvernement et leur nomination pour un terme de cinq ans doit être approuvée par le parlement[62], tandis qu'en Pologne, les gestionnaires de fonds ont été sélectionnés par un comité indépendant du gouvernement, chargé de juger les soumissions qui lui parviennent sur base de critères préétablis par le conseil des ministres[63]. Cette intervention publique importante dans le lancement des fonds a parfois soumis ces derniers aux aléas de la politique et aux lourdeurs bureaucratiques[64]. Il peut s'agir là d'un inconvénient grave quand on sait que tout retard dans la mise en oeuvre du programme de réformes risque de se traduire par une aggravation de la situation des entreprises en attente de repreneurs.

Une intervention gouvernementale limitée, au stade de la mise en place des fonds de privatisations, peut ainsi s'avérer plus efficace, comme semble l'indiquer l'exemple tchèque. Dans ce pays, la création des fonds de privatisation, bien qu'elle ait été encouragée par le gouvernement[65], a cependant été laissée à l'initiative des opérateurs privés. Il est encore trop tôt pour porter un jugement définitif sur le rôle joué par les fonds au sein des entreprises dont ils possèdent une part du capital. Les premiers indices semblent toutefois indiquer que certains fonds au moins, notamment ceux qui ont choisi de concentrer leurs participations dans un nombre limité d'entreprises, jouent un rôle actif au sein des conseils d'administration des entreprises privatisées et qu'ils cherchent à améliorer leurs performances en demandant notamment des réductions de personnel et le remplacement, quoique dans des cas exceptionnels seulement, de certains cadres supérieurs peu compétents[66].

62 Voir article 8 de la loi n° 58 relative à la privatisation des sociétés commerciales du 14 août 1991. Cette loi a établi un fonds de propriété de l'Etat, qui détient 70 % des actions des entreprises publiques, et cinq fonds de propriété privée, qui détiennent collectivement 30 % desdites actions.

63 Voir l'appel d'offres destiné à susciter des candidatures aux postes de gestionnaires de fonds de privatisation polonais publié notamment dans le Financial Times en septembre 1993.

64 La lourdeur des processus de privatisation de masse roumain et polonais est évoquée aux sections 2.2 et 2.3 ci-dessus.

65 Le ministère des finances a créé un centre pour la privatisation par coupons, responsable notamment des aspects techniques du processus de privatisation de masse. Une fois qu'ils avaient rempli les conditions d'inscription requises pour pouvoir prendre part à ce processus, les fonds de privatisation obtenaient, par l'intermédiaire de ce centre, le matériel informatique qui leur était nécessaire pour pouvoir passer électroniquement leurs ordres d'achats. Voir Czech Ministry (1993).

66 Voir, par exemple, Anderson (1994), pp. 21-22.

5.5 Réglementation

Si l'intervention active du gouvernement au niveau de la création des fonds de privatisation ne paraît pas nécessaire, des règles doivent cependant être établies pour réglementer leur activité. Un cadre réglementaire adéquat doit permettre de protéger les actionnaires des fonds de privatisation tout en permettant à ces fonds d'être opérationnels rapidement et de remplir efficacement les fonctions importantes qui sont les leurs dans les économies en transition.

Il est important, par exemple, de faciliter le contrôle que les actionnaires peuvent exercer sur la gestion des fonds. Il existe en effet un risque que les administrateurs de ces fonds ne profitent eux-mêmes du problème ayant initialement justifié leur intervention, à savoir l'incapacité pour un actionnariat dispersé de contrôler efficacement les gestionnaires des entreprises. La dispersion de l'actionnariat de chaque fonds entre une multitude de petits porteurs pourrait en effet permettre aux gestionnaires de fonds de poursuivre leurs propres objectifs au détriment de l'intérêt de leurs mandants, qui est de maximiser les plus-values et le rendement des fonds[67].

Les administrateurs doivent normalement faire régulièrement rapport de leurs activités et des performances des fonds aux actionnaires[68]. D'autres règles sont souvent édictées pour protéger les intérêts de ces derniers, tel que l'obligation imposée aux fonds de diversifier leurs investissements en vue de limiter le degré de risque de leur portefeuille[69]. Des limites peuvent éventuellement être imposées aux honoraires des gestionnaires des fonds[70] et leur rémunération peut être directement liée aux résultats réalisés. De plus, pour éliminer certains risques de conflits d'intérêts, la loi peut interdire aux gestionnaires de fonds de cumuler

---

67 Berle et Means ont, en 1933 déjà, attiré l'attention sur le fait qu'une dispersion importante de l'actionnariat pourrait entraîner une baisse de performance de la part des cadres de l'entreprise. Voir A. Berle et G. Means, *The Modern Corporation and Private Property*, New York, MacMillan, 1933.

68 En Russie, par exemple, les gestionnaires des fonds de privatisation sont tenus de faire publier, à intervalles réguliers, par voie de presse, un rapport financier détaillé, vérifié par un expert-comptable indépendant. Voir l'article 40 du supplément n° 2 du décret du 7 octobre 1992. En Roumanie également, le rapport annuel de chaque fonds de privatisation doit être publié dans la presse. Voir l'article 12 de la loi de privatisation d'août 1991.

69 Les fonds de privatisation russes ne peuvent investir plus de 5 % de leurs ressources dans des titres émis par une même entreprise. Voir l'article 25 du supplément n° 2 du décret du 7 octobre 1992.

70 La rémunération annuelle totale des gestionnaires des fonds de privatisation russes ne peut dépasser 10 % de la valeur de l'ensemble des titres détenus par le fonds. Voir l'article 34 du supplément n° 2 du décret du 7 octobre 1992.

certaines fonctions[71]. Certains estiment que les critères tchèques étaient trop souples. L'on retrouve ainsi plusieurs banques parmi les nombreux fonds établis en République tchèque. Or ces banques sont par ailleurs créancières des entreprises qu'elles ont en portefeuille, et elles ont tendance à privilégier ces entreprises dans leurs décisions de prêts et à hésiter à engager, en tant que créancières, des actions pouvant mener à la faillite d'entreprises dont elles sont par ailleurs actionnaires. Les dispositions que nous venons d'évoquer relèvent des règles de prudence que l'on retrouve assez couramment dans les législations sur les valeurs mobilières et les institutions financières, auxquelles ces fonds seront normalement soumis[72].

Certains pays ont en outre introduit des dispositions visant à limiter la fraction du capital d'une entreprise qui peut être détenue par un seul fonds. Ainsi, la loi tchèque d'avril 1992 sur les fonds d'investissement limite cette fraction à 20 % du capital. En Russie, cette limite fut d'abord fixée à 10 % avant d'être augmentée par la suite à 25 %[73]. Ces dispositions seraient inspirées de la législation de certains pays occidentaux où les fonds d'investissement ne sont pas sensés jouer un rôle actif dans la gestion des entreprises dont ils détiennent des parts[74]. Dans les pays d'Europe centrale et orientale, l'utilité de ce type de règles est plus discutable. D'une part, comme cela a été dit plus haut, il est important que les fonds de privatisation puissent participer activement à la gestion des entreprises privatisées. D'autre part, ces règles ne sont indispensables, ni pour empêcher les fonds de privatisation d'exercer un pouvoir de monopole sur certains secteurs d'activités économiques (il suffit de soumettre les fonds de privatisation à l'application du droit de la concurrence), ni pour garantir que les fonds de privatisation auront toujours des portefeuilles diversifiés (un fonds disposant de ressources substantielles peut détenir une fraction importante du capital de certaines entreprises). Ceci dit, un seuil de 20 % devrait normalement permettre aux fonds de détenir un pourcentage d'actions suffisant pour être représentés au conseil d'administration, sans toutefois leur donner l'occasion de manipuler ou monopoliser l'achat d'actions de certaines entreprises lors des ventes aux enchères organisées par l'Etat. A ce titre, un tel seuil peut se justifier lors de la phase initiale des privatisations.

---

71 Voir, par exemple, l'article 5 de la loi de privatisation roumaine d'août 1991, qui stipule qu'un individu ne peut être membre du conseil de direction de plus d'un fonds de privatisation et qu'il ne peut être simultanément membre du conseil de direction d'une entreprise dont le fonds détient des titres.

72 Voir également la section 4.8 du chapitre 3.

73 Voir Mark St. Giles et Sally Buxton, *Investment Funds and Privatization,* in Lieberman et Nellis (1994), p. 46.

74 Aux Etats-Unis, par exemple, la loi sur les sociétés d'investissement de 1940 enlève pratiquement toute possibilité pour les fonds mutuels d'investissement de jouer un rôle autre que celui d'investisseurs passifs. Voir Gray et Hanson (1993), p. 4.

Tableau 11

Caractéristiques des fonds de privatisation dans quatre pays de l'Est

	Pologne	République tchèque	Roumanie	Russie
Appellation	Fonds nationaux d'investissement.	Fonds d'investissement de privatisation.	Fonds de propriété privée.	Fonds d'investissement par coupons.
«Sponsor»	Gouvernement.	Secteur privé.	Gouvernement.	Secteur privé.
Nombre de fonds	30 fonds sont prévus.	Le nombre de fonds enregistrés est passé de 264 au 1er mars 1992, début de la première vague de privatisation par coupons, à plus de 400 en 1994.	5 fonds ont été créés.	Fin 1993, il y avait plus de 600 fonds, dont certains étaient enregistrés au niveau national et d'autres au niveau régional.
Propriété des fonds	Les fonds seront d'abord la propriété du gouvernement. Ils seront ensuite détenus par les citoyens lorsque ceux-ci échangeront leur coupon contre les actions des fonds. Chaque citoyen âgé de plus de 18 ans au 31 décembre 1992 peut acquérir un coupon et chaque coupon représente une action dans chacun des fonds.	Les actionnaires des fonds sont les citoyens qui peuvent échanger les coupons qu'ils ont achetés (à un prix équivalent à une semaine de salaire moyen), soit directement contre des actions des entreprises mises aux enchères, soit contre des parts dans les fonds. Ceux-ci déclenchèrent une campagne de publicité intensive pendant le dernier mois précédant la date de clôture des ventes des coupons à utiliser pour la première vague de privatisations, promettant des dividendes importants aux investisseurs qui leur confieraient leurs coupons. Au 28 février 1992, date de la fin des ventes, 8,5 millions de carnets de coupons avaient été vendus - alors que seulement deux millions avaient été écoulés un mois auparavant - et plus de 70% des coupons émis furent confiés aux fonds de privatisation. La seconde vague de vente de coupons se clôtura en décembre 1993 par la vente de livrets de coupons d'une valeur de 1.050 koruna à quelque 5,5 millions de citoyens tchèques.	Les actionnaires des fonds sont les citoyens roumains âgés de 18 ans ou plus, auxquels des coupons ont été distribués. Ces coupons représentent des parts dans les fonds de propriété privée. Pendant les cinq premières années du programme de privatisation, les fonds jouent un double rôle vis-à-vis des citoyens : ils gèrent leur portefeuille au bénéfice des citoyens qui conservent leurs coupons, mais sont tenus d'échanger, aux conditions du marché, les actions qu'ils détiennent dans les entreprises privatisées contre les coupons que les citoyens choisissent de leur remettre. Au terme de cette période de cinq ans, les fonds doivent être transformés en sociétés d'investissement et les coupons restés aux mains des citoyens doivent alors être échangés contre des parts dans ces nouvelles sociétés.	Les actionnaires des fonds sont les citoyens qui peuvent échanger les coupons qui leur ont été distribués contre des parts dans les fonds. Fin 1993, ces fonds détenaient près d'un tiers des quelques 150 millions de coupons distribués.

Capital fixe ou variable	Fixe pendant les quatre premières années. Ensuite, possibilité d'opter pour un capital variable.	Fixe jusqu'en juin 1994, variable ensuite.	Fixe pendant les cinq premières années, variable ensuite.	Fixe.
Gestion	Les fonds seront gérés par des professionnels expérimentés, recrutés par un comité de sélection indépendant du gouvernement mais agissant sur base de critères fixés au préalable par le conseil des ministres. Les fonds se verront attribuer par le gouvernement 60 % des actions de 600 larges et moyennes entreprises; 33 % seront attribués à un fonds déterminé tandis que les 27 % restants seront répartis entre différents autres fonds. Les gestionnaires des fonds devront augmenter autant que possible la valeur de leur fonds sur une période de dix ans en jouant un rôle actif dans la gestion des entreprises qu'ils détiennent à concurrence de 33 %.	Les fonds sont administrés par des gestionnaires privés. Les fonds les plus importants sont gérés par des banques et des compagnies d'assurance. Un fonds ne peut détenir plus de 20% du capital d'une même entreprise. Certains de ceux-ci commencent néanmoins à jouer un rôle d'actionnaire actif dans la gestion des entreprises. De plus, certaines banques contrôlent plusieurs fonds qui, ensemble, peuvent détenir une participation importante dans le capital d'une entreprise donnée. Ces banques sont ainsi susceptibles de contrôler indirectement de telles entreprises.	Les fonds sont gérés par des ressortissants nationaux mais chaque fonds bénéficie de l'assistance technique de conseillers étrangers. Le premier conseil de direction de chaque fonds est nommé par le gouvernement et doit être approuvé par le parlement tandis que les suivants sont nommés par les actionnaires. Le gouvernement a alloué 30 % des actions de 6000 entreprises à ces fonds. Les autres 70 % sont détenus, du moins initialement, par le fonds de propriété de l'Etat. Les fonds de propriété privée jouent un rôle actif dans la gestion de ces entreprises; ils nomment leurs représentants au conseil de direction de celles-ci.	Les fonds sont administrés par des gestionnaires privés. Ceux-ci jouent un rôle passif dans la gestion des entreprises : un fonds ne peut détenir plus de 10% du capital d'une même entreprise.
Réglementation	Loi relative aux fonds nationaux d' investissement du 30 avril 1993.	Loi n° 248/92 portant réglementation des fonds d'investissement de privatisation. Cette loi vise notamment à assurer l'information des actionnaires et à limiter la rémunérations des administrateurs.	Statuts types que les fonds doivent adopter, approuvés par le gouvernement en 1992. Ces statuts déterminent notamment les modalités d'échange des actions détenues par les fonds contre des coupons, les règles de fonctionnement du conseil d'administration et les obligations comptables auxquelles les fonds sont soumis.	Décret n° 1186 du Président de la Fédération russe relatif à la réglementation des fonds d'investissement par coupons du 7 octobre 1992. Le décret confère au ministre des finances la responsabilité de réglementer les fonds. Ceux-ci ne peuvent investir plus de 5% de leur capital dans une même entreprise. Il leur est en outre interdit d'emprunter auprès d'institutions financières.

Sources : Privatisation International (1993); Ira Lieberman (1993), *Russia as an Emerging Capital Market,* présenté à la conférence consacrée aux «Emerging Markets Funds», Londres, janvier 1993; Czech Ministry (1993); Shafik (1993).

6 LE ROLE DES CONSEILLERS

Tous les gouvernements ayant réussi un programme de privatisation conséquent se sont attachés les services de conseillers. Le choix et la définition du mandat de ces conseillers sont donc fort importants et méritent que l'on s'y attarde. L'éventail d'expertise externe requise varie largement en fonction du type de pays, de l'ampleur du programme de privatisation, des secteurs et entreprises concernés, des capacités internes de l'agence de privatisation ou des organismes chargés de la préparation et mise en oeuvre du programme, ainsi que d'autres facteurs. Economistes, juristes, experts fiscaux, conseillers financiers, spécialistes en administration publique, experts industriels et sectoriels sont, pour ne nommer qu'eux, parmi les conseillers qui peuvent être appelés à exercer des fonctions essentielles. Des conseillers extérieurs ont ainsi assisté agences et gouvernements concernés à préparer une entreprise à la privatisation, lancer le processus, déterminer les modalités de certaines transactions particulières, négocier la transaction, voire même à élaborer une stratégie de privatisation d'ensemble.

Une procédure d'appel à la concurrence s'impose normalement pour le choix des conseillers. En vue d'accélérer les procédures de sélection de conseillers, plusieurs gouvernements menant de vastes programmes de privatisation ont opté pour l'adoption d'une liste de conseillers préqualifiés auxquels les différents organismes chargés du programme peuvent avoir recours sans devoir lancer un appel d'offres général.

En Pologne, le ministère des changements de propriété a eu recours aux services de cabinets de conseils et de banques d'investissements. Ces conseillers sont, en règle générale, chargés d'analyser la situation économique de certaines entreprises en vue de leur privatisation ultérieure. Le ministère a également confié à certains de ces cabinets la tâche de restructurer une entreprise publique sous le contrôle du conseil de supervision de cette entreprise et de procéder ensuite à son transfert au secteur privé. Au début du processus de privatisation, la plupart des cabinets de conseils et des banques d'investissement consultés par le ministère des changements de propriété étaient de nationalité étrangère. Depuis lors, l'expertise locale s'est développée et le ministère utilise de plus en plus d'experts nationaux.

En Malaisie, le gouvernement engagea un consortium d'experts du secteur privé (banquiers, juristes et experts-comptables) pour l'aider à formuler le «Master Plan» qui fut adopté en vue de définir les lignes générales du programme de privatisation pour les années 1991-1995[75]. Même la Treuhandanstalt, qui comptait pourtant au zénith de son activité plus de 4.000 employés, a eu recours à de nombreux experts extérieurs pour la conseiller et l'assister dans la mise en oeuvre des privatisations.

75 Voir Hensley et White (1993), p. 78.

Les services de ces conseillers ont, dans la majorité des pays en voie de développement ou en transition, été financés par des agences bilatérales ou multilatérales de développement, telles que la Banque mondiale ou les banques africaine, asiatique, européenne, ou interaméricaine de développement. Dans de nombreux pays, les recettes provenant des privatisations ont également été utilisées pour défrayer les coûts liés à cette assistance[76]. Quoi qu'il en soit, ces coûts seront normalement très largement couverts par les effets positifs de programmes mieux préparés et de transactions mieux négociées.

Dans la section suivante, nous nous concentrerons plus particulièrement sur le rôle des juristes. En effet, d'une part cet ouvrage a été largement consacré à l'examen de questions de nature juridique qui se posent aux différents stades du processus de privatisation, et d'autre part le rôle du juriste est trop souvent mal compris ou réduit à celui d'un conseiller intervenant en fin de parcours pour la négociation des accords de privatisation.

7 LES JURISTES ET LA PRIVATISATION

7.1 Recrutement d'experts qualifiés

Trois catégories de juristes interviennent dans les privatisations : les juristes du secteur public (relevant souvent de l'agence de privatisation, des ministères des finances, de l'industrie et du commerce ou de la justice, ou des entreprises publiques), les juristes indépendants conseillant le gouvernement, l'entreprise publique, les acquéreurs ou d'autres intervenants (juristes nationaux ou étrangers) et les juristes des institutions financières internationales assistant le pays ou l'entreprise publique dans le cadre du programme de privatisation (juristes de la Banque mondiale, par exemple).

Les juristes de la Banque mondiale et d'autres organismes bailleurs de fonds ou d'assistance contribuent souvent à la préparation et à la mise en oeuvre de programmes de privatisation, notamment en rédigeant les lettres de mission des conseillers juridiques engagés au titre des projets soutenus par leur organisme et en assurant la supervision de ces conseillers. Leur rôle n'est cependant pas d'agir comme conseillers juridiques principaux des gouvernements ou des entreprises publiques. Ils peuvent toutefois aider les gouvernements des pays éligibles qui le souhaitent à choisir des conseillers et à financer leurs services.

Il est rare en effet que les gouvernements et les entreprises publiques aient à leur service des juristes possédant les qualifications et l'expérience voulues en matière de privatisation. Ceci est vrai tant dans les pays industrialisés que dans les

76 Voir la section 10 du chapitre 5 sur l'affectation des recettes de privatisation.

pays en développement. Ainsi, des pays aussi divers que le Royaume-Uni, la Nouvelle-Zélande, la France, l'Allemagne, l'Argentine, la Côte d'Ivoire et la majorité des pays d'Europe de l'Est ont fait largement appel à des cabinets ou des consultants juridiques privés pour les conseiller dans leurs opérations de privatisation.

7.2 Juristes locaux ou étrangers ?

Il arrive assez couramment que des cabinets juridiques locaux et étrangers travaillent conjointement sur des dossiers de privatisation, le cabinet local apportant la connaissance du pays, de ses rouages judiciaires et de ses pratiques commerciales, et le cabinet étranger l'expérience d'opérations analogues dans d'autres pays. En pratique, la privatisation tend à stimuler directement ou indirectement la demande de services de juristes privés locaux dans d'importants domaines du droit des affaires dans lesquels ils n'avaient précédemment pas eu l'occasion d'acquérir beaucoup d'expérience.

Comme, dans de nombreux pays, les juristes locaux risquent d'être peu au fait des aspects techniques des opérations de privatisation, il peut être utile d'organiser des programmes de formation et de perfectionnement qui devront répondre à leurs besoins et leur apporter les compétences leur permettant de contribuer positivement au déroulement du processus de privatisation.

Si le recrutement de juristes étrangers est souvent indispensable, il ne faut toutefois pas perdre de vue qu'il peut s'agir là d'une opération politiquement difficile. Il peut s'opposer aux intérêts de juristes locaux qui, bien que n'ayant pas toujours l'expérience voulue, ne souhaitent pas moins obtenir ces mandats prestigieux. Il peut également donner l'apparence que le gouvernement agit sous pression étrangère ou sous pression d'organismes tels que la Banque mondiale ou le Fonds monétaire international.

Deux mesures sont conseillées pour diffuser ces risques. D'une part, il sera souvent préférable de ne pas confier la rédaction de projets de lois à des étrangers, la loi étant l'émanation de la souveraineté nationale et donc plus sensible à l'apparence d'influence étrangère. Les conseillers étrangers peuvent toutefois fournir aux gouvernements et parlements concernés des informations utiles sur l'expérience législative d'autres pays. Ils peuvent également formuler des observations et suggestions sur les textes préparés par les responsables locaux. Une bonne loi de privatisation n'est pas nécessairement une loi élégante, mais est nécessairement une loi perçue comme étant l'expression de la volonté nationale. D'autre part, il importe d'expliquer clairement aux fonctionnaires concernés et au public pourquoi le gouvernement fait appel à des conseillers étrangers et en quoi cela ne diminue en rien l'indépendance du pays.

7.3 Contribution à l'élaboration d'une stratégie

Il est important de faire intervenir des juristes dès les premières réflexions sur le programme de privatisation et notamment pour analyser la réglementation de la vie des affaires en vigueur dans le but d'identifier les goulets d'étranglement qui risquent de nuire à la privatisation et trouver les moyens d'y remédier. Les gouvernements, agences de privatisation, dirigeants d'entreprises publiques et organismes bi- ou multilatéraux d'assistance ne semblent malheureusement pas toujours conscients de l'importance de l'intervention en amont de juristes qualifiés et expérimentés, pleinement capables de répondre aux exigences de ces tâches complexes[77].

Il arrivera parfois qu'un même groupe de conseillers juridiques possède les qualifications et l'expérience nécessaires pour fournir la totalité des services juridiques requis tout au long du processus de privatisation mais, en général, des compétences différentes sont requises pour assister à la préparation d'un programme d'ensemble, d'une part, et à l'exécution des opérations de privatisation proprement dites, de l'autre.

En amont, les gouvernements recherchent des juristes comprenant bien les grands choix de société et leurs conséquences économiques et politiques. Comme les conseils qu'ils fournissent servent directement à définir la stratégie, il faut qu'ils perçoivent bien la situation et les difficultés locales. En vue d'évaluer à quel point l'environnement général du pays est propice aux affaires et quelles mesures particulières sont nécessaires pour faciliter la privatisation, comme nous l'avons décrit dans les chapitres précédents, les conseillers juridiques devront généralement suivre une méthode empirique et inductive, partant de l'identification des difficultés quotidiennes qui gênent l'activité des entrepreneurs privés ou qui restreignent le gouvernement dans le choix des modalités de privatisation. En pratique, comme on l'a déjà souligné, il ne faudra pas chercher à mettre en place un environnement juridique parfait avant le lancement des opérations de privatisation concrètes. Une telle approche serait en effet source de délais interminables et condamnerait finalement tout le processus de privatisation.

Au contraire, la stratégie de réforme devra être pragmatique et chercher avant tout à éliminer les restrictions et les goulets d'étranglement présents dans le système, en commençant par les plus contraignants. Cela voudra dire, par exemple, qu'un code des investissements bien qu'imparfait ne sera toutefois pas modifié si

77 «Un conseiller juridique qualifié et expérimenté doit être capable de discerner et de prévoir les difficultés, juridiques et non juridiques, et, plus encore, de trouver les moyens de contourner ces difficultés et d'atteindre l'objectif recherché. Des conseillers juridiques qui se bornent à signaler les difficultés ne sont guère utiles et peuvent même être un obstacle dans des opérations aussi complexes que le sont généralement les privatisations». Traduit de Andrew C. Quale, *Papelcol : A Case Study of Privatization in Columbia,* document préparé pour la Banque mondiale, Washington, D.C., World Bank, 22 octobre 1991, p. 25.

ses imperfections ne semblent pas faire obstacle à l'investissement. Certains juristes, habitués à une méthode plus théorique ou déductive, ont tendance à entreprendre un examen relativement exhaustif de tous les principaux textes législatifs afin de recommander les modifications qui les rendraient conformes aux normes internationales. Une telle démarche risque de masquer les problèmes concrets de la privatisation dans le pays considéré, qui peuvent trouver leur origine dans une incapacité à assurer l'application et le respect effectif des lois, dans des pratiques coutumières non codifiées par la loi ou dans des restrictions établies par des lois ou réglementations inhabituelles, pour ne citer que quelques exemples. Les juristes intervenant au stade de la mise au point d'une stratégie devront donc avoir un sens aigu de la réalité des affaires et des contraintes politiques, administratives et autres du pays où les privatisations ont lieu. Il leur faudra travailler en collaboration étroite avec les conseillers non-juridiques intervenant également à ce stade et, lorsqu'ils sont étrangers, avec des juristes locaux.

7.4 Conseil en transactions de privatisation

Pour chaque opération particulière, le gouvernement se fera normalement représenter par un cabinet juridique, surtout en cas de vente d'une grande entreprise ou d'une entreprise dans un secteur réglementé. La tâche est assurément ardue et nécessite une vaste expérience en la matière. Il existe à travers le monde de nombreux cabinets juridiques ayant une grande expérience de la privatisation, souvent dans plusieurs pays.

Le cabinet retenu devrait, de préférence, avoir aussi une expérience dans le secteur concerné. Cet aspect est particulièrement important pour les privatisations dans les secteurs des télécommunications ou de l'énergie, par exemple, qui sont soumis à un régime législatif et réglementaire spécial et où se posent des problèmes spécifiques.

Il sera parfois souhaitable aussi que l'entreprise elle-même ait ses propres conseillers juridiques, particulièrement si l'opération porte sur la vente d'une partie seulement de ses actifs[78]. Quelle que soit la situation, le rôle des conseillers juridiques extérieurs est de représenter les intérêts du vendeur et de veiller à ce que les objectifs du vendeur soient atteints autant que possible et ses intérêts pleinement protégés. La privatisation des grandes entreprises est l'une des opérations commerciales les plus importantes et les plus complexes qu'un gouvernement puisse entreprendre. Comme, d'autre part, les acquéreurs privés seront souvent assistés par des juristes hautement compétents pour la négociation d'une telle opération, le vendeur devrait bénéficier de conseils juridiques également qualifiés et expérimentés.

78 Dans ce cas, l'entreprise publique, en tant que vendeur d'une partie de ses actifs, a un intérêt dans l'opération qui est indépendant de celui de l'Etat, propriétaire de l'entreprise.

7.5 Conflits d'intérêt

On peut s'interroger sur l'opportunité de la formation de groupements ou alliances entre banquiers d'affaires (ou autres conseillers financiers) et cabinets d'avocats en vue de remporter un contrat de conseil en privatisation. Certains facteurs militent en faveur d'une telle association et d'autres contre.

Parmi ces derniers, on peut mentionner les avantages liés au fait d'avoir des juristes au service du vendeur (le gouvernement ou l'entreprise publique) et non pas de ses conseillers (la banque d'affaires). Dans le cadre de leur mission, les juristes seront parfois amenés à conseiller le gouvernement au niveau de la négociation ou de l'exécution d'un contrat avec la banque d'affaires[79]. Ce rôle ne sera pas nécessairement rempli de manière indépendante et impartiale si les juristes sont des sous-traitants de la banque d'affaires ou les partenaires de cette dernière au sein d'une alliance. D'autre part, le gouvernement peut avoir intérêt à recueillir l'avis de différents conseillers ayant des points de vue distincts sur la transaction[80].

Par ailleurs, aux différences qui existent entre les obligations auxquelles sont tenues ces deux catégories de conseillers correspondent généralement des différences dans leurs modalités de rémunération, les banquiers d'affaires étant typiquement rémunérés au moins partiellement en fonction du résultat (un pourcentage du prix de vente[81]) et les juristes en fonction du temps presté. La facturation au temps presté pratiquée en général par les conseillers juridiques crée également des incitations qui peuvent parfois se révéler perverses, ces conseillers pouvant avoir intérêt à soulever le plus de questions et de problèmes possibles tant au stade de l'analyse du cadre juridique des privatisations qu'au niveau de la préparation et de la négociation des accords et contrats de privatisation. En effet, une telle approche peut leur permettre, d'une part, de se couvrir et d'éviter qu'on puisse les accuser d'avoir mal fait leur travail (et éventuellement leur intenter un procès) et, d'autre part, d'augmenter le nombre d'heures ou de journées prestées et donc leur rémunération.

79 Les banques d'affaires peuvent elles aussi connaître des conflits d'intérêts que les juristes devront porter à l'attention de leur client. Cela peut être le cas, par exemple, lorsqu'une banque représente plusieurs gouvernements dont les privatisations peuvent se faire concurrence sur les marchés des capitaux, comme ce serait le cas si deux importantes sociétés de télécommunications étaient offertes au public au courant de la même période. Un conflit d'intérêt peut également se produire lorsqu'une même banque remplit le rôle de conseiller financier général du gouvernement pour une transaction et garantit simultanément l'émission et le placement d'actions pour cette même transaction. Voir Graham et Prosser (1991), p. 92.

80 Il est assez fréquent que les conseillers juridiques ou les conseillers financiers soient choisis d'abord, puis aident le gouvernement à sélectionner les conseillers de l'autre catégorie.

81 Ce pourcentage est souvent de l'ordre de trois pour cent dans le cas de transactions importantes. Ainsi, la prime de souscription et d'administration de l'offre publique d'actions de Lufthansa aurait été de 1,5 %, alors que les primes de distribution auraient été de 2,1 % du montant de la transaction. D'après Financial Times, 10 octobre 1994.

Parmi les facteurs militant pour une association de conseillers, on peut noter que de tels conflits d'intérêts sont peu susceptibles d'exister lorsque l'activité de conseil porte sur des questions de stratégie, de législation et de conseil en amont. Dans ce cas, des équipes multidisciplinaires intégrant juristes, conseillers économiques et financiers et autres consultants seront souvent mieux à même de conseiller le gouvernement sur une stratégie et un plan d'action englobant tous les aspects de la privatisation. Une équipe intégrée de conseillers peut également offrir des avantages importants au niveau de la négociation de transactions, notamment en forçant les différents conseillers à présenter au gouvernement une approche unique. Par ailleurs, de nombreux gouvernements ont trouvé qu'ils n'avaient pas les moyens de coordonner les activités de cabinets de conseil indépendants et qu'à ce titre un groupement unique offrait des avantages considérables[82].

8 CONCLUSIONS

L'élaboration et l'exécution d'un programme de privatisation est, comme cela a déjà été souligné à plusieurs reprises, une entreprise complexe et de longue haleine. Le succès d'une telle entreprise requiert la participation de nombreux acteurs aux compétences diverses, ainsi que la mise en place d'institutions chargées d'assurer l'exécution et le suivi des opérations. Il requiert également que les oppositions éventuelles au programme soient surmontées.

En règle générale, lorsqu'il s'agit d'importants programmes de privatisation d'ampleur nationale, des institutions spécifiques sont mises sur pied pour en assurer l'exécution. L'expérience des pays qui se sont lancés dans de tels programmes montre que ces structures institutionnelles peuvent prendre différentes formes, d'une part, parce qu'il n'existe pas de modèle institutionnel idéal et, d'autre part, parce que ces institutions doivent être adaptées à leur environnement propre. Dans plusieurs économies en transition, par exemple, les fonds de privatisation jouent, comme on l'a vu, un rôle important dans le cadre de programmes de privatisation de masse, alors qu'ils n'existent généralement pas ailleurs.

Bien qu'il n'y ait pas de modèle institutionnel universel, des leçons peuvent être tirées de l'expérience des pays ayant privatisé avec succès. Quelle que soit la structure choisie, certaines conditions devraient toujours être remplies. Ainsi, pour limiter les risques de paralysie, il est essentiel d'éviter la dispersion de compétences entre un trop grand nombre d'entités distinctes et surtout le chevauchement de compétences entre organes différents et concurrents.

82 Dans le cadre de la privatisation de la société des eaux de Buenos Aires, le gouvernement argentin, qui avait scindé les contrats d'assistance entre juristes, consultants techniques et consultants financiers, éprouva quelques difficultés à coordonner ces différentes équipes. Le gouvernement vénézuélien eut les mêmes problèmes lors de la privatisation de CANTV, la société de télécommunications nationale, pour laquelle il s'était fait assister par quatre équipes différentes de conseillers (économiques, financiers, juridiques et en télécommunications).

La création d'un groupe ou d'un organisme distinct doté de pouvoirs étendus et d'un mandat clair pour piloter l'exécution des privatisations semble être la meilleure formule, du moins pour des pays ayant un important programme de privatisation à mettre en oeuvre. Le choix peut aller d'une petite équipe centrale responsable de la gestion du processus mais déléguant l'exécution des transactions, comme la cellule de privatisation au sein du ministère des finances mexicain, à de gros organismes, dotés de moyens importants pour exécuter directement le programme, comme la Treuhandanstalt en Allemagne. Bien qu'elle ait été probante, l'approche allemande, axée sur une énorme et puissante agence de privatisation disposant d'énormes moyens humains et financiers, est toutefois probablement moins facilement réplicable ailleurs. Le choix d'une petite équipe centrale assistée par des experts et organismes extérieurs, par contre, sera souvent mieux adapté aux besoins du programme de privatisation et aux capacités administratives du pays concerné.

Ces institutions centrales ne sont pas les seules à jouer un rôle important dans les programmes de privatisation. Ainsi, les collectivités locales, certaines sociétés holdings d'Etat, les entreprises privatisables elles-mêmes, des institutions financières ou d'autre organes peuvent également être amenés à gérer certaines opérations. Cela sera notamment le cas lorsque l'unité centrale délègue de nombreuses fonctions d'exécution. Les petites privatisations sont en général également exécutées de la sorte, souvent par des municipalités ou autres organes décentralisés, fut-ce dans le cadre d'une politique globale arrêtée par l'organe national compétent et sous sa haute surveillance.

Une fois les institutions mises en place, il faut encore en motiver les cadres et faire en sorte que ceux-ci soient tenus responsables de leurs actes. Des incitations et sanctions devront être établies pour assurer que ces institutions contribuent pleinement à la réalisation des objectifs du gouvernement. La clarté du mandat et des échéances qui leur sont donnés est essentielle à cet égard. De nombreux pays ont en effet vu leur programme de privatisation languir en raison de l'incertitude qui s'attachait aux termes du mandat octroyé ou de la politique adoptée. En outre, un mandat ambigu renforce en général les dissensions et luttes d'influence entre groupes impliqués.

Un mandat univoque attribuant les pouvoirs requis aux agences chargées de la privatisation ne peut en fait venir que des plus hauts responsables du pays. En effet, les meilleures institutions, tout comme les meilleures stratégies ou les meilleures lois, ne pourront pas être efficaces sans consensus et engagement politiques pour les appuyer. Les programmes de privatisation sont dans beaucoup de pays des programmes controversés et rares sont les fonctionnaires qui se dédieront à leur conception et mise en oeuvre sans que le signal ne vienne d'en haut. En tant que chef du pouvoir exécutif et responsable de l'administration publique, le président ou premier ministre, ainsi que les ministres et présidents d'agences ou comités de privatisation, devront donner aux services et agents responsables des instructions claires, leur déléguer les pouvoirs nécessaires, et soutenir publiquement les initiatives qu'ils prennent dans le cadre de la mise en oeuvre de la politique de privatisation adoptée par le gouvernement et, le cas échéant, le parlement.

Il conviendra en outre de prévoir des mécanismes permettant de réduire au maximum les cas de fraude ou de corruption. L'objectif est d'arriver à cette fin sans imposer une multitude de contraintes et procédures bureaucratiques aux nouvelles institutions. La publicité de leurs procédures et mécanismes de décision, par exemple, peut contribuer à la transparence requise pour établir et maintenir une réputation d'intégrité sans aboutir à paralyser l'ensemble du processus.

L'agence de privatisation devra, enfin, disposer des moyens nécessaires pour veiller, par exemple, à ce que les acquéreurs exécutent effectivement les obligations qu'ils ont contractées. En ce qui concerne les fonds de privatisation, l'objectif à atteindre est de protéger les actionnaires tout en permettant à ces fonds de participer activement à la gestion des entreprises dont ils détiennent des parts.

La création de nouvelles institutions engendre bien sûr le risque d'un enracinement, dans la mesure où celles-ci pourraient réussir à poursuivre leur existence même après l'achèvement du programme de privatisation. Ce risque est inhérent à toute structure bureaucratique. Il peut être mitigé par certaines méthodes, telles qu'une disposition expresse de la loi prévoyant la dissolution de l'entité après un certain nombre d'années ou après accomplissement de l'essentiel du programme. L'exemple allemand mérite, une fois encore, d'être mentionné, la Treuhand ayant dans un premier temps réduit ses effectifs et fermé de nombreux bureaux en prélude à la fin de sa propre existence, prévue d'ici fin 1994. Le risque d'enracinement sera également moindre dans le cas d'une cellule centrale de taille modeste.

On ne saurait trop insister, enfin, sur l'importance, pour les gouvernements, de se faire conseiller par des experts extérieurs compétents. Le plus souvent, il est en effet illusoire d'espérer que le personnel travaillant au sein de l'agence de privatisation elle-même puisse réunir la gamme complète des compétences techniques, économiques, financières, juridiques et autres requises pour l'exécution du programme de privatisation. Ainsi, des experts extérieurs devraient intervenir au côté du gouvernement, non seulement pour négocier les modalités techniques de chaque opération de privatisation particulière, mais aussi pour aider à élaborer la stratégie d'ensemble du programme de réformes.

La portée et la complexité des problèmes juridiques que peuvent soulever les programmes de privatisation sont quasiment sans limites. Dans chaque pays et pour chaque opération importante, les gouvernements qui décident de privatiser devraient obtenir les services de juristes qualifiés, expérimentés et indépendants qui les aident à repérer et à régler les grands problèmes juridiques se posant à toutes les étapes du processus, depuis le stade de la conception jusqu'à celui de l'exécution et du suivi. Il appartient aux juristes de faciliter le processus de désengagement en repérant les difficultés avant qu'elles ne deviennent paralysantes et en proposant les moyens de les éliminer ou de les atténuer. La participation de conseillers juridiques est également nécessaire pour protéger les intérêts du vendeur dans le cadre de la négociation et de la conclusion des grandes opérations de privatisation. Privatiser est une entreprise complexe et multidisciplinaire qui exige une coopération étroite entre économistes, conseillers financiers, juristes et autres experts, ainsi qu'entre ces conseillers et les agents de l'Etat responsables.

Le défi institutionnel des privatisations est, en bref, de mobiliser l'ensemble des acteurs impliqués et de les organiser de manière à réaliser les objectifs que le pays et le gouvernement se sont fixés.

Chapitre 7

La privatisation des grandes infrastructures

1 INTRODUCTION

Dans les chapitres qui précèdent, nous avons examiné les privatisations de manière générale sans distinction particulière entre différents types de secteurs ou d'entreprises. Il est clair cependant que des modalités spécifiques s'imposent lorsqu'il s'agit de secteurs à caractéristiques monopolistiques hautement réglementés tels que l'électricité, le gaz, l'eau, les télécommunications, les ports, aéroports, autoroutes et chemins de fer, souvent regroupés sous l'appellation de grandes infrastructures[1]. Ce chapitre explore certaines des spécificités propres à ces secteurs, tout en renvoyant aux chapitres précédents pour les autres aspects du processus de privatisation s'appliquant de manière plus générale.

Les secteurs d'infrastructure sont, en fait, un sous-ensemble des services publics, notion couvrant également d'autres activités non reprises dans notre énumération, qu'il s'agisse de services à caractère commercial comme la poste[2], ou de fonctions comme la sécurité sociale[3], la justice[4] ou la défense nationale, par exemple. Le concept de service public lui-même est pour le moins ambigu et n'a jamais pu être défini de manière précise et opérationnelle[5]. La notion de service

---

1 Des règles particulières peuvent également être nécessaires pour faciliter la privatisation d'autres secteurs non évoqués ici, comme le secteur des ressources naturelles (mines, hydrocarbures, etc.), le secteur financier et le transport aérien.

2 Notons que les Pays-Bas ont partiellement privatisé leur société des postes et télécommunications, que le Royaume-Uni, l'Allemagne, l'Argentine et d'autres pays préparent une privatisation de leur système postal, alors que la Suède a aboli le monopole de son entreprise publique des postes et ouvert ce secteur à la concurrence.

3 Voir les sections 4.8 et 4.11 du chapitre 3 décrivant différents exemples de privatisation dans le domaine de la sécurité sociale.

4 Même en matière de justice, la privatisation est une option comme en témoigne le recours fréquent à l'arbitrage privé, par exemple. L'on voit également, en particulier aux Etats-Unis, une multiplication des privatisations de prisons, où la fonction carcérale est menée pour le compte de l'Etat par des entreprises privées.

5 Ce terme a été utilisé entre autres pour décrire : des services fournis par des entités appartenant au secteur public (par exemple administrations et entreprises publiques); des services fournis sous le contrôle ou la tutelle de l'Etat ou d'un organisme public; des services payés, financés ou garantis par l'Etat ou un organisme public; et des services fournis au public ou dans l'intérêt public. Pour un récent exemple d'une tentative non convaincante de définition de ce concept, voir CEEP (1992), pp. 3-8 ..../...

public est souvent abordée de manière émotionnelle. Privatiser un service public est en effet une opération qui s'apparente dans l'esprit de certains à une vente des bijoux de famille. Une confusion s'installe très vite entre service rendu au public et accessible au public de manière non-discriminatoire d'une part, et service fourni ou produit par une administration ou entreprise publique d'autre part. Ce glissement sémantique, cette fusion de deux sens fort différents, complique inutilement le débat sur la manière de fournir au public certains services. Nous n'essayerons donc pas de définir le service public mais plutôt d'analyser ce que ce concept recouvre dans les secteurs d'infrastructure en termes d'activités distinctes[6].

Tous les secteurs d'infrastructure mentionnés ci-dessus sont, ou du moins étaient, généralement considérés comme des secteurs à caractéristiques monopolistiques, ce qui revient à dire qu'un seul opérateur devrait être à même de fournir ces services en monopole de manière plus efficiente que plusieurs opérateurs agissant séparément.

Des progrès en recherche économique et le succès des programmes de démonopolisation et de privatisation entrepris au Royaume-Uni et dans d'autres pays depuis le début des années quatre-vingt ont démontré que cette ancienne conception était souvent erronée, ou du moins que l'on tirait d'un constat de présence d'éléments de monopole naturel des conclusions qui ne s'imposaient pas. En particulier, la contestabilité de ces secteurs (ou de certains de leurs segments), la capture des instances chargées de la réglementation desdits monopoles, l'impact négatif de l'absence de concurrence et les inefficiences propres à beaucoup de systèmes de gestion publique étaient rarement pris en compte dans l'analyse des coûts et bénéfices du maintien de monopoles[7]. De plus, l'évolution technologique

---

.../...Voir également la jurisprudence du conseil d'Etat français, telle que décrite dans les différents manuels de droit administratif. «Selon le sens dans lequel on l'entend, la notion de service public est plus ou moins extensive.» (Jean Rivero, *Droit administratif,* Onzième édition, Paris, Dalloz, 1985, section 448).

6 La littérature économique, quant à elle, est plus précise dans la définition du concept apparenté de bien public. Pour être considéré public (ou collectif) un bien ou service doit réunir certaines caractéristiques, dont : l'impossibilité (au moins pratique) d'exclure l'usage de ce bien (ou service) par certains, et la non-rivalité dans la consommation, ce qui implique que la consommation du bien (ou service) par une personne n'empêche en rien la consommation des autres (absence d'effets d'encombrement). Les activités d'infrastructure pouvant ainsi être considérées comme biens publics sont rares : on pense, en particulier, à la signalisation, l'éclairage et le contrôle de trafic en matière de transport. Voir notamment Kessides (1993).

7 On peut distinguer deux étapes importantes dans l'évolution de la théorie économique en faveur de la démonopolisation et des privatisations, à savoir (i) la théorie des marchés contestables (voir en particulier W. Baumol, J. Panzar et R. Willig, *Contestable Markets and the Theory of Industry Structure,* New York, Harcourt Brace Jovanovitch, 1982); et (ii) la théorie de la capture du régulateur (voir G. Stigler, The Theory of Economic Regulation, *Bell Journal of Economic and Management Science,* 1971).

a réduit considérablement la taille et le coût des facteurs de production fixes («sunk costs»), et donc les rendements d'échelle, ainsi que les barrières à l'entrée dans de nombreux secteurs. Il devient ainsi de plus en plus difficile de soutenir de manière générale que le secteur des télécommunications ou de la production électrique, par exemple, sont intrinsèquement monopolistiques.

Ces évolutions économiques, politiques et technologiques, auxquelles s'ajoutent des contraintes budgétaires pesant de plus en plus sur les finances publiques, ont donc mené à un double phénomène de démonopolisation et de privatisation, que l'on retrouve à des stades plus ou moins avancés dans de nombreux pays. Dans ce chapitre nous examinerons successivement, après un bref aperçu historique, la stratégie sectorielle, ainsi que le cadre législatif et réglementaire de ces privatisations. Nous utiliserons principalement l'exemple des télécommunications[8] pour illustrer nos propos.

2 BREF SURVOL HISTORIQUE

Il importe de rappeler que de nombreux grands services d'infrastructures à travers le monde n'ont pas toujours été publics[9]. Dans quelques rares pays, des sociétés d'infrastructure, privées à l'origine, ne sont jamais devenues publiques. Il en est ainsi des Etats-Unis, qui ont largement échappé aux différentes vagues de nationalisation de ce siècle, où des sociétés d'infrastructure, généralement réglementées, sont restées privées, avec certaines exceptions toutefois, telles que le service de l'eau et de l'assainissement, souvent géré directement par des entreprises municipales, et certaines lignes de chemin de fer qui furent reprises par l'Etat suite à leur faillite et soit reprivatisées (Conrail), soit maintenues comme entreprises publiques (Amtrak).

2.1 Secteur électrique

De nombreuses sociétés électriques à travers le monde étaient privées à l'origine, que ce soit aux Etats-Unis, en Angleterre, en France, en Belgique, en Inde, en Indonésie, en Chine, au Sri Lanka, aux Philippines, en Argentine, en Jamaïque, au Venezuela ou en Colombie[10]. La France (en 1945), l'Indonésie (en 1953), la Jamaïque (en 1971) et la Colombie (en plusieurs étapes à partir des années trente) les ont ensuite nationalisées, alors que l'Inde et les Philippines choisirent de

8 Voir également Ambrose, Hennemeyer et Chapon (1990), Berenson (1991), Takano (1992), Chamoux et Stern (1993), Herrera (1993), Hill et Abdala (1993), Levy et Spiller (1993), Smith et Staple (1993), Wellenius et Stern (1994), Galal, Jones, Tandon et Vogelsang (1994).

9 Voir, par exemple, Foreman-Peck et Millward (1994) et Klein et Roger (1994).

10 Voir Roth (1987), Kessides (1993), Covarrubias et Maia (1994).

nationaliser certaines sociétés privées de ce secteur, mais pas toutes. Quant au Royaume-Uni, à la Côte d'Ivoire, au Chili et à l'Argentine, l'évolution a fait un cercle complet, ces sociétés étant initialement privées, ensuite nationalisées avant d'être enfin reprivatisées. Les nationalisations étaient typiquement, soit une réponse à une fragmentation trop grande de l'industrie électrique qui ne permettait pas l'intégration des réseaux et la réalisation des économies d'échelle techniquement possibles, soit la résultante de courants idéologiques ou nationalistes. Quant aux privatisations récentes, elles peuvent être attribuées à divers facteurs, au premier rang desquels figurent les énormes besoins en investissement dans ce secteur, estimés à plus de cent milliards de dollars par an rien que pour les pays en développement, besoins que des trésoreries publiques exsangues ne parviennent pas à financer.

2.2 Secteur des télécommunications

Le même phénomène se retrouve dans le secteur des télécommunications, où bon nombre d'entreprises privées furent parmi les premières à établir des liaisons télégraphiques dès le milieu du XIXème siècle et téléphoniques vers la fin du même siècle. L'on assiste ainsi entre 1849 et 1859 à la création d'une demi douzaine de sociétés privées au moins dont l'objet était de relier différents pays par câble télégraphique, et notamment par des liaisons sous la Manche, entre l'Angleterre et l'Irlande, sous la Méditerranée, sous l'Atlantique, et sous la Mer Rouge, pour ne citer que celles-là[11]. Alors que le développement des réseaux internationaux fut entrepris principalement par le secteur privé, dans de nombreux pays, dont le Japon, les liaisons télégraphiques internes étaient dès l'origine gérées par une entité étatique. L'on retrouve la même diversité en matière de téléphonie, avec des entreprises privées inaugurant ce service dans certains pays et des entreprises publiques dans d'autres. Lorsqu'elles étaient privées à l'origine, les sociétés de télécommunications furent souvent nationalisées ensuite pour, dans quelques cas, être enfin reprivatisées, comme au Royaume-Uni[12], au Chili (voir l'encadré 15 ci-

11 Voir Hugh Barty-King, *Girdle Round the Earth. The Story of Cable and Wireless,* London, Heinemann, 1979, p.10. Cet auteur rapporte que sur les 8.000 miles de câbles télégraphiques installés dans le monde entier en 1855, 4.500 (56 %) étaient exploités par la Electric Telegraph Company et 2.200 (27 %) par la English and Irish Magnetic Company.

12 Le cas du Royaume-Uni est particulièrement intéressant, deux des principales sociétés de télécommunications mondiales étant ainsi passées par ce cycle. Tout d'abord Cable & Wireless, dont l'origine remonte au milieu du dix-neuvième siècle, fut nationalisée en 1946-47 et reprivatisée suite à une loi de 1981. Cette société gère directement ou par voie de filiales tout ou partie des télécommunications de nombreux pays hors Royaume-Uni, dont plusieurs pays des Caraïbes, plusieurs îles du Pacifique, Hong Kong, Macao, l'Australie, le Sierra Leone, la Lettonie et la Suède. Depuis la loi de télécommunications de 1981, Cable & Wireless est autorisée à entrer en concurrence directe avec British Telecom et a créé la société Mercury à cet effet. En fait, le secteur .../...

dessous), au Mexique, en Argentine et en Jamaïque. Quelques pays, dont les Etats-Unis et les Philippines, n'ont cependant jamais nationalisé leur secteur des télécommunications. La présente décennie est déjà marquée par une libéralisation accrue de ce secteur et elle le deviendra probablement encore davantage. Cette libéralisation s'accompagne d'un grand nombre de privatisations et du développement de nouveaux réseaux internationaux de télécommunications, privés et concurrents (tant câblés que par satellite).

Encadré 15

Le secteur des télécommunications chilien de 1880 à nos jours

Les services téléphoniques furent introduits au Chili par la «Compania de Telefonos de Edison» en 1880. En 1927, la société fut acquise par «International Telephone and Telegraph Corporation» (ITT). A cette date, 26.205 téléphones avaient été installés dans le pays mais aucun lien n'existait entre les principales villes, si ce n'est entre Valparaiso et Santiago.

Pour promouvoir l'élargissement du réseau et l'intégration des différentes régions du pays, le gouvernement adopta en 1930 la loi n° 4791 qui détaillait les droits et obligations de la société de téléphone nouvellement constituée sous le nom de «Compania de Telefonos de Chile» (CTC) détenue à quatre-vingt pour cent par ITT. En échange d'une concession non-exclusive d'une durée de cinquante ans, CTC était tenue de moderniser le réseau et d'interconnecter certaines régions. Il était prévu qu'au terme de la concession, le gouvernement pourrait racheter la société, à défaut de quoi la concession serait automatiquement prolongée pour une période de trente ans. CTC réalisa les investissements auxquels elle s'était engagée. Ensuite, cependant, le rythme d'expansion du réseau se ralentit et CTC fut accusée de gonfler ses coûts, ce qui poussa le gouvernement à renégocier, en 1958 et en 1967, de nouveaux accords avec la société, qui définissaient notamment de nouveaux investissements à réaliser. Entre temps, en 1964, le gouvernement créa la compagnie publique ENTEL, détenue par la holding d'Etat CORFO et opérant sur le marché des communications longue distance et internationales.

Les modalités de fonctionnement du secteur des télécommunications changèrent radicalement dans les années soixante-dix. Le gouvernement Allende intervint directement dans la gestion de CTC dès 1971. La loi n° 4791/1930 fut ensuite abolie en 1973 et, en 1974, malgré la politique de laisser-faire prônée en règle générale par le gouvernement militaire, CORFO acquit les parts d'ITT dans CTC. Le gouvernement, étant ainsi propriétaire à la fois de CTC et d'ENTEL, réserva le marché des communications locales à la première société et le marché des communications longue distance et internationales à la seconde, tandis que des subventions croisées entre services locaux et longue distance renforcèrent l'intégration des deux sociétés. Durant cette période, l'augmentation des tarifs fut souvent limitée à un niveau inférieur à celui de l'inflation et les deux sociétés manquèrent de revenus pour développer le réseau et acquérir de nouvelles technologies.

.../...des télécommunications était largement privé au Royaume-Uni jusqu'à sa nationalisation en 1912, quand British Telecom devint l'opérateur public monopolistique national. Ce secteur est redevenu privé suite à la loi de télécommunications de 1984 autorisant la privatisation de British Telecom. Voir Barty-King, op. cit.

A partir de 1982 commence une phase de réorganisation du secteur devant conduire à la privatisation des deux sociétés publiques et à la mise en place d'un nouveau cadre réglementaire. La loi générale des télécommunications n° 18168/1982 visait à promouvoir la concurrence sur le marché des services de télécommunications en ne permettant de limiter le nombre d'entreprises pouvant bénéficier de concessions que pour des raisons techniques. Cette loi fut modifiée en 1987 en vue de préparer la privatisation de CTC et d'ENTEL. De nouvelles dispositions furent ajoutées pour définir les critères de détermination des prix des services téléphoniques et mettre en place les agences chargées de la fixation de ces prix. Finalement une majorité des parts de l'Etat dans CTC et ENTEL fut transférée au secteur privé en 1988. Après avoir été partagé entre secteur public et secteur privé (de 1964, date de la création d'ENTEL à 1974, date de la nationalisation de CTC), puis être passé entièrement sous contrôle de l'Etat (de 1974 à 1988), le secteur des télécommunications retournait donc aux mains d'opérateurs privés, une situation qui avait déjà été la sienne avant 1964.

Il est intéressant de noter que suite à la privatisation du secteur, la société espagnole Telefónica s'est retrouvée actionnaire de CTC (44 %) et d'ENTEL (20 %). Une décision des tribunaux chiliens prise en application de dispositions anti-trust a forcé Telefónica à se défaire d'une de ses deux participations. Telefónica a ainsi échangé sa participation dans ENTEL contre des actions de Cointel, le consortium contrôlant 60 % de Telefónica-Argentina.

Sources : Galal, Jones, Tandon et Vogelsang (1994), Galal (1994) et Financial Times (18 août 1994).

2.3 Secteur de l'eau

Le domaine de l'eau est également intéressant puisque l'on retrouve la France, pays qui s'est fait le champion du service public et des entreprises publiques, parmi les quelques pays où ce secteur est resté largement privé. En Côte d'Ivoire ce secteur est également resté privé (sous forme d'affermage), alors qu'en Guinée il était privé avant d'être repris par l'Etat pour être enfin reprivatisé (également sous forme d'affermage) en 1989. L'Espagne, l'Italie, la Belgique, le Royaume-Uni, les Etats-Unis, Macao, la Gambie, le Chili, l'Argentine, la Bolivie et le Guatémala figurent parmi les pays qui ont des sociétés de distribution d'eau privées, dans certains cas récemment privatisées[13]. Au Maroc, une société privée assure plus d'un tiers de l'approvisionnement en eau de Casablanca, tandis qu'au Mexique et en Malaisie l'on retrouve des stations d'épuration d'eau privées.

2.4 Secteur des transports

Il en va de même pour les chemins de fer. Les chemins de fer américains furent développés au dix-neuvième siècle par des industriels privés, souvent avec l'aide d'emprunts obligataires internationaux, et sont pour l'essentiel toujours privés. De nombreuses lignes de chemin de fer françaises furent ainsi construites, financées et gérées par des privés au dix-neuvième et début du vingtième siècles et nationalisées en 1937. Il en a été de même au Royaume-Uni, où des entreprises

13 Voir les sections 5.1 (Royaume-Uni) et 5.2 (Argentine) ci-dessous.

privées développèrent les chemins de fer sous des chartes octroyées par le parlement, avant d'être nationalisées en 1914 pour cause de guerre, privatisées en 1921, renationalisées en 1948, pour faire enfin l'objet d'un ambitieux programme de privatisation approuvé par une loi de 1993. Les chemins de fer argentins furent construits et financés par des sociétés britanniques vers le tournant du siècle, nationalisés par le régime peroniste en 1947, avant d'être à nouveau privatisés à partir de 1991. Enfin, dans l'empire austro-hongrois, de nombreuses concessions furent octroyées au secteur privé à partir de 1836, et le secteur fut nationalisé en 1891 par le gouvernement hongrois et en 1909 par le gouvernement autrichien[14].

En matière portuaire, domaine traditionnellement public, la création des premiers ports privés en Angleterre remonte à la fin du XVIIème siècle et connut un essor particulier au XIXème siècle. Les ports furent repris par le secteur public à la fin du XIXème et au début du XXème siècle pour mettre fin à certains abus et à une concurrence ruineuse entre ports, avant d'être finalement reprivatisés sur base d'une loi adoptée en 1981. Les Etats-Unis connurent également un grand développement de l'activité portuaire privée (en particulier par des sociétés de chemin de fer) au XIXème siècle, qui mena à certains abus de position dominante et fut contenu par une décision de 1892 de la cour suprême. En France, les chambres de commerce se virent attribuer un rôle important en matière de gestion portuaire dès le XIXème siècle. De nombreux ports indiens furent construits et gérés par la East India Company, alors que les ports de Tanger au Maroc et de Beyrouth au Liban furent développés par le secteur privé sous le régime de la concession[15].

On peut également mentionner ici la construction par des privés, dès le milieu du XVIème siècle, de canaux et aqueducs, moyennant le droit de percevoir des redevances auprès des utilisateurs de ces infrastructures. Quelques grands travaux d'infrastructure méritent également une mention, tels que le canal de Suez (1860) et le tunnel sous la Manche (1994), construits et gérés par le secteur privé et, dans le cas de Suez, nationalisé en 1956. Le canal de Panama devait, quant à lui, être construit et exploité dans le cadre d'un contrat de concession par la Compagnie du Canal de Panama, fondée en 1880. Cette dernière fit cependant faillite en 1889 et une nouvelle société, constituée en 1894, se révéla incapable de rassembler les capitaux nécessaires pour terminer les travaux. La concession fut finalement revendue aux Etats-Unis et ceux-ci signèrent avec l'Etat du Panama (nouvellement créé) un traité leur octroyant pleine souveraineté jusqu'en 1999 sur une zone de dix miles le long du canal.

14 Voir Rondo E. Cameron, *France and the Economic Development of Europe 1800-1914; Conquests of Peace and Seeds of War,* Princeton, N.J., Princeton University Press, 1961, pp. 209-221.

15 Voir J. Grosdidier de Matons, *Port Privatization : A Historical and Public Administration Perspective,* manuscrit, 1993.

De nombreux autres projets de concession de travaux publics, BOO (Build, Own, Operate) ou BOT (Build, Operate, Transfer) sont en cours de négociation ou d'exécution dans l'ensemble des secteurs d'infrastructure à travers le monde, y compris dans les secteurs routier et aéroportuaire. Ces différents exemples sont mentionnés uniquement pour illustrer que le phénomène de la participation privée n'est guère neuf et qu'il ne se limite pas aux privatisations sensu stricto, objet principal du présent livre.

3 STRATEGIE SECTORIELLE

3.1 Diverses options possibles

Les privatisations des grandes entreprises d'infrastructure étant également des privatisations sectorielles, les options envisageables en ce domaine ne se limitent pas aux modalités de vente de l'entreprise existante (privatisation sensu stricto), mais couvrent également des transferts de droits plus limités sur les actifs existants, ainsi que l'ouverture du secteur à de nouveaux investisseurs opérant en concurrence avec l'entreprise dominante (l'ensemble de ces dernières options pouvant être rassemblées sous l'appellation de privatisation sensu lato).

L'on peut distinguer trois grands types de privatisation, qui se chevauchent partiellement et qui connaissent chacun un certain nombre de variantes. Tout d'abord, les privatisations sensu stricto qui requièrent un transfert permanent en pleine propriété des actifs sectoriels au secteur privé. En deuxième lieu, les privatisations stipulant un terme fixe, éventuellement renouvelable, qui limitent l'étendue et la durée des droits transférés. On peut inclure dans cette catégorie les principales formes de concessions, y compris celles qui comprennent des obligations importantes en matière d'investissement de la part du concessionnaire et les affermages, qui impliquent une gestion privée d'actifs restant largement publics, sans transfert à l'opérateur privé de la responsabilité du financement des nouveaux investissements. Enfin, nous abordons la démonopolisation du secteur et la création d'une concurrence dans le marché[16].

Dans les deux premiers types de privatisation il y a donc transfert d'une entreprise au secteur privé, qui la gère à ses risques, la différence étant principalement dans la durée du transfert et dans le degré de responsabilité pour le financement des investissements. Quant au troisième type de privatisation, il ne concerne pas directement les actifs sectoriels existant au moment de la privatisation, mais le droit octroyé à des parties tierces d'investir et d'opérer dans le secteur en concurrence avec l'opérateur dominant, que ce soit par la voie de concessions, de licences ou d'autres instruments.

16 Voir également la définition du concept de privatisation dans l'introduction de ce livre.

En matière de transport, cependant, l'existence et le degré de concurrence auquel est exposé un opérateur peut résulter davantage de la concurrence créée par d'autres modes de transport que du fait que des tiers soient autorisés à exercer leurs activités dans le même sous-secteur. Ainsi, rares sont les pays où il y a effectivement une concurrence entre sociétés de chemin de fer, mais celles-ci seront presque toujours en concurrence avec les transporteurs routiers, fluviaux, maritimes et aériens. Cela dit, les Etats-Unis et quelques autres pays ont des lignes de chemin de fer concurrentes, alors qu'au Royaume-Uni, par exemple, le programme de privatisation des chemins de fer britannique lancé en 1993 a pour objectif de créer une concurrence entre transporteurs ferroviaires, notamment en séparant les activités d'infrastructure des activités de transport.

Les deux premiers types de privatisation ont donc trait à des entreprises existantes, alors que le dernier porte sur la structure même du secteur, qui peut ou non autoriser l'entrée de nouvelles entreprises et déterminer, le cas échéant, les conditions dans lesquelles ces dernières pourront opérer. Il peut de la sorte y avoir chevauchement entre un des deux premiers types d'une part et le troisième de l'autre, lorsque le transfert de propriété ou de gestion de l'entreprise va de pair avec la réforme du secteur, comme ce fut le cas, par exemple au Royaume-Uni, en Argentine et au Chili en matière électrique. Il peut également y avoir privatisation sans qu'il n'y ait démonopolisation ou création d'un secteur concurrentiel, comme l'illustre la privatisation du secteur électrique est-allemand, ou au contraire ouverture du secteur sans qu'il n'y ait de privatisation au sens strict; ainsi de nombreuses sociétés privées de production d'électricité vont fournir les réseaux (publics) de Thailande, de Chine et d'autres pays d'Asie, et des licences nouvelles ont été octroyées à travers le monde à de nouveaux opérateurs cellulaires privés.

Le tableau suivant illustre l'utilisation de ces différents types de privatisation dans quelques secteurs et pays. Il n'a toutefois pas toujours été possible de vérifier si ces privatisations étaient accompagnées de licences limitées dans le temps ou, lorsque cela était effectivement le cas, ce qui se produirait en cas de non-renouvellement de la licence. De même, dans le cas de concessions, ce qui advient au terme de la concession n'est pas toujours clair. Il s'agit là de questions qui sont rarement abordées explicitement dans les programmes de privatisation ou dans la législation et les accords régissant ces privatisations[17]. Par ailleurs, l'emploi d'un même terme peut couvrir des réalités fort différentes d'un pays à l'autre. Il en est ainsi du concept de concession même, qui en général implique un retour de

17 Il faudrait pouvoir vérifier notamment ce qui se passe à la fin du terme prévu, au cas où le contrat ne serait pas renouvelé (retour des actifs au concédant; vente au nouveau concessionnaire ou bénéficiaire de licence; libre disposition par la société), et examiner les conditions pouvant mener à un tel non-renouvellement. Une des raisons pour lesquelles ces questions restent souvent en suspens est liée à la durée de ces concessions, qui sont fréquemment de plus de trente ans. Les parties impliquées préfèrent parfois ne pas compliquer les négociations initiales en laissant ces questions ouvertes.

Tableau 12

Réseaux d'infrastructure : modes de privatisation et de réforme sectorielle

Secteurs / Modes de privatisation	Privatisation (sensu stricto)	Concession et affermage	Démonopolisation et concurrence
Télécommunications (voix; réseau câblé)	Argentine, Chili, Cuba, Hongrie, Jamaïque, Mexique, Nouvelle-Zélande, Pérou, Royaume-Uni, Venezuela	Iles Cook, Madagascar	Australie, Canada, Chili, Etats-Unis, Hong Kong (1995), Japon, Mexique (1997), Nouvelle-Zélande, Philippines, Royaume-Uni
Electricité (production)	Allemagne, Argentine, Chili, Etats-Unis, Pérou, Royaume-Uni	Côte d'Ivoire, Guinée	Argentine, Chili, Hongrie, Norvège, Nouvelle-Zélande, Pérou, Royaume-Uni
Gaz	Argentine, Belgique, Royaume-Uni		Argentine, Royaume-Uni
Eau et Assainissement	Royaume-Uni	Argentine, Chili, Côte d'Ivoire, France, Guinée, Macao, Malaisie	
Chemins de fer	Canada, Etats-Unis, Japon	Argentine, Nouvelle-Zélande	Argentine, Etats-Unis, Royaume-Uni

Note : Ne sont repris ici que des pays ayant privatisé en transférant des installations existantes du secteur public au secteur privé, et pas ceux ayant uniquement ouvert le secteur concerné par voie de contrats de concession, BOT ou BOO portant sur de nouveaux investissements, tels que la Thaïlande en matière de télécommunications ou la Chine en production électrique. Pour certains pays et secteurs, il n'a pas été possible d'établir avec certitude si la privatisation (au sens large) avait été réalisée par voie d'une privatisation (sensu stricto) à vocation permanente, ou d'une concession impliquant, à terme, un retour à l'autorité concédante.

l'entreprise ou des actifs sectoriels au concédant (ce retour pouvant être reporté indéfiniment par voie d'extension ou renouvellement de contrat), alors qu'au Chili, par exemple, des «concessions» peuvent être octroyées à titre permanent[18].

3.2 Priorité par rapport aux autres industries

Il est intéressant de noter que beaucoup de pays ayant entrepris la privatisation d'un secteur d'infrastructure ont rapidement étendu leur programme à d'autres secteurs. Rares sont ceux qui s'en sont tenus à une seule privatisation. Certains pays ont accordé une place importante aux secteurs d'infrastructure dans leur programme de privatisation, alors que d'autres ont préféré privilégier leurs secteurs industriels et financiers. Dans la première catégorie, l'on retrouve principalement des pays industrialisés (Royaume-Uni, Nouvelle-Zélande) et des pays appartenant à la tranche plus aisée des pays en développement (Argentine, Mexique, Chili, Malaisie), ayant typiquement un système de propriété privée relativement développé, des marchés financiers au moins embryonnaires, une philosophie économique libérale et la cote des investisseurs étrangers. Dans la seconde catégorie, l'on retrouve la majorité des pays de l'ancien CAEM (Comecon), les pays en développement plus pauvres et des pays de l'OCDE ayant maintenu une politique économique plus nationaliste ou conservatrice (au sens du maintien du statu quo).

3.3 Analyse du secteur

Plus qu'ailleurs, les questions d'ordre stratégique sont appelées à dominer le choix de l'option pour la privatisation des secteurs d'infrastructure et donc également le type de législation et de techniques de privatisation. Toute stratégie de réforme d'un secteur d'infrastructure doit commencer par un diagnostic détaillé et une analyse de marché approfondie examinant notamment dans quelle mesure le secteur, l'entreprise ou certaines de ses activités peuvent devenir compétitives et comparant les coûts et bénéfices d'un éclatement éventuel du monopole[19]. A cet effet, il peut s'avérer utile de désagréger les différentes parties constituantes d'un secteur ou d'une entreprise en vue d'établir quelles activités sont essentiellement monopolistiques et quelles activités pourraient être exercées en régime de

18 Voir notamment l'article 30 du décret-loi chilien n° 1 de juin 1982 portant sur le secteur électrique, qui stipule que des concessions «définitives» seront octroyées pour une durée indéterminée.

19 Nous avons déjà évoqué certains des bénéfices associés à un tel éclatement. Les coûts peuvent comprendre une planification des réseaux moins aisée, une harmonisation technique plus difficile, des conflits entre acteurs difficiles à résoudre, etc. Voir également Banque mondiale (1994), Kessides (1993), Israel (1993) et Robert Bacon, *Appropriate Restructuring Strategies for the Power Generation Sector : The Case of Small Systems,* mimeo, World Bank, Washington, D.C., 1994.

concurrence. Comme le tableau 13 ci-dessous le suggère, les infrastructures physiques mêmes ont tendance à être monopolistiques, alors que les services sont généralement de nature concurrentielle[20]. Dans la mesure où infrastructures et services peuvent être effectivement dissociés, cette analyse ouvre la porte à des solutions qu'une approche moins nuancée n'aurait pas dégagée. L'on constate en effet que l'aspect monopolistique découle typiquement de coûts d'investissements élevés et immobilisés pour la construction des infrastructures concernées, mais qu'il ne déteint pas pour autant sur l'utilisation desdites infrastructures. Ainsi pourra-t-on par exemple considérer que les réseaux électriques ou téléphoniques câblés sont généralement de nature monopolistique alors que l'usage de ces réseaux peut être organisé de manière concurrentielle.

Ce tableau offre une vision hautement simplifiée de réalités sectorielles qui peuvent varier dans l'espace et le temps. La grille de lecture force à classifier chaque activité dans une des quatre catégories prédéterminées alors que certaines activités ne peuvent pas être cantonnées à un seul de ces quatre cas de figure, ou peuvent être situées à différents endroits dans la grille en fonction des circonstances particulières du marché et du pays analysés. Ainsi les communications interzonales peuvent être analysées sous l'angle de l'infrastructure physique ou du service, alors que la production électrique sera souvent monopolistique dans un petit marché et concurrentielle dans un large marché.

Bien qu'elle fournisse une vue simplifiée des réalités, cette grille permet toutefois de dégager quelques grandes options en matière d'organisation et de réforme sectorielles. Ainsi, lorsque l'élément concurrentiel domine et qu'il y a concurrence dans le marché, l'intervention de l'Etat peut se limiter à s'assurer que ce marché fonctionne normalement; ceci se fera typiquement par le biais de dispositions en matière de respect des règles de concurrence et de normes techniques. Par contre, lorsque l'élément monopolistique domine, un choix devra être fait entre une fourniture publique et une fourniture privée du service. En acceptant de remettre en cause le monopole public, l'Etat crée la possibilité d'organiser une concurrence non pas dans le marché mais pour le marché en sélectionnant l'opérateur par le biais d'une procédure compétitive[21]. Une telle procédure d'appel d'offres devrait ainsi permettre de soutirer dès l'abord les rentes de monopole pouvant être perçues par l'opérateur privé, ou du moins une partie de ces rentes. Lorsque l'opérateur est sélectionné sur base du prix le plus bas facturé aux consommateurs, ce sont ces derniers qui bénéficient du mécanisme de mise en concurrence. Lorsqu'il est sélectionné sur base du prix qu'il est prêt à payer au gouvernement pour obtenir le droit d'exercer l'activité en question, le mécanisme

---

20 Voir également Banque mondiale (1994), figure 3.1, p. 62 et tableaux 6.3 et 6.4, pp. 126-127.

21 Pour une analyse du concept de compétition pour le marché par rapport à celui de compétition dans le marché, voir Edwin Chadwick, Results of Different Principles of Legislation in Europe : of Competition for the Field as Compared with Competition within the Field of Service, *Journal of the Royal Statistical Society*, Series A22, 1859.

de concurrence pour le marché transfère ces rentes de monopole (ou une partie d'entre elles) du monopoliste à l'autorité publique. Enfin, mentionnons que les segments du secteur qui sont gérés en monopole seront normalement soumis à réglementation, que les services soient fournis par une entreprise publique ou privée.

Tableau 13

Désagrégation des activités constituantes d'un secteur		
Caractéristiques dominantes	**Eléments concurrentiels**	**Eléments monopolistiques**
Infrastructures physiques	centrales électriques réseaux de radiotéléphonie réseaux longue distance (télécom.) entrepôts, terminaux	réseaux de transport et distribution d'électricité réseaux de transport et distribution d'eau routes, voies ferrées, ports, aéroports
Services	fourniture d'équipements services de télécommunications transport de passagers & marchandises (tous modes)	dragage de port ou rivière
=> Options	=> normalement privé concurrence dans le marché pas de réglementation particulière	=> choix entre privé et public concurrence pour le marché nécessité de réglementation détaillée

3.4 Déterminants des choix stratégiques dans le secteur des télécommunications

L'évolution récente du secteur des télécommunications en Europe indique combien des facteurs externes sont désormais appelés à déterminer les politiques de chaque Etat, ne laissant qu'une faible marge de manoeuvre aux autorités nationales. L'Union européenne a en effet promulgué une série de textes déréglementant progressivement le secteur des télécommunications, en commençant par les équipements terminaux de télécommunications en 1988[22], suivi par les services à valeur ajoutée en 1990[23], la mise en oeuvre de la fourniture d'un réseau ouvert de télécommunications (open network provision) en 1990[24] et 1992[25], et culminant par l'ouverture du service de téléphonie de base (voix) à partir du premier janvier 1998[26]. Bien que la commission européenne se doit, en vertu de l'article 222 du

22 Directive de la commission 88/301/EEC du 16 mai 1988.

23 Directive de la commission 90/388/EEC du 28 juin 1990.

24 Directive du conseil 90/387/EEC du 28 juin 1990.

25 Directive du conseil 92/44/EEC du 5 juin 1992 et recommandation du conseil 92/383/EEC, également du 5 juin 1992.

26 Résolution du conseil 93/C213/01 du 22 juillet 1993.

traité de Rome, de rester neutre par rapport au choix fait par les Etats membres relatif au type de propriété (privé ou public) de leurs entreprises, cette nouvelle législation risque d'entraîner de gré ou de force la privatisation de la majorité des sociétés de télécommunications publiques européennes.

En effet, il est peu probable que des opérateurs publics réussissent à maintenir leur part de marché au niveau européen sans changer radicalement la structure et le mode de fonctionnement de leur entreprise, ce changement passant presqu'inéluctablement par l'entrée de partenaires privés dans leur capital et le recours accru aux marchés des capitaux. Qui plus est, les règles communautaires en matière d'aides publiques réduisent fortement l'option de renflouer l'opérateur national avec des fonds publics, et les règles en matière de concurrence limitent les fusions entre entreprises lorsque celles-ci ont pour résultat de réduire le niveau de concurrence dans les marchés concernés. On devrait assister ainsi en l'espace de moins de dix ans à une transformation radicale de ce secteur, à l'abandon progressif de l'ancien modèle dominant de l'entreprise publique monopolistique nationale et au développement d'un secteur multinational largement privé et concurrentiel. Cette évolution doit encore être complétée par des règles régissant la reconnaissance mutuelle par les pays membres de licences issues par d'autres membres de l'Union européenne, par l'adoption de règles d'interconnexion et de mécanismes de résolution de disputes entre opérateurs européens et peut être même par la création d'un organe de réglementation européen.

Il est également intéressant de noter comment à l'intérieur de ce même cadre communautaire, les pays membres ont adopté des stratégies très différentes, avec d'un côté le Royaume-Uni qui a poussé la privatisation et la libéralisation de ce secteur le plus loin, et de l'autre la France, qui semble s'accrocher aussi longtemps que possible au modèle du monopole public. Entre les deux, l'on retrouve toute la gamme de réformes de structure sectorielle, de propriété, de règles de concurrence et de structures institutionnelles et réglementaires, avec, par exemple, la privatisation partielle de l'opérateur néerlandais, les fusions préalables à la privatisation en Italie et au Portugal et le programme de privatisation allemand[27].

Ces développements purement communautaires sont dans une large mesure la résultante d'une évolution globale de ce secteur, qui se caractérise par de nouvelles percées technologiques, telles que les communications cellulaires, micro-ondes et radio, le développement de réseaux de satellites couvrant l'ensemble du globe, le développement de réseaux en fibre optique, les techniques de compression de données, et l'intégration des communications et de l'informatique,

27 Le programme allemand a été fortement critiqué par la commission allemande de la concurrence, qui estime qu'il maintient dans une large mesure la structure monopolistique de l'industrie, crée des distorsions au niveau du jeu de la concurrence, restreint la gamme de services offerts, maintient un niveau de prix artificiellement élevé et menace la compétitivité internationale des télécommunications allemandes en reportant l'échéance de la libéralisation du service de base à la date ultime stipulée par la commission européenne (à savoir 1998). (D'après Financial Times, 8 juillet 1994)

qui ont considérablement réduit les coûts unitaires dans ce secteur et rendent le maintien de monopoles de moins en moins tenables[28]. Ce progrès technologique est également à l'origine de la mondialisation et de la diversification de ce secteur, notamment par l'expansion de sociétés de téléphonie vers d'autres secteurs de communication, telle la télédistribution et l'informatique, par l'émergence de nouvelles sociétés fournissant des services complémentaires (cellulaires ou par satellites, par exemple) à ceux fournis par le réseau fixe, mais également par l'entrée dans le secteur des télécommunications d'entreprises d'autres secteurs, tels que la télédistribution, l'électricité, les chemins de fer et la distribution d'eau, qui ont toutes des réseaux fixes pouvant être utilisés (moyennant certains investissements) pour la transmission de communications. La survie des grandes sociétés de télécommunications dépend donc en partie de leur insertion dans des alliances internationales au sein desquelles les entreprises publiques risquent de ne pas être accueillies à bras ouverts. Ces alliances impliquent en effet des participations croisées pour en assurer la stabilité et de telles participations croisées sont difficiles à réaliser sans statut et mode de fonctionnement privés.

Dans de nombreux pays en développement et en transition, où ces facteurs se retrouvent également à l'oeuvre, il faut y ajouter d'énormes besoins en investissements dus, d'une part, à la faible densité des réseaux existants, à laquelle correspondent un faible taux de pénétration et une large demande insatisfaite, et, d'autre part, au rapide développement économique que connaissent les plus dynamiques de ces pays (avec des taux de croissance du PIB dépassant dans certains cas 10 % par an). La promotion de nouveaux investissements en vue d'accélérer le développement du réseau y représente donc une haute priorité. L'expérience de ces dernières décennies démontre que le modèle de l'entreprise publique monopolistique ne permet pas de relever ce défi.

Ainsi de nombreux pays ont déjà privatisé[29] ou partiellement privatisé[30] leurs sociétés de télécommunications, alors que d'autres préparent actuellement de

28 L'on peut également mentionner ici l'invention récente d'un commutateur permettant le «callback» (rappel automatique), ce qui a permis l'éclosion rapide de sociétés offrant des services de rappel au départ de pays à faibles tarifs internationaux (USA et Royaume-Uni) à des utilisateurs appelant de pays à hauts tarifs, contournant ainsi l'opérateur international du pays concerné et le contraignant souvent à baisser ses prix. Une autre technologie récente est celle de la téléphonie cellulaire fixe, qui permet de concurrencer ou compléter le réseau local câblé à des coûts très inférieurs au cellulaire mobile. PT Ratelindo, une société à majorité privée indonésienne, développe actuellement un tel système à Jakarta.

29 Il s'agit notamment de l'Argentine, du Mexique, du Chili, de Belize, des Barbades, de la Jamaïque, du Venezuela, du Pérou, de la Guyane, de la Hongrie, du Royaume-Uni, du Danemark, de la Lettonie, de l'Estonie et de la Nouvelle-Zélande. On peut également faire état de privatisations de certaines sociétés de communications interzonales, internationales ou par satellites, notamment au Porto Rico (79 % des actions de TLD acquises par Telefónica d'Espagne), en Australie, en Corée du Sud (Daecom) .../...

telles privatisations[31], et/ou suppriment le monopole dont bénéficiait la société établie en ouvrant l'ensemble du secteur, y compris la téléphonie de base, à la concurrence[32]. Dans ce contexte, une grande majorité de pays ont permis ou vont bientôt permettre une concurrence accrue par l'octroi de nouvelles licences cellulaires, tantôt en concurrence avec la (ou les) société(s) de télécommunications par réseau fixe, tantôt en collaboration avec celle(s)-ci. Par ailleurs, le monopole dont bénéficiait les sociétés établies en matière de services à valeur ajoutée, tel que la fourniture de terminaux, a été ou est en voie d'être aboli dans une majorité de pays[33].

L'encadré 16 ci-dessous fait le point de la privatisation du secteur des télécommunications au Venezuela en soulignant les options choisies par ce gouvernement et certaines caractéristiques originales de cette opération.

.../...et au Canada (Teleglobe et Telesat), et de sociétés de télécommunications cellulaires, notamment en Corée du Sud (Korea Mobile Telecom).

30 Ces privatisations partielles de certaines sociétés de télécommunications, qui n'ont pas conduit à un transfert de la gestion de la société au secteur privé et suite auxquelles l'Etat est resté actionnaire de contrôle, concernent notamment : NTT, l'opérateur japonais, dont 35 % des actions ont été vendues en trois tranches entre 1986 et 1988 pour un total de plus de $ 70 milliards; KPN, la société des postes et télécommunications néerlandaise (30 % vendus au public en juin 1994 pour $ 3,9 milliards); Telekom Malaysia (OPV portant sur 25 % des actions en 1990); Singapore Telecom (près de 11 % du capital privatisé en octobre 1993); Pakistan Telecommunications Corporation (coupons émis en 1994 donnant droit à une conversion en actions de la société, suite à sa privatisation, et représentant 12 % du capital); Korea Telekom (offre de 10 % du capital limitée aux investisseurs nationaux en février 1993, dont seulement 3 % ont trouvé preneur; tranche de 5 % placée en avril 1994); SPT, l'opérateur tchèque, dont 26 % des actions ont été vendues au public en 1994 dans le cadre du programme de privatisation de masse (le gouvernement a depuis lors lancé une procédure d'appel d'offres pour la participation d'opérateurs internationaux à une augmentation de capital de SPT); et Indosat, opérateur international d'Indonésie, dont 32 % des actions ont été vendues au public suite à une OPV en bourse de New York et de Jakarta (octobre 1994).

31 Notamment l'Allemagne, l'Italie, la Belgique, la Suède, le Portugal, la Grèce, la Turquie, Israël, la Russie, la République tchèque (seconde phase), la Pologne, Madagascar, la Guinée, le Rwanda, la Côte d'Ivoire, le Brésil, la Colombie, le Costa Rica, l'Equateur, le Nicaragua, le Panama, le Pakistan (seconde phase), le Sri Lanka et l'Indonésie.

32 L'Australie, la Nouvelle-Zélande, les USA et le Royaume-Uni figurent parmi les pays où une telle concurrence existe déjà. Dans ce dernier pays, une quarantaine de licences de télécommunications ont été octroyées à ce jour. Le monopole de BT, supprimé en 1981, avait été remplacé par un duopole entre BT et Mercury limité aux services de base, qui prit fin en 1991 pour faire place à une plus grande concurrence, notamment de la part des sociétés locales de télédistribution.

33 Voir Wellenius et Stern (1994), pp. 587-674, pour un excellent aperçu synthétique du cadre juridique et réglementaire, de la propriété des opérateurs et du niveau de concurrence dans le secteur des télécommunications de plus de quatre-vingt pays, de Antigua-et-Barbuda au Zimbabwe.

Encadré 16

Une étude de cas : la privatisation de CANTV

Créée en 1930 par un investisseur privé, CANTV (la compagnie anonyme nationale des téléphones du Venezuela) fut nationalisée en 1964, fusionnée avec les autres entreprises de télécommunications du pays et dotée d'un monopole d'exploitation. CANTV fut ensuite privatisée en décembre 1991 par la vente de 40 % de ses actions pour près de 1,9 milliards de dollars US, entraînant le transfert de la gestion à un consortium comprenant GTE, Telefónica de España, AT&T, la compagnie électrique de Caracas et une banque locale. Par ailleurs, 11 % des actions étaient placées dans plusieurs trusts au profit des employés et pensionnés de l'entreprise. CANTV est «concessionnaire» pour une période de 35 ans, pouvant être prolongée de 20 ans, et bénéficie d'un monopole de neuf ans sur le réseau de base câblé, tant pour les communications locales et longue distance qu'internationales. Ce monopole temporaire était jugé nécessaire pour assurer le rééquilibrage des tarifs et supprimer progressivement la subvention interne du service local par le service interzonal et international, les marges importantes réalisées en interzonal et international contribuant substantiellement au financement de l'ambitieux programme d'investissement imposé par la concession. D'aucun estiment toutefois que la durée du monopole aurait pu être plus courte et que le prix de vente élevé indique la présence de rentes de monopole excessives. Tous les autres services, et notamment les terminaux, les réseaux privés, les services à valeur ajoutée, les liaisons par satellite et le cellulaire, sont exclus du champ du monopole. En fait, le gouvernement avait déjà octroyé en mai 1991 une concession cellulaire non-exclusive et nationale de vingt ans (renouvelable) au consortium Telcel pour $ 107 millions. Une filiale de CANTV fournit également des services cellulaires en concurrence avec Telcel.

Les accords de concession obligent CANTV à rénover le réseau, notamment en installant de nouvelles lignes digitales, en convertissant d'anciennes lignes en digital et en augmentant le nombre de postes publics. Un total de trois millions de nouvelles lignes et de 600.000 lignes de remplacement devaient ainsi être installées au courant des neuf premières années. Ces accords l'obligent également à améliorer la qualité du service, notamment par une réduction des délais d'obtention de la tonalité et des délais de réparation, par une augmentation du pourcentage d'appels aboutissant au premier essai. Deux ans après la privatisation de CANTV, la société avait déjà investi plus d'un milliard de dollars, installé 850.000 lignes (soit une augmentation d'environ un tiers du parc), et raccordé 460.000 nouveaux abonnés, dépassant ainsi de loin les obligations qui lui étaient imposées par son contrat de concession. La qualité du service augmenta également fortement, de même que la productivité, les revenus et les profits de la société.

Des contraintes de temps ont conduit le gouvernement à incorporer la majeure partie du cadre réglementaire au contrat de concession, qui a été approuvé par le congrès vénézuélien, et à prendre un décret créant CONATEL, l'organe de réglementation établi en tant que «service autonome» du ministère des transports et communications, doté de pouvoirs fortement restreints, et sans source de financement autonome. Le parlement n'avait en effet pas encore voté la loi sur les télécommunications (créant un nouveau cadre réglementaire ainsi qu'un organisme de réglementation bénéficiant de plus d'autonomie et de pouvoirs plus étendus) qui lui avait été soumise par le gouvernement; ce projet de loi ne fut d'ailleurs jamais adopté et la réglementation sectorielle demeure telle qu'établie par décret. Le prix du service est limité par une formule de liaison trimestrielle à l'indice des prix appliquée à trois paniers de services; ces ajustements périodiques doivent être proposés par CANTV, recommandés par CONATEL et approuvés par le ministre des transports et communications.

Les soumissionnaires devaient remettre l'ensemble des accords de privatisation et de constitution de consortium, les statuts révisés de CANTV, les cautions de soumission et de bonne fin émises par des banques agréées, ainsi que tous autres documents liés à cette transaction, le tout dûment signé, avant soumission de leur offre financière. Impossible donc de tergiverser ou de négocier l'une ou l'autre clause plus favorable après avoir remporté le contrat. Tous ces documents, ainsi que le contrat de concession, avaient toutefois été prénégociés avec les deux consortia présélectionnés suite à un processus de préqualification (voir le tableau 14 ci-dessous pour une liste des critères de préqualification), à savoir le consortium GTE et un second consortium conduit par Bell Atlantic et Bell Canada.

L'offre finale portait sur le prix uniquement, exprimé en cash, tous les autres éléments ayant été fixés dans les documents d'appel d'offres, toute condition ou réserve émise dans une soumission rendant celle-ci caduque. Pour éviter qu'un soumissionnaire ne présente une offre moins avantageuse dans l'hypothèse où il découvrirait qu'il reste seul en lice, il avait été prévu dès le début de la procédure, qu'à ce stade, tous les soumissionnaires seraient obligés de remettre une enveloppe, qu'ils aient décidé de faire une offre ou non.

Pourquoi la vente fut-elle limitée à 40 % des actions ? Tout d'abord, le gouvernement ne voulait vendre qu'à un opérateur international de tout premier ordre, capable d'exécuter l'ambitieux programme d'investissement et de gestion contenu dans les documents de privatisation. Pour des raisons politiques, la vente d'une majorité du capital à un consortium étranger avait été exclue. Il fallut donc trouver un mécanisme pour assurer le contrôle de la société aux investisseurs privés, alors que ceux-ci ne détenaient que 40 % des actions. Les actions de CANTV furent ainsi divisées en quatre classes. La classe A comprend les 40 % cédés au consortium gagnant et donne droit à la nomination de cinq membres du conseil d'administration sur neuf (jusqu'en 2001); certaines clauses limitent la possibilité pour le consortium gagnant de revendre tout ou partie de ses actions ou pour GTE de réduire sa participation dans ledit consortium. La classe B représente les 49 % détenus par le gouvernement et donne droit à deux sièges au conseil; le gouvernement peut vendre ces actions notamment par offre publique (une telle offre est actuellement envisagée pour 1996). La classe C comprend les actions détenues en trust au profit des employés et pensionnés de CANTV, ceux-ci pouvant souscrire un certain nombre d'actions en fonction de leur ancienneté et de leur salaire et les payer par traites échelonnées sur une période de neuf ans ou plus; deux administrateurs sont nommés par les employés. Un pour cent des actions de classe C devait être acheté par CANTV et détenu en trust pour la création d'un programme de bonus par octroi d'actions gratuites à certains employés en fonction de leur performance. Lors du transfert d'actions des classes A, B et C, celles-ci deviennent automatiquement des actions de classe D, à savoir des actions ordinaires sans privilège spécial. Certaines modifications statutaires requièrent une double majorité des détenteurs des actions de classes A et B.

En passant en dessous du seuil critique de 50 % d'actionnariat public, CANTV ne tombe plus sous le coup des lois régissant les entreprises publiques. Ce montage ingénieux a été rendu possible notamment grâce à l'assistance et aux conseils d'équipes d'experts juridiques, financiers et économiques extérieurs.

Ceci dit, l'absence d'un organe de réglementation bénéficiant d'un minimum d'indépendance institutionnelle et financière constitue probablement une des plus grandes faiblesses de cette transaction. Il semble en effet que le gouvernement n'ait pas autorisé dans les délais stipulés les augmentations tarifaires prévues par les accords de privatisation (une des augmentations trimestrielles aurait même été refusée), que CONATEL ait octroyé des licences à des tierces parties malgré le monopole accordé à CANTV et, enfin, que le responsable de CONATEL ait été remplacé par le gouvernement, quelques indications parmi d'autres de la fragilité du cadre réglementaire établi. Il semble également que le programme d'investissement de CANTV soit compromis suite à certaines mesures économiques récentes prises par le gouvernement, dont l'imposition de contrôles de change, la dévaluation du bolivar, et l'inflation galopante qui en résulte, ce qui illustre une fois de plus les relations étroites entre privatisation et réforme économique.

Sources : Gizang et Sabater (1994); Aileen A. Pisciotta, *Privatization of Telecommunications : The Case of Venezuela,* in Wellenius et Stern (1994); Robert Taylor et Eloy Vidal, *Fast turnaround for Venezuela's telephones,* FPD Note n ° 2, Washington, D.C., World Bank, mars 1994; Financial Times, 29 septembre 1994.

3.5 Choix stratégiques dans d'autres secteurs

Dans le secteur électrique, l'on retrouve le même type de considérations[34]. Là également, les progrès technologiques de ces dernières années[35], combinés avec les leçons des expériences britanniques, américaines, chiliennes et argentines, parmi d'autres, ont changé la perception du secteur en montrant qu'il était souvent possible d'y introduire au moins un certain degré de concurrence. La privatisation en 1994 du secteur électrique est-allemand a d'ailleurs été fortement critiquée à cet égard en ce qu'elle transfère un monopole du secteur public au secteur privé, élargissant de la sorte l'emprise des sociétés électriques d'Allemagne occidentale, alors qu'elle offrait la possibilité d'éclater ce secteur et d'y introduire une certaine concurrence. Il importe donc d'examiner dans chaque cas quelles sont les différentes composantes de ce secteur et dans quelle mesure elles sont de nature monopolistique.

Peut-on raisonnablement défendre le concept du monopole public lorsque l'opérateur public se trouve dans l'incapacité de satisfaire la demande et que des tiers (industriels, par exemple) sont prêts à contracter avec un opérateur privé à des conditions convenues de commun accord ? Si l'on accepte l'idée de l'éclatement du monopole, il faudra examiner comment restructurer le secteur. Faut-il séparer la production, la transmission et la distribution, et interdire à un groupe de contrôler plusieurs de ces sous-secteurs, comme l'ont fait les argentins et les péruviens, autoriser des prises de participation dans plus d'un sous-secteur, comme c'est le cas tant au Chili[36] qu'en Angleterre et au Pays de Galles[37], ou maintenir davantage

34 Voir notamment Tenenbaum, Locke et Backer (1992), et Covarrubias et Maia (1994).

35 Notamment, le développement de turbines efficientes de moyenne capacité (en particulier les turbines à gaz en cycle combiné) qui permettent la standardisation des équipements et réduisent les risques et les économies d'échelle en matière de production électrique, favorisant ainsi l'entrée de producteurs indépendants dans ce secteur; les progrès réalisés en informatique qui facilitent le dispatching de l'électricité à travers le réseau et rendent possible la séparation verticale de l'industrie électrique; et les progrès en métrologie (compteurs plus sensibles et performants) qui rendent le secteur de la distribution d'électricité plus attrayant pour les opérateurs privés.

36 Au Chili, la société holding ENERSIS contrôle les principales sociétés de distribution (CHILECTRA en particulier) ainsi que la principale société de production (ENDESA, représentant environ 65 % de la capacité installée), qui elle-même contrôle la société de transmission du centre. Cette situation, ainsi que la faiblesse ou l'ambiguïté du cadre réglementaire, crée des conflits d'intérêt et décourage l'entrée de nouvelles sociétés dans ce secteur. Elle a également conduit à des procès entre producteurs d'électricité. Voir E. Bitran et P. Serra, *Regulatory Isues in the Privatization of Public Utilities. The Chilean Experience,* mimeo, 17 janvier 1994.

37 Ce sont les sociétés régionales de distribution d'électricité qui sont les actionnaires de la société de transmission, bien qu'un projet existe pour rendre cette dernière indépendante.

d'intégration verticale, comme tentent de le faire les Malais et les Thaïs ? Une fois admis le principe de la participation privée, faut-il privilégier la vente de centrales existantes ou la construction privée de nouvelles centrales ? Est-il encore justifié de s'opposer à des transactions privées sous prétexte que le prix de l'électricité produite est supérieur aux coûts estimés par le plan national ou au coût marginal à long terme ? L'entreprise publique (ou privée) contrôlant le réseau peut-elle s'opposer à l'utilisation de son réseau pour la transmission d'électricité d'un producteur à un consommateur, ou soumettre cette transmission à une facturation exorbitante et dissuasive ? Autant de questions auxquelles il faudra trouver réponse dans la législation de privatisation du secteur, les licences ou concessions et autres accords de privatisation[38].

Les mêmes forces sont à l'oeuvre dans d'autres secteurs et pourraient aboutir à l'abolition progressive de monopoles existant en matière aéroportuaire, ferroviaire[39] et postale[40], pour ne citer que quelques secteurs. Dans tous ces cas, une première étape consiste à désagréger l'ancienne activité monopolistique en composantes distinctes, permettant d'analyser chaque composante du secteur séparément et de traiter les composantes potentiellement concurrentielles différemment des composantes où aucune concurrence n'est possible ou souhaitable.

4 DISPOSITIONS CONSTITUTIONNELLES ET LEGISLATIVES SPECIFIQUES

Le secteur des grandes infrastructures fait souvent l'objet de dispositions constitutionnelles particulières. L'on en relèvera principalement quatre. Dans certains pays, la constitution exclut toujours la privatisation de certains secteurs ou entreprises d'infrastructure, notamment chemins de fer, télécommunications et

38 Voir également les propositions de directives communautaires relatives au marché intérieur du gaz et de l'électricité soumises par la commission au conseil européen en 1991. Ces propositions, qui ont fait l'objet d'une vive opposition de la part des sociétés électriques et gazières, auraient mené à une libéralisation de ces secteurs, notamment par une séparation des comptes afférents respectivement aux activités de production, de transport et de distribution, et par l'octroi aux gros consommateurs d'un droit d'accès aux réseaux.

39 Ainsi, les progrès considérables réalisés dans le domaine de la télémétrie sont en train de transformer radicalement l'organisation et le mode de gestion des sociétés de chemin de fer, leur permettant notamment de réduire considérablement leurs investissements fixes.

40 Voir les arrêts de la cour de justice européenne et les décisions de la commission européenne limitant le domaine réservé aux monopoles nationaux, en excluant notamment du domaine du monopole les services d'expédition expresse, ainsi que le livre vert de la commission sur la libéralisation partielle des services postaux (COM (91) 476 final). Voir également la note 2, p. 209.

électricité[41]. Dans d'autres, elle réserve ces secteurs à l'Etat sans toutefois exclure la possibilité de l'octroi par l'Etat de concessions au secteur privé[42]. Un troisième type de dispositions permet au législateur de réserver certaines activités au secteur public sans toutefois les nommer; la constitution italienne dispose ainsi en son article 43 qu'une loi peut, dans l'intérêt général, réserver au secteur public (ou à des associations de travailleurs ou de consommateurs) certaines activités ou catégories d'activités portant sur des services publics essentiels ou des monopoles. Un quatrième type tend à exclure toute participation étrangère.

Le même genre de restrictions se retrouve parfois dans des lois ou autres instruments subordonnés[43]. Ainsi, alors que la constitution turque autorise l'octroi

41 L'article 87 de la constitution allemande mentionne les chemins de fer et les services postaux parmi les activités devant faire l'objet d'une gestion directe par l'administration fédérale. Cet article a été modifié le 30 août 1994 afin de permettre la scission de la société des postes et télécommunications et la privatisation de l'activité de télécommunications. L'article 21 (section XI) de la constitution brésilienne stipule que les télécommunications relèvent de la compétence des autorités nationales, qui peuvent en concéder l'exploitation à certaines sociétés pour autant que celles-ci soient contrôlées par le gouvernement. Une modification de la constitution pour permettre la privatisation de Telebras a été envisagée en 1994 mais le processus de réforme constitutionnelle fut arrêté par la campagne électorale pour les élections présidentielles d'août 1994.

42 Une modification en 1983 de l'article 28 de la constitution mexicaine autorise l'octroi par l'Etat de concessions, ce qui a ensuite permis la privatisation de Telmex en 1990. La section XII de l'article 21 de la constitution brésilienne stipule notamment que l'énergie électrique, le transport aérien, les chemins de fer, voies navigables et routes interprovinciales et internationales, ainsi que les ports relèvent de l'Etat national, qui peut cependant en déléguer l'exploitation par voie de concession, autorisation ou permission. Il s'agit donc davantage d'une disposition d'attribution de compétences entre autorités nationales et provinciales que d'une exclusion du secteur privé.

43 Quatre concessions ont ainsi été octroyées à des sociétés publiques ou d'économie mixte en vertu du code des télécommunications et des services postaux italiens, approuvé par décret présidentiel n° 156 du 29 mars 1973; ces concessions prévoient en leur article 4 que la société holding publique IRI doit détenir une majorité des actions avec droit de vote dans chacune de ces sociétés concessionnaires. La création de Telecom Italia et le programme de privatisation de ce secteur vont nécessiter certaines modifications auxdits contrats de concession. D'après Marcello Gioscia, *Privatization of Telecommunications : The Italian Experience,* Présentation au symposium international sur les privatisations dans le monde, Forum International, Nice, 2-4 décembre 1993. Voir également la loi de télécommunications japonaise, modifiée en mai 1992 pour permettre la participation d'investisseurs étrangers au capital de NTT (à concurrence de 20 %). Par ailleurs, la législation américaine limite la participation étrangère dans des compagnies de télécommunications ainsi que dans des compagnies aériennes à 25 %. Voir enfin la loi roumaine de restructuration des entreprises d'Etat de juillet 1990, qui stipule que des unités autonomes (plutôt que des sociétés de droit commercial) doivent être constituées dans les secteurs stratégiques, y compris énergie, postes et télécommunications; ces unités peuvent toutefois déléguer l'exploitation desdits secteurs à des sociétés privées dans le cadre de contrats de concession.

de concessions par l'Etat moyennant approbation par un tribunal administratif, la loi sur les investissements étrangers stipule que les étrangers ne peuvent pas avoir de concessions, ce qui pose de sérieux problèmes au gouvernement pour la privatisation des sociétés électriques et de téléphone. En Indonésie, la loi sur les télécommunications autorise la participation du secteur privé dans ce secteur, mais stipule qu'en ce qui concerne les services de base (communications locales, interzonales et internationales) seules les sociétés dont l'opérateur public est actionnaire peuvent obtenir une licence; dans ces conditions, il est difficile de créer une saine concurrence à ce niveau, l'opérateur dominant devant en vertu de la loi être actionnaire de ses concurrents éventuels[44]. L'on peut également citer le cas assez intéressant de l'Uruguay, où un referendum eut lieu le 13 décembre 1992 qui eut pour effet de suspendre une partie de la loi de privatisation d'octobre 1991, et en particulier les dispositions autorisant la privatisation d'ANTEL, la compagnie de téléphone.

Il est rare que les grandes infrastructures soient privatisées sans dispositions législatives ou réglementaires particulières. Ainsi, la privatisation de sociétés de télécommunications, d'électricité, de gaz, d'eau ou de transport fait souvent l'objet de lois spécifiques, tantôt des lois de privatisation portant sur un secteur ou une entreprise déterminée[45], tantôt des amendements à des lois existantes. Alors que les secteurs industriels et commerciaux se prêtent bien à une loi de privatisation omnibus, la privatisation des secteurs d'infrastructure requiert en général une redéfinition de la structure du marché, des règles en matière de concurrence, un nouveau cadre réglementaire, ainsi que d'autres modalités particulières, qui seront évoquées ci-dessous.

Quant à savoir quel type d'instrument juridique utiliser pour définir le nouveau cadre sectoriel et les obligations des différentes parties, cela dépendra en grande partie du pays concerné, de ses traditions et des contraintes particulières de la privatisation envisagée. Beaucoup d'investisseurs se sentent davantage rassurés lorsque les éléments clefs de leur régime se trouvent définis dans une loi ainsi que dans les accords de privatisation. Une loi a l'avantage, du moins dans les pays démocratiques, d'être difficile à modifier, un contrat d'offrir des remèdes et des moyens précis pour faire valoir leurs droits.

44 Voir l'article 12 de la loi indonésienne n° 3 de 1989 relative aux télécommunications.

45 Voir les exemples cités dans l'annexe portant liste de textes réglementant la privatisation. La plupart des grandes sociétés d'infrastructure argentines firent ainsi l'objet de lois spécifiques de privatisation, à l'exception toutefois d'ENTEL (la société de télécommunications) dont la privatisation est régie par les dispositions contenues dans la loi de réforme de l'Etat d'août 1989 et par une série de décrets, dont la majorité étaient spécifiques au secteur des télécommunications.

5 CONCURRENCE ET STRUCTURE DE MARCHE

La privatisation des secteurs d'infrastructure offre une occasion unique pour introduire des réformes au niveau de la structure du marché et du cadre réglementaire, comme nous l'avons déjà souligné ci-dessus dans la section sur la stratégie sectorielle. Alors que certaines activités pourront être désormais ouvertes à la concurrence[46], d'autres resteront monopolistiques et devront normalement être réglementées[47]. Politique de concurrence et structure de marché déterminent donc largement le besoin et la nature du cadre réglementaire à développer et la manière dont le secteur sera privatisé et sont elles-mêmes fonction des caractéristiques du pays et du secteur concerné.

Le cadre juridique, institutionnel et réglementaire adopté dépendra donc dans une large mesure de la structure sectorielle choisie et du degré de concurrence que le gouvernement souhaite établir suite à la privatisation. Les options dans ce domaine sont nombreuses et nous ne pouvons guère toutes les décrire. De manière générale, il semble toutefois préférable de promouvoir le plus grand degré de concurrence possible à tous les niveaux du secteur concerné et cela afin de stimuler l'innovation, la qualité du service et la productivité. A titre d'illustration, nous examinerons successivement les choix et expériences britanniques, argentins et hongrois en la matière.

5.1 L'approche britannique

Dans le domaine des télécommunications et du gaz, BT et British Gas furent privatisés en bloc sans grand effort pour établir un secteur concurrentiel; il s'agit là de l'aspect le plus critiqué de ces privatisations. Depuis lors, les régulateurs de ces sociétés (le directeur général des télécommunications, ou Oftel, et le directeur général de l'alimentation en gaz, ou Ofgas, respectivement) ont réussi à maintenir une pression à la baisse sur les prix et à ouvrir ces secteurs à une plus grande concurrence. Les prix des télécommunications ont ainsi baissé de plus de 30 % en termes réels depuis 1984 et BT se trouve face à un total de plus de quarante concurrents dans ses différents secteurs d'activité. Quant au prix du gaz, il a baissé de plus de 20 % en termes réels depuis la privatisation en 1986 de British Gas.

46 Ces activités seront normalement soumises aux lois sur la concurrence examinées à la section 3 du chapitre 3. Lorsqu'une société est privatisée avec un ensemble d'activités dont certaines sont concurrentielles et d'autres soumises à réglementation, les activités concurrentielles sont parfois aussi couvertes par le cadre réglementaire établi pour l'activité monopolistique, cela de manière à éviter, entre autre, que les activités réglementées ne subventionnent celles qui ne le sont pas.

47 Voir Banque mondiale (1994); Kessides (1993); Bradburd (1992).

Dans les domaines électrique et de l'eau, par contre, une profonde restructuration sectorielle précéda la privatisation, créant à cette occasion une série de sociétés indépendantes. Pendant la période suivant les privatisations des compagnies d'eau, les prix augmentèrent substantiellement, dans une large mesure pour financer le coût des investissements requis par les normes européennes en matière d'eau et d'assainissement.

Dans le secteur électrique, une formule différente fut adoptée pour la privatisation de l'électricité en Ecosse, en Irlande du Nord, et en Angleterre et au Pays de Galles[48]. Le régulateur (le directeur général pour l'électricité, ou Offer) essaye actuellement de créer davantage de concurrence au sein du secteur de la production en Angleterre et au Pays de Galles, estimant que la présence de deux producteurs dominants, PowerGen et National Power, n'est pas suffisante pour créer de saines conditions de concurrence et aboutit à des prix trop élevés[49]. Lors de la récente revue quinquennale des prix, il a également imposé une réduction de 11 à 17 pour cent (le pourcentage variant en fonction des circonstances particulières des compagnies électriques régionales) dans les prix de distribution d'électricité, et des augmentations futures limitées à deux pour cent en dessous du taux d'inflation.

Parmi les leçons qui émergent de l'exemple britannique, on peut citer le fait qu'il convient d'éviter d'accorder une trop grande priorité aux montants des recettes à obtenir dans le cadre des privatisations sous peine d'aboutir à des structures trop monopolistiques et protégées de la concurrence. Les Britanniques ont également fortement sous-estimé le niveau d'inefficience de leurs anciennes

---

48 L'approche différente était dictée principalement par les caractéristiques différentes de ces réseaux. Le réseau d'Irlande du Nord n'étant pas interconnecté et étant jugé trop petit pour justifier l'introduction de réformes du type anglais, transmission et distribution n'y furent pas séparés (à l'encontre du cas anglais) et la privatisation du système de production fut réalisée par vente de centrales électriques à des consortia d'investisseurs (et non par offre publique de vente ouverte au grand public), les centrales ainsi privatisées étant liées par des contrats de vente d'électricité à long terme (et non par le système à court terme du pool anglais).

49 En fait, une augmentation de plus de 20 % du prix du «pool» (le mécanisme assurant l'équilibre entre offre et demande) était largement à l'origine de l'enquête récente menée par le régulateur. Au terme de cette enquête, il a donc «suggéré» aux deux producteurs non-nucléaires de vendre «volontairement» certaines de leurs centrales à des tierces parties, de réduire le prix auquel ils vendent au «pool» et d'augmenter l'écart entre prix aux périodes de pointe (peak) et aux périodes creuses (off-peak). Probablement par crainte d'une saisine de la commission des monopoles et fusions (MMC), PowerGen et National Power ont ainsi accepté de vendre des centrales équivalant à une capacité de 6000MW, soit plus ou moins 10 % de la capacité installée en Angleterre et Pays de Galles, et de réduire leur prix de vente au «pool» de 7 % pendant une période de deux ans. De nombreux observateurs estiment que ces concessions risquent de ne pas être suffisantes pour créer un véritable marché concurrentiel. Voir Financial Times des 12/13 février, 14 février, 17 février, 4 mars et 26 avril 1994, ainsi que Journal of Commerce, 16 décembre 1993.

entreprises publiques, ou plus précisément le niveau des gains de productivité pouvant être réalisés par les sociétés privatisées, ce qui a permis à ces dernières de réaliser des réductions de coûts importantes, dont ont bénéficié (sous forme de primes, dividendes et valorisation des actions) les gestionnaires et actionnaires des sociétés privatisées[50]. Ces bénéfices exceptionnels auraient été plus difficiles à maintenir dans un contexte plus compétitif. Enfin, la complexité de la mise en place d'un régime d'interconnexion performant a également été sous-estimée.

5.2 L'exemple argentin

Les Argentins se sont inspirés de l'expérience britannique dans la privatisation des grandes infrastructures, en y apportant toutefois quelques adaptations. Ils ont ainsi appliqué la concurrence dite de référence (ou statistique; «benchmark» ou «yardstick» «competition» en anglais) à la majorité des secteurs d'infrastructure. Ainsi, en télécommunications, le service de téléphonie de base assuré précédemment par l'ancienne ENTEL a été scindé en deux zones géographiques (le nord et le sud) dont l'exploitation est assurée par deux sociétés distinctes, toutes deux privatisées[51]. Bien qu'initialement la concurrence directe ne soit pas autorisée pour les services de base, cette scission territoriale permet néanmoins au régulateur et au public de comparer la performance de ces deux sociétés, et d'exercer les pressions requises sur l'opérateur moins performant.

En 1992, le secteur électrique fut restructuré de manière encore plus fondamentale en séparant les activités de production, de transmission et de distribution, et en les organisant en sociétés distinctes. La capacité de production des entreprises publiques fut scindée en une vingtaine de nouvelles sociétés vendues à des groupes privés se faisant vigoureusement concurrence, la concession du réseau de transmission (haute tension) fut confiée en monopole à une nouvelle société privatisée (Transener), et la distribution est assurée par des sociétés bénéficiant d'un monopole régional, dont certaines (principalement celles de la région de Buenos Aires) ont également déjà été privatisées. Dans le secteur gazier, Gas del Estado fut scindé en deux sociétés de transport (une couvrant le nord du pays, l'autre le sud) et huit sociétés de distribution[52].

Confier l'exercice d'une activité monopolistique à différentes sociétés régionales permet non seulement d'établir les conditions d'une concurrence indirecte (de référence), mais également de mobiliser davantage de ressources financières et humaines et de diversifier les approches technologiques et managériales. Enfin, cela permet au régulateur de mieux contrôler les opérations des entreprises réglementées en multipliant les sources d'information sur le secteur, les nouvelles technologies, et les moyens de réduire les coûts de fonctionnement.

50 Voir Financial Times, 12 août 1994.

51 Voir les notes 71 (p. 239) et 75 (p. 242).

52 Voir articles 2 et 3 du décret 1189/92 de juillet 1992.

Le même procédé avait été envisagé dans le secteur de l'eau, où la ville de Buenos Aires aurait été scindée en deux zones avec concessions distinctes attribuées à deux consortia différents[53], mais il a dû être abandonné vu la complexité technique d'une telle scission; ceci dit, des éléments de comparaison restent possibles entre la gestion privée de Aguas Argentinas (concessionnaire pour le grand Buenos Aires) et les résultats des sociétés d'eau des autres villes du pays. L'établissement d'une concurrence dans le marché entre opérateurs différents n'étant pas possible, les Argentins ont créé une concurrence pour le marché[54].

Enfin, le gouvernement décida également de privatiser de nombreuses lignes ferroviaires pour mettre fin aux énormes pertes subies dans ce secteur, qui étaient de l'ordre de US $ 1 milliard en 1987. Suite à un décret de 1989, le secteur fut radicalement restructuré notamment par l'octroi de concessions pour une majorité des services potentiellement rentables, la réorganisation du service de transport de passagers dans la métropole de Buenos Aires, la fermeture ou le transfert aux provinces de nombreuses lignes et activités non rentables et la vente d'une bonne partie du patrimoine immobilier de la société[55]. Des concessions ont également été octroyées en matière portuaire et routière et pourraient l'être d'ici peu en matière aéroportuaire.

5.3 Le cas des télécommunications hongroises

La Hongrie, quant à elle, a suivi une approche fort innovatrice en adoptant en novembre 1992 une nouvelle loi sur les télécommunications favorisant la concurrence et l'innovation et autorisant la privatisation du secteur. Suite à une procédure d'appel d'offres prévue par la loi (articles 4 et 5), le gouvernement a vendu en décembre 1993 un bloc de contrôle (30 %) dans la société nationale de télécommunications MATAV à un consortium comprenant Deutsche Telekom et Ameritech[56]. Le consortium a payé $ 875 millions pour cette participation, répartis

53 Il est intéressant de noter qu'à Paris la distribution d'eau a été scindée en deux zones faisant l'objet de contrats d'affermage avec deux sociétés privées différentes : le réseau rive gauche est géré par la SPE, filiale de la Lyonnaise des Eaux-Dumez, et le réseau rive droite par la CEP, filiale de la Compagnie Générale des Eaux.

54 Douze sociétés furent préqualifiées pour le contrat de concession de Buenos Aires et certaines de ces sociétés s'allièrent au sein de consortia. Cinq offres furent reçues et un consortium mené par la Lyonnaise des Eaux remporta le contrat, ayant offert un prix de l'eau inférieur de 27 % au prix de l'ancienne entreprise publique.

55 Voir Alexander et Corti (1993), pp. 13-14.

56 En fait, cette participation ne leur donne pas le contrôle effectif de la société, le consortium ne disposant d'une majorité ni au conseil d'administration ni à l'assemblée générale. Un comité exécutif a toutefois été établi au sein duquel les investisseurs ont deux des quatre sièges et aux voix prépondérante. Ce comité, qui fait rapport au conseil d'administration, est responsable de la gestion quotidienne de la société et de l'exécution de son programme annuel.

comme suit : $ 400 millions pour une augmentation de capital, $ 342 millions versés à AVRT, société holding publique, pour l'acquisition d'actions anciennes, et $ 133 millions versés au ministère chargé des communications en guise de droit de concession[57]. La concession de MATAV est d'une durée de 25 ans, y compris un monopole de huit ans, et porte sur le service de base dans 29 des 54 régions nationales, ainsi que sur les services longue distance et internationaux sur tout le territoire national. En outre, 3 % des actions de la société sont détenus par la Banque Européenne et la Société Financière Internationale, et le gouvernement a l'intention d'inclure une seconde tranche d'actions de MATAV dans son programme de privatisation de masse.

Par ailleurs, les concessions sur 23 des 25 régions non couvertes par la concession initiale de MATAV ont à leur tour été octroyées au plus offrant en février 1994; huit ont été remportées par MATAV et 15 par d'autres sociétés[58]; il n'y avait pas preneur pour deux des régions[59]. Ces concessions de douze ans et demi accordent une exclusivité pour le service de téléphonie locale pendant une période de huit ans et donnent également la possibilité au concessionnaire d'obtenir une licence de télédistribution sur le même territoire. L'approche hongroise est tantôt décrite comme une approche résolument moderne, qui tient compte des évolutions stratégiques et technologiques ayant marqué le secteur des télécommunications au courant de ces dernières années, tantôt comme un compromis pour surmonter l'opposition des municipalités au monopole de MATAV[60].

5.4 Multiplicité des schémas

Les schémas d'organisation se multiplient. Outre les exemples des trois pays cités ci-dessus et celui de la politique de la commission européenne mentionné à la section 3.4, on peut également soulever l'importante décision de la commission pour la radio-télévision et les télécommunications du Canada (CRTC) de septembre 1994. Cette décision devrait ouvrir le secteur local des télécommunications à la concurrence des télédistributeurs et autres candidats, brisant ainsi le monopole local des compagnies téléphoniques, qui sont quant à elles autorisées à fournir des

57 Voir Privatisation International, janvier 1994 , p. 4.

58 Plusieurs consortia, conduits notamment par la Compagnie Générale des Eaux, Alcatel, et plusieurs compagnies américaines, ont remporté ces contrats. Ils ont payé un total de 80 millions de dollars US pour ces 15 concessions et se sont engagés à investir près de 200 millions de dollars dans le courant des trois premières années de leur concession. D'après Financial Times, 1 mars et 11 mars 1994.

59 MATAV continuera à assurer le service dans ces deux régions, mais pas sous forme de concession.

60 Les municipalités avaient le choix entre maintenir les services téléphoniques de leur région au sein de MATAV ou les offrir en concession séparément; une majorité de municipalités dans 25 régions choisirent la seconde option.

services audiovisuels. En décloisonnant les secteurs des télécommunications et de l'audio-visuel qui avaient été maintenus artificiellement séparés par voie réglementaire, cette décision devrait permettre le développement de nouvelles technologies et de nouveaux services[61].

Le cas américain est également intéressant puisque c'est un juge qui décida en 1982 de restructurer l'ensemble du secteur des télécommunications en ordonnant à la société privée AT&T, qui bénéficiait d'un quasi-monopole, de scinder ses activités en créant sept nouvelles sociétés régionales autonomes qui reprirent l'ensemble des responsabilités de l'ancien monopole en matière de service local[62]. Quant à la Nouvelle-Zélande, c'est la loi de télécommunications de 1988 qui supprime à partir du 1 avril 1991 le monopole de Telecom New Zealand (privatisée en 1990), ouvrant ainsi la porte à la concurrence dans tous les segments de ce secteur, y compris le réseau public commuté[63].

Ces quelques exemples illustrent la multiplicité des schémas pouvant être adoptés et la nécessité de les adapter aux circonstances particulières du pays et de les modifier lorsque l'expérience indique qu'ils laissent à désirer. Il s'agit là d'expériences pilotes relativement récentes, dont les coûts et bénéfices sont encore en cours d'évaluation. Le choix d'une structure de marché et de règles de concurrence déterminées seront fonction des caractéristiques du pays et du secteur concernés, ainsi que des objectifs et de la stratégie du gouvernement. La privatisation de secteurs d'infrastructure n'est pas une science exacte et requiert presque toujours certains ajustements et corrections.

---

61 Voir Financial Times, 19 septembre 1994.

62 Un des objectifs principaux de l'éclatement d'AT&T était de favoriser le développement de la concurrence et la baisse des prix au niveau des services longue distance et internationaux. La majorité des observateurs s'accordent pour dire que cet objectif a été largement atteint. Pour un point de vue contraire, voir Michael Noll qui, dans un récent article, estime que les baisses de prix des communications longue distance réalisées depuis janvier 1984 (date d'entrée en vigueur de la décision d'éclatement) résultent de l'évolution technologique et de la suppression des subventions au service local, mais pas de la présence d'une forte concurrence entre AT&T, MCI, Sprint et d'autres opérateurs. En fait, il estime que le coût de cette concurrence, principalement sous forme de frais publicitaires plus élevés, pourrait rendre le prix de ces communications plus élevé aujourd'hui que le prix qui eut existé si ces réformes n'avaient pas été introduites. Il explique cela en partie par l'existence, avant 1984, d'une société monopolistique relativement éclairée (AT&T) soumise à un régime régulatoire fonctionnant dans l'intérêt public. Voir A. Michael Noll, A study of long-distance rates. Divestiture revisited, *Telecommunications Policy,* volume 18, no. 5, 1994, pp. 355-362.

63 La concurrence y a été effectivement introduite dès 1991 avec l'entrée de Clear Communications, un consortium comprenant notamment MCI, Bell Canada, la compagnie de chemins de fer et une société locale de radiodiffusion. Voir Hunter Donaldson, *Telecommunications Liberalization and Privatization : The New Zealand Experience,* in Wellenius et Stern (1994), p. 259.

6 CHAMP D'APPLICATION DE LA REGLEMENTATION

Avant de se poser la question de savoir comment et par qui ces secteurs seront réglementés, il faut déterminer au préalable le champ d'activités soumis à réglementation. Que peut-on laisser aux règles du marché, que faut-il réglementer, qui faut-il réglementer, quand, et pourquoi ?

6.1 Objectifs de la réglementation

L'on peut regrouper les objectifs de la réglementation des services publics en quelques grandes catégories, dont la protection des consommateurs et utilisateurs, la protection des règles de concurrence (et notamment des concurrents de l'opérateur dominant) et la satisfaction de la demande (notamment par la promotion de l'investissement), le rôle de la réglementation étant de suppléer aux défaillances du marché. En effet, l'intervention ne se justifie que dans la mesure où ces objectifs ne peuvent pas être réalisés en laissant libre cours au marché. En fonction des objectifs définis et des circonstances particulières du secteur et du pays, la réglementation sera susceptible de porter sur le comportement de l'opérateur dominant vis-à-vis de ses concurrents, sur les investissements à réaliser, sur les prix ou profits autorisés, sur la qualité des services (y compris les normes techniques et de sécurité) ou sur certaines obligations de nature sociale.

6.2 Quelles entreprises ?

Dans de nombreux pays, les monopoles publics n'étaient pas réglementés pour la raison précise qu'ils avaient un caractère public et qu'ils étaient sensés servir l'intérêt collectif, objectif rarement atteint en pratique. Bien que certains auteurs et praticiens estiment que, dans les secteurs d'infrastructure, un monopole public est en soi supérieur à un monopole privé, ni cette thèse, ni son contraire n'ont jamais été prouvées empiriquement. La performance de certains monopoles privés, telle la société de télécommunications philippine, est notoirement insatisfaisante[64]. Quant aux cas d'inefficience de monopoles publics, ils sont légions. L'efficience et le comportement d'une entreprise monopolistique, qu'elle soit privée ou publique, dépend dans une large mesure du cadre dans lequel elle opère et en particulier d'incitations et sanctions stimulant la performance. En matière de réglementation, il n'y a, a priori, pas de raison de traiter les entreprises publiques différemment des entreprises privées[65].

64 Voir Levy et Spiller (1993).

65 Certains pays, dont la France (la direction de la réglementation générale) et l'Allemagne ont introduit un mécanisme de réglementation du monopole public, davantage en prélude à une démonopolisation du secteur que suite à un constat de carence de l'entreprise publique monopolistique.

L'argument du manque de capacité institutionnelle pour réglementer un secteur intrinsèquement monopolistique[66], parfois invoqué pour bloquer une privatisation, n'est donc pas un argument suffisant. En effet, d'une part, la propriété publique d'un secteur monopolistique ne justifie pas l'absence de réglementation, et d'autre part la présence d'un monopole privé opérant sans surveillance d'un régulateur peut, sous certaines conditions, être préférable à l'ancien monopole public ou à un monopole privé avec régulateur[67].

6.3 Quelles activités ?

Passant du qui au quoi, on peut énumérer la politique tarifaire, les subventions directes, indirectes et croisées, la satisfaction de la demande, l'accès au marché, l'accès des tiers au réseau (y compris les termes et conditions d'interconnexion de nouvelles sociétés avec les réseaux établis), la protection des consommateurs, la qualité et la continuité du service, la sécurité et l'environnement comme objets de réglementation parmi d'autres. La majorité des pays utilisent une gamme d'instruments pour assurer cette réglementation, comprenant notamment des conditions (règles du jeu) précises stipulées dans la concession ou licence et des règles régissant l'intervention ultérieure des différentes autorités de réglementation et d'autres parties concernées.

7 OCTROI D'UNE CONCESSION OU LICENCE

La privatisation des grandes sociétés d'infrastructure requiert, tant en termes stratégiques que de par leur taille et le volume d'investissement nécessaire, une approche particulière se traduisant en général par l'octroi par l'Etat aux investisseurs d'une concession ou licence[68]. Cet ouvrage étant principalement consacré à la privatisation au sens strict, à savoir le transfert du secteur public au secteur privé d'entreprises ou d'actifs existants, ne peut pas examiner en détail le régime de la concession de travaux publics, de même que les contrats de BOO et BOT, qui constituent une autre forme importante de privatisation (sensu lato), l'Etat confiant au secteur privé la responsabilité de construire, financer et gérer certaines infrastructures. Nous nous contenterons de relever ici l'importance du

66 Nous avons vu plus haut qu'il y a moins de secteurs naturellement monopolistiques aujourd'hui qu'on le pensait avant. Si un secteur n'est pas vraiment monopolistique, l'introduction d'une certaine concurrence peut limiter le besoin de réglementation.

67 Voir Roth (1987), p. 91, où l'auteur fait référence à une étude de 1959 soutenant que certaines sociétés électriques non-réglementées en Amérique latine avaient une performance supérieure aux sociétés réglementées.

68 Dans certains pays, les termes de franchise, autorisation ou permis sont également utilisés, généralement pour décrire une forme de licence.

concept et des mécanismes juridiques de concession qui trouvent également à s'appliquer dans de nombreuses privatisations de sociétés de services publics.

7.1 Concession ou licence ?

Bien que les deux concepts soient souvent utilisés de manière interchangeable, les termes licence et concession ont chacun un sens propre qui les différencie. Dans le contexte des services d'infrastructure, une licence est avant tout l'octroi par l'Etat au secteur privé d'une autorisation d'exercer une activité déterminée, alors que la concession représente la délégation par l'Etat à une personne privée de l'exercice d'une activité publique, la qualification publique d'une activité étant largement contingente et variant tant historiquement que d'un pays à l'autre[69]. Seconde différence importante, la licence est normalement accordée de manière unilatérale, alors que la concession est un contrat. Cependant, la modification unilatérale d'une licence par l'autorité publique requiert en général l'accord du bénéficiaire de la licence[70], alors que le droit français reconnaît aux pouvoirs publics le droit, moyennant compensation, de modifier unilatéralement les termes d'un contrat de concession lorsque les circonstances le requièrent (principe de l'adaptation du service). Le terme concession implique non seulement le caractère public de l'activité mais également sa délégation pour une période déterminée au terme de laquelle l'activité retournera au concédant (à savoir l'autorité publique). Ainsi, les deux sociétés de télécommunications argentines ayant hérité du réseau de l'ancienne ENTEL[71] opèrent sous une licence perpétuelle, et non sous une concession, alors que les sociétés italiennes ou hongroises de télécommunications, par exemple, opèrent sous des concessions à durée déterminée. Ce sont donc les termes et caractéristiques de l'autorisation de fournir un service, plutôt que la qualification donnée à cette autorisation, qui sont importants.

7.2 Conditions d'octroi

Les conditions d'octroi de la concession ou licence peuvent être stipulées, soit par la loi ou réglementation de privatisation, soit par la réglementation portant sur l'accès à ces secteurs lorsqu'elle existe déjà. Elles seront normalement reflétées

69 Voir également la discussion de la notion de service public à la section 1 ci-dessus.

70 Voir, par exemple, l'article 11 de l'Electricity Act (1989) britannique, qui stipule que la licence peut être modifiée si le détenteur de la licence y consent.

71 Quatre sociétés succédèrent à ENTEL, à savoir Telecom pour le réseau nord, Telefónica de Argentina pour le réseau sud, chacune bénéficiant d'un monopole temporaire, ainsi que deux sociétés détenues conjointement par Telecom et Telefónica, à savoir une pour les télécommunications internationales qui bénéficiait également d'un monopole temporaire, et une autre pour la fourniture de services à valeur ajoutée opérant en concurrence avec d'autres opérateurs.

dans les documents d'appel d'offres. L'octroi du contrat de privatisation suite à un tel appel d'offres devrait emporter automatiquement octroi de ladite concession ou licence. Les conditions de préqualification pour un appel d'offres sont examinées ci-dessous dans la section 11.2 sur le choix de partenaires stratégiques et au tableau 14, p. 259, sur les critères de qualification des soumissionnaires pour la privatisation de sociétés de télécommunications.

8 CONTENU DE LA CONCESSION OU LICENCE

La concession ou licence donne à son détenteur le droit de fournir un service public dans des conditions précises, qui comprennent souvent des éléments de monopole. Deux techniques de privatisation très différentes tendent à être utilisées : dans le premier cas, la propriété de l'entreprise publique est cédée à la partie privée avec le droit d'exploiter le service. Dans le second, l'entreprise publique ou ses biens sont confiés à l'exploitant privé pour la durée de sa licence[72]. Quel que soit le cas, l'actif le plus précieux mis en vente n'est pas l'infrastructure physique même mais plutôt le droit de fournir le service concerné. La concession, normalement accordée pour une durée limitée, ou la licence peut être révoquée si le titulaire manque au respect des conditions qu'elle prévoit. Elle comprend toujours un contrôle, par l'administration publique ou par un organe spécialisé, de la manière dont la société exécute ses obligations, et prévoit normalement des mécanismes qui permettent de modifier les droits et obligations créés par la concession ou licence pour tenir compte de circonstances nouvelles[73]. L'encadré 17 ci-dessous énumère les principales clauses que l'on retrouve dans des concessions ou licences de service de téléphonie publique.

Encadré 17

Eléments d'une licence ou concession en matière de télécommunications

Une concession ou licence peut être octroyée tant pour l'exercice des fonctions de l'opérateur public dominant, que pour de nouveaux opérateurs, entrant dans ce marché à la suite d'une privatisation au sens strict ou large. Les termes d'une concession ou licence devraient permettre de limiter les possibilités d'interférences de type politique dans la gestion quotidienne de l'entreprise et de régler a priori quelques uns des problèmes de nature réglementaire les plus délicats. Les clauses de ces concessions ou licences varient considérablement de pays à pays mais il existe des éléments communs qui incluent, en règle générale :

72 Voir également la section 3.1 ci-dessus.

73 Voir notamment les théories de l'imprévision et du fait du prince dans le droit français de la concession.

- Une définition du réseau qui fait l'objet de la concession ou licence, permettant d'établir clairement la distinction entre ce réseau et, le cas échéant, le réseau public, les autres réseaux privés et les terminaux de télécommunications;
- Une définition des services couverts : communications zonales, interzonales et internationales, services de radiotéléphonie (cellulaire ou autre), de téléavertisseurs («paging»), communications par satellites, réseaux commutés de transmission de données par paquets, circuits privés, etc.
- Des objectifs de type qualitatif et quantitatif : par exemple, couverture géographique, nombre de raccordements, nombre de téléphones publics, pourcentage d'erreurs maximum toléré, temps de réparation maxima;
- L'obligation de publier les tarifs des services ainsi que l'obligation de satisfaire la demande des consommateurs de manière non-discriminatoire;
- L'obligation de fournir certains services à caractère social : par exemple, numéros d'appel d'urgence gratuits, services de renseignements, services aux handicapés physiques et aux malentendants;
- L'interdiction de pratiques anti-concurrentielles : par exemple, ventes liées de services différents, subventions croisées, discriminations, sélection de sous-traitants sans appel d'offres public préalable;
- L'obligation de procéder, de manière non-discriminatoire, au raccordement d'équipements homologués; règles relatives à la fourniture d'équipements fabriqués par l'opérateur lui-même;
- L'obligation d'accorder le raccordement à d'autres réseaux (interconnexion) à des conditions raisonnables; détermination du tarif de raccordement qui peut être imposé par l'opérateur pour lui permettre de couvrir les frais qui résultent de l'utilisation du réseau et de la fourniture des services à caractère social;
- L'application de formules d'ajustement des tarifs, et la détermination des groupes de services auxquels ces tarifs s'appliquent;
- Un code de conduite à l'égard des fournisseurs et des consommateurs, incluant notamment des règles de confidentialité;
- Des règles relatives à la facturation;
- Interdiction de ne traiter qu'avec un seul opérateur étranger lorsque plusieurs opérateurs sont autorisés à fournir des services internationaux dans ce marché;
- Des règles relatives à l'attribution des numéros et à la modification de ceux-ci;
- Des servitudes sur les propriétés publiques ou privées permettant à l'opérateur de faire passer des câbles sur ces propriétés et d'avoir accès aux équipements qu'il y a installés;
- Le paiement, par l'opérateur, de redevances ou de droits;
- L'obligation de fournir des informations suffisantes à l'organisme responsable de la réglementation du secteur pour lui permettre d'exercer ses fonctions;
- Des règles relatives à la tenue et à la réglementation des comptes;
- Les conditions relatives à l'octroi, à la révocation et à la modification de la licence ou concession;
- Des limitations imposées à la participation d'investisseurs étrangers dans le capital de l'opérateur;
- Des règles relatives à l'examen des plaintes, aux mesures à prendre en cas d'interruption du service, et à la responsabilité de l'opérateur.

Source : Smith et Staple (1993), p. 68. Ces auteurs se sont inspirés principalement des licences ou concessions de l'opérateur principal au Royaume-Uni (BT), au Mexique (Telmex) et au Sri Lanka (SLT).

8.1 Promouvoir la concurrence

Dans de nombreux cas, un élément de monopole a dû être concédé aux repreneurs. Dans le secteur des télécommunications, ce monopole couvre typiquement les services de téléphonie dits de base pour une période déterminée, au terme de laquelle le monopole prend fin et la concurrence est autorisée[74]. Le concept de service de base varie d'un pays à l'autre et comprend, outre le réseau local câblé (qui en constitue l'essence), tout ou partie des services de télécommunication par voix (communications longue distance et internationales ainsi que, moins souvent, réseau de radio-téléphonie).

La durée du monopole est souvent inférieure à la durée de la concession ou licence, ce qui produit des licences ou concessions à deux temps : une échéance au terme de laquelle la protection monopolistique est supprimée et une échéance marquant le terme du contrat de concession lui-même, sauf bien sûr dans les cas où la licence (ou «concession») aurait été octroyée à perpétuité. L'on trouve ainsi des périodes de monopole allant de cinq ans au Pérou, sept ou dix ans en Argentine (où la licence est à durée indéterminée[75]), huit ans en Hongrie (concession de 25 ans), neuf ans au Venezuela (concession de 35 ans), à 25 ans en Jamaïque où la durée de la concession coïncide avec celle du monopole. On trouve également différents champs d'application du monopole, allant du réseau local uniquement (certaines concessions locales en Hongrie) à l'ensemble des services, y compris les services à valeur ajoutée (Jamaïque), en passant par l'ensemble des services dits de base. L'octroi d'un monopole temporaire se justifie souvent par la nécessité de rééquilibrer les tarifs en vue d'éliminer progressivement la subvention croisée des services locaux par les services interzonaux et internationaux. Si le monopole était aboli avant ce rééquilibrage, l'opérateur dominant ne serait plus en mesure de concurrencer les nouveaux opérateurs tout en maintenant une subvention interne des services locaux. Une autre raison souvent avancée pour justifier un monopole est que ce dernier est indispensable pour permettre le financement des importants investissements nécessaires dans beaucoup de pays.

Cet élément de monopole se retrouve également sous d'autres formes et dans d'autres secteurs. Des monopoles ont été accordés aux sociétés de distribution de gaz et d'électricité au Royaume-Uni et en Argentine, et certaines exemptions au droit de la concurrence ont été prévues, notamment en Angleterre dans le domaine

74 Tant le Royaume-Uni, que le Chili et les Etats-Unis permettent la concurrence entre plusieurs réseaux fixes au sein d'un même territoire.

75 Le monopole (la période d'exclusivité) était initialement fixé à deux ans seulement, prolongés automatiquement jusqu'à sept ans moyennant le respect par les deux sociétés de leurs engagements, y compris la réalisation d'un programme d'investissement de l'ordre de 5 milliards de dollars US et certaines normes de qualité de service, la période de monopole pouvant être prolongée de trois années supplémentaires moyennant réalisation d'objectifs encore plus élevés.

électrique[76]. Par ailleurs, dans le domaine routier, il n'est pas rare de voir des restrictions à la construction de nouvelles routes pouvant faire concurrence avec une autoroute mise en concession.

Au monopole dont on vient de parler, on peut opposer la concurrence, qui elle aussi devra faire l'objet de dispositions particulières dans la mesure où des conditions monopolistiques persistent, notamment en matière d'accès des tiers au réseau. L'implantation de réseaux cellulaires concurrents en est un exemple, le succès de tels réseaux demandant en général qu'ils soient raccordés au réseau fixe de l'opérateur principal. Il en va de même pour les communications à longue distance, lorsque celles-ci sont ouvertes à la concurrence, et pour la location de capacité de transmission. Une des règles fondamentales devant être mise en place dans ce contexte est l'accès non discriminatoire au réseau, ce qui implique notamment que lorsque l'opérateur dominant fournit certains de ces services en concurrence avec d'autres opérateurs, il doit leur accorder cet accès aux mêmes termes et conditions techniques et financiers qu'il applique à sa propre utilisation du réseau.

8.2 Promouvoir l'investissement

Une caractéristique commune aux secteurs d'infrastructure de presque tous les pays en développement et de certains pays industrialisés est l'inefficience et le sous-investissement chronique dont ils souffrent. Dans ces pays l'objectif principal de la privatisation est (ou devrait être) de promouvoir de nouveaux investissements et d'accroître la performance du secteur afin de résorber l'écart entre l'offre et la demande. Les privatisations de sociétés de télécommunications en Argentine, au Mexique, au Venezuela[77], au Pérou[78] et en Hongrie[79] exigeaient toutes d'importants investissements neufs de la part des repreneurs, ainsi que des améliorations dans la

76 Voir l'article 100 de la loi relative à l'électricité (1989) qui prévoit que le ministre du commerce et de l'industrie peut exempter certains accords de l'application de la loi de 1976 relative aux pratiques commerciales restrictives. Les ordonnances du ministre contiennent cependant des prescriptions spécifiques en matière de concurrence et elles doivent être approuvées par les autorités de la commission européenne compétentes en ce domaine.

77 Voir l'encadré 16 sur CANTV, pp. 225-226.

78 Notamment des investissements de l'ordre de 1,5 milliards de dollars US sur cinq ans en vue de tripler le nombre de lignes en service du niveau actuel de 630.000 à 1,8 millions, ainsi que l'introduction de service téléphonique dans tous les villages de plus de 500 habitants. D'après Financial Times, 1 mars 1994.

79 Notamment augmentation du parc de lignes de 15,5 % par an pendant une période de six ans, le raccordement de tout demandeur dans les six mois d'ici fin 1997, l'automatisation de l'ensemble du réseau, et le développement de la Hongrie comme plaque tournante pour les télécommunications dans la région.

qualité du service fourni et des gains de productivité. De même, l'objectif principal de la réglementation du secteur devrait être de créer les conditions nécessaires pour encourager l'investissement, plutôt que de contrôler le niveau des prix comme le font les pays à haut taux de pénétration, comme les pays de l'OCDE.

8.3 Contrôler les prix

Autre élément critique de la licence octroyée : le régime des prix, et en particulier la formule d'ajustement des prix. En vue d'assurer un meilleur rendement économique, seuls les prix de services non-concurrentiels devraient être réglementés, et des restrictions devraient être imposées en vue d'interdire à une entreprise de subventionner ses activités concurrentielles au moyen des recettes réalisées dans le cadre de ses activités réglementées[80].

Par ailleurs, la formule de contrôle des prix choisie doit pouvoir être effectivement appliquée par l'autorité responsable, ce qui implique notamment que les informations nécessaires pour permettre à cet organisme d'accomplir sa mission soient effectivement disponibles et que l'organisme ait les moyens de forcer les sociétés soumises à réglementation à les communiquer[81]. Le degré de complexité du mécanisme de calcul des ajustements de prix devrait tenir compte des moyens et capacités techniques de cet organisme. En d'autres mots, le mécanisme de régulation doit répondre aux caractéristiques et contraintes du pays et du secteur concernés.

Nous examinons ci-dessous la formule tarifaire choisie par le gouvernement britannique pour la majorité des privatisations de sociétés d'infrastructures. Cette technique mérite une attention particulière, d'une part, au vu de son caractère novateur et, d'autre part, au vu de sa place centrale dans le processus de privatisation des services publics britanniques, processus dont l'influence à travers le monde fut et est toujours considérable.

---

80 Ainsi la licence de BT contient des clauses interdisant à BT d'utiliser les profits réalisés sur la fourniture de services réglementés pour subventionner la fourniture de services ou biens non-réglementés, tel que la vente d'équipements de télécommunications, ceci afin d'éviter que BT ne puisse faire une concurrence déloyale aux autres fournisseurs d'équipements. De même, les termes de la licence interdisent à BT de facturer un coût différent pour des services internes et pour les mêmes services fournis à une tierce partie.

81 Voir les dispositions contenues dans les législations de télécommunications concernant l'obligation faite aux opérateurs de communiquer certains renseignements et d'assurer la publicité de certaines informations, notamment les «Telecommunications (Disclosure) Regulations 1990» de Nouvelle-Zélande.

Cette formule (dite de «price cap») fixe le pourcentage plafond d'augmentation du prix d'un panier de services déterminé à RPI-X, où RPI représente le taux d'inflation tel que mesuré par l'indice des prix à la consommation («retail price index») et «X» le facteur de productivité initialement stipulé dans le prospectus de privatisation. Dans le cas de British Telecom, par exemple, la valeur de 'X' a été fixée initialement (en 1984) à 3 %, puis portée successivement par Oftel (le régulateur) à 4,5 % en 1989 (au terme de la période initiale de cinq ans stipulée dans la licence), 6,25 % en 1991 et 7,5 % en 1993. L'entreprise a ainsi été contrainte par le régulateur à répercuter à une cadence accélérée sur l'abonné les gains de productivité qu'elle réalisait. L'ajustement de 1989 correspondait au premier ajustement quinquennal. A cette occasion, BT a également accepté que la prochaine révision ait lieu en 1993, un an plus tôt que ce qui était normalement prévu, et qu'une révision éventuelle à mi-parcours (à savoir en 1991) puisse avoir lieu pour refléter, le cas échéant, des circonstances exceptionnelles en dehors du contrôle de BT. L'ajustement intérimaire de 1991 eut lieu pour tenir compte notamment de l'accélération de l'évolution technologique dans le secteur des télécommunications.

L'indexation porte sur un panier de services, qui fut également modifié lors de chaque adaptation de la formule. BT est libre de modifier les prix des services compris dans ce panier pour autant que dans leur ensemble ces prix diminuent en moyenne (pondérée) au moins du pourcentage résultant de l'application de la formule. Certains services non compris dans le panier sont soumis à d'autres facteurs de productivité (valeur différente du X), alors que le prix d'autres services est librement fixé par l'opérateur. Le pourcentage des revenus de BT soumis à contrôle des prix est passé de 55 % en 1984 à 80 % en 1993.

La principale différence entre le contrôle par la formule RPI - X et le contrôle par la formule du taux de rentabilité («rate of return») vient de ce que la première est plus facile à administrer (car elle dépend moins d'informations fournies par l'entreprise réglementée elle-même), requiert moins de vérifications de la part du régulateur et permet d'espacer davantage ses interventions. Etant plus souple, elle est également mieux adaptée à des industries en mutation technologique constante, où l'entreprise réglementée pourra bénéficier de gains de productivité et de profitabilité induits par une introduction accélérée de nouvelles technologies. Il est cependant encore trop tôt pour se prononcer définitivement sur les avantages et inconvénients respectifs de ces formules[82].

Le facteur 'X' était appelé à être réévalué tous les quatre à cinq ans, selon les dispositions spécifiques à chaque secteur. Le régulateur peut toutefois décider à tout moment de modifier les termes d'une licence, y compris le montant du facteur 'X', moyennant l'accord de l'entreprise réglementée. Au cas où la société privée

82 Voir Beesley et Littlechild (1989) et Lipworth (1993).

(BT dans ce cas) s'oppose à cet ajustement, le régulateur peut porter l'affaire devant la «Mergers and Monopolies Commission» (MMC) et modifier la licence pour autant que la MMC déclare que l'entreprise réglementée a agit contre l'intérêt public et que le ministre du commerce et de l'industrie ne s'oppose pas aux modifications proposées[83].

On retrouve donc au Royaume-Uni un certain marchandage entre régulateur et entreprise réglementée qui peut porter tant sur le niveau du facteur X, le degré de concurrence dans le marché, les conditions d'interconnexion et les renseignements à fournir, que sur la survie même de l'entreprise en tant que telle, le régulateur pouvant menacer d'introduire un recours auprès de la MMC demandant que l'entreprise fasse l'objet d'une fragmentation en plus petites entités. La modification du facteur X par le régulateur rapproche donc cette formule de la formule du taux de rentabilité, une rentabilité «excessive» menant inévitablement à une modification du facteur X et ramenant ainsi la rentabilité de l'entreprise à un taux jugé «raisonnable» par le régulateur sur base notamment des rendements obtenus sur les marchés des capitaux. En effet, dans pratiquement tous les pays, la réalisation de profits extraordinaires, c'est à dire nettement supérieurs aux rendements du marché, par des entreprises bénéficiant d'un certain degré de monopole n'est en général politiquement pas tenable à long terme, quelles que soient les dispositions contractuelles ou réglementaires applicables.

Ceci dit, en laissant à l'entreprise le bénéfice de réductions de coûts réalisées entre chaque ajustement, cette formule fournit de réelles incitations à l'efficience. Il faut également noter que le facteur X n'est pas toujours négatif et pourra par exemple être positif lorsque d'importants nouveaux investissements sont nécessaires. De manière générale, il importera de ne pas attribuer à un 'X' négatif une valeur absolue trop élevée (de sorte à ne pas décourager les acquéreurs potentiels, ni les investissements que ceux-ci seraient prêts à réaliser, ni l'entrée de nouveaux concurrents), ni trop basse (de manière à éviter de trop faibles gains de productivité, des prix consommateurs élevés et une moindre compétitivité de l'économie nationale).

Le choix du niveau de gains de productivité à réaliser est particulièrement difficile lors de la première détermination du facteur 'X', puisqu'à ce moment là le régulateur (ou l'autorité politique) ne dispose généralement pas des informations nécessaires pour déterminer les gains de productivité pouvant être réalisés par la ou les entreprise(s). La meilleure façon de confisquer les rentes de monopole au moment de la privatisation est probablement d'utiliser un mécanisme concurrentiel pour la vente de l'entreprise ou de ses actions, laissant ainsi aux soumissionnaires ou au marché le soin d'évaluer les gains de productivité pouvant être réalisés. Ce n'est pas la route que choisit le Royaume-Uni. Ainsi, la première tranche de BT fut

---

83 Voir les sections 12-15 de la loi britannique sur les télécommunications de 1984.

vendue en novembre 1984 par une OPV portant sur plus de trois milliards d'actions (50,2 % du capital) au prix fixe de £1,30 par action, la demande des souscripteurs dépassant de plus de trois fois le nombre d'actions disponibles.

Cette formule des prix plafonnés («price cap») n'est donc pas sans failles ou risques. Tenenbaum, Lock et Barker (1992, pp. 27-8) en notent trois, à savoir le risque que le régulateur ne tente de réduire les tarifs lorsque les sociétés réalisent des profits plus élevés que prévu (ce qui réduit leur incitation à réduire les coûts), que les entreprises réglementées ne tentent d'augmenter leurs profits en réduisant la qualité des services fournis et que cette formule ne fournisse pas les incitations voulues pour encourager de nouveaux investissements. Ces risques se trouvent amplifiés lorsqu'il s'agit de pays en voie de développement sans réputation établie en matière d'indépendance des organes de régulation. Dans ces cas, le risque principal est que l'investisseur ne soit pas prêt à accepter un ajustement du facteur X après quatre ou cinq ans qui pourrait conduire sa société à enregistrer des pertes importantes, ou qu'il ne consente à investir que moyennant un rendement escompté fort élevé lui permettant de recouvrer sa mise avant le premier ajustement du facteur X. Tout investissement privé à long terme dans ces secteurs sera conditionné par l'existence d'un mécanisme d'ajustement des prix raisonnable et crédible limitant les risques d'une «expropriation administrative».

Par ailleurs, comme nous l'avons déjà signalé, il importe de ne pas accorder une trop grande importance au niveau des prix dans les pays où la priorité est de stimuler l'investissement et l'extension des réseaux. Dans ces pays, il sera souvent préférable d'avoir des tarifs élevés permettant à l'entreprise d'autofinancer une bonne partie de son programme d'investissement, et des mécanismes contractuels ou réglementaires forçant la ou les entreprise(s) concernée(s) à réinvestir le «sur-tarif» dans le secteur et à satisfaire la demande. De manière générale, le public préfère un service cher à un service défaillant, inaccessible ou inexistant[84].

9 CONCORDANCE ENTRE L'APPROCHE REGLEMENTAIRE ET LES OBJECTIFS DE LA PRIVATISATION

Il est essentiel de mettre en oeuvre le cadre réglementaire appelé à régir les activités de la société privatisée avant ou au plus tard au moment de la privatisation. Réforme réglementaire et processus de privatisation doivent donc être bien coordonnés.

84 «Il semble clair que l'Amérique latine a besoin de plus d'électricité et non pas d'électricité moins chère», écrivaient déjà en 1959 David F. Cavers et James R. Nelson dans une étude (*Electric Power Regulation in Latin America,* Baltimore, Johns Hopkins University Press, 1959, p. 29) citée par Roth (1987).

9.1 Impact de la réglementation sur les investisseurs potentiels

Afin de déterminer le prix qu'ils sont prêts à payer, les investisseurs voudront savoir sous quel régime réglementaire la société opérera[85]. Ils voudront être fixés non seulement sur le régime réglementaire en vigueur au moment de la privatisation mais aussi sur son évolution dans les années à venir. De ce point de vue, un ancrage législatif du régime réglementaire s'avère souhaitable, la loi donnant une plus grande stabilité au régime[86]. Le cadre réglementaire pourra ainsi être consacré soit par la loi de privatisation, lorsqu'il s'agit d'une loi sectorielle, soit par une loi spéciale de réglementation, soit par la loi organisant le secteur. Il devra normalement être adopté avant ou au plus tard au moment de la privatisation.

En vue de rassurer les investisseurs, réduire la prime de risque que ceux-ci incluent dans tout investissement et obtenir le meilleur prix pour l'entreprise ou l'activité à privatiser, le gouvernement devra prendre l'engagement de ne pas modifier substantiellement le régime réglementaire ou, du moins, de ne pas le faire au détriment des investisseurs. Pour être efficace, cependant, un tel engagement devra être crédible ou renforcé par une garantie sous une forme ou une autre, comme par exemple une disposition dans les accords de privatisation ou la licence permettant à la société d'ajuster ses tarifs ou de recevoir une subvention (ou une réduction d'impôts) pour compenser l'effet d'une modification défavorable du régime. Sans quoi, la promesse risque de n'être pas prise au sérieux et les soumissionnaires présenteront des offres moins élevées. Ainsi, les gouvernements à faible crédibilité devront en général offrir davantage de garanties pour attirer les investisseurs privés.

---

85 «Dans quelle mesure les régulateurs doivent-ils révéler leurs intentions pour les entreprises qu'ils réglementent ?», demande ainsi The Economist. S'ils sont trop discrets, les dirigeants, investisseurs et concurrents des sociétés réglementées doivent prendre des décisions à long terme sur la base de vagues conjectures. Si, en revanche, ils en disent trop, ils préjugent en fait de questions qu'ils n'ont guère eu le temps d'étudier. (...) En tant que vendeur et décideur, le gouvernement est partagé entre deux attitudes. Il veut obtenir le meilleur prix possible pour ses actions, en partie pour atténuer ses besoins d'emprunt qui ne cessent d'augmenter et en partie pour éviter d'être accusé de brader le patrimoine public. De ce point de vue, il doit faire monter les enchères pour BT. D'un autre côté, le gouvernement veut se donner l'image d'un promoteur de la concurrence dans le secteur des télécommunications britanniques et montrer qu'il donne au régulateur qu'il a créé les moyens de remplir sa mission. Oftel se trouve placé devant un même dilemme. Sir Bryan veut à la fois affirmer son indépendance à l'égard du gouvernement et éviter toute controverse qui pourrait lui coûter son poste à l'expiration de son mandat actuel, en juin prochain. Tout gouvernement et tout régulateur est aux prises avec les mêmes forces lorsqu'il s'agit de privatiser des entreprises publiques». (D'après «The regulators' bind. When governments sell their stakes in industry, frankness is best», The Economist, 2 novembre 1991, p. 18.)

86 Ainsi, au Venezuela, l'absence d'une telle loi a probablement contribué à la relative instabilité du régime réglementaire. Voir ci-dessus l'encadré 16, pp. 225-226.

9.2 Impact de la réglementation sur le repreneur

La coordination entre approche réglementaire et objectifs de la privatisation porte également sur le rapport très étroit qui existe entre les éléments clefs de la concession ou licence et le comportement du soumissionnaire sélectionné. Ainsi, des obligations trop contraignantes en matière de qualité du service à fournir par la société privatisée (portant, dans le secteur des télécommunications par exemple, sur les délais de réparation, le temps pour obtenir la tonalité, ou le nombre de tentatives nécessaires en moyenne pour atteindre un abonné) ou des tarifs trop bas peuvent compromettre les objectifs d'extension et de pénétration accrue du réseau, objectifs primordiaux pour la grande majorité des pays en voie de développement. Il en va de même lorsque le prix de vente est trop élevé, lorsque l'Etat maintient son contrôle sur la gestion de l'entreprise ou lorsque les investisseurs étrangers sont exclus du processus de privatisation.

Dans ce contexte, on peut également relever que la formule tarifaire et réglementaire choisie doit être liée au choix des objectifs et des techniques de privatisation. Si, par exemple, une entreprise de services publics est réglementée sur la base d'un taux de rentabilité du capital investi, la volonté de maximiser les recettes de privatisation (c'est-à-dire le prix de vente) peut aboutir simplement à des tarifs plus élevés pour l'usager, rendus nécessaires pour atteindre le taux de rentabilité autorisé (réglementé)[87].

9.3 Impact de la réglementation sur la valeur de la société privatisée

L'étendue et la nature du contrôle auquel la société sera soumise après le désengagement de l'Etat aura nécessairement une incidence directe sur sa valeur. Une réglementation plus stricte ou une moindre protection contre la concurrence entraîneront inévitablement des profits moins élevés et abaisseront donc la valeur de l'action[88]. C'est ce qu'illustrent les fluctuations du prix des actions de sociétés réglementées intervenant lors de modifications du cadre réglementaire[89]. La

87 Tel ne serait pas le cas si le taux de rentabilité était calculé par rapport à la valeur comptable de la société, qui peut être largement différente du prix payé.

88 Ce qui n'est pas nécessairement une mauvaise chose, comme nous l'avons déjà signalé ci-dessus.

89 Par exemple, les actions de BAA (British Airports Authority) ont augmenté de cinq pour cent le 18 novembre 1991, jour où le volume d'échange de cette action a été le plus élevé depuis son émission en 1987, suite à une amélioration de ses perspectives résultant de l'adoption d'une nouvelle formule de calcul des redevances de trafic par l'administration de l'aviation civile. Voir Financial Times, 19 novembre 1991, p. 22. De même, les actions de British Gas ont baissé de quelques trois pour cent le 21 décembre 1993, suite à l'annonce faite par le gouvernement de l'élimination .../...

privatisation de Sui Northern Gas Pipelines Ltd., une société de distribution de gaz au Pakistan, fournit une autre illustration de l'importance de la mise en place d'un cadre réglementaire clair avant la privatisation. En 1992, le gouvernement lança une opération de privatisation de cette société comprenant le placement privé de 20 % des actions auprès d'un investisseur stratégique (opérateur gazier) et de 40 % par offre publique de vente, l'émission publique étant garantie par MCB, une banque locale. Les insuffisances du cadre réglementaire contribuèrent à l'échec tant du placement privé que de la souscription et la banque se retrouva avec un gros paquet d'actions sur les bras. Le gouvernement et la banque essayèrent d'intéresser certaines multinationales au rachat de ces actions, mais les négociations échouèrent, toujours pour la même raison, à savoir que le prix de l'action était jugé trop élevé au vu du cadre réglementaire en vigueur. Les candidats repreneurs sollicités étaient prêts à offrir le prix demandé par le gouvernement pour autant qu'une modification satisfaisante de la réglementation sectorielle soit effectuée au préalable; en l'absence d'une telle modification, les candidats repreneurs n'étaient toutefois pas prêts à offrir plus de 40 à 60 % du prix demandé[90].

10 INSTITUTIONS CHARGEES DE LA REGLEMENTATION

Nous avons vu dans la section précédente que la mise en place d'un cadre réglementaire est souvent une condition préalable au succès d'un programme de privatisation de grandes infrastructures. Nous y avons examiné les éléments du cadre réglementaire déterminés au préalable dans la loi, concession ou licence.

Les instruments, mécanismes et institutions de réglementation appropriés devront être conçus de manière à placer la ou les société(s) privée(s) concernée(s) dans un cadre les incitant à ne pas abuser de leur position dominante ou

.../... (partielle à partir de 1996 et complète à partir d'avril 1998) du monopole dont bénéficiait cette société privatisée en 1986. Voir Financial Times, 22 décembre 1993. Voir également Beesley et Littlechild (1989), p. 457. Les décisions de Offer (le régulateur pour l'électricité) ont également eu un effet important sur les cours des sociétés affectées. Ainsi la capitalisation boursière des douze sociétés de distribution d'électricité d'Angleterre et du Pays de Galles est passée de 14,8 à 15,9 milliards de livres (soit une augmentation de l'ordre de 7,5 %) suite à l'annonce le 11 août 1994 par le régulateur du nouveau régime de prix, que le marché a jugé favorable par rapport aux prédictions qui avaient été faites; en effet certains s'attendaient à l'imposition de réductions de prix nettement plus importantes. Voir Financial Times du 13/14 août 1994. Finalement, on peut noter une baisse de 14 % en un jour du prix de la compagnie téléphonique chilienne CTC suite à une révision à la baisse de ses tarifs par le régulateur chilien en mars 1994; la bourse de New York dut même suspendre la cotation de CTC. Voir Oxford Analytica, 8 avril 1994.

90 Voir également Financial Times, 9 mars 1994.

monopolistique. Dans cette section, nous évoquerons la manière dont ce cadre est mis en oeuvre et affecte l'entreprise suite à sa privatisation, mettant l'accent plus particulièrement sur les organes de réglementation et le rôle des régulateurs.

10.1 Adaptation du cadre institutionnel et réglementaire aux conditions nationales

Le secteur des télécommunications a une riche expérience en matière de privatisation et de réglementation. Comme dans d'autres secteurs, l'expérience britannique de la privatisation de British Telecom, déjà évoquée ci-dessus, a, en établissant un organe de réglementation autonome et indépendant (Oftel), créé un précédent intéressant, qui est loin de faire l'unanimité et qui illustre la difficulté d'établir un cadre réglementaire entièrement satisfaisant. Cette difficulté est plus aiguë encore dans les pays en développement à cause des réglementations, pratiques et échelles salariales de la fonction publique, des interventions politiques, de l'insuffisance des systèmes judiciaires, de la pénurie de cadres formés, du manque d'expérience en matière de réglementation de monopoles privés et d'autres contraintes.

Une récente étude de la Banque mondiale[91] comparant la performance du secteur des télécommunications dans cinq pays où ce secteur est privé conclut que le déterminant principal de la performance en matière de télécommunications est l'adéquation entre le mode d'organisation et de réglementation du secteur et les pratiques et traditions administratives, judiciaires et législatives du pays. Un bon système requiert, outre la clarté des règles en vigueur et leur adaptation à ces pratiques et traditions, la présence de trois éléments, à savoir des règles de fond limitant le pouvoir discrétionnaire de l'organe de réglementation, des restrictions quant au pouvoir de modifier le régime en vigueur et des mécanismes pour assurer la mise en oeuvre et le respect effectifs de ces règles et restrictions.

L'étude de la Banque mondiale note des niveaux d'investissement privé élevés lorsque ces conditions se trouvaient réunies au Chili (depuis 1987), en Jamaïque (avant 1962 et depuis 1987) et au Royaume-Uni (depuis 1984), et de faibles niveaux d'investissement privé au Chili (dans les années 50), en Jamaïque (entre 1966 et 1975) et aux Philippines, lorsqu'une ou plusieurs de ces conditions n'étaient pas réunies. Quant au cas de l'Argentine, les auteurs postulent que la forte croissance des investissements privés suite à la privatisation d'ENTEL en 1990, et ce malgré l'absence d'une structure réglementaire claire, est due à la confiance inspirée par l'ampleur et le succès du programme de réforme économique de l'administration Menem. Une des conclusions de l'étude est qu'un même système de réglementation peut être parfaitement adapté à un pays et totalement inefficace

91 Voir Levy et Spiller (1993).

dans un autre et qu'une bonne analyse des pratiques et traditions administratives, judiciaires et législatives du pays concerné est indispensable pour concevoir et mettre en place un modèle de réglementation performant.

10.2 Degré d'autonomie

Il ressort également de l'étude mentionnée à la section précédente que le concept de l'agence de réglementation indépendante et autonome promu par certains comme modèle universel n'est pas adapté à tous pays et pourrait même être contre-indiqué. Tel peut être le cas de pays à pouvoir autoritaire, où le président est en pratique appelé à prendre toutes les décisions importantes affectant le pays, même s'il n'en a pas le pouvoir légal. Lorsque l'indépendance politique de l'organe de réglementation ne peut être assurée, créer une nouvelle agence pourrait n'être qu'une mascarade venant inutilement compliquer la gestion du secteur. En ajoutant un acteur intervenant dans l'octroi et le suivi des contrats de service public, la création d'un organe de réglementation risque en effet d'ajouter un niveau d'incertitude supplémentaire.

Avant d'établir un tel organe, il importe également de s'assurer qu'il puisse maintenir son indépendance par rapport à l'industrie qu'il est sensé réglementer. Les cas de capture du régulateur par l'industrie ne sont en effet pas rares. Ils se posent de façon particulièrement aiguë lorsqu'une telle agence est créée sous régime de fonction publique dans des pays où ce régime (en particulier les statuts du personnel) ne permet pas une rémunération suffisante des fonctionnaires. Dans ces cas, l'indépendance du personnel de l'agence par rapport aux entreprises réglementées risque d'être rapidement érodée par des pratiques certes illégales mais non moins courantes. Par ailleurs, certaines règles devront être établies en matière de conflits d'intérêt, par exemple en interdisant aux anciens agents de l'organe de réglementation de travailler, pendant une certaine période suivant leur départ, pour une entreprise réglementée.

Une fois prise la décision de créer un organe de réglementation, et une fois définis ses pouvoirs et compétences, il importe de préciser le degré d'autonomie de cet organe par rapport au gouvernement, ainsi que sa composition et son mode de fonctionnement. Plusieurs écoles s'affrontent également à ce sujet. Le modèle anglais prévoit un régulateur unique appuyé par son staff, alors que le modèle américain prévoit une commission de régulateurs statuant en conseil[92], et qu'au Japon[93], en France[94], en Malaisie et en Allemagne la fonction réglementaire est

92 Telles les commissions de services publics existant dans la majorité des états, ou les commissions fédérales chargées des communications (FCC) ou de l'énergie (FERC).

93 Ainsi, les tarifs de NTT doivent être approuvés par le ministère des postes et télécommunications.

94 Ainsi, en matière de télécommunications, c'est le ministère de l'industrie .../...

confiée à un service de l'administration centrale. Quelle que soit l'option institutionnelle choisie, ce degré d'autonomie pourra être renforcé par l'octroi à l'agence de réglementation de sources de financement autonomes, provenant par exemple de redevances sur les services soumis à réglementation. Nous ne pouvons toutefois pas examiner dans le cadre de cet ouvrage toutes ces variantes institutionnelles, ni les avantages et inconvénients présentés par chaque modèle.

Mentionnons seulement que le modèle britannique est actuellement remis en question dans ce pays, beaucoup d'observateurs jugeant que la fonction a été trop personnalisée, que les régulateurs disposent de pouvoirs trop larges sans qu'ils ne soient eux-mêmes soumis à aucun contrôle et sans possibilité de recours contre leurs décisions[95]. D'aucuns proposent que les régulateurs soient soumis à contrôle parlementaire. D'autres estiment que, alors que ces secteurs deviennent de plus en plus compétitifs, la justification de l'existence d'organes de régulation sectoriels autonomes disparaîtra progressivement et qu'une fusion de ces organes, voire même leur absorption par les organes chargés de la protection de la concurrence en général, constituerait à terme une meilleure solution[96].

10.3 Organe autonome ou cadre réglementaire plus strict ?

Dans les pays dont l'administration et le système judiciaire manquent de moyens ou de crédibilité, le recours à des accords détaillés et relativement peu flexibles entre l'autorité concédante et le concessionnaire, appuyés par des mécanismes d'arbitrage international seront davantage de nature à rassurer les investisseurs que la création par l'Etat d'un organe de réglementation dit autonome. La Guinée et la Côte d'Ivoire ont ainsi choisi pour la privatisation de leurs secteurs de l'eau et de l'électricité le modèle de la concession accompagnée par un cahier des charges détaillé laissant peu d'éléments à clarifier en cours de contrat, ce qui leur a permis de faire l'économie de la création d'organes de réglementation spécialisés. Ce système s'avère toutefois moins bien indiqué pour la privatisation du secteur des télécommunications, en cours de considération dans ces deux pays.

Un équilibre doit être trouvé pour chaque pays et chaque secteur entre la définition a priori de règles pouvant s'avérer fort contraignantes et l'adoption d'un

.../...et des télécommunications qui est appelé à trancher en cas de différends. Saisi d'une plainte introduite auprès du directeur général des Postes et des Télécommunications par SFR, filiale de la Compagnie Générale des Eaux et second opérateur de téléphones mobiles, contre les tarifs d'interconnexion facturés par France Télécom, le ministre de l'industrie et des télécommunications a tranché en juin 1994 en faveur de l'opérateur privé, forçant l'opérateur public à «diminuer de 41 % à 62 % les tarifs d'accès au réseau public ainsi que les loyers des liaisons spécialisées nécessaires aux opérateurs» (Le Nouvel Economiste, n° 949, 10 juin 1994, p. 45).

95 Voir, par exemple, Veljanovski (1993), pp. 60-62.

96 Voir Lipworth (1993), p. 57.

cadre plus souple permettant une évolution des règles sous l'autorité d'un régulateur. Sous certaines conditions et dans certains secteurs, une réglementation a priori assez précise peut être préférable à une réglementation plus souple soumise au pouvoir plus ou moins discrétionnaire d'un organe de réglementation spécial[97]. Il faut cependant se garder de réduire exagérément les pouvoirs du législateur ou de l'administration. En pratique, et quel que soit le cadre réglementaire adopté, la protection de l'intérêt public exigera parfois des modifications unilatérales. Il s'agit ainsi de trouver un sain équilibre entre les intérêts légitimes de l'exploitant privé et ceux de la collectivité.

10.4 Compétences uni- ou multisectorielles ?

Une question qui se pose fréquemment est de savoir s'il faut créer un organe de réglementation distinct pour chaque secteur, comme l'on fait les Anglais et les Argentins, un organe unique commun à tous les secteurs d'infrastructure, comme le font le Mexique et les états américains, ou aucun organe de réglementation particulier, comme en Nouvelle-Zélande, où un recours est prévu auprès de l'agence nationale chargée du respect des règles de concurrence dans tous les secteurs d'activité (Commerce Commission).

La création d'une agence de réglementation multisectorielle peut représenter une bonne solution dans des pays qui souhaitent promouvoir une certaine cohérence dans la mise en oeuvre de la réglementation de différents secteurs, qui entendent limiter le risque de corruption ou d'abus d'influence par une entreprise ou un ministère en particulier, et/ou qui n'ont pas les ressources financières, humaines et administratives requises pour équiper plusieurs agences autonomes.

10.5 Modalités de recours en appel

Enfin, il s'agira d'examiner les modalités d'appel dont peuvent faire l'objet les décisions du régulateur. Le Royaume-Uni fournit une fois de plus quelques exemples intéressants. Ainsi, Mercury, le principal concurrent de BT, a intenté en décembre 1993 une action en justice contre Oftel, le régulateur, demandant à la cour de définir une nouvelle formule pour déterminer le prix d'accès au réseau qu'il doit payer à BT pour que cette dernière transmette ses appels à leur destination finale[98]. Par ailleurs, la Mergers and Monopolies Commission (MMC), dont les pouvoirs dérivent des différentes lois de privatisation et de la législation générale en matière de protection de la concurrence, a été saisie a plusieurs reprises de désaccords entre

97 Les secteurs à évolution technologique rapide, comme les télécommunications, se prêtent moins bien que les secteurs technologiquement mûrs, comme l'eau, à une réglementation a priori très détaillée.

98 Voir Financial Times, 21 décembre 1993.

entreprises de service public privatisées et leur régulateur au sujet de modifications des termes ou conditions de leur licence[99]. Le régulateur doit tenir compte des recommandations de la MMC sans pour autant être obligé de les accepter telles qu'elles (sauf pour certaines saisines concernant les entreprises du secteur de l'eau et de l'assainissement). British Gas et d'autres sociétés se plaignent de l'habitude qu'auraient prise leurs régulateurs d'étendre l'objet du recours à la MMC bien au-delà de l'objet du différend initial, en remettant par exemple en cause la structure même du secteur alors que le désaccord ne portait que sur un ajustement tarifaire[100]. La MMC pouvant également recommander que la société privée soit fragmentée, les sociétés réglementées ont tendance à ne pas la saisir en cas de désaccord avec le régulateur. La menace d'un tel recours est donc une arme redoutable dans l'arsenal du régulateur.

10.6 Autres mécanismes de régulation

Dans certains cas, la simple menace ou le risque que le gouvernement décide d'établir un organe de contrôle et le dote de pouvoirs étendus pourrait à lui seul donner aux entreprises concernées une incitation suffisante pour ne pas abuser de leur position dominante. De même, les grandes sociétés privées d'infrastructure ne peuvent pas se permettre d'abuser de leur position dominante dans certains pays, de peur que cela n'affecte leur réputation et leurs chances de remporter de nouveaux contrats, que ce soit dans ces pays ou ailleurs. S'agissant de secteurs à haute croissance, ce type d'autoréglementation peut être plus efficace que la création d'organes de contrôle, surtout dans les pays où les coûts liés à la mise en place et au fonctionnement d'institutions de réglementation risquent d'excéder les avantages d'une telle réglementation.

Concrètement, toute réforme du cadre réglementaire doit reposer sur une analyse des coûts liés à la réglementation et s'assurer que ceux-ci n'excèdent pas les bénéfices escomptés. Si la création d'organes de réglementation indépendants tant du gouvernement que de l'industrie qu'ils sont sensés réglementer peut certes paraître attrayante, il n'en reste pas moins que, dans de nombreux pays, il est difficile, sinon impossible, d'atteindre une telle indépendance en pratique. De manière générale, le cadre réglementaire mis en place doit pouvoir marier rentabilité, continuité et qualité du service, ainsi que satisfaire deux exigences souvent contradictoires. D'une part, assurer la garantie de l'exécution des engagements pris par les parties concernées, et ainsi réduire le risque inhérent à ce type d'investisse-

99 La MMC peut également, sous certaines conditions, être saisie directement par le gouvernement. Par ailleurs, en ce qui concerne les quatre principaux aéroports anglais, la MMC est appelée à se prononcer d'office sur les ajustements tarifaires proposés tous les cinq ans par la Civil Aviation Authority. Il en va de même pour les fusions de sociétés du secteur de l'eau.

100 Voir Lipworth (1993) et Veljanovski (1993).

ments : cela plaide pour une forte limitation des pouvoirs discrétionnaires du régulateur. D'autre part, permettre une adaptation du cadre réglementaire en vigueur lorsque les circonstances l'indiquent, ce qui requiert une certaine marge d'appréciation.

11 QUESTIONS ET TECHNIQUES PARTICULIERES

Nous ne reviendrons pas ici sur l'ensemble des questions évoquées aux six premiers chapitres de ce livre et qui trouvent bien sûr à s'appliquer dans une large mesure aux secteurs d'infrastructure. Nous n'évoquerons que quelques points précis, qui se posent différemment, ou avec une plus grande acuité, dans ces secteurs.

11.1 Restructuration préalable et transformation en société de droit privé

La privatisation des grandes entreprises publiques d'infrastructure requiert pratiquement toujours des mesures préalables de restructuration, que ce soit pour refléter les nouvelles options en matière de structure de marché ou pour tenir compte de caractéristiques de droit public de l'entité à privatiser qui sera souvent, soit une administration centrale, soit une entreprise de droit public ou du moins une entreprise soumise à une série de dispositions de droit public[101]. Ainsi, la loi britannique régissant la privatisation du secteur électrique est organisée en trois parties[102]. La première établit et organise le nouveau régime sectoriel. La deuxième partie portant réorganisation de l'industrie couvre notamment la création de nouvelles sociétés de droit privé dont les actions sont initialement détenues par l'Etat, le transfert des actifs des entreprises publiques défuntes aux nouvelles sociétés, la dissolution des anciennes entités, le traitement de leurs dettes et autres obligations, la gestion des nouvelles sociétés avant leur privatisation, ainsi que d'autres dispositions transitoires. Quant à la troisième partie, elle contient des dispositions diverses, notamment en matière de pensions de retraite.

Le cas de France Télécom est également intéressant. Administration centrale avant 1991, établissement autonome de droit public depuis lors, cette entreprise est en voie de transformation en société anonyme en prélude à une éventuelle privatisation. La question du statut du personnel semble toutefois être une pierre d'achoppement majeure à cette transformation, ainsi que l'illustre le report du

101 Le passage à un statut de société de droit privé, préalable à une privatisation, peut poser des problèmes particuliers, ainsi que nous l'avons déjà évoqué à la section 4 du chapitre 4. Voir également la section 5.1 du chapitre 1 sur le statut juridique des entreprises publiques.

102 Voir la loi sur l'électricité de 1989.

dépôt devant le parlement du projet de loi portant cette transformation, suite à une forte opposition syndicale, appuyée par une grève en octobre 1993[103]. En Italie, une question semblable fut réglée lors du transfert des activités de l'ASST (administration publique) à Iritel (société de droit privé) en laissant le choix au personnel affecté de rejoindre Iritel ou d'être affecté à un autre emploi au sein de l'administration publique. Sur les 12.600 effectifs, 2.600 choisirent de rester au sein de la fonction publique, un millier opta pour une retraite anticipée et le reste pour un transfert à Iritel[104].

En Allemagne, la privatisation de Deutsche Telekom, qui devrait avoir lieu en 1996, a requis, outre une révision de la constitution allemande, une restructuration en profondeur de la Deutsche Bundespost, comprenant notamment la scission de l'entreprise en trois nouvelles sociétés responsables respectivement des télécommunications, des services postaux et des services financiers, et le règlement de nombreuses autres questions, telles que la responsabilité des nouvelles sociétés en matière de retraite des employés[105].

11.2 Choix de partenaires stratégiques

Certains mécanismes se retrouvent régulièrement dans les privatisations de sociétés d'infrastructure, à savoir le placement d'un bloc de contrôle dans les mains d'investisseurs stratégiques et des mécanismes particuliers de sauvegarde de certains intérêts étatiques. Le premier a pour objet de confier la gestion de l'entreprise à un groupe ayant l'expérience sectorielle requise et de réduire ainsi les risques de mauvaise gestion. Le second permet à l'Etat de garder un certain contrôle sur l'évolution du secteur, en particulier sur d'éventuels changements d'actionnaires intervenant après la privatisation.

L'on retrouve la technique du placement d'un bloc de contrôle auprès d'investisseurs dits stratégiques, comprenant normalement un opérateur expérimenté, dans beaucoup de privatisations du domaine des grandes infrastructures. La formule qui semble avoir été la plus populaire, du moins pour les sociétés de télécommunications, comprenait une première tranche réservée à ces investisseurs,

103 La France n'est pas seule à avoir vu son programme de privatisation des télécommunications bloqué par des actions sociales. Il en est de même d'autres pays, dont la Colombie, où l'examen d'un projet de loi de privatisation de la société Telecom a été suspendu en avril 1992 suite à d'importantes grèves des employés de la société, l'Allemagne où les syndicats postaux ont tenu des manifestations et grèves pour s'opposer à la restructuration et privatisation des services des postes et télécommunications, et la Grèce, où en 1993 l'opposition des syndicats bloqua la tentative de placement de 35 % des actions d'OTE auprès d'investisseurs stratégiques et de 14 % auprès du public. Voir Emerging Markets Week, 4 avril 1994, p. 1.

104 D'après Marcello Gioscia, op. cit.

105 Voir la loi allemande sur la réorganisation des postes et télécommunications du 14 septembre 1994.

suivie d'une seconde tranche destinée au grand public. Ce fut la formule choisie notamment en Argentine, au Mexique, au Venezuela et en Hongrie. Dans trois de ces quatre cas, le consortium privé n'a acquis qu'une participation minoritaire, mais a néanmoins obtenu le contrôle de gestion de la société[106]. Un placement stratégique suivi par une offre publique de vente se retrouve également dans d'autres secteurs d'infrastructure[107].

Dans d'autres cas, et notamment certaines sociétés électriques au Chili, en Argentine et en Allemagne, la privatisation eut lieu sous forme de vente totale ou presque à ces investisseurs ou groupes d'investisseurs. La Nouvelle-Zélande a suivi une formule hybride. Suite à un appel d'offres international, la totalité des actions de Telecom New Zealand fut vendue en septembre 1990 à un consortium américain, avec obligation pour ce dernier de réduire sa participation à un maximum de 49,9 % dans un délai de trois ou quatre ans, en partie par le biais d'une offre publique de vente sur le marché néo-zélandais[108].

Lorsqu'il y a choix préalable d'un investisseur stratégique, la procédure se déroule généralement en deux stades, à savoir le stade de déclaration d'intérêt et/ ou de préqualification et le stade d'appel d'offres. Les règles de sélection comprennent normalement des critères minima de sélection ou de présélection, qui permettent d'écarter les candidats peu sérieux, voire même certains types de sociétés, ou de limiter le nombre de soumissionnaires éligibles et de s'assurer que la société sélectionnée aura les moyens techniques et financiers de remplir ses engagements. Le tableau 14 ci-dessous reprend les critères de préqualification retenus dans

106 C'est le cas de : CANTV, où le consortium privé détient 40 % des actions et occupe 5 sièges sur 9 au conseil d'administration (voir l'encadré 16, p. 225-226); MATAV, où le consortium privé a dû prendre davantage de risques en ne détenant que 30 % des actions et un nombre proportionnel de sièges au conseil d'administration, tout en ayant toutefois un rôle plus important au niveau de la gestion quotidienne de la société (voir section 5.3 ci-dessus); et Telmex, où l'Etat a offert au consortium privé 20,4 % du capital, correspondant à 51 % des actions avec droit de vote, lui offrant ainsi le contrôle de la société. L'Etat avait en effet restructuré le capital de Telmex avant la privatisation et seulement 40 % des actions étaient assorties du droit de vote. Voir Galal, Jones, Tandon et Vogelsang (1994), p. 419.

107 Cinquante pour cent des actions de la compagnie électrique de Grenade (Caraïbes) a ainsi été vendue à un opérateur américain en 1994, ce placement devant être suivi par une OPV portant sur une tranche additionnelle de 40 %.

108 La vente en 1990 de 100 % des actions de Telecom Corporation of New Zealand à Bell Atlantic et Ameritech rapporta plus de $ 2,5 milliards (NZ$ 4,5 milliards). Le consortium comprenait également des intérêts néo-zélandais qui s'engageaient à reprendre près de 10 % des actions au plus tard en septembre 1993. A cette date, les deux Baby Bell ne détenaient plus, chacune, que 24,95 % des actions, les intérêts néo-zélandais sus-mentionnés plus que 3,3 %, le solde étant, d'une part, détenu par un groupe américain (5 %) et, d'autre part, réparti dans le marché suite à des OPV effectuées en Nouvelle-Zélande ainsi qu'à New York, Londres et Sydney. Voir Hunter Donaldson, *Telecommunications Liberalization and Privatization : The New Zealand Experience,* in Wellenius et Stern (1994), pp. 255-6.

quelques privatisations récentes de sociétés de télécommunications, principalement en Amérique latine[109]. Dans chaque cas, il est clair que le vendeur souhaitait exclure dès l'abord tout candidat n'ayant pas non seulement une grande expérience en matière de télécommunications, mais également d'excellentes références en matière de performance et de qualité de service. On peut également noter l'alternative offerte au Pérou entre le critère d'un minimum de lignes en service ou celui de revenus annuels minima; cela permettait notamment de ne pas exclure des sociétés comme AT&T ou MCI n'exploitant pas de réseaux de téléphonie de base.

Tableau 14

Critères de qualification pour la privatisation de sociétés de télécommunications

Nombre de lignes installées ou en service	CANTV : plus de 6 millions; Pérou : plus de 2 millions (ou critère de revenus annuels); ANTEL : au moins 2 millions de lignes; MATAV : au moins 1 million d'abonnés;
Pourcentage de centraux digitaux locaux	CANTV : plus de 25 %;
Pourcentage d'appels internationaux réalisés avec succès	CANTV : plus de 65 %; Pérou : plus de 95 %; ANTEL : plus de 95 % (y compris longue distance national);
Délai d'attente pour un raccordement	CANTV : moins d'un mois; Pérou : 85 % de raccordements endéans les 30 jours; ANTEL : 90 % endéans les 30 jours;
Délai moyen de réparation	CANTV : moins de 16 heures; Pérou : au moins 75 % endéans les 24 heures; ANTEL au moins 80 % dans les 24 heures et 95 % dans les 48 heures;
Pourcentage minimum du capital auquel le partenaire opérateur doit souscrire	ENTEL : 4,9 %; Pérou : 51 % au moins des droits de vote au sein du consortium;
Actif minimum des principaux partenaires au sein du consortium, y compris de l'opérateur	ENTEL : 1 milliard dollars US, et $ 300 millions pour les partenaires nationaux;
Indice de solvabilité	Pérou : minimum de A+/Moody's ou BBB+/Standard & Poor's pour la dette à long terme; ANTEL : minimum de A (Moody's) pour la dette à long terme ou A1 (Standard & Poor's) pour la dette à court terme; etc.
Revenus bruts annuels	CANTV : plus de 5 milliards de dollars; Pérou : plus de 2 milliards de dollars (ou critère du nombre de lignes en service);
Revenus bruts annuels provenant de services de télécommunications	ANTEL : 3 milliards de dollars; MATAV : 1 milliard de dollars.

Sources :
Argentine : Termes et conditions pour la privatisation du service public des télécommunications, adopté par décret 62/90 du 5 janvier 1990.
Hongrie : PFI, 16 avril 1993.
Pérou : Document de préqualification des mérites et antécédents, 1er juillet 1993.
Uruguay : Communication de Nicolas Herrera, *History of the Frustrated Privatisation of a Telecom Company (ANTEL Uruguay)*, Symposium sur les privatisations dans le monde, Nice, décembre 1993.
Venezuela : Annonce publiée dans la presse locale.

109 La privatisation d'ANTEL en Uruguay a dû être suspendue suite à un référendum en décembre 1992.

Une fois réalisée la présélection, l'Etat-vendeur invitera les sociétés ou consortia présélectionnés à remettre une offre pour la reprise de l'entreprise publique. Plusieurs options s'offrent à ce stade, qui se situent sur un continu entre, d'une part, une sélection finale établie sur base du prix offert uniquement et, d'autre part, une sélection basée tant sur les propositions techniques que financières des soumissionnaires. En effet, s'agissant de services publics, l'Etat ne peut se désintéresser du sort donné à l'entreprise par ses nouveaux propriétaires. Dans le premier cas, le repreneur devra opérer dans un cadre très strict établi par les documents d'appel d'offres. Ce cadre, qui peut être incorporé, par exemple, dans un contrat de concession ou un cahier des charges, sera généralement non-négociable, l'objectif étant de s'assurer que tous les soumissionnaires établissent leur offre sur une base unique, la seule variable étant le prix offert. Dans le second cas, le gouvernement se contente d'énumérer les objectifs devant être atteints par la société privatisée et laisse aux soumissionnaires le choix de déterminer comment ils entendent réaliser ces objectifs et à quelles conditions financières. La première approche a l'avantage d'être transparente et facile à évaluer, la dernière d'être plus souple et de faire davantage appel aux ressources du secteur privé.

11.3 Offres publiques de vente

Certaines grandes sociétés ont, quant à elles, fait l'objet d'offres publiques de vente (OPV) d'actions à la population effectuées en plusieurs tranches, sans qu'il y ait de placement stratégique préalable ou concomitant. Il s'agit là principalement de sociétés de télécommunications bien gérées de pays de l'OCDE, telles que Nippon Telegraph and Telephone, British Telecom (privatisée en trois tranches entre 1984 et 1993) et de Koninklijke PTT Nederland, ainsi que de sociétés de pays en développement dynamiques, telles que Telekom Malaysia et Singapore Telecom.

Les tentatives de privatisation par OPV de grandes sociétés d'infrastructure en l'absence d'un cadre réglementaire adéquat et d'une préparation approfondie de la société (voire même d'une restructuration complète), ont cependant été vouées à l'échec, comme ce fut le cas pour Sui Northern, dont nous avons déjà évoqué l'OPV ratée, et Korea Telekom[110]. Certains observateurs estiment de même que pour attirer les investisseurs étrangers à participer à l'OPV portant sur environ 25 % des actions de l'opérateur téléphonique hellénique OTE, prévue pour 1994, le gouvernement grec devra accepter une décote par rapport aux prix obtenus dans d'autres privatisations de sociétés de télécommunications, cette décote étant due au retard technologique pris par OTE, à la médiocre qualité de son service et au fait que cette société resterait sous contrôle public[111]. De toutes les OPV mentionnées ici, seule celle portant sur les actions de BT peut être considérée comme une

110 L'Etat coréen ne trouva acquéreur que pour deux ou trois pour cent des 10 % offerts.

111 Voir Emerging Markets Week, 4 avril 1994, p. 12. En novembre 1994, le gouvernement grec décida de reporter cette privatisation partielle au vu du faible intérêt marqué par les investisseurs internationaux. Voir Journal of Commerce, 9 novembre 1994.

privatisation sensu stricto, en ce que le contrôle de la société n'est plus assuré par le gouvernement mais bien par les actionnaires privés.

Typiquement, les gouvernements qui privatisent leurs sociétés d'infrastructure en plusieurs tranches le font dans l'espoir que les tranches ultérieures rapporteront davantage, au vu d'une amélioration de performances réalisée par les nouveaux actionnaires et des meilleures perspectives de rendement qui en découlent. Les chances de réussite d'une telle stratégie dépendront toutefois dans une large mesure des changements effectués au niveau de la direction et de la gestion de l'entreprise. Il n'est pas clair que de tels changements entraînent une amélioration considérable des performances en l'absence d'un transfert du contrôle de la société vers les nouveaux actionnaires privés. Cela explique les techniques assez intéressantes qui ont été mises en oeuvre pour permettre à un consortium privé, actionnaire minoritaire, de contrôler la gestion de la société, l'Etat demeurant l'actionnaire majoritaire pendant un certain nombre d'années[112].

11.4 Golden shares

Le plus souvent, les privatisations britanniques ont fait usage de la technique de l'action spécifique ou de la part spéciale (golden share), prévue expressément par les statuts de la société concernée, révisés en ce sens avant sa privatisation[113]. En général, la part spéciale donne à l'Etat le droit d'intervenir pour bloquer les prises de contrôle et/ou les participations étrangères. Tel fut le cas pour British Telecom, British Gas, British Airways et BAA, par exemple[114]. De même, en

112 Voir la section 11.2 ci-dessus, et en particulier la note 106.

113 Voir également la section 7.4 du chapitre 5 consacrée aux dispositions relatives aux actions spécifiques dans les lois de privatisation.

114 Le prospectus de 1984 pour la vente des actions de British Telecommunications Plc décrivait comme suit les droits attachés à la part spéciale : assister et prendre la parole aux assemblées des actionnaires; désigner un maximum de deux administrateurs ayant droit de vote sur les questions intéressant l'Etat; aucun droit de participer au capital ou aux bénéfices; valeur de rachat d'une livre sterling. Des dispositions analogues figuraient dans le prospectus émis en 1988 pour British Gas Plc, à l'exception du droit de désigner des administrateurs; en outre, l'approbation de l'Etat doit être sollicitée par écrit avant de modifier toute disposition des statuts de la société, en particulier celles qui interdisent à quiconque de posséder plus de 15 % du capital social. Le prospectus de 1987 pour British Airways Plc décrit comment les parts spéciales limiteront notamment le droit des étrangers d'acquérir des actions de la société, le contrôle étranger pouvant provoquer la perte du droit d'exploiter certaines routes internationales. Dans le cas de British Airports Authority, enfin, la vente d'un aéroport par la société (privatisée en 1986) est sujette à l'approbation du porteur de la part spéciale. Alors que dans le cas des sociétés mentionnées ci-dessus, ainsi que des sociétés de production et de transport d'électricité, la part spéciale n'a pas de date d'expiration, dans d'autres cas la part spéciale vient à expiration à une date déterminée, à savoir le 31 décembre 1994 pour les sociétés régionales de distribution d'eau, par exemple, et le 31 mars 1995 pour les sociétés régionales de distribution électrique.

Nouvelle-Zélande, les statuts d'Air New Zealand et de Telecom ont été modifiés pour permettre la conservation par l'Etat d'une «part Kiwi» comportant des droits spéciaux. Les statuts de Telekom Malaysia comprennent également une golden share octroyant au gouvernement le droit de s'opposer à toute décision affectant substantiellement la composition de l'actionnariat. En Italie, un décret-loi prévoit l'introduction dans les statuts des sociétés de service public d'une part spéciale octroyant à l'Etat le droit de s'opposer à toute acquisition d'actions dépassant 10 % du capital social de la société concernée (ou un pourcentage inférieur déterminé par décret du ministre du Trésor)[115]. D'autres pays, dont la Belgique[116], ont également eu recours à cette technique.

12 CONCLUSIONS

12.1 Conclusions générales

Les caractéristiques particulières des secteurs d'infrastructure méritaient qu'on y consacre un chapitre spécial, chapitre qui n'aura pu que survoler ce sujet au coeur de l'actualité dans beaucoup de pays. L'accent y a été mis sur les questions de structure de marché, de règles de concurrence et d'institutions réglementaires, au vu de l'évolution récente et toujours en cours de ces questions. Les choix qui seront faits dans ces domaines devront sous-tendre les options législatives et réglementaires proposées en vue de réaliser la privatisation de ces secteurs. Bien que le secteur des télécommunications, secteur que nous avons choisi à titre principal pour illustrer ces propos, ne soit pas tout à fait représentatif de l'ensemble des grandes infrastructures, il illustre toutefois fort bien des problèmes et potentialités qui se présentent également dans les autres secteurs.

Les changements rapides auxquels les secteurs d'infrastructure sont exposés constituent une de leurs caractéristiques importantes : changements technologiques, changements idéologiques, changements de conditions économiques (notamment par l'introduction d'une concurrence croissante) et géographiques (les frontières artificielles entre territoires nationaux s'effondrant progressivement), parmi d'autres. Il s'agit de secteurs qui jusqu'à récemment dépendaient presqu'exclusivement de fonds publics pour le financement de leurs investissements. La crise des finances publiques dans de nombreux pays, combinée avec les énormes besoins en investissement principalement dans les pays à haute croissance, ont rendu

115 Voir décret-loi n° 389 du 27 septembre 1993. Ce décret-loi devait être confirmé par une loi ordinaire dans les 60 jours suivant sa promulgation.

116 Voir les deux arrêtés royaux du 10 juin 1994 instituant au profit de l'Etat une action spécifique de (respectivement) Synatom et la Société Nationale de Transport par Canalisations, et l'arrêté royal du 16 juin 1994 instituant au profit de l'Etat une action spécifique de Distrigaz.

l'intervention du secteur privé indispensable du point de vue financier. Par ailleurs, la carence de nombreuses entreprises publiques et leur incapacité à offrir un service de qualité et à satisfaire la demande ont également encouragé de nombreux états à se tourner vers le secteur privé pour la gestion de ces entreprises d'infrastructure. Des réformes radicales devenaient ainsi inéluctables, embrassant tant la privatisation que la démonopolisation de ces secteurs.

Lors du bref aperçu historique, nous avons noté le mouvement de pendule qui caractérisait l'évolution de la propriété de ces secteurs. Nous pensons toutefois que la récente tendance vers la privatisation et la démonopolisation n'est pas seulement une vague ou une mode, mais bien un phénomène à plus long terme qui répond aux changements idéologiques, technologiques et économiques que nous venons d'évoquer. Par ailleurs, l'on peut espérer que les expériences des pays pionniers encourageront d'autres pays à stimuler une plus grande participation privée et un plus grand degré de concurrence dans ces secteurs en démontrant concrètement les avantages qui en découlent, qu'ils soient stratégiques, financiers, économiques, politiques, techniques, sociaux ou autres.

De plus, l'émergence d'une industrie globale des services d'infrastructures devrait renforcer ce phénomène. Cette industrie, qui n'existait pour ainsi dire pas il y a une dizaine d'années, doit son existence aux réformes évoquées dans ce chapitre. En effet, celles-ci ont non seulement créé la demande, elles ont également contribué à créer l'offre, d'une part en forçant des entreprises qui bénéficiaient d'un monopole national dans un secteur particulier à se diversifier géographiquement et sectoriellement et, d'autre part, en permettant à de nouveaux acteurs de pénétrer dans ces secteurs précédemment hautement protégés. Enfin, ces grands groupes internationaux ont une réputation à défendre, non seulement pour maintenir et développer leurs activités dans les pays où ils sont présents mais aussi pour remporter de nouveaux marchés; il s'agit là d'un mécanisme d'autorégulation non négligeable.

L'expérience des privatisations de secteurs d'infrastructure indique qu'une clarification, dès le début, des objectifs s'impose ici plus qu'ailleurs. S'il s'agit d'assurer la croissance du secteur, le développement des services, la satisfaction d'un nombre croissant d'utilisateurs, une plus grande compétitivité de l'économie nationale, la privatisation au sens strict (et les recettes qu'elle implique) sera bien souvent moins importante en soi que la démonopolisation effective et l'ouverture du secteur à de nouvelles entreprises opérant en concurrence avec l'entreprise jusqu'alors dominante.

Il importe dès lors de mettre l'accent sur l'ouverture du secteur aux entreprises privées et à la concurrence (privatisation du secteur) plutôt que sur la privatisation d'une ou de plusieurs entreprises. Cela implique cependant que les autorités politiques soient prêtes à accepter que, suite à ces réformes pro-concurrentielles, le prix de vente de l'entreprise publique soit généralement moins élevé qu'il ne l'eut été sans réformes de ce type. Ce manque à gagner immédiat pour le trésor public devrait normalement être rapidement comblé par les effets d'une croissance économique plus rapide résultant de secteurs d'infrastructure plus efficients et, plus directement, par l'élimination des subventions aux entreprises publiques et par la perception d'impôts et de taxes sur l'activité et les bénéfices des entreprises du secteur privatisé. Dans le cadre d'une privatisation portant sur un secteur d'infrastructure, plutôt que sur une entreprise (même et surtout lorsque secteur et entreprise se confondent), le choix d'une bonne structure de marché demeure un des plus importants et des plus difficiles à effectuer.

Il existe en fait une multiplicité de variantes de structures de marché et de caractéristiques nationales possibles; à chaque combinaison correspondra un mode de réglementation adapté, avec un champ d'activités et des instruments d'intervention différents. Le choix résultera entre autres d'un difficile équilibre à établir entre avantages et inconvénients du maintien du monopole. Il conviendra notamment d'évaluer si les avantages d'un système plus concurrentiel (en termes notamment d'investissements, de qualité, de prix, de choix et de satisfaction de la demande) sont plus importants que ses coûts (notamment pour la coordination requise entre différents intervenants). Parallèlement, le modèle monopolistique sera évalué en pesant notamment les avantages liés à la réalisation d'économies d'échelle et les coûts d'inefficience dus au manque de concurrence.

La privatisation des grandes entreprises d'infrastructures offre aux pouvoirs publics une occasion unique pour repenser l'organisation et la structure de l'ensemble du secteur concerné, et notamment la manière dont acteurs privés et publics pourront contribuer le plus efficacement possible à son développement. En effet, une fois l'opération de privatisation conclue, il devient beaucoup plus difficile de modifier la structure et les règles du secteur, une telle modification affectant inévitablement des droits de propriété privés, à savoir les droits acquis par les acheteurs lors de la privatisation. L'accent ne devrait donc pas tant être mis sur la vente d'actions ou d'actifs, bien qu'il s'agisse là d'une question importante, mais plutôt sur les conditions préalables à ce désengagement de l'Etat, et notamment la modification de la structure sectorielle, l'élimination de barrières juridiques devenues obsolètes, et la création de mécanismes institutionnels et réglementaires permettant une collaboration efficace entre acteurs intervenant dans le secteur.

L'importance d'une bonne coordination de la réforme sectorielle et du programme de privatisation ne peut donc être sous-estimée. Dans ce secteur plus que dans d'autres, les investisseurs ont besoin de garanties, une des meilleures garanties étant l'établissement, de préférence par voie législative, d'un bon cadre réglementaire. Ce cadre devra-t-être connu avant le lancement des procédures d'appel d'offres et d'octroi de licences ou concessions et mis effectivement en place au plus tard au moment de la privatisation.

Les gouvernements réformateurs devront également tenir compte du niveau de compétence de leurs structures administratives et institutionnelles et de leurs traditions administratives et judiciaires, et mettre en place un système de réglementation qui y soit adapté. Pour tenir compte de certaines faiblesses institutionnelles, de nombreux pays, en particulier parmi les pays en voie de développement et en transition, devraient ainsi envisager un système de réglementation léger et sans pouvoirs discrétionnaires trop importants.

Un difficile équilibre ou compromis devra souvent être établi entre la mise en place d'une structure optimale d'un point de vue théorique et une structure gérable vu les capacités institutionnelles et humaines du pays. Ainsi, l'introduction de la concurrence dans un secteur facilite et complique à la fois la tâche des régulateurs. Elle la facilite notamment en créant différents acteurs avec des intérêts divergents qui ne tarderont pas à dénoncer les abus dont leurs concurrents seraient éventuellement coupables. Elle la complique en requérant l'intervention du régulateur pour arbitrer les conflits entre ces différents opérateurs, que ce soit en matière d'accès au réseau (conditions techniques ou financières d'interconnexion), de politique de prix prédatrice ou dans d'autres domaines, le nombre et la complexité de ces conflits étant probablement en corrélation positive avec le nombre d'opérateurs.

La prise en compte de ces caractéristiques institutionnelles et culturelles et de traditions spécifiques à chaque pays est importante non seulement pour choisir les bonnes options, mais plus encore pour en assurer la bonne mise en oeuvre. La meilleure réforme ne vaut rien, si elle n'est pas effectivement mise en application.

Dans chaque cas, il s'agit d'introduire le degré de concurrence et d'ouverture du marché le mieux adapté au secteur et au pays, et de trouver un difficile équilibre entre licences ou concessions très détaillées (définies a priori), d'une part, et un régime plus flexible assorti de pouvoirs discrétionnaires plus larges de l'organisme de réglementation, de l'autre. Les circonstances du pays et du secteur devraient donc dicter une approche intégrant harmonieusement les possibilités de concurrence au sein du secteur (structure), les règles de concurrence (lois et règlements) et les capacités et traditions institutionnelles du pays (institutions). L'on ne peut toutefois pas espérer trouver la solution idéale du premier coup et un certain tâtonnement est donc normal, comme le montre l'histoire des privatisations des grandes infrastructures britanniques. Le tout est de choisir une approche tenant compte des éléments évoqués dans ce chapitre et de se lancer à l'eau, quitte à procéder ensuite aux aménagements qui pourraient s'imposer en cours d'exécution de la réforme.

Nous avons déjà insisté, notamment au chapitre précédent, sur la contribution importante d'experts extérieurs conseillant le gouvernement en matière de privatisation. S'agissant de la réforme de secteurs stratégiques, cette assistance devient encore plus importante. Rares sont les gouvernements qui disposent au sein de leur administration d'experts en démonopolisation, concurrence, restructuration, privatisation et réglementation de ces secteurs. En fait, tous les gouvernements ayant privatisé des grandes entreprises d'infrastructure avec succès l'ont fait avec les conseils de juristes, d'économistes, d'experts financiers et de spécialistes sectoriels. La complexité des études sur la structure du marché, de la législation et du cadre réglementaire à mettre en place, des procédures de sélection des soumissionnaires, de la rédaction et négociation de licences et contrats, de l'élaboration de mécanismes d'incitation efficaces, ainsi que le difficile équilibre à établir entre intérêts divergents figurent parmi les facteurs qui plaident pour le recrutement d'une équipe de conseillers de haut niveau dès le début du programme de réforme.

La matière traitée dans ce chapitre étant fort récente et en constante évolution, il serait audacieux et prématuré de vouloir tirer des conclusions définitives. Les différentes approches mises en oeuvre au courant de ces vingt dernières années devront être évaluées et comparées avec les modèles traditionnels en vue de déterminer celles qui sont les plus prometteuses en termes d'efficience, de qualité du service, d'innovation, de satisfaction de la demande et de manière plus générale de service public. Quoi qu'il en soit, différents facteurs déjà mentionnés, tels la croissance rapide des besoins en matière d'investissements dans ces grands secteurs d'infrastructure à travers le monde, l'état exsangue dans lequel se trouvent la grande majorité des trésoreries publiques, la croissance rapide de grandes sociétés privées d'infrastructure actives internationalement, ou encore l'effritement progressif des domaines d'activité considérés comme des monopoles naturels sous la poussée de progrès importants en matière technologique et économique, sont en train de changer fondamentalement la façon dont ces services publics sont fournis et gérés. Quel que soit le tableau dans cinq, dix ou quinze ans, il est fort probable qu'il sera fort différent du tableau actuel, et notamment nettement plus privé et concurrentiel.

12.2 Quelques leçons de l'expérience britannique

Certaines leçons provisoires se dégagent d'ores et déjà de l'expérience des pionniers. Des leçons importantes peuvent ainsi être tirées de l'expérience britannique en matière de privatisation de secteurs d'infrastructure.

Il apparaît tout d'abord que cette privatisation a bénéficié aux actionnaires et gestionnaires des sociétés privatisées, mais également aux consommateurs, qui ont, à quelques exceptions près, bénéficié d'un meilleur service et de prix moindres (en termes réels). Elle a également permis de recapitaliser les secteurs concernés et de mobiliser d'importants financements pour réaliser les investissements urgents que la condition du trésor public avaient retardés.

D'autre part, les premières privatisations de sociétés d'infrastructure, en particulier au niveau des télécommunications et du gaz, ont été réalisées sans mettre en oeuvre les changements de structure nécessaires au niveau du secteur. Ce choix était dû en partie à une volonté de maximiser le produit des cessions et fut fortement critiqué. Le gouvernement a tenu compte de ces critiques lors des privatisations suivantes, en introduisant davantage de concurrence au sein des secteurs concernés. Cela dit, ces nouvelles réformes se sont parfois avérées encore insuffisantes; ainsi, le sous-secteur de la production électrique aurait probablement dû être scindé en plus petites unités se faisant concurrence.

Les règles en matière d'accès des tiers aux réseaux d'infrastructure privatisés, ainsi que les procédures pour les faire respecter, se sont avérées essentielles (et parfois insuffisantes) pour créer un certain degré de concurrence dans ces secteurs. Elles demeurent un des points les plus délicats et controversés du régime réglementaire.

Dans tous les cas, les privatisations ont été précédées de restructuration en profondeur de l'entreprise, que ce soit en assainissant le bilan, en se défaisant du personnel excédentaire ou par d'autres mesures de redressement prises avant le lancement des privatisations.

En stimulant la concurrence au sein du secteur, et en leur laissant une grande liberté pour la formulation de leurs choix stratégiques, les privatisations ont permis aux grandes sociétés d'infrastructure britanniques de devenir des leaders internationaux dans leur secteur. Elles ont également établi la réputation des conseillers juridiques et financiers britanniques en matière de conseil en privatisation de secteurs et de sociétés d'infrastructure, ce qui leur a permis de remporter de nombreux contrats de ce type à l'étranger.

Le gouvernement a eu tendance à sous-estimer l'inefficience de ses entreprises publiques et les gains de productivité qui pouvaient être réalisés par le secteur privé suite à la privatisation. En n'organisant pas réellement de concurrence pour l'acquisition des entreprises privatisées, le gouvernement n'a pas pu extraire au moment des privatisations les rentes de monopole qui demeuraient dans ces secteurs.

Quant au système d'ajustement des prix, il a produit les effets escomptés, donnant aux opérateurs le bénéfice de leurs efforts, mais il semble a posteriori que des formules plus strictes de réduction du tarif auraient pu être imposées. Cette différence entre la perception a priori et a posteriori est inhérente au processus de régulation. En effet, le régulateur ne pourra jamais disposer de toutes les informations dont il a besoin pour prendre ses décisions et les entreprises réglementées auront toujours tendance à sous-estimer (du moins publiquement) les gains de productivité pouvant être réalisés.

L'expérience en la matière illustre bien la spécificité de ces secteurs, qui est liée au concept de service public. En effet, une société privatisée aura en général du mal à justifier des profits élevés, même lorsque ceux-ci sont attribuables à une croissance de productivité due à la gestion privée et vont de pair avec un maintien, voire même une baisse, des tarifs. Par ailleurs, en essayant de confisquer ces profits exceptionnels, le régulateur risque de décourager l'innovation et la prise de risques, transformant l'entreprise privatisée en une quasi- entreprise publique. La privatisation ne peut entraîner les bénéfices escomptés que dans la mesure où le secteur privé est rétribué pour ses efforts et sanctionné pour ses échecs. L'équilibre entre les intérêts de l'opérateur et ceux du public est toujours difficile à établir. La création de conditions de concurrence ne peut qu'en faciliter la réalisation.

Enfin, le mécanisme institutionnel de régulation mis sur pied au Royaume-Uni est aujourd'hui fortement critiqué, entre autre pour son trop grand degré de personnalisation du pouvoir et pour son manque de transparence et de possibilités de recours.

Ce ne sont là que quelques unes des leçons, simplifiées et provisoires, que l'on peut tirer de cette expérience. D'autres leçons émergeront certainement, tant du processus de privatisation et de libéralisation britannique, que des expériences en cours dans d'autres pays.

Conclusion

Depuis le lancement du programme de privatisation britannique au début des années quatre vingts, la vague des privatisations déferle sur le monde entier n'épargnant aucun continent, aucun régime politique, aucun secteur. Dans cet ouvrage nous avons tenté d'éclairer ce nouveau phénomène et de tirer certaines leçons, certes préliminaires, de l'expérience acquise à ce jour. Nous avons plus particulièrement mis l'accent sur les aspects stratégiques, juridiques et institutionnels des privatisations. En illustrant notre propos par des centaines d'exemples provenant d'un grand nombre de pays, nous avons opté pour une approche pragmatique et empirique de ce riche sujet.

RELEVER LE DEFI STRATEGIQUE DES PRIVATISATIONS

Le réel défi des privatisations est non seulement de vendre une entreprise ou une participation étatique mais aussi, et surtout, de saisir cette occasion pour améliorer, fut-ce modestement, le fonctionnement de l'économie et de l'Etat. Ce défi se présente dans tous les programmes de privatisation avec toutefois une ampleur et une acuité variables; la nécessité de telles réformes est normalement plus forte dans les pays en transition ou en développement que dans les pays industrialisés. Cela dit, même dans les pays de l'OCDE, la suffisance se justifie rarement et les réformes qui s'imposent pour rendre ces économies plus souples et dynamiques peuvent être considérables, comme l'a démontré de manière convaincante le programme de réformes et de privatisation lancé en 1984 par le gouvernement travailliste de Nouvelle Zélande.

Ce défi se présente tant dans le cadre du programme de privatisation vu dans son ensemble, que dans le cadre des privatisations sectorielles, qui permettent de briser les monopoles et créer les conditions d'une certaine concurrence, et dans le cadre des privatisations d'entreprises particulières, où une restructuration fondamentale peut être requise, par exemple en séparant de l'entreprise les aspects non-essentiels de son activité et en la vendant en plusieurs entités distinctes. Cette approche stratégique permet également de dépasser la conception statique des privatisations, qui les analyse en tant que «zero sum game» où certains gagnent et d'autres perdent sans bénéfice net pour le bien être national, et de les voir dans une perspective dynamique dont l'objectif est de réaliser un tel bénéfice net.

LES PRIVATISATIONS AU PLURIEL

Trois niveaux de privatisation

Trois niveaux principaux de privatisation et de nombreuses approches différentes ont été évoqués dans ce livre. En premier lieu viennent les privatisations au sens strict, à savoir le mécanisme par lequel la propriété ou le contrôle d'une entreprise est transmise du secteur public au secteur privé. On pourrait qualifier cette approche du sujet de micro-économique, en ce qu'elle est consacrée aux transactions de privatisation mêmes et au cadre juridique et institutionnel qui doit être mis en place pour les faciliter. Ces questions, qui forment le noyau de toute privatisation, ont notamment fait l'objet des chapitres 5 et 6 de ce livre

Ensuite, nous avons examiné les défis supplémentaires posés par la privatisation de certains secteurs, tels que les secteurs d'infrastructure examinés au chapitre 7. Non seulement faut-il préparer une entreprise déterminée à la privatisation, mais encore faut-il se pencher sur l'ensemble du secteur dans lequel elle opère, celui-ci étant souvent appelé à connaître de substantielles modifications suite à l'abandon de l'ancien schéma dans lequel le service public était fourni par une entreprise publique placée en situation de monopole. Le chapitre 7 a examiné les changements rapides qui ont lieu dans les secteurs d'infrastructures, et en particulier dans le secteur des télécommunications, qui traverse actuellement une véritable révolution axée, d'une part, sur un plus grand degré de concurrence au sein du secteur et, d'autre part, sur un plus grand niveau de participation privée. La réorganisation du secteur dans lequel une grande entreprise d'infrastructure opère constitue ainsi souvent un préalable essentiel à sa privatisation.

Enfin, après la privatisation d'une entreprise ou d'un secteur, vient la privatisation d'une économie, et en particulier la transformation systémique d'une économie planifiée et centralisée en économie de marché. Cette privatisation du système économique même se développa rapidement suite à l'effondrement du système de planification centralisée, mis en place avec les conséquences que l'on connaît par l'ex-URSS et copié par ses satellites. Dans cet ouvrage, nous avons présenté au chapitre 3 les ingrédients principaux d'une économie de marché qui devraient être présents pour assurer le succès d'un programme de privatisation des entreprises publiques.

Il peut également être utile de replacer ce processus dans le cadre de la mondialisation de l'économie qui impose des contraintes supplémentaires quant aux options réellement disponibles pour résoudre les problèmes chroniques des entreprises publiques. Cette mondialisation, qui se traduit notamment par de nouvelles normes de droit international (Union européenne, GATT, etc.), élargit la définition même du marché et a de plus en plus tendance à rendre illégales les subventions et protections douanières dont bénéficient de nombreuses entreprises publiques. Elle favorise aussi le développement d'entreprises souples pouvant s'adapter rapidement à un marché international en mouvance permanente.

Ces trois niveaux, auxquels se greffe la mondialisation de l'économie, sont ainsi à la fois distincts et liés. Distincts en ce que les problèmes qui s'y posent sont de nature différente. Liés en ce que chaque niveau, ainsi que les réformes correspondantes, détermine en partie les autres. Les programmes efficaces ont de manière générale été ceux qui ont réussi à introduire et coordonner les réformes nécessaires à chacun de ces niveaux de manière à ce que celles-ci se renforcent mutuellement. La privatisation doit donc être vue et gérée dans une perspective dynamique et non statique.

Multiples acceptions du terme

Le terme même de privatisation est souple et extensif, la privatisation d'une entreprise n'étant pas la même chose que la privatisation d'une économie. Nous avons fait état de pays qui préfèrent ne pas utiliser ce terme publiquement, alors que les politiques qu'ils mènent sont bel et bien des politiques de privatisation, et d'autres pays qui qualifient de privatisation des programmes n'impliquant pas directement le secteur privé. Relevons également que les termes mêmes de secteur public et secteur privé sont en pleine évolution et que la ligne qui les démarquait autrefois plus ou moins clairement devient de plus en plus floue. Outre les entreprises à capital mixte (public et privé) qui existent depuis longtemps dans beaucoup de pays, on voit une résurgence de techniques particulières de participation privée dans la fourniture de services dits publics, que ce soit sous forme de concession, d'affermage, de sous-traitance, de contrat de gestion, de financement obligataire ou d'un nombre d'autres formules associant secteur privé et secteur public.

CHANGER LE ROLE DE L'ETAT

Privatiser ne veut nullement dire abdiquer le rôle de l'Etat et confier l'ensemble de l'économie du pays aux soins du secteur privé. Au contraire, la privatisation offre au gouvernement une occasion unique pour recentrer son action en mettant l'accent non pas sur ce qui est perçu comme stratégique – une approche qui pourrait justifier la nationalisation de l'agriculture ou des boulangeries, par exemple – mais sur ce qui constitue le noyau dur des responsabilités étatiques. On peut ainsi penser non seulement à la défense nationale, la sécurité, la justice, les affaires étrangères, la fiscalité, mais également au développement d'infrastructures physiques et sociales essentielles à la croissance économique et au développement social. Le rôle de l'Etat est ainsi appelé à évoluer davantage vers celui d'élément catalyseur, animateur, promoteur, régulateur et redistributeur, tout en se retirant progressivement de ses rôles d'Etat-providence et de producteur, laissant au secteur privé la responsabilité de remplir cette dernière fonction.

Changer le rôle de l'Etat requiert aussi que soit changée la manière dont les organes et agents de l'Etat opèrent. Nous avons souligné au chapitre 6 l'importance de la mise en place de structures et mécanismes institutionnels efficaces pour assurer une mise en oeuvre effective des programmes de privatisation. En effet, sans organes et personnels motivés, les meilleurs programmes ou lois de privatisation resteraient lettre morte. Or, certains emplois, de même que certaines structures administratives, seront appelés à disparaître suite à la mise en oeuvre des privatisations. Il importera donc de motiver ceux qui restent et d'offrir des indemnités et/ou la possibilité d'un reclassement à ceux qui partent.

Ceci dit, ce nouveau rôle n'implique pas seulement le transfert de certaines activités au secteur privé, mais aussi et surtout la prise en charge et le développement d'autres activités. La réglementation de secteurs qui jusque là avaient été gérés de manière publique et monopolistique figure parmi les principaux défis nouveaux qui doivent être relevés par l'Etat. Ces nouvelles tâches sont cependant fort différentes de celles de producteur. Il ne suffira par conséquent pas de transférer du personnel d'un service opérationnel ou de planification à une tâche de réglementation. En ce qu'elle impose de difficiles arbitrages entre intérêts souvent divergents, la réglementation est intrinsèquement délicate et difficile. La mise en place de mécanismes de réglementation appropriés et performants est donc un autre défi majeur des privatisations, en particulier dans les secteurs à caractéristiques monopolistiques. D'autres facteurs interviennent cependant pour alléger ce fardeau. L'internationalisation de l'économie en est un, d'une part en ce qu'elle transforme des marchés qui étaient purement nationaux en marchés internationaux davantage ouverts à la concurrence et, d'autre part, en ce qu'elle ouvre les secteurs démonopolisés à la participation de grandes sociétés internationales ayant une réputation à défendre et étant à ce titre potentiellement moins susceptibles d'abuser d'une éventuelle position dominante que d'autres entreprises ayant moins à perdre.

Enfin, redéfinir le rôle de l'Etat, peut également requérir certaines modifications de type constitutionnel, comme nous l'avons évoqué au chapitre 2, ainsi qu'à la section 4 du chapitre 7. Cela a été non seulement le cas pour l'ensemble des pays en transition d'une économie planifiée vers une économie de marché, mais également pour de nombreux autres pays de tous continents et philosophies politiques.

PROTEGER LES INTERETS DES DIFFERENTES PARTIES

Le rôle de l'Etat dans le cadre d'une privatisation ne se réduit pas à celui d'un gestionnaire de patrimoine vendant certains de ses actifs. En effet, les intérêts de l'Etat en tant que vendeur peuvent aller parfois à l'encontre des obligations de l'Etat, protecteur de l'intérêt public ou promoteur de l'efficacité économique. Si tel est le cas, l'intérêt public et l'efficacité économique devront généralement l'emporter. La privatisation des entreprises publiques n'est donc que partiellement assimilable aux opérations de fusion et d'absorption de sociétés privées.

L'attitude des investisseurs privés ainsi que leur réaction face à un programme de privatisation, et donc la réussite d'un tel programme, dépendront largement de l'efficacité avec laquelle l'Etat en assurera la préparation et la mise en oeuvre. De nombreuses conséquences s'ensuivent pour l'établissement d'un cadre juridique propice à la privatisation. Tout d'abord, la législation devra soutenir la stratégie d'ensemble et les mesures d'application du programme de privatisation: le cadre juridique et réglementaire devra être propre à maximiser les avantages économiques et sociaux. Ensuite, de manière plus générale, les réformes juridiques devront favoriser le développement d'un environnement propice à l'investissement. En effet, les capitaux sont mobiles et tendront à aller là où les conditions seront globalement les plus avantageuses. Aussi, la mise en place d'un cadre juridique favorable devra-t-elle avoir pour objectif prioritaire de réduire l'incertitude à laquelle sont confrontés les investisseurs privés susceptibles de participer à un programme de privatisation.

Les nouveaux investisseurs ne sont pas seuls concernés. S'inscrivant dans la perspective d'un recentrage de l'Etat, les programmes de privatisation, comme toutes réformes, risquent de se heurter à l'opposition de certains qui craignent de perdre au change. Ils entraîneront certains coûts d'ajustement, qui sans pouvoir être entièrement évités peuvent souvent être limités par de bonnes politiques d'accompagnement (fonction de redistribution de l'Etat). De nombreux pays ont ainsi pris des mesures d'accompagnement visant à atténuer l'impact des privatisations sur les couches de la population les plus vulnérables.

L'expérience de la privatisation a également mis en relief l'importance des réformes en matière d'emploi et de droit du travail. Les entreprises publiques ont en effet tendance à avoir des sureffectifs, un fait dont il convient de tenir compte. Faute de régler dès l'abord les problèmes d'emploi, et notamment les modalités de licenciement, le programme de privatisation risque d'être retardé, voire bel et bien compromis. Quant aux fonctionnaires des ministères sectoriels et aux dirigeants des entreprises publiques, ils auront le sentiment que leur influence, et peut-être même leur emploi, sont menacés par la privatisation. Le processus risque également de s'enliser s'il n'en est pas dûment tenu compte. Des mesures peuvent ainsi s'imposer pour donner aux salariés, cadres et fonctionnaires affectés les incitations voulues pour favoriser la mise en oeuvre de ces réformes ou, le cas échéant, pour désamorcer leur opposition. Les primes de licenciement et l'octroi d'actions gratuites ou à conditions préférentielles, accompagnées ou non de droits de vote, figurent parmi les mesures d'incitation les plus courantes. Une stratégie de privatisation bien préparée comprendra donc un volet social.

De même, si le gouvernement souhaite renforcer la confiance du secteur privé, il faudra veiller à préserver les droits des créanciers des entreprises publiques. On peut également évoquer ici la nécessité de régler la question épineuse de la responsabilité éventuelle pour les actions ou omissions commises par l'entreprise avant sa privatisation: ces obligations incomberont-elles à l'Etat (ancien propriétaire) ou à l'entreprise et donc à ses acquéreurs? Enfin, l'Etat devra s'assurer que les intérêts légitimes d'autres parties sont également protégés. Ainsi, lorsque l'Etat privatise une entreprise dite d'économie mixte dont il détient la majorité du capital, les actionnaires privés minoritaires auront souvent un droit de préemption que l'Etat devra respecter.

UN PROCESSUS POLITIQUE

La privatisation est un processus politique géré par le gouvernement. C'est également une politique souvent controversée. Il n'est donc pas surprenant de constater qu'une des conditions essentielles au succès d'un tel programme est l'engagement inconditionnel des plus hauts responsables politiques, y compris le président (ou chef d'Etat) et le premier ministre. La nature politique de ce processus exige également qu'il soit géré avec intégrité et transparence sur la base de règles clairement établies afin d'éviter à la fois que des abus éventuels soient commis et que des accusations de favoritisme ou de fraude puissent être formulées.

Par ailleurs, s'agissant d'un programme politique, il importe que celui-ci soit soutenu non seulement par les groupes directement affectés, mais également par la population en général. Ceci requiert notamment que le programme ait des retombées positives sur les consommateurs (par exemple par la réduction des délais d'attente pour des raccordements téléphoniques, par l'amélioration de la qualité du service et par la création de nouveaux services), et sur les contribuables (par exemple, suite à la suppression des subventions aux entreprises publiques et à la réduction du poids du service de la dette publique). Ces retombées devront être communiquées effectivement à toutes les parties concernées, y compris les citoyens. Un bon programme d'information du public, expliquant notamment les bénéfices et les coûts des privatisations envisagées et des mesures d'accompagnement, ainsi que les liens avec l'ensemble du programme de réforme économique du gouvernement, devrait ainsi contribuer au succès de cette politique.

DEFINITION DES OBJECTIFS

Trop souvent, les objectifs du programme de privatisation ne sont pas clairement articulés. Leur définition constitue pourtant une étape essentielle qui ne peut être ignorée sous peine de courir à l'échec ou, à tout le moins, de ne pas retirer de l'opération l'ensemble des bénéfices qui auraient pu l'être. Il sera également indispensable d'intégrer ces objectifs dans le cadre plus vaste du programme général de réformes.

Nombre de programmes de privatisation (au sens étroit du terme) semblent privilégier le niveau des recettes pouvant être réalisées par rapport aux gains à plus long terme résultant d'une restructuration plus en profondeur de l'entreprise ou du secteur concerné. Cette préoccupation d'ordre financier se comprend, mais elle n'est souvent pas essentielle. Ainsi, dans le domaine des services publics, l'objectif prioritaire d'une privatisation ne devrait pas être d'obtenir le prix le plus élevé possible, mais plutôt d'améliorer la qualité du service public, notamment en donnant au consommateur un plus grand choix, en lui permettant d'obtenir les services dont il a besoin dans des conditions de prix, de volume et de qualité satisfaisantes.

NECESSITE D'UN DIAGNOSTIC APPROFONDI

Le processus de transfert d'entreprises du secteur public au secteur privé requiert à tous ses stades une analyse et des avis corrects, notamment en matière juridique. Pour que la privatisation réussisse, il faut d'abord identifier, puis éliminer, les principaux obstacles auxquels elle risque de se heurter, comme nous l'avons suggéré aux chapitres 2, 3 et 4 de ce livre.

Une fois définis les objectifs du gouvernement, il faudra donc analyser un vaste ensemble de textes juridiques, et notamment les lois relatives aux entreprises publiques ainsi que les statuts de l'entreprise publique à privatiser, afin de déterminer s'ils autorisent la privatisation et sont compatibles avec les objectifs poursuivis ou s'il faut les modifier, les suspendre ou les abroger pour permettre ou faciliter la privatisation. Certaines entreprises publiques peuvent avoir un statut juridique qui n'autorise pas ou ne facilite pas la privatisation et qui devra donc être modifié. Il faudra aussi prêter attention à d'autres questions de droit public et administratif, tels que les règles régissant la création et le fonctionnement d'organismes publics (qui s'appliqueront normalement à l'agence de privatisation), les réglementations de la fonction publique, la responsabilité des fonctionnaires, la législation pertinente des finances publiques, et le régime juridique particulier des biens publics.

Si la propriété de certaines entreprises publiques ou de certains actifs est contestée, comme ce peut être le cas pour les entreprises qui avaient été nationalisées, il faudra au préalable préciser les droits des parties en conflit. Pour réussir, la privatisation devra se dérouler dans un environnement juridique et institutionnel général caractérisé par le respect de la légalité et par la reconnaissance et la protection appropriées des droits des citoyens et agents économiques privés, en particulier des droits de propriété privée. La discrimination à l'égard du secteur privé devra, là où elle existe, être éliminée afin que les mêmes règles du jeu s'appliquent effectivement à tous.

Le climat des affaires d'un pays, sa législation et son attitude plus ou moins favorable aux investisseurs sont des facteurs déterminants de l'investissement, étranger ou national. Un bon cadre pour la vie des affaires ne peut que faciliter la privatisation et augmenter ses chances de réussite. Pour le créer, il faudra parfois adopter des lois pour abolir un monopole, protéger la concurrence, assurer le respect des contrats, réglementer ou déréglementer un secteur, réduire les restrictions en matière d'importations et d'exportations, rationaliser les procédures de constitution des sociétés, faciliter l'investissement étranger, simplifier le régime fiscal, garantir la convertibilité et le rapatriement des devises ou accélérer le règlement des différends, pour ne citer que quelques aspects majeurs du cadre juridique de la vie des affaires. Il faudra en outre vérifier le degré de développement des normes et pratiques en vigueur dans le monde des affaires et leur applicabilité aux opérations de privatisation envisagées. Dans ce cadre, il importera d'examiner en particulier le régime des fusions et acquisitions, de la liquidation, de la cessation de paiement, de la faillite, des transactions financières et des marchés boursiers. Ainsi, des éléments constitutifs du cadre juridique de base d'un pays, qui ne sont pourtant pas directement liés aux privatisations, peuvent cependant avoir une profonde incidence sur leur déroulement.

Dans le domaine des grandes infrastructures, l'importance d'un diagnostic approfondi est encore plus grande. Comme nous l'avons vu, il ne s'agira pas seulement d'identifier l'ensemble des règles en vigueur qui régissent ce secteur et affectent les entreprises concernées et déterminer celles d'entre elles qui constituent les plus grandes entraves au développement du secteur. Le diagnostic devrait également permettre de voir comment ces règles affectent la performance du secteur ainsi que le niveau et la qualité des services fournis. Une comparaison avec d'autres pays sera un outil indispensable pour la formulation d'un tel diagnostic. Cette comparaison devra inclure certains pays ayant mis en oeuvre des réformes importantes et mettre l'accent sur l'expérience des pays où le même secteur est plus performant.

UNE STRATEGIE ET DES PRIORITES CLAIRES

Idéalement, le vaste ensemble de textes législatifs passés en revue devrait être en vigueur pour favoriser l'expansion du secteur privé et la privatisation. Toutefois, dans la plupart des pays en développement, il faudra se préoccuper essentiellement des éléments du régime juridique qui doivent impérativement être en place pour que la privatisation réussisse. Agir autrement entraînerait des retards sans fin. C'est là une nécessité dont il faudra prendre conscience dès l'origine. Le contenu de la réforme de base dépendra de la situation concrète de chaque pays, notamment du cadre juridique en place au moment considéré, ainsi que de la portée et de la nature du programme de privatisation.

Si, par exemple, les droits de propriété sont imprécis, la loi s'applique arbitrairement ou les marchés financiers sont trop sévèrement réglementés, pour ne prendre que quelques exemples, on est en présence d'obstacles qui risquent d'empêcher le bon déroulement des opérations de privatisation. Leur suppression devrait donc faire partie du train de réformes de base. Si cela n'était pas possible, il faudrait recourir à certains subterfuges pour réaliser les objectifs assignés malgré les obstacles juridiques en place. On peut penser, par exemple, à la technique du leasing, qui permet à des opérateurs privés d'utiliser des actifs dont l'Etat ne peut immédiatement transférer la propriété, soit parce qu'il est légalement tenu d'en rester propriétaire, soit parce que ses droits de propriété sont contestés. De même, l'existence d'entreprises monopolistiques parmi les entreprises publiques à privatiser nécessitera le plus souvent l'adoption préalable d'une législation ouvrant le secteur à la concurrence ou, dans le cas des monopoles naturels, d'une législation réglementant les activités à caractère monopolistique. Il incombe aux conseillers des gouvernements de les aider à déterminer quels lois, mécanismes ou institutions créent les goulets d'étranglement les plus nuisibles au succès de la privatisation dans leur pays.

La première étape consiste donc à établir un ordre de priorité entre les insuffisances qui ont été constatées par rapport à l'environnement idéal. Comme la privatisation est rarement un objectif en soi, mais plutôt un instrument de politique économique qui s'inscrit, le plus souvent, dans un programme de réforme plus vaste, les priorités devront être fixées en conformité avec le ou les objectifs ultimes. Seules devront être entreprises les réformes indispensables à la réussite de la privatisation et conformes au programme général de réforme économique.

Il importe aussi de programmer correctement les réformes dans le temps. La déréglementation et la libéralisation des prix et du commerce extérieur devront, par exemple, précéder la privatisation, surtout dans les pays où l'initiative est paralysée par un régime de licences obligatoires, par des politiques et des pratiques commerciales protectionnistes et par des contrôles des prix. En effet, s'ils ne peuvent librement fixer les prix et exploiter leur propre entreprise, peu d'investisseurs se porteront acquéreurs d'entreprises publiques. Et au cas où une entreprise publique se vendrait malgré ce contexte défavorable, une déréglementation ou libéralisation des prix intervenant postérieurement pourrait donner lieu à un profit exceptionnel pour l'investisseur, tandis que les fonctionnaires responsables de la privatisation risqueraient d'être accusés d'avoir bradé l'entreprise publique, ce qui pourrait nuire, en fait, à l'ensemble du programme. L'inverse se produira souvent lorsque c'est la libéralisation du commerce extérieur qui intervient après la privatisation.

Dans ce cas, en effet, la disparition de la protection peut réduire instantanément la valeur de l'entreprise privatisée et léser injustement l'acheteur, sapant du même coup la crédibilité du gouvernement et celle de son programme de privatisation.

L'échelonnement correct de la réforme réglementaire et de la privatisation n'est pas moins décisif. Pour déterminer le prix qu'ils seront prêts à payer, les investisseurs devront savoir sous quel régime réglementaire la société fonctionnera. Il faudra donc que ce régime soit fixé avant la privatisation. L'incertitude quant à la réglementation applicable ne peut que limiter l'intérêt manifesté par les investisseurs et réduire le prix de vente. En outre, lorsqu'il s'agira de privatiser une entreprise de services publics, les investisseurs voudront savoir non seulement quel sera la structure du secteur et le régime réglementaire à la date de la privatisation mais aussi comment ce régime sera susceptible d'évoluer dans les années suivantes. La stabilité du régime, inscrite dans une loi et garantie éventuellement par un engagement crédible pris par le gouvernement de ne pas modifier ce régime substantiellement pendant une période initiale déterminée ou du moins de ne pas le faire au détriment de la société, peut être capitale pour attirer les acquéreurs.

FAUT-IL UNE LOI DE PRIVATISATION ?

La question de savoir si un pays doit adopter une loi de privatisation ou s'il peut s'en dispenser dépend de sa situation politique, de ses traditions juridiques, de la portée du programme de privatisation et de la nature des entreprises à privatiser. Deux aspects sont à distinguer ici: il faudra, d'une part, déterminer si l'adoption de mesures législatives est nécessaire pour autoriser ou faciliter la privatisation et, si tel est le cas, décider, d'autre part, si les dispositions nouvelles doivent prendre la forme d'amendements aux lois pertinentes ou être regroupées dans une loi de privatisation expresse. Certains pays ont choisi d'adopter des lois de privatisation alors même que la privatisation aurait pu s'opérer sans modification de la législation en vigueur. Ce choix a souvent l'avantage de mobiliser d'emblée un soutien et un engagement politiques explicites en faveur de la privatisation, en donnant un mandat au gouvernement et en désignant clairement les services chargés d'exécuter les opérations de privatisation, ce qui permet de les responsabiliser davantage. Une loi de privatisation permet également d'introduire d'autres modifications du régime juridique en vue de faciliter le processus de privatisation. Les risques d'une loi de privatisation sont notamment les longs délais nécessaires pour obtenir son adoption par le parlement, la portée parfois trop contraignante de dispositions législatives et une tendance qu'ont certains parlements à trop s'ingérer dans la mise en oeuvre des privatisations. Il faut relever en outre que les entreprises publiques n'ont généralement pas besoin de lois spéciales pour céder leurs propres actifs ou leurs filiales. Il en va parfois, mais pas toujours, de même pour la vente par des sociétés de portefeuille publiques de filiales ou de participations.

Lorsqu'une loi est nécessaire ou souhaitable, il peut être préférable d'en limiter les dispositions au minimum indispensable pour assurer une privatisation efficace. Une législation nouvelle s'imposera pour les opérations qui ne peuvent être exécutées, ou du moins qui ne peuvent être exécutées efficacement, sous l'empire du droit en vigueur. Souvent, les lois de privatisation contiennent des dispositions tendant soit à remédier aux lacunes des règles organisant l'économie de marché ou le fonctionnement du secteur public, soit à introduire les mesures d'accompagnement qui peuvent s'avérer nécessaires pour assurer le succès des privatisations. Ce type de dispositions constituent ce que l'on peut appeler des dispositions de facilitation, par opposition aux dispositions d'habilitation qui portent expressément sur le processus de privatisation (pour l'autoriser et l'organiser).

L'étendue des modifications législatives devant être introduites s'accroît considérablement lorsqu'il s'agit de privatiser des secteurs sous monopole public. Non seulement faudra-t-il abolir certaines dispositions consacrant le monopole et organisant la gestion du secteur, mais il faudra également mettre en place tout un nouveau régime, établissant un nouveau mode d'organisation sectorielle, définissant de nouvelles règles relatives, notamment, à l'entrée de nouveaux opérateurs ainsi qu'aux termes et conditions de leur accès aux réseaux établis par l'ancien monopole public, et mettant en place les institutions et mécanismes devant assurer le bon fonctionnement du secteur.

La loi de privatisation proprement dite devra ainsi refléter les grandes lignes politiques du programme et donner au gouvernement ou à l'organisme chargé de la privatisation d'amples pouvoirs pour les mettre en oeuvre, en évitant en particulier les restrictions qui risqueraient de lier exagérément les mains des organes d'exécution et de ralentir le processus. Tout en ménageant la souplesse voulue, pour permettre notamment à l'agence d'exécution de choisir la technique de privatisation la mieux adaptée à chaque cas d'espèce, le cadre juridique devra établir des sauvegardes fondamentales garantissant l'intégrité et l'efficacité des opérations. Des méthodes de privatisation claires, souples et concurrentielles, appliquées de manière transparente par des fonctionnaires responsables de leurs actes, contribueront largement à assurer la réussite du processus. Un consensus de base entre parlement, gouvernement et chef d'Etat sur l'ampleur et les grands axes du programme, ainsi qu'un mandat clair appuyé par une délégation univoque de pouvoirs aux organes chargés de la mise en oeuvre de ce programme contribueront à son succès.

Cela dit, il importe aussi d'appliquer le principe de la subsidiarité en examinant dans quelle mesure des instruments juridiques hiérarchiquement inférieurs à la loi se prêtent bien ou mieux au règlement de certaines questions, laissant ainsi au gouvernement plus de latitude au niveau de la mise en oeuvre. Il s'agit non seulement de décrets, règlements d'application, directives et décisions administratives, mais aussi des accords contractuels négociés avec les acquéreurs.

Enfin, il faut se garder de tout «optimisme législatif». Même à supposer, en effet, que le législateur puisse prévoir correctement les grands problèmes susceptibles d'apparaître lors de l'exécution du programme de privatisation, et puisse en conséquence établir un cadre juridique optimal pour ces privatisations, la réussite ne sera pas garantie pour autant. Encore faudra-t-il que ce cadre juridique soit effectivement appliqué, ce qui suppose que les institutions et les moyens nécessaires existent ou soient mis en place, et que chaque opération concrète soit préparée, structurée, négociée et exécutée avec compétence et intégrité. Relever le défi institutionnel des privatisations demande ainsi que l'attention soit mise à la fois sur le développement de bonnes stratégies et de bons programmes, et sur la mise en place d'institutions et mécanismes permettant d'en assurer la mise en oeuvre effective.

ROLE DES JURISTES

Nous venons d'évoquer la multitude de lois et règlements qui devront être pris en compte ou modifiés dans le cadre de la préparation d'un programme de privatisation. Les juristes auront ici un rôle créatif à jouer. Leur rôle sera davantage de trouver les moyens de mettre en oeuvre le programme de privatisation malgré les obstacles qui pourraient exister que de soulever ces obstacles juridiques sans offrir de solutions pour les contourner ou les abolir.

Les juristes auront bien sûr également un rôle central, et plus traditionnel, à jouer pour rédiger les documents et conseiller le vendeur et l'acheteur dans la négociation d'un large ensemble d'accords et de contrats relatifs aux opérations de privatisation. Un grand nombre des dispositions spéciales qui figurent dans les lois de privatisation et qui ont été évoquées ici pourraient en fait aussi bien trouver place dans ces documents contractuels.

Une fois accomplie l'opération de privatisation, des garanties juridiques sont nécessaires pour assurer le respect par toutes les parties des termes des accords de privatisation. Il faut aussi que des mécanismes de recours efficaces existent pour permettre l'application effective des sanctions d'inexécution. Le nouveau cadre réglementaire devra parfois être retouché afin qu'il réponde mieux à l'attente des parties intéressées et permette effectivement à l'entreprise privée de se développer tout en protégeant les intérêts légitimes des consommateurs, des concurrents et des contribuables.

En bref, l'étendue et la complexité des questions juridiques qui peuvent se poser à l'occasion des programmes de privatisation sont à peu près sans borne, et concernent tant le droit public que le droit privé, le droit national, que le droit international ou étranger. Afin de relever ce défi juridique, les gouvernements qui privatisent devront, dans chaque pays et pour chaque opération, obtenir les services de juristes qualifiés, expérimentés et indépendants qui les aideront à identifier et régler ces problèmes critiques. C'est là une condition nécessaire, mais non suffisante, de la réussite. Nécessaire, parce que le droit est au coeur même du processus de privatisation. Mais non suffisante parce que les aspects juridiques de la privatisation ne sont que l'un des nombreux volets à prendre en considération au même titre que les aspects politiques, administratifs, économiques, financiers, techniques et sociaux, par exemple.

UNE APPROCHE MULTIDISCIPLINAIRE ET EMPIRIQUE

Par ce livre, nous avons voulu contribuer à une meilleure intégration des aspects stratégiques, économiques, politiques et institutionnels des privatisations, en prenant le droit comme fil conducteur ou grille de lecture. En effet, presque toutes les réformes entreprises dans le cadre d'un programme de libéralisation économique et de privatisation impliquent une réforme des normes juridiques en vigueur, les nouvelles normes devant refléter les nouvelles stratégies et politiques. L'analyse a été faite, non pas en partant des textes, mais bien en partant des expériences vécues dans un très grand nombre de pays, des problèmes rencontrés et des solutions qui leur ont été données, bonnes et moins bonnes.

Il ressort de cet examen multidisciplinaire et comparatiste des privatisations que chaque pays doit adopter une approche qui lui est propre, adaptée à ses objectifs et contraintes particuliers. Cela implique notamment qu'il ne peut pas y avoir de modèle universel de programme ou de loi de privatisation, chaque pays devant, le cas échéant, concevoir son programme et rédiger sa loi en fonction de ses propres contraintes et objectifs. Cette démarche peut toutefois être considérablement enrichie par l'expérience d'autres pays. Par ce livre, nous espérons avoir contribué à la dissémination de ces expériences et des leçons que d'autres pays peuvent en tirer.

Annexe

Liste de textes réglementant les privatisations[1]

Albanie

Loi n° 7512 autorisant et protégeant la propriété privée, la liberté d'entreprendre des activités privées indépendantes, et la privatisation (10 août 1991).

Décret n° 22 promulguant la loi n° 7512 (15 août 1991).

Décision du conseil des ministres n° 307 relative aux droits et devoirs de l'agence nationale pour la privatisation et de la commission chargée de la préparation du processus de privatisation (29 août 1991).

Instruction du conseil des ministres n° 3 relative à l'organisation des travaux et à la réalisation de la transition de la propriété publique à la propriété privée par ventes aux enchères (30 août 1991).

Loi n° 7698 relative à la restitution des biens des anciens propriétaires et à l'indemnisation octroyée à ces derniers (15 avril 1993).

Loi n° 7699 relative à l'indemnisation octroyée aux anciens propriétaires de terres agricoles (15 avril 1993).

Allemagne

Loi relative à la privatisation et à la réorganisation des biens appartenant à la collectivité («Treuhandgesezt») (17 juin 1990). Cette loi a été adoptée par le Parlement est-allemand avant la réunification allemande.

Traité d'unification (31 août 1990), notamment :
- article 25 incorporant la «Treuhandgesezt» au droit allemand et la modifiant;
- annexe contenant la loi relative au règlement des questions de propriété pendantes (amendée en mars 1991).

Loi générale relative à l'élimination des obstacles à la privatisation des entreprises et à la promotion des investissements (22 mars 1991).

Loi relative à la restructuration des entreprises sous administration de la Treuhandanstalt («Spaltungsgesetz» du 5 avril 1991).

Loi relative à la réorganisation des postes et télécommunications (14 septembre 1994).

Argentine

Loi n° 22177 (4 mars 1980).

Loi n° 23696 relative à la réforme de l'Etat (18 août 1989).

Loi n° 23697 relative à l'état d'urgence économique (15 septembre 1989).

1 La liste n'est pas exhaustive. Elle englobe des lois, décrets et réglements actuellement en vigueur et d'autres désormais abrogés ou modifiés. Les références contiennent, chaque fois que possible, l'intitulé correct et la date des textes; certains intitulés sont des traductions, alors que d'autres décrivent le contenu du texte visé. Certaines références sont tirées de revues de presse et ne sont pas nécessairement exactes.

Décret n° 1105 portant application de la loi n° 23696 (octobre 1989).

Décrets d'application n° 377/89, 570/89, 760/89 et 824/89 de la loi n° 23697 relative à l'état d'urgence économique.

Décrets n° 731/89, 59/90, 60/90, 61/90, 62/90, 420/90, 575/90, 636/90, 677/90, 1130/90, 1185/90, 1229/90, 1230/90, 1948/90, 1967/90, 1968/90, 2096/90, 2332/90, 2344/90, 2345/90, 2346/90, 2347/90, 2762/90 et 778/91 relatifs à la privatisation d'ENTel.

Décrets n° 575/90, 1105/90, 1948/90.

Décret n° 2515/91.

Loi n° 24045 (31 décembre 1991).

Loi n° 24065 relative à la réglementation de l'industrie électrique (16 janvier 1992).

Décret n° 999/92 relatif aux services de l'eau potable et de l'assainissement.

Loi n° 24145 relative à la privatisation de YPF S.A. (11 juin 1992).

Loi n° 24076 relative à la privatisation de Gas del Estado (12 juin 1992) et décrets réglementaires n° 1738/92, 1189/92 et 2255/92.

Loi n° 24155 relative à la privatisation de la Caisse Nationale d'Epargne et d'Assurance et de la Banque Nationale de Développement.

Décret n° 2108/92 relatif à la privatisation d'Aceros Paraná S.A.

Décret n° 2339/92 créant la commission nationale de réglementation des chemins de fer (4 décembre 1992).

Décrets n° 2451/92 à 2460/92 relatifs au transport et à la distribution du gaz naturel (1992).

Décrets n° 51/92, 214/92, 839/92 et 2514/92.

Décret n° 2792/92 approuvant les statuts d'ENCOTESA (décembre 1992).

Résolution n° 551/92 (modifiée par la résolution No 873/92) fixant les modalités de l'échange de titres de la dette contre des actions.

Résolutions du ministère de l'économie n° 1457/92, 1386/92, 68/93 et 69/93 relatives aux concessions de chemin de fer.

Décret d'application n° 1108/93 de la loi n° 24145 relative à la privatisation de YPF S.A. (31 mai 1993).

Arménie Loi relative à la propriété (31 octobre 1990).

Décret du Soviet suprême relatif aux principes de la privatisation (13 février 1991).

Loi relative à la privatisation et à la dénationalisation des entreprises d'État et de projets en cours de construction (27 août 1992).

Australie Loi sur les entreprises publiques de l'état de New South Wales (1989).

Autriche Amendement à la deuxième loi de nationalisation (2 juillet 1987).

Azerbaïdjan Loi relative à la désétatisation et à la privatisation (1993).

Belgique Arrêté royal relatif à la commission d'évaluation des actifs de l'Etat (8 octobre 1992).

Loi portant des dispositions fiscales et financières (22 juillet 1993).

Arrêté royal modifiant la loi du 17 juin 1991 portant organisation du secteur public du crédit et harmonisation du contrôle et des conditions de fonctionnement des établissements de crédit (29 septembre 1993).

Arrêté royal approuvant la modification des statuts de la Société Nationale de Crédit à l'Industrie (30 mai 1994).

Arrêté royal instituant au profit de l'Etat une action spécifique de Synatom (10 juin 1994).

Arrêté royal instituant au profit de l'Etat une action spécifique de la Société Nationale de Transport par Canalisations (10 juin 1994).

Arrêté royal constituant la Société Fédérale d'Investissement (10 juin 1994).

Arrêté royal instituant au profit de l'Etat une action spécifique de Distrigaz (16 juin 1994).

Arrêté royal portant diverses dispositions relatives à la Société Fédérale d'Investissement et à la privatisation de la Société Nationale d'Investissement (16 juin 1994).

Arrêté royal organisant les modalités de l'apport de la participation de l'Etat dans la Société Nationale d'Investissement à la Caisse Générale d'Epargne et de Retraite-Holding (20 juillet 1994).

Arrêté royal relatif à l'acquisition d'actions cotées en bourse de Distrigaz (20 juillet 1994).

Arrêté royal modifiant le statut de la Société Nationale de Crédit à l'Industrie et organisant l'apport de la participation de l'Etat dans la Société Nationale du Crédit à l'Industrie à la Caisse Générale d'Epargne et de Retraite-Holding (20 juillet 1994).

Arrêté royal modifiant l'arrêté royal du 10 juin 1994 constituant la Société Fédérale d'Investissement (16 septembre 1994).

Bénin

Loi n° 88-005 (avril 1988).

Décret n° 88-351 portant définition des modalités, procédures et responsabilités du processus de privatisation.

Décret n° 89-15 créant une commission pour l'évaluation des offres de privatisation.

Loi n° 92-023 (qui remplace le décret n° 88-351) portant détermination des principes fondamentaux des dénationalisations et des transferts de propriété d'entreprises du secteur public au secteur privé (6 août 1992).

Décret n° 92-340 portant composition, organisation et fonctionnement de la commission technique de dénationalisation et de transfert de propriété d'entreprises du secteur public au secteur privé (7 décembre 1992).

Bélarus

Loi relative à la propriété en RSS de Bélarus et décret d'application (9 novembre 1991).

Loi relative à la désétatisation et à la privatisation des biens d'Etat (19 janvier 1993).

Décret du conseil suprême relatif à l'application de la loi relative à la désétatisation et à la privatisation des biens d'Etat (19 janvier 1993).

Loi relative aux coupons de privatisation (1993).

Bolivie

Décret suprême n° 21060 (29 août 1985).

Décret suprême n° 22836 (juin 1991).

Loi n° 1330 relative à la privatisation (mai 1992).

Décret suprême 23170 portant application de la loi sur la privatisation (juin 1992).

Loi n° 1544 relative à la capitalisation (21 mars 1994).

Brésil

Décret n° 91991 contenant des dispositions relatives à la privatisation d'entreprises sous le contrôle direct ou indirect du gouvernement fédéral, ainsi que d'autres mesures (28 novembre 1985).

Décret n° 95886 relatif au programme fédéral de désétatisation (29 mars 1988).

Loi n° 6629 autorisant l'exécutif de l'état de Sao Paulo à céder le contrôle du capital de Viacao Aerea Sao Paulo S/A (27 décembre 1989).

Loi n° 8018 relative aux certificats de privatisation (11 avril 1990).

Loi n° 8031 autorisant le programme national de dénationalisation (12 avril 1990).

Décret n° 99463 désignant BNDES pour l'application du PND (16 août 1990).

Décret n° 99464 relatif à la privatisation d'Usiminas (16 août 1990).

Décret n° 99469 organisant la procédure de privatisation (août 1990).

Mesure provisoire n° 299 interprétant la loi n° 8031 du 12 avril 1990 (19 octobre 1991).

Décret n° 724 redéfinissant et codifiant les règles en matière de privatisation édictées depuis 1990 (19 janvier 1993).

Décret n° 1068 (1994).

Bulgarie

Décret n° 36 relatif au développement de l'initiative privée et individuelle dans le commerce, le tourisme et les services (10 avril 1990).

Décret n° 42 relatif aux règles applicables en matière de vente aux enchères des biens appartenant à l'Etat et aux municipalités (14 mars 1991).

Loi portant restitution des biens fonciers nationalisés (5 février 1992).

Loi portant restitution des biens expropriés sous l'empire de lois antérieures (5 février 1992).

Loi relative à la transformation et à la privatisation des entreprises d'Etat et des entreprises municipales (23 avril 1992).

Décret n° 105 relatif aux règles applicables en matière de vente aux enchères et d'évaluation de biens sujets à privatisation (15 juin 1992).

Loi relative à la privatisation de masse (9 juin 1994).

Burkina Faso Ordonnance n° 91-00042/PRES (1991).

Ordonnance n° 91-00044/PRES portant autorisation de privatisation (17 juillet 1991).

Décret n° 91-0385/MCIM portant composition, organisation et fonctionnement de la commission de privatisation (26 septembre 1991).

Burundi Décret-loi n° 1/027 fixant cadre organique des sociétés de droit public et des sociétés d'économie mixte de droit privé (28 septembre 1988).

Décret-loi n° 1/21 relatif à la privatisation des entreprises publiques (12 août 1991).

Décret n° 100/133 portant nomination du comité interministériel de privatisation (13 août 1991).

Ordonnance ministérielle n° 120/321 fixant les modalités d'appel à la concurrence en matière de privatisation des entreprises publiques (4 octobre 1991).

Cameroun Loi n° 80/030 habilitant le Président de la République à légiférer par ordonnances en matière de privatisation des entités publiques et para-publiques (29 décembre 1989).

Ordonnance n° 90/004 relative à la privatisation des entreprises publiques et para-publiques (22 juin 1990).

Décret d'application n° 90/1257 (30 août 1990).

Décret n° 90/1423 portant privatisation de certaines entreprises du secteur public et para-public (3 octobre 1990).

Canada Loi sur la Corporation de développement du Canada (30 juin 1971).

Loi sur la restructuration du secteur des pêches de l'Atlantique (30 novembre 1983).

Loi sur la gestion des finances publiques (29 juin 1984).

Loi autorisant l'aliénation de la Société des transports du Nord Limitée (28 juin 1985).

Loi sur la réorganisation de la Corporation de développement du Canada (20 décembre 1985).

Loi autorisant l'aliénation de la société Les Arsenaux canadiens Limitée (1er mai 1986).

Loi autorisant l'aliénation de Canadair Limitée (19 décembre 1986).

Loi autorisant l'aliénation de biens de la Commission d'énergie du Nord Canadien situés au Yukon (26 mars 1987).

Loi sur la réorganisation et l'aliénation de Téléglobe Canada (1er avril 1987).

Loi sur la réorganisation et l'aliénation de Eldorado Nucléaire Limitée (28 juillet 1988).

Loi sur la participation publique au capital d'Air Canada (18 août 1988).

Loi autorisant l'aliénation de Nordion et de Theratronics (30 janvier 1990).

Loi sur la participation publique au capital de Petro-Canada (1er février 1991).

Loi sur la réorganisation et l'aliénation de Télésat Canada (17 décembre 1991).

Loi sur le compte de service et de réduction de la dette (18 juin 1992).

Cap-Vert Loi n° 52/III/89 délimitant les secteurs de propriété des activités économiques (13 juillet 1989).

Loi de privatisation n° 47/IV/92 (5 juillet 1992).

Décret-loi n° 116/92 créant un organisme consultatif de support au gouvernement sur les privatisations (17 septembre 1992).

Chili Décret-loi n° 2564 relatif à l'aviation civile (mars 1979), modifié par la loi n° 18243 (septembre 1983).

Décret-loi n° 1 relatif aux services de l'électricité (22 juin 1982).

Loi générale n° 18168 relative aux télécommunications (2 octobre 1982), amendée par les lois n° 18482, 18591, DFL n° 1 de 1987, et par les lois n° 18681 (31 décembre 1987) et 18838 (30 septembre 1989).

Chine Règlements provisoires, promulgués par le Conseil d'Etat, relatifs à l'émission et à la vente d'actions (22 avril 1993).

Opinion standard du comité d'Etat pour la restructuration de l'économie concernant les sociétés par actions (15 mai 1992).

Addendum à l'opinion standard émise par le comité d'Etat pour la restructuration de l'économie (24 mai 1993).

Colombie Décrets n° 2139, 2140 et 2142 (1992).

Loi n° 35 relative à la privatisation des entités du secteur financier (1993).

Loi n° 37 autorisant la participation des investisseurs privés au service de téléphonie mobile cellulaire (1993).

Corée du Sud Loi de gestion des entreprises à participation publique.

Costa Rica Loi n° 6955 pour l'équilibre financier du secteur public (24 février 1984).

Côte d'Ivoire Décret n° 87-197 autorisant la cession de la participation de l'Etat dans le capital de la Société Ivoirienne des Tabacs (SITAB) (6 février 1987).

Décret n° 90-1610 portant autorisation de cession et de transfert au secteur privé des actions et participations détenues par les personnes morales de droit public, création des organes chargés du programme de privatisation et de restructuration du secteur parapublic et organisation des modalités d'application de ce programme (28 décembre 1990).

Arrêté n° 002 portant nomination des membres du comité de privatisation et de restructuration du secteur parapublic (CPR) (3 juin 1991).

Loi n° 94-338 relative à la privatisation des participations et actifs de l'Etat dans certaines entreprises et établissements publics nationaux (9 juin 1994).

Décret portant modalités d'application de la loi n° 94-338 du 9 juin 1994 relative à la privatisation des participations et actifs de l'Etat dans certaines entreprises et établissements publics nationaux (1994).

Décret n° 94-520 portant composition, organisation, fonctionnement et attributions du comité de privatisation (21 septembre 1994).

Croatie Loi relative à la transformation des entreprises de propriété sociale (1992).

Djibouti Loi d'orientation économique et sociale 1990-2000.

Loi relative aux sociétés de 1988.

Loi relative aux concessions exclusives de 1989.

Loi autorisant la privatisation des entreprises publiques identifiées.

Dominicaine (République) Loi n° 14-90 permettant la participation du secteur privé à la production et à la distribution d'énergie électrique (février 1990).

Egypte Loi n° 230 relative aux sociétés d'économie mixte (1989).

Loi n° 203 relative aux entreprises commerciales du secteur public (1991).

Décret du Premier ministre n° 1590/1991 portant règlement d'application de la loi n° 203/1991 (1991).

Equateur Loi relative à la modernisation de l'Etat (31 décembre 1993).

Décret exécutif n° 1335 portant création de l'unité du ministère des finances chargé de la modernisation de l'Etat (5 janvier 1994).

Estonie Loi relative à la privatisation des entreprises d'Etat de services, de commerce et d'alimentation (13 décembre 1990).

Loi relative aux mesures de base pour la réforme de la propriété (avec décret d'application) (20 juin 1991).

Résolution signée par le président du conseil suprême arrêtant les conditions et procédures pour la privatisation des biens appartenant à l'Etat et aux municipalités (13 août 1992).

Résolution du président du conseil suprême relative au commencement de la vente des actions des entreprises publiques (13 août 1992).

Décret n° 36 relatif à la procédure applicable à la restitution de biens expropriés illégalement (5 février 1993).

Loi relative à la privatisation (17 juin 1993).

Décret sur l'émission de certificats de privatisation (novembre 1993).

Etats-Unis Loi relative à l'efficacité du transport combiné de surface (1991).

Décret n° 12083 relatif à la privatisation d'infrastructures (30 avril 1992).

France Décision n° 86-207 du Conseil constitutionnel sur la loi d'habilitation autorisant le Gouvernement à prendre diverses mesures d'ordre économique et social (25 et 26 juin 1986).

Loi n° 86-793 autorisant le Gouvernement à prendre diverses mesures d'ordre économique et social (2 juillet 1986).

Loi n° 86-912 relative aux modalités d'application des privatisations décidées par la loi n° 86-793 du 2 juillet 1986 (6 août 1986).

Décret portant nomination à la commission de privatisation (9 septembre 1986).

Loi n° 86-1067 relative à la liberté de communication (30 septembre 1986).

Décret n° 86-1140 pris pour l'application de la loi n° 86-912 du 6 août 1986 (24 octobre 1986).

Décret n° 86-1141 pris pout l'application de l'article 10 de la loi n° 86-912 du 6 août 1986 (25 octobre 1986).

Instruction n° 4 B-5-86. Privatisation - portefeuille - titres des entreprises (12 novembre 1986).

Instruction n° 5 G-15-86. Régime des plus-values privées réalisées lors de la cession de valeurs mobilières et droits sociaux - privatisations (15 décembre 1986).

Avis de la commission de la privatisation (14 janvier 1987).

Arrêté fixant les modalités de la privatisation de la Compagnie Financiére de Paribas (16 janvier 1987).

Arrêté fixant les valeurs d'échange des titres d'emprunt remis en paiement des actions de la Compagnie Financiére de Paribas cédées par l'Etat par offre publique de vente du 19 janvier 1987 (16 janvier 1987).

Instruction n° 2 O-3-87. Timbre et taxes assimilées ... Pouvoirs destinés à la représentation des actionnaires aux assemblées générales constatant la privatisation de certaines entreprises (6 mars 1987).

Instruction n° 5 F-15-87. Traitements, salaires pensions et rentes viagères. Revenus exonérés. Avantages accordés aux salariés dans le cadre des opérations de privatisation (24 août 1987).

Instruction n° 2 O-7-87. Timbre et taxes assimilées ... (Cession de la société nationale de programme «Télévision Française l») (l^er^ septembre 1987).

Décret n° 88-1054 relatif à la commission d'évaluation des entreprises publiques (22 novembre 1988).

Loi n° 89-465 modifiant la loi n° 86-912 du 6 août 1986 relative aux modalités d'application des privatisations (10 juillet 1989).

Loi n° 90-560 portant sur la transformation en société anonyme de la Régie Nationale des Usines Renault (4 juillet 1990).

Décret n° 91-332 relatif à l'ouverture minoritaire du capital des entreprises publiques (4 avril 1991).

Loi n° 93-923 de privatisation (19 juillet 1993).

Décret n° 93-930 pris pour l'application de la loi n° 93-923 du 19 juillet 1993 de privatisation (21 juillet 1993).

Arrêté fixant la valeur de reprise des titres de l'emprunt d'Etat 6 p. 100 juillet 1997 remis en paiement des actions de la Banque Nationale de Paris cédées par l'Etat par offre publique de vente du 5 octobre 1993 (4 octobre 1993).

Arrêté fixant les modalités de la privatisation de la Banque Nationale de Paris (4 octobre 1993).

Avis de la commission de la privatisation relatif à la valeur minimum de Rhône-Poulenc (10 novembre 1993).

Arrêté fixant les modalités de la privatisation de Rhône-Poulenc SA (15 novembre 1993).

Arrêté fixant la valeur de reprise des titres de l'emprunt d'Etat 6 p.100 juillet 1997 remis en palement des actions de Rhône-Poulenc cédées par l'Etat par offre publique de vente du 16 novembre 1993 (15 novembre 1993).

Décret n° 93-1296 pris pour l'application de l'article 10 de la loi n° 86-912 du 6 août 1986 modifiée relative aux modalités des privatisations et concernant certains des droits attachés à l'action spécifique (13 décembre 1993).

Décret n° 93-1297 modifiant le décret n° 86-1141 du 25 octobre 1986 pris pour l'application de l'article 10 de la loi n°86-912 du 6 août 1986 relative aux modalités des privatisations (13 décembre 1993).

Décret n° 93-1298 instituant une action spécifique de l'Etat dans la Société nationale Elf-Aquitaine (13 décembre 1993).

Circulaire relative à la saisine pour l'application de l'article 10.1 (1°) de la loi n° 86-912 du 6 août 1986 relative aux modalités des privatisations modifiée par la loi de privatisation n° 93-923 du 19 juillet 1993 (5 avril 1994).

Avis de la commission de privatisation relatif à la valeur minimum de la société centrale Union des Assurances des Paris (21 avril 1994).

Arrêté fixant les modalités de la privatisation de la société centrale Union des Assurances de Paris (25 avril 1994).

Loi n° 94-679 - Diverses dispositions d'ordre économique et financier (art. 17 et suivants - dispositions relatives au droit des sociétés et au secteur public concernant notamment la Compagnie nationale Air France) (8 août 1994).

Géorgie Loi relative à la privatisation des entreprises d'Etat de la République de Géorgie (9 août 1991).

Décret du gouvernement relatif à la vente aux enchères de biens d'Etat (28 mai 1992).

Décret du Conseil d'Etat relatif au programme d'Etat pour la privatisation des entreprises publiques de la République de Géorgie (18 août 1992).

Décret du gouvernement relatif au programme d'Etat pour la privatisation des entreprises publiques de la République de Géorgie (25 août 1992).

Ghana Loi de privatisation des actifs publics (janvier 1993).

Grèce Loi n° 1892/90 (1990).

Loi n° 2000/91 de dénationalisation (1991).

Loi de privatisation des télécommunications (1994).

Guinée Ordonnance n° 306-PRG-85 relative à la privatisation des entreprises publiques industrielles (12 décembre 1985).

Ordonnance n° 318-PRG-85 appliquant à quelques entreprises déterminées les mesures de réorganisation citées dans le texte (21 décembre 1985).

Décret n° 194-PRG-86 relatif à la liquidation des entreprises publiques commerciales (7 octobre 1986).

Ordonnance n° O/91/025 portant cadre institutionnel des entreprises publiques (11 mars 1991), telle que modifiée par l'ordonnace n° O/92/022/PRG/SGG (26 mai 1992).

Décret n° D/92/133 fixant les conditions d'application de l'ordonnance O/91/025 (26 mai 1992).

Loi n° L/92/016 relative à la réglementation générale des télécommunications (2 juin 1992).

Loi n° L/93/037 fixant les règles de la privatisation des entreprises publiques (20 août 1993).

Décret n° D/93/208 relatif à l'application de la loi sur la privatisation des entreprises publiques (21 octobre 1993).

Guinée-Bissau Décret du conseil des ministres créant l'unité de gestion de la réforme des entreprises publiques (UGREP) (28 février 1990).

Honduras Décret n° 161-85 relatif à la privatisation (1985).

Loi de privatisation.

Hongrie Loi n° XXIV relative aux sociétés (1988).

Loi n° XIII relative à la transformation des organisations de gestion et des associations commerciales (30 mai 1989).

Loi n° VII relative à la création de l'agence des biens d'Etat pour la gestion et l'utilisation desdits biens (26 janvier 1990).

Loi n° LIII amendant la loi n° VII relative à la création de l'agence des biens d'Etat pour la gestion et l'utilisation desdits biens (25 juillet 1990).

Loi n° XVIII amendant la loi n° XIII relative à la transformation des organisations de gestion et des associations commerciales (1990).

Loi n° LXXII amendant la loi n° XIII relative à la transformation des organisations de gestion et des associations commerciales (11 septembre 1990).

Loi n° LXXIV relative à la privatisation, à la vente et à l'utilisation des biens des entreprises d'Etat pratiquant le commerce de la restauration de détail (18 septembre 1990).

Loi n° XVI relative aux concessions (1991).

Loi n° XXV portant indemnisation partielle pour les dommages causés par l'Etat aux biens des citoyens (26 juin 1991).

Loi n° XXIV portant indemnisation partielle pour la confiscation des biens des citoyens par l'Etat en application des lois adoptées entre le 1er mai 1939 et le 8 juin 1949 (7 avril 1992).

Loi n° LIV relative à la vente, à l'utilisation et à la protection des actifs dont l'Etat est provisoirement propriétaire (1992).

Loi n° LXXII relative aux télécommunications (23 novembre 1992).

Loi budgétaire pour 1993 relative à l'utilisation des recettes des privatisations (28 décembre 1992).

Inde Loi relative aux sociétés industrielles en difficulté (dispositions spéciales) (1985).

Indonésie Loi n° 3 relative aux télécommunications (1 avril 1989).

Iran Décret n° 5283/T 109H relatif à la politique de tranfert des actions appartenant au gouvernement, ainsi que des entreprises et organisations publiques (19 juin 1991).

Décret 61164/T 466H relatif à la privatisation des entreprises industrielles (9 février 1992).

Décret n° 1213/T 18H amendant le décret 5283/T 109H (24 avril 1992).

Décret 8456/T 87H relatif à la privatisation des mines (13 mai 1992).

Décision 113 DSh relative à la privatisation des entreprises agricoles (15 juin 1992).

Décret 34/785 relatif à la privatisation de l'industrie touristique (9 août 1992).

Décret n° 51021/T 490H remplaçant par un secrétariat la commission de privatisation établie par le décret 5283/T 109H (27 décembre 1992).

Israël Loi portant amendement à la loi sur les sociétés d'Etat (août 1993).

Italie Loi n° 218 relative à la privatisation des banques (31 juillet 1990).

Décret-loi n° 356 relatif à la privatisation des banques (20 novembre 1990).

Décret-loi n° 386 portant sur la transformation d'entreprises publiques (décembre 1991).

Loi n° 35 relative à la conversion des sociétés holdings d'Etat, à la dissolution des holdings d'Etat et au transfert des biens publics qui peuvent appartenir au secteur privé (29 janvier 1992).

Loi n° 58 portant réorganisation du secteur des télécommunications (janvier 1992).

Décret-loi n° 333 (11 juillet 1992), ratifié par la loi n° 359 relative à la transformation des entreprises publiques en sociétés commerciales (8 août 1992).

Décret-loi n° 340 relatif à la liquidation d'EFIM (Ente Partecipazioni e Finanziamenti Industria Manifatturiera) (18 juillet 1992).

Décret-loi n° 365 (14 Août 1992).

Décret-loi n° 124 portant création des caisses de retraite privées (21 avril 1993).

Loi n° 344 portant création des fonds communs d'investissements mobiliers (14 août 1993).

Décret-loi n° 350 (10 septembre 1993).

Décret-loi n° 389 portant sur la privatisation (27 septembre 1993), renouvelé par décrets-lois n° 486 (novembre 1993) et n° 75 (janvier 1994).

Loi n° 422 transformant en loi le décret-loi n° 350 (8 novembre 1993).

Japon

Loi commerciale relative aux services de télécommunications (décembre 1984).

Loi de restructuration des chemins de fer nationaux (novembre 1986).

Kazakhstan

Loi de la RSS du Kazakhstan relative à la dénationalisation et à la privatisation (juillet 1991).

Décret présidentiel relatif au programme de désétatisation et de privatisation des biens d'Etat pour 1991-1992 (première étape) et au régime du mécanisme des coupons pour la privatisation des biens d'Etat en RSS du Kasakhstan (1991).

Résolution n° 101 du comité d'Etat de la RSS du Kazakhstan relative aux biens d'Etat (1991).

Loi relative à la protection et au soutien de l'initiative privée (mars 1993).

Décret présidentiel relatif au programme de désétatisation et de privatisation des biens d'Etat dans la République du Kazakhstan pour 1993-1995 (deuxième étape) (5 mars 1993).

Loi d'amendement de la loi de la RSS du Kazakhstan relative à la dénationalisation et à la privatisation (avril 1993).

Kenya

Décret fixant le cadre institutionel pour le programme de réforme et de privatisation des entreprises publiques (1992).

Ordre d'exemption des entreprises d'Etat (1992).

Kirghize (Rép.)

Loi relative à la vente par appel d'offres et à la vente aux enchères (7 août 1991).

Décret du Président relatif à la dénationalisation et à la privatisation des biens d'Etat (7 août 1991).

Loi relative aux principes généraux gouvernant la désétatisation, la privatisation et l'initiative privée en République kirghize (20 décembre 1991).

Décret relatif aux mesures urgentes pour l'accélération de la désétatisation et de la privatisation (27 janvier 1992).

Loi relative à la dénationalisation et la privatisation de la propriété d'Etat en République kirghize (12 janvier 1994).

Koweït

Décret n° 131 établissant la Compagnie des Télécommunications du Koweït (1992).

Lao, R.D.P.

Décret du conseil des ministres n° 17/PCM portant sur la transformation des entreprises d'Etat en une autre forme de propriété (16 mars 1990).

Décret du Premier ministre n° 47/PM relatif à la création d'un comité permanent de privatisation (9 mars 1993).

Lettonie	Loi relative à la privatisation des entreprises agricoles et des pêcheries collectives (1991). Résolution du conseil suprême relative à la conception de la privatisation des biens appartenant à l'Etat et aux municipalités, et à son programme de préparation (3 mars 1992). Loi relative à l'ordre de privatisation des biens appartenant à l'Etat et aux municipalités (16 juin 1992).
Lituanie	Loi relative à la privatisation des biens appartenant à l'Etat (28 février 1991). Décret d'application de la loi relative à la privatisation des biens appartenant à l'Etat (14 mars 1991). Décret n° 238 relatif à la réorganisation (division) des entreprises publiques qui sont privatisées (19 juin 1991). Décret amendant partiellement le décret n° 238 (24 juin 1992). Loi relative à la privatisation des entreprises d'Etat non rentables (23 juillet 1991). Loi relative à la privatisation de la propriété des entreprises agricoles (30 juillet 1991). Loi relative à la privatisation des ressources primaires (1991). Amendements à la loi relative à la privatisation des ressources primaires (18 décembre 1991). Loi portant sur les termes et conditions de restitution de droits de propriété (1993).
Macédoine	Loi relative à la transformation des entreprises à capital social (1993).
Madagascar	Loi n° 93-001 portant réforme institutionnelle du secteur des télécommunications et du secteur de la poste (services postaux, services des mandats et chèques postaux) (21 janvier 1994).
Malaisie	Amendement à la loi relative aux télécommunications de 1950 (1985). Loi relative à la fourniture d'électricité (1990). Loi relative à la privatisation des ports (1990). Loi relative à la privatisation des abattoirs (1993).
Mali	Décret 88-21/P-RM créant un fonds pour employés licenciés des entreprises publiques. Décret 88-34/AN-RM autorisant l'ouverture du capital des sociétés d'Etat et des sociétés d'économie mixte (27 février 1988). Ordonnance n° 91-014/P-CTSP fixant les principes fondamentaux de l'organisation et du fonctionnement des établissements publics à caractère industriel et commercial et des sociétés d'Etat. Décret 91-051/AN-RM déterminant la forme et le contenu standards des statuts des entreprises publiques à caractère industriel et commercial et fixant les procédures pour leur dissolution légale.

Maroc

Loi n° 39-89 autorisant le transfert des entreprises publiques au secteur privé (11 avril 1990).

Décret n° 2-90-402 pris sur le fondement de l'habilitation prévue par l'article 5 de la loi 39-89 autorisant le transfert d'entreprises publiques au secteur privé (16 octobre 1990).

Décret n° 2-90-403 relatif aux pouvoirs du ministre chargé de la mise en œuvre des transferts des entreprises publiques au secteur privé (16 octobre 1990).

Décret n° 2-90-577 pris pour l'application de l'article 7 de la loi n° 39-89 autorisant le transfert d'entreprises publiques au secteur privé (16 octobre 1990).

Décret n° 2-90-578 fixant les conditions de fonctionnement de la commission des transferts prévue à l'article 2 de la loi n° 39-89 autorisant le transfert d'entreprises publiques au secteur privé (16 octobre 1990).

Mauritanie

Ordonnance n° 90-90 portant statut des établissements publics et des sociétés à capitaux publics, et régissant les relations de ces entités avec l'Etat (4 avril 1990).

Mexique

Loi fédérale relative aux entreprises publiques (mai 1986).

Règlement d'application de la loi fédérale relative aux entreprises publiques (janvier 1990).

Nouvelle loi organique de Pemex (16 juillet 1992).

Loi d'amendement de la loi relative à l'électricité (décembre 1992).

Moldova

Loi n° 627/XII relative à la privatisation (4 juillet 1991).

Programme de privatisation 1993-94 (12 mars 1993).

Décret portant mesures pour empêcher les privatisations illégales (12 mars 1993).

Loi de privatisation (14 mars 1993).

Décret approuvant la liste des biens d'Etat à mettre en vente dans la République de Moldova en 1993-1994 (16 mars 1993).

Mongolie

Loi de privatisation (1991).

Mozambique

Loi n° 15/91 fixant les normes pour la restructuration, la transformation et la réorganisation du secteur des entreprises d'Etat, notamment la privatisation et la vente des entreprises, des établissements, des installations et des participations de l'Etat (3 août 1991).

Décret n° 27/91 créant une commission interministérielle pour la restructuration des entreprises (21 novembre 1991).

Décret n° 28/91 pris en application de la loi n° 15/91 (21 novembre 1991).

Décret n° 30/91 portant liste d'entreprises à privatiser (26 novembre 1991).

Loi n° 17/92 clarifiant l'article 16 de la loi n° 15/91 (14 octobre 1992).

Décret n° 3/93 portant liste d'entreprises à privatiser (21 avril 1993).

Décret n° 20/93 relatif à la vente d'actions aux cadres et employés (14 septembre 1993).

Nigéria Loi n° 25 sur la privatisation et la commercialisation (5 juillet 1988).

Niger Décret n° 86-120/PCMS/MTEP/SEM portant approbation des statuts-types des établissements publics à caractère administratif (11 septembre 1986).

Décret n° 86-121/PCMS/MTEP/SEM portant approbation des statuts-types des établissements publics à caractère industriel et commercial (11 septembre 1986).

Décret n° 86-122/PCMS/MTEP/SEM portant approbation des statuts-types des sociétés à capital public (11 septembre 1986).

Décret n° 86-123/PCMS/MTEP/SEM portant approbation des statuts-types des sociétés d'économie mixte (11 septembre 1986).

Nouvelle-Zélande Loi relative aux entreprises d'Etat (18 décembre 1986).

Loi budgétaire 1991, chapitre 5 («Stratégie de privatisation»).

Loi d'amendement relative aux télécommunications (1988).

Réglementation des télécommunications - services internationaux (1989).

Réglementation des télécommunications - communication de renseignements (1990).

Ouganda Loi n° 9 relative à la réforme des entreprises publiques et à la privatisation (4 août 1993).

Ouzbékistan Loi relative à la propriété (31 octobre 1990).

Loi relative à la désétatisation et à la privatisation (avec résolution d'application du conseil suprême, résolution n° 107) (19 novembre 1991).

Pakistan Ordre de transfert des établissements (1978, amendé en 1990).

Notification n° F.5 (1) - Adm-I/91 portant constitution d'une commission de privatisation (22 janvier 1991).

Ordonnance de protection des réformes économiques (1992).

Notification n° F.5 (13)-Adm-I/93 portant reconstitution de la commission de privatisation (28 août 1993).

Ordonnance n° 26 portant création du fonds pour le remboursement de la dette (1993).

Ordonnance n° 51 portant sur les télécommunications (13 juillet 1994).

Panama Loi de privatisation (juin 1992).

Paraguay Loi n° 126/91 relative à la privatisation (27 décembre 1991).

Décret n° 13461 portant règlement d'application de la loi relative à la privatisation (8 mai 1992).

Loi générale de privatisation (1993).

Pérou Décret-loi n° 647 autorisant le secteur privé à détenir un minimum de 51% des actions de Centromin, Hierro Peru et Minero Peru (juillet 1991).

Décret-loi n° 674 relatif à l'investissement privé dans les entreprises publiques (25 septembre 1991).

Décret n° 675 autorisant la privatisation de Minpeco (octobre 1991).

Résolution suprême n° 071-92-EF/10 autorisant l'utilisation de la dette pour la privatisation (juin 1992).

Décret-loi n° 25570 amendant le décret-loi n° 674 sur l'investissement privé dans les entreprises publiques (19 juin 1992).

Décret-loi n° 25604 relatif à l'intangibilité des actifs des entreprises publiques en cours de privatisation (8 juillet 1992).

Décret-loi n° 25618 relatif aux entreprises appartenant aux gouvernements régionaux (16 juillet 1992).

Résolution suprême n° 070-92-PCM portant exécution de la loi de promotion des investissements privés dans les entreprises publiques (16 juillet 1992).

Décret-loi n° 25897 relatif à la création du système privé d'administration des fonds de retraite.

Décret-loi n° 26120 amendant le décret-loi n° 674 sur l'investissement privé dans les entreprises publiques (28 décembre 1992).

Résolution suprême n° 033-93-PCM amendant la résolution suprême 070-92-PCM (14 mai 1993).

Philippines

Proclamation présidentielle n° 50 «Proclamant et lançant un programme pour la cession et la privatisation rapides de certaines sociétés publiques et/ou des biens de ces sociétés et créant le comité de privatisation et le fonds pour la privatisation des actifs» (8 décembre 1986).

Proclamation présidentielle n° 50-A modifiant la proclamation n° 50 (15 décembre 1986).

Directives opérationnelles du comité de privatisation concernant le fonds pour la privatisation des actifs (29 janvier 1987).

Décret-loi n° 127-A portant création du comité chargé des questions relatives aux sociétés publiques (22 juillet 1987).

Directive du comité de privatisation pour la privatisation des sociétés publiques (12 août 1987).

Loi n° 7181 prolongeant l'existence du comité de privatisation et du fonds pour la privatisation des actifs (17 janvier 1992).

Ordre exécutif n° 37 réitérant la politique de privatisation du gouvernement (2 décembre 1992).

Pologne

Loi relative à la privatisation des entreprises publiques (13 juillet 1990).

Loi portant création du poste de ministre des changements de propriété (13 juillet 1990).

Décret-loi réglementant le domaine particulier des activités du ministre des changements de propriété (14 novembre 1990).

Décret-loi réglementant la désignation des entreprises publiques d'importance particulière pour l'économie nationale (16 novembre 1990).

Loi relative aux investissements étrangers (14 juin 1991).

Loi relative aux fonds nationaux d'investissement (30 avril 1993).

Porto Rico Loi n° 5 visant à fournir les ressources nécessaires au système d'éducation et au développement de l'infrastructure de Porto Rico en autorisant la vente de tous les biens de toute nature, biens immobiliers, biens meubles ou toute combinaison des deux, que le service du téléphone de Porto Rico possède en rapport avec l'exploitation du système de communications, à l'exception de la Société de Radiodiffusion de Porto Rico; etc. (10 avril 1990).

Portugal Loi de privatisation (juillet 1988).

Loi n° 11/90 fixant le cadre des privatisations (5 avril 1990).

Roumanie Loi n° 15 relative à la restructuration des unités économiques d'Etat en unités autonomes et sociétés commerciales (31 juillet 1990).

Loi n° 58 relative à la privatisation des sociétés commerciales (14 août 1991).

Décision du gouvernement n° 643 approuvant la réglementation de l'organisation et du fonctionnement du fonds de la propriété publique (8 octobre 1992).

Royaume-Uni Loi relative à British Aerospace (1980).

Loi relative à l'aviation civile (1980). (British Airways)

Loi relative aux transports (1981). (Associated British Ports)

Loi relative aux télécommunications (1981). (Cable and Wireless)

Loi relative à l'énergie atomique (dispositions diverses) (1981). (Amersham International, British Nuclear Fuels Ltd, National Nuclear Corp.)

Loi relative aux entreprises pétrolières et gazières (1982). (Britoil, Enterprise Oil)

Loi relative aux télécommunications (12 avril 1984). (British Telecom)

Loi relative aux transports (1985). (National Bus Company)

Loi relative aux aéroports (1986). (British Airports Authority)

Loi relative au gaz (1986). (British Gas)

Loi relative à British Steel (1988).

Loi relative à l'eau (1989).

Loi relative à l'électricité (27 juillet 1989).

Loi relative à l'agence pour les services du patrimoine et aux fournisseurs de la Couronne (1990).

Loi relative à l'industrie de l'eau (1991).

Loi relative à la concurrence dans les services publics (1992).

Loi relative aux chemins de fer (1993).

Russie (Féd. de) Loi relative à la propriété (24 décembre 1990).

Loi relative aux entreprises et à l'activité privée (25 décembre 1990).

Loi relative à la privatisation des entreprises appartenant à l'Etat et aux municipalités en RSFSR (3 juillet 1991).

Décret relatif aux procédures de mise en vigueur de la loi relative à la privatisation des entreprises appartenant à l'Etat et aux municipalités en RSFSR (3 juillet 1991).

Loi relative aux comptes et dépôts de privatisation personnels en RSFSR (3 juillet 1991).

Loi de la RSFSR relative à la privatisation des logements et des terres (4 juillet 1991).

Dispositions de base du programme de privatisation des entreprises appartenant à l'Etat et aux municipalités dans la Fédération russe en 1992 (janvier 1992).

Résolution n° 52 du gouvernement de la Fédération russe relative à l'accélération du programme de privatisation pour 1992 (29 janvier 1992).

Loi n° 2930 révisant et amendant la loi relative à la privatisation des entreprises appartenant à l'Etat et aux municipalités en RSFSR (5 juin 1992).

Résolution n° 2980-1 du Soviet suprême approuvant le programme public de privatisation des entreprises appartenant à l'Etat et aux municipalités de la Fédération russe pour 1992 (11 juin 1992).

Décret présidentiel n° 721 portant mesures d'organisation relatives à la transformation des entreprises publiques et des associations volontaires d'entreprises publiques en sociétés par actions (1er juillet 1992).

Décret n° 490 du gouvernement de la Fédération russe relatif à la procédure d'application du système des chèques de privatisation dans la Fédération russe (15 juillet 1992).

Résolution n° 547 du gouvernement de la Fédération russe relatif aux mesures d'exécution du décret présidentiel n° 721 adopté le 1er juillet 1992 portant mesures d'organisation relatives à la transformation des entreprises publiques et des associations volontaires d'entreprises publiques en sociétés par actions (4 août 1992).

Décret du Président de la Fédération russe relatif aux caractéristiques particulières de la transformation des entreprises, associations et organisations publiques du secteur de l'énergie et du pétrole, en sociétés par actions (14 août 1992).

Décret n° 914 du Président de la Fédération russe relatif à l'introduction d'un système de chèques de privatisation dans la Fédération russe (14 août 1992).

Décret n° 708 du gouvernement de la Fédération russe relatif à la procédure pour la privatisation et la réorganisation des entreprises et organisations du complexe agro-industriel (4 septembre 1992).

Loi relative à la réorganisation et à la privatisation des coopératives d'Etat du complexe agro-industriel (4 septembre 1992).

Loi relative à la privatisation des entreprises de traitement des produits agricoles, du poisson et des produits de la mer, et des entreprises fournissant des services techniques ainsi qu'un soutien matériel et technique au complexe agro-industriel (4 septembre 1992).

Décret du Président de la Fédération russe portant mesures d'organisation d'un marché financier dans le cadre de la privatistion des entreprises appartenant à l'Etat et aux municipalités (7 octobre 1992).

Décret n° 1186 du président de la Fédération russe relatif à la réglementation des fonds d'investissement par coupons (7 octobre 1992).

Décret du Soviet suprême de la Fédération russe relatif au processus d'application du programme d'Etat pour la privatisation des entreprises appartenant à l'Etat et aux municipalités (9 octobre 1992).

Décret du Président de la Fédération russe relatif au développement d'un système de chèques de privatisation (14 octobre 1992).

Décret du Président de la Fédération russe relatif à la vente de chèques de privatisation pour les logements, les terres et les biens appartenant aux municipalités (14 octobre 1992).

Décret du Président de la Fédération russe relatif à l'utilisation des chèques de privatisation pour la protection sociale de la population (26 octobre 1992).

Décret du Président de la Fédération russe relatif à la vente de biens privatisés en échange de chèques de privatisation (4 novembre 1992).

Décret du Président de la Fédération russe relatif aux mesures d'exécution de la politique industrielle à adopter lorsque des entreprises publiques sont privatisées (16 novembre 1992).

Décret n° 1403 du Président de la Fédération russe relatif aux caractéristiques particulières de la privatisation et de la réorganisation en sociétés par actions des entreprises publiques et des associations de production et de recherche des industries de raffinage et de fourniture de produits pétroliers (17 novembre 1992).

Décret n° 906 du gouvernement de la Fédération russe relatif à la procédure d'adoption de décisions concernant la privatisation des entreprises par le gouvernement et par le comité d'Etat pour la gestion des biens publics ainsi que ses organes territoriaux (18 novembre 1992).

Décret n° 908 du gouvernement de la Fédération russe relatif aux mesures prises pour assurer l'information des investisseurs russes et étrangers concernant la privatisation des entreprises publiques (24 novembre 1992).

Décret n° 1484 du Président de la Fédération russe relatif aux caractéristiques particulières de la privatisation de l'association de production GAZ (30 novembre 1992).

Décret n° 1519 du Président de la Fédération russe relatif aux procédures spéciales pour la privatisation des entreprises à Bryansk Oblast (30 novembre 1992).

Décret n° 969 du gouvernement de la Fédération russe amendant la loi relative à la réorganisation des kolkhozes et des sovkhozes et concernant la privatisation des entreprises publiques agricoles (11 décembre 1992).

Décret relatif aux procédures opérationnelles pour la privatisation des entreprises (25 décembre 1992).

Décret relatif à la transformation en sociétés par actions et à la privatisation des associations, entreprises et organisations de l'industrie du charbon (30 décembre 1992).

Décret du Président de la Fédération russe relatif à la distribution de chèques de privatisation de 1992 à certaines catégories de citoyens (10 janvier 1993).

Décret n° 216 du Président de la Fédération russe portant réglementation de la procédure relative à la circulation et à l'annulation des chèques de privatisation (12 février 1993).

Décret du Soviet suprême de la Fédération russe relatif à l'application du programme d'Etat pour la privatisation des entreprises appartenant à l'Etat et aux municipalités pour l'année 1992 (28 avril 1993).

Directive n° 654-R relative à la privatisation des associations de production dans l'industrie du charbon (9 avril 1993).

Décret n° 446 relatif aux caractéristiques spéciales des entreprises en cours de privatisation placées sous la juridiction du ministère de l'énergie atomique de la Fédération russe et gérées par ce dernier, dans le cadre du développement d'une économie de marché (15 avril 1993).

Décret n° 640 relatif aux garanties de l'Etat protégeant les droits des citoyens de la Fédération russe de prendre part aux privatisations (8 mai 1993).

Décret relatif à la réalisation du programme public de privatisation des entreprises appartenant à l'Etat et aux municipalités de la Fédération russe pour 1992 (19 mai 1993).

Décret n° 5234-1 relatif à l'application de la clause 5.4 du programme public de privatisation des entreprises appartenant à l'Etat et aux municipalités de la Fédération russe pour 1992 (18 juin 1993).

Décret n° 5310-1 relatif aux modifications et ajouts apportés à certaines décisions du Soviet suprême de la Fédération russe concernant des questions de privatisation des entreprises appartenant à l'Etat et aux municipalités (1er juillet 1993).

Décret relatif à la protection des droits des citoyens de la Fédération russe de prendre part aux privatisations (10 août 1993).

Sénégal

Loi n° 84-64 fixant les modalités de la liquidation des établissements publics, des sociétés nationales et des sociétés d'économie mixte (16 août 1984).

Décret n° 84-992 portant application de la loi n° 84-64 fixant les modalités de la liquidation des établissements publics, des sociétés nationales et des sociétés d'économie mixte (11 septembre 1984).

Arrêté présidentiel n° 86-1370/MEF/DGT/DP établissant une commission spéciale relative au désengagement de l'Etat (8 novembre 1986).

Loi n° 87/23 portant privatisation d'entreprises (18 août 1987).

Décret n° 87-1475 portant organisation du comité consultatif du secteur parapublic (27 novembre 1987).

Décret n° 87-1476 portant organisation et fonctionnement de la commission spéciale de suivi du désengagement de l'Etat (27 novembre 1987).

Décret n° 87-1477 portant attribution de la Délégation à la réforme du secteur parapublic (27 novembre 1987).

Décret n° 88-232 portant organisation de la procédure d'offre publique de vente en matière de cession des titres de l'Etat (4 mars 1988).

Décret n° 88-233 fixant les conditions d'appel à la concurrence en matière de cession des titres de l'Etat dans les entreprises publiques à privatiser (4 mars 1988).

Décret n° 89-179 modifiant le décret 88-233 (8 février 1989).

Décret n° 89-927 relatif aux modalités du transfert des actions de l'Etat dans le cadre du processus de privatisation.

Loi n° 90-07 relative à l'organisation et au contrôle des entreprises du secteur parapublic et au contrôle des personnes morales de droit privé bénéficiant du concours financier de la puissance publique (26 juin 1990).

Singapour Loi relative au conseil du développement économique (cession des biens) (Cap. 190).

Slovénie Loi de privatisation (20 novembre 1992).

Sri Lanka Loi n° 23 relative à la conversion des établissements publics ou entreprises commerciales appartenant à l'Etat en sociétés faisant publiquement appel à l'épargne (15 mai 1987).

Suède Loi n° 1991/92:69 concernant la privatisation des entreprises publiques ainsi que d'autres sujets (décembre 1991).

Tadjikistan Loi relative à la propriété (5 décembre 1990).

Loi relative à la dénationalisation et à la privatisation des biens en RSS tadjik (21 février 1991).

Décret relatif à l'organisation des travaux pour la dénationalisation et la privatisation des biens en RSS tadjik (16 avril 1991).

Taiwan Loi de transformation d'entreprises publiques en entreprises privées (juin 1991), et décret d'application (février 1992).

Réglement portant sur le droit de préemption des employés d'entreprises privatisées (1992).

Réglement portant sur les indemnités octroyées aux employés d'entreprises privatisées (1993).

Tchad Ordonnance n° 017/PR/92 portant autorisation du désengagement de l'Etat dans les entreprises (29 août 1992).

Décret n° 460/PR/MCDI/92 portant organisation et fonctionnement de la commission technique chargée du désengagement de l'Etat dans les entreprises.

Tchécoslovaquie (RFTS) Loi relative à l'initiative privée des citoyens (et supplément) (1er mai 1990).

Loi n° 403/90 relative à l'atténuation de certaines injustices concernant la propriété (2 octobre 1990).

Loi n° 427/90 relative au transfert de la propriété de certains biens d'Etat à d'autres personnes morales ou naturelles – «Loi relative aux petites privatisations» (1er décembre 1990).

Loi du conseil national tchèque relative aux compétences des institutions de la République tchèque en ce qui concerne le transfert de biens appartenant à l'Etat à d'autres personnes morales ou physiques (15 novembre 1990).

Loi n° 87/91 visant à remédier aux injustices commises durant la période 1948-1989 – «Loi de réhabilitation extra-judiciaire « (21 février 1991).

Loi n° 92/91 sur les conditions de la cession aux tiers de biens appartenant à l'Etat – «Loi relative aux grandes privatisations» (26 février 1991).

Loi du conseil national tchèque n° 171/1991 relative à la compétence des organes de la République tchèque en matière de cession aux tiers de biens appartenant à l'Etat et relative au fonds des biens de la République tchèque (23 avril 1991).

Loi n° 172/91 concernant le transfert de propriété du gouvernement de la République tchèque aux municipalités (24 avril 1991).

Loi n° 229/91 portant ajustements des droits de propriété relatifs aux terres et aux autres biens agricoles (21 mai 1991).

Loi du conseil national slovaque n° 253/1991 relative à la compétence des organes de la République slovaque en matière de cession aux tiers des biens appartenant à l'Etat et relative au fonds des biens de la République slovaque (24 mai 1991).

Décret du gouvernement de la RFTS relatif à l'émission et à l'utilisation des coupons d'investissement (5 septembre 1991).

Loi relative aux conditions imposées au transfert des biens de l'Etat à d'autres personnes, modifiant et complétant la loi n° 92/91 (18 février 1992).

Loi n° 248/92 portant réglementation des fonds d'investissement de privatisation et des sociétés commerciales (28 avril 1992).

Thaïlande Règlement portant sur la vente d'entreprises et actions d'entreprises d'Etat (17 mars 1961).

Acte royal relatif à la participation du secteur privé aux affaires publiques (mars 1992).

Togo Ordonnance n° 94-002 portant désengagement de l'Etat et d'autres personnes morales de droit public des entreprises (10 juin 1994).

Décret n° 94-038 pris en application de l'ordonnance n° 94-002 portant désengagement de l'Etat et d'autres personnes morales de droit public des entreprises (10 juin 1994).

Tunisie Loi de finances n° 85-109, en particulier les articles 79 à 84 établissant le fonds pour la restructuration du capital des entreprises publiques (31 décembre 1985).

Loi n° 87-47 relative à la restructuration des entreprises publiques (2 août 1987). Cette loi a été abrogée par la loi n° 89-9.

Loi n° 89-9 relative aux participations et entreprises publiques (1 février 1989).

Décret n° 89-376 fixant la liste des entreprises considérées comme publiques compte tenu de la nature de leurs activités et la structure de leur capital (11 mars 1989). Ce décret a été abrogé par le décret n° 90-1404.

Décret n° 89-377 fixant la composition et le fonctionnement de la commission d'assainissement et de restructuration des entreprises à participations publiques (15 mars 1989).

Décret n° 89-378 relatif à la représentation de l'Etat, des collectivités publiques locales, des établissements publics et des sociétés dont le capital est entièrement détenu par l'Etat, dans les organes de gestion et de délibération des entreprises publiques, et aux modalités d'exercice de la tutelle sur ces entreprises (15 mars 1989).

Circulaire n° 33 portant description détaillée des procédures d'exécution des privatisations (21 juin 1989).

Arrêté du Premier ministre fixant la composition et le fonctionnement de la commission de classification des entreprises publiques (4 septembre 1989).

Décret n° 90-1404 fixant la liste des entreprises considérées comme publiques compte tenu de la nature de leurs activités et la structure de leur capital (5 septembre 1990).

Turkménistan Décret relatif à la cession à la RSS turkmène des entreprises et organisations appartenant à l'Union sur le territoire de la République (22 août 1991).

Loi relative à la désétatisation et à la privatisation des biens au Turkménistan (19 février 1992).

Turquie Décret-loi n° 233 (1984).

Loi n° 2983 (1984)

Section 5 de la loi n° 3291 relative à la privatisation des organisations économiques d'Etat (28 mai 1986).

Décret statutaire n° 414 définissant les compétences de l'administration de la participation publique (1990).

Décret statutaire n° 473 établissant le conseil supérieur de l'administration de la participation publique (6 juin 1992).

Union soviétique Loi relative aux principes de la dénationalisation et de la privatisation des entreprises (1er juillet 1991).

Ukraine Loi relative à la propriété (26 mars 1991).

Loi n° 2163-XII relative à la privatisation des biens des entreprises publiques (avec décret d'application) (4 mars 1992), amendée le 7 juillet 1992, le 18 septembre 1992, le 15 décembre 1992 et le 19 février 1993.

Loi n° 2171- XII relative à la privatisation des petites entreprises publiques (avec décret d'application) (6 mars 1992), amendée le 15 décembre 1992 et le 19 février 1993.

Loi n° 2173- XII relative aux certificats de privatisation (6 mars 1992), amendée le 7 juillet 1992.

Loi n° 2269-XII relative à la location des biens des organisations et des entreprises publiques (10 avril 1992), amendée le 15 décembre 1992.

Résolution du conseil suprême d'Ukraine approuvant le programme d'Etat pour la privatisation des biens des entreprises publiques (7 juillet 1992), amendée le 15 décembre 1992 et le 19 février 1993.

Résolution du conseil des représentants de la ville de L'viv approuvant le programme de privatisation des entreprises municipales de la ville de L'viv pour 1992 (18 septembre 1992).

Décret du conseil des ministres relatif à la privatisation des terres agricoles (15 janvier 1993).

Décret n° 51-93 relatif aux caractéristiques particulières de la privatisation des biens du complexe agro-industriel (17 mai 1993).

Décret n° 57-93 relatif à la privatisation des complexes d'entreprises publiques intégrées et de leurs subdivisions structurelles qui ont été louées (20 mai 1993).

Uruguay

Loi n° 16211 relative à la réforme des entreprises publiques (octobre 1991).

Décret d'application de la loi n° 16211 relatif à Primeras Lineas Uruguayas de Navegación Aérea (PLUNA) (30 décembre 1991).

Décret n° 718 portant création de CONTEL (décembre 1991).

Décret n° 720 relatif à la privatisation de l'Administración Nacional de Telecommunicaciones (ANTEL) (30 décembre 1991).

Loi n° 16246 autorisant la privatisation de toute activité portuaire (23 avril 1992).

Venezuela

Loi n° 4397 relative à la privatisation (10 mars 1992), amendée en août 1992.

Décret présidentiel n° 1826 créant le conseil national des télécommunications (5 septembre 1991).

Vietnam

Réglementations relatives aux points les plus importants concernant les procédures de base pour la liquidation des entreprises publiques qui font des pertes importantes, issues avec la décision du conseil des ministres n° 315 portant amélioration de la production et des activités commerciales dans le secteur public (1 septembre 1990).

Décision du conseil des ministres n° 330 révisant la décision n° 315 (23 octobre 1991).

Décision du conseil des ministres n° 388 promulguant les réglementations concernant l'établissement et la liquidation d'entreprises publiques (20 novembre 1991).

Décision du conseil des ministres n° 462 sur un plan pour continuer la rénovation de la gestion dans les unités économiques de base en 1992 (12 février 1992).

Décisions du président du conseil des ministres n° 202 et 203 relative à l'exécution d'expériences en matière de transformation des entreprises publiques en sociétés par actions (8 juin 1992).

Ordonnance du Premier ministre n° 84/TTG portant instructions pour l'accélération de projets-pilotes de transformation d'entreprises d'Etat en sociétés par actions (4 mars 1993).

Yougoslavie Loi relative à la circulation et à la gestion du capital social (décembre 1989).

Loi relative au capital social (août 1990).

Zambie Loi de privatisation (4 juillet 1992).

Bibliographie

I. CLASSEMENT ALPHABETIQUE PAR AUTEURS

ADAM, C., W. CAVENDISH et P. MISTRY (1992), *Adjusting Privatization : Case Studies from Developing Countries*, Londres, Ian Randle Publishers.

AHENE, Rexford A. et Bernard KATZ (Eds.) (1992), *Privatization and Investment in Sub-Saharan Africa*, New York, Praeger.

AKUETE, Ebenezer et al. (1992), *Privatization Strategies in Africa*, Upper Montclair, NJ, Center for Economic Research on Africa.

ALEXANDER, Myrna et Carlos CORTI (1993), *Argentina's Privatization Program*, Washington, D.C., World Bank, CFS Discussion Paper n° 103.

AMBROSE, William W., Paul R. HENNEMEYER et Jean-Paul CHAPON (1990), *Privatizing Telecommunications Systems. Business Opportunities in Developing Countries*, Washington, D.C., IFC, Discussion Paper Series n° 10.

ANDERSON, Robert E. (1994), *Voucher Funds in Transitional Economies : The Czech and Slovak Experience*, Washington, D.C., World Bank, Policy Research Working Paper n° 1324.

ANDREFF, Wladimir (1990), Techniques et expériences de privatisation : La 'success story' des privatisations en France et les besoins actuels des pays de l'Europe de l'Est, *Fondation Européenne de la Science*, Davos, septembre 1990.

ANDREFF, Wladimir (1992a), French Privatization Techniques and Experience: A Model for Central-Eastern Europe ?, In: F. Targetti (Ed.),*Privatization in Europe: West and East Experiences*, Dartmouth, Aldershot, pp. 135-153.

ANDREFF, Wladimir (1992b), Les contraintes systémiques et les contraintes externes des privatisations, *Revue Internationale de Droit Economique,* n° 3, pp. 297-334.

ANDREFF, Wladimir (1993a), Internal and External Constraints of Privatization in Eastern Europe, *History of European Ideas*, Vol. 17, n° 6, pp. 715-723.

ANDREFF, Wladimir (1993b), Une approche comparative des privatisations: l'example français est-il transposable ?,*Reflets et Perspectives de la Vie Economique*, n° 3/4, T. XXXII, pp. 169-188.

ARBESS, Daniel J. (1991), Legal Aspects of Foreign Investment Privatization in the CSFR, *Privatization Newsletter of Czechoslovakia*, n° 2.

ARBESS, Daniel J. et James B. VARANESE (1993), On the Frontier: What Your Lawyer Brings to Privatization in Eastern and Central Europe, *Columbia Journal of World Business,* Focus Issue on Privatization, Vol. XXVIII, n° 1, pp. 212-218.

AUGENBLICK, Mark et B. Scott CUSTER Jr. (1990), *The Build, Operate and Transfer («BOT») Approach to Infrastructure Projects in Developing Countries*, Washington, D.C., World Bank, Policy Research Working Paper n° 498.

BAER, W. et M. CONROY (Eds.) (1993), *Latin America: Privatization, Property Rights, and Deregulation*, Greenwich, CT, JAI Press.

BANQUE MONDIALE (1994), *Rapport sur le développement dans le monde 1994. Une Infrastructure Pour Le Développement*, New York, Oxford University Press.

BARNES, Guillermo (1992), *Lessons from Bank Privatization in Mexico*, Washington, D.C., World Bank, Policy Research Working Paper n° 1027.

BAUDEU, Guy (1987), *Les privatisations: Réglementation et premières opérations*, Paris, La Revue Banque Editeur.

BEESLEY, M. E. (1992), *Privatization, Regulation and Deregulation*, London, Routledge.

BEESLEY, M. E. et S. C. LITTLECHILD (1989), The Regulation of Privatized Monopolies in the United Kingdom, *RAND Journal of Economics*, Vol. 20, n° 3, automne 1989.

BEN AISSA, M. S. (1992), Régime des Prix et Régime de Concurrence en Tunisie, *Revue Internationale de Droit Economique,* n° 3, pp. 335-354.

BENALI, D. (1990), Les enjeux de la privatisation, *Revue Juridique, Politique et Economique du Maroc*, n° 23, pp. 83-111.

BENNETT, John et Stephen CIRELL (1992), CCT and the transfer of undertakings regulations, *Solicitors Journal*, Vol. 136, p. 746, 31 juillet 1992.

BEN OTHMANE, M. L. (1990), La mise en œuvre de la privatisation au Maroc, *Revue Juridique, Politique et Economique du Maroc*, n° 24, pp. 141-150.

BEN OTHMANE, M. L. (1992), Les techniques de privatisation: l'expérience marocaine, *Revue Internationale de Droit Economique,* n° 3, pp. 403-407.

BERENSON, William M. (1991), Developing the regulatory footprint for newly privatized telecommunications providers in Latin America, *Federal Bar News & Journal*, Vol. 38, pp. 400-404, septembre 1991.

BERLIN, Dominique (1993), The Statutory and Regulatory Framework of Privatizations, *Droit et Pratique du Commerce International*, T. 19, n° 3, pp. 371-484.

BIENVENU, J. J. (1993), La liquidation des établissements publics, Revue Française de Droit Administratif.

BIZAGUET, A. (1988a), Les privatisations boursières dans l'Europe des douze, *La revue du trésor*, pp. 248-255, mai 1988.

BIZAGUET, A. (1988b), Le secteur public français et les privatisations de 1986-1988, *Revue Internationale de Sciences Administratives*, Vol. 54, n° 4, pp. 620-637.

BLASZCZYK, Barbara et Mark DABROWSKI (1993), *The Privatisation Process in Poland, 1989-1992: Expectations, Results and Remaining Dilemmas*, Londres, Center for Research into Communist Economies.

BOGDANOWICZ-BINDERT, Christine A. et Charles E. RYAN (1993), The Privatization Program of the City of Saint-Petersburg, *Columbia Journal of World Business,* Focus Issue on Privatization, Vol. XXVIII, n° 1, pp. 150-157.

BOHM, Andreja et Vladimir G. KREACIC (Eds.) (1991), *Privatization in Eastern Europe*, Ljubljana, Yugoslavie, International Center for Public Enterprises in Developing Countries.

BOUCHARD, Gilles (Sous la direction de) (1991), *La réforme administrative dans les pays francophones*, Moncton, NB, Canada, Editions d'Acadie; Louvain-la-Neuve, Belgique, Academia.

BOUIN, O. et Ch.-A. MICHALET (1991), *Le rééquilibrage entre secteur public et privé: L'expérience des pays en développement*, Paris, OCDE (Organisation de Coopération et de Développement Economiques).

BOUTARD-LABARDE, M. C. (1987), Droit communautaire et privatisations, *Droit et Pratique du Commerce International,* Dossier: Les privatisations, T. 13, n° 3, pp. 493-504.

BOUZIDI, A. (1993), La privatisation des entreprises publiques en Algérie, *Reflets et Perspectives de la Vie Economique*, T. XXXII, n° 6, pp. 455-461.

BOYCKO, Maxim, Andrei SCHLEIFER et Robert W. VISHNY, Voucher Privatization, *Journal of Financial Economics*, Vol. 35, pp. 249-266, avril 1994.

BRADBURD, Ralph (1992), *Privatization of Natural Monopoly Public Enterprises. The Regulation Issue*, Washington, D.C., World Bank, Policy Research Working Paper n° 864.

BRADBURD, Ralph et David R. ROSS (1991), *Regulation and Deregulation in Industrial Countries: Some Lessons for LDCs*, Washington, D.C., World Bank, Policy Research Working Paper n° 699.

BREZINSKI, H. (Ed.) (1993), *Privatization East and West*, Edward Elgar.

BROUSOLLE, Denis (1993), Les privatisations locales, *Actualité Juridique -Droit Administratif*, pp. 323-330, 20 mai 1993.

BUCK, Trevor, Steve THOMPSON et Mike WRIGHT (1991), Post-Communist Privatization and the British Experience, *Public Enterprise,* Thematic Issue on Privatization in Reforming Socialist Economies, Vol. 11, n° 2-3, pp. 185-200.

BUTTON, K. (1994), Privatisation and Deregulation. Its Implications for Negative Transport Externalities, The Annals of Regional Science, Vol. 28, n° 1, pp. 125-138.

CANDOY-SEKSE, Rebecca (Avec l'assistance d'Anne Ruiz-Palmer) (1988), *Techniques of Privatization, Vol. III, Inventory of Country Experience and Reference Materials*, Washington, D.C., World Bank, Technical Paper n° 90.

CARTELIER, Lysiane (1992), L'expérience francaise de privatisation: bilan et enseignements, *Revue Internationale de Droit Economique,* n° 3, pp. 375-402.

CAVERIVIÉRE, M. (1990), La privatisation des entreprises publiques au Sénégal, *Revue Congolaise de Droit*, Vol. 7-8, pp. 102-117.

CEEP (Centre européen des entreprises à participation publique) (1992), *Actualisation de la notion de service public*, Bruxelles, CEEP.

CHAMOUX, Jean-Pierre et Peter-André STERN (Dossier réuni par) (1993), *Restructurer les télécommunications*, Paris, Le Communicateur.

CLAVEL, Jean-Daniel et John C. SLOAN (Etudes publiées sous la direction de) (1991), *La nouvelle Europe de l'Est, du plan au marché: Les défis de la privatisation*, Bruxelles, Emile Bruylant.

CONFÉRENCE EUROPÉENNE DES MINISTRES DES TRANSPORTS (1993), *La privatisation des chemins de fer, Rapport de la quatre-vingt-dixième table ronde d'économie des transports*, Paris, OCDE (Organisation de Coopération et de Développement Economiques).

CONRADT, Katherine (1993), Another World, *LatinFinance*, n° 46, pp. 29-37, avril 1993.

CONSEIL D'ETAT, Section du rapport et des études (Etude par) (1985), *Les Etablissements Publics Nationaux, Catégories et Spécificités*, Paris, La Documentation Française, coll. Notes et Etudes Documentaires, n° 4784.

CONSEIL D'ETAT, Section du rapport et des études (Etude par) (1989), *Les Etablissements Publics: Transformation et Suppression*, Paris, La Documentation Française, coll. Notes et Etudes Documentaires, n° 4876.

COOK, Paul et C. KIRKPATRICK (Eds.) (1988), *Privatization in less developed countries*, Brighton, Wheatsheaf Books Ltd.

COUR DES COMPTES (1990), *Rapport au Président de la République*, Volume III, Paris, Direction des Journaux Officiels.

COVARRUBIAS, Alvaro J. et Suzanne B. MAIA (1994), *Reforms and Private Participation in the Power Sector of Selected Latin American and Caribbean and Industrialized Countries, Volume I Discussion of Issues, Volume II Appendices*, Washington, D.C., World Bank, Regional Studies Program Report n° 33.

CRANE, Keith (1991), La réforme des droits de propriété: étude sur la Hongrie, In: Blommenstein et Marresse (Eds.), *Transformation des économies planifiées: Réforme des droits de propriété*, Paris, OCDE (Organisation de Coopération et de Développement Economiques).

CROSNIER, Marie-Agnès (1992), Textes législatifs et réglementaires relatifs à l'économie de la Russie, 1er janvier 1991 - 31 mars 1992, *Le courier des pays de l'Es*t, n° 368, pp. 50-57, avril 1992.

CSABA, L. (Ed.) (1994), *Privatization, Liberalisation and Destruction: Recreating the Market in Eastern Europe*, Dartmouth, Aldershot.

CZECH MINISTRY for the Administration of the National Property and its Privatization (1993), *Report on the Privatization Process for the Years 1989 to 1992*, Prague, MPAC Ltd.

DALLAGO, Bruno, G. AJANI et B. GRANCELLI (Eds.) (1992), *Privatization and Entrepreneurship in Post-Socialist Countries: Economy, Law and Society*, New York, St. Martin's.

DANSO, Alex (1992), Privatization of State Owned Enterprises in Africa: The Case of Ghana, *Southeastern Political Review*, Vol. 20, pp. 335-354, automne 1992.

DEBENE, M. (1991), L'ouverture du capital des entreprises publiques, commentaire du décret du 4 avril 1991, *Actualité Juridique - Droit Administratif*, pp. 623-636, 20 septembre 1991.

DE FRAJA, Giovanni (1994), Chicken or Egg. Which Should Come First, Privatisation or Liberalisation ?,*Annales d'Economie et de Statistique*, n° 33, pp. 133-156.

DEHESA, Guillermo de la (1993), Las privatizaciones en Espana, *Moneda Y Credito*, n° 196, pp. 131-141.

DE KESSLER, Ana S. (1993), Privatization of the Enterprises of the Argentine Ministry of Defense, *Columbia Journal of World Business,* Focus Issue on Privatization, Vol. XXVIII, n° 1, pp. 134-143.

DELAHAYE, J. L. (1987a), Certificats d'Investissement et Privatisation, *Droit et Pratique du Commerce International,* Dossier: Les privatisations, T. 13, n° 3, pp. 469-484.

DELAHAYE, J. L. (1987b), La Golden Share à la Française, *Droit et Pratique du Commerce International*, T. 13, n° 4, pp. 579-588.

DENIZER, Cevdet et Alan GELB (1993), *Mongolia: Privatization and System Transformation in an Isolated Economy*, Washington, D.C., World Bank, Policy Research Working Paper n° 1063.

DE SARRAU, X. (1987), Aspects fiscaux des privatisations en France, *Droit et Pratique du Commerce International,* T. 13, n° 4, p. 687.

DESCAMPS, Thierry et Cécile DIGNE (1993), Physical Persons as Priviledged Subscribers, *Droit et Pratique du Commerce International*, T. 19, n° 4, pp. 535-545.

DE SILVA CORNELL, David S. (1993), Transferring the People's Livelihood to the People: an Evaluation of Taiwan's Privatization Drive, *Law and Policy in International Business*, printemps 1993.

DHANJI, Farid et Branko MILANOVIC (1991), *Privatization in Eastern and Central Europe; Objectives, Constraints, and Models of Divestiture,* World Bank, Policy Research Working Paper n° 770.

DIA, Mamadou (1992), *The African Experience with Privatization*, Washington, D.C., World Bank, Africa Technical Department, Division Notes.

DIMITRIYEV, S. et D. PETKOSKI (1994), *The Case of Udarnik-Stankostroitelnij Zavod. Part A: Prior to Privatization; Part B: The First Day after Privatization*, Washington, D.C., World Bank, EDI Case Studies.

DNES, Antony W. (1993), Franchising Passenger Rail, *Scottish Journal of Political Economy*, Vol. 40, n° 4, pp. 420-433, novembre 1993.

DODDS, Paul et Gerd WACHTER (1993), Privatization Contracts with the German Treuhandanstalt, An Insider's Guide, *The International Lawyer*, Vol. 27, pp. 65-90, printemps 1993.

DONAHUE, John (1991), *The Privatization Decision: Public Ends, Private Means*, New York, Basic Books.

D'ORMESSON, Olivier (1987), Le placement au Japon d'actions de sociétés privatisées, *Revue de Droit des Affaires Internationales,* n° 3, pp. 295-306.

D'ORMESSON, Olivier et D. MARTIN (1987), L'élaboration des lois de privatisation: présentation générale du cadre juridique, *Droit et Pratique du Commerce International,* Dossier: Les privatisations, T. 13, n° 3, pp. 405-456.

DROUET, M.(1992), Autogestion et privatisations en Yougoslavie, *Revue d'Etudes Comparatives Est-Ouest*, n° 2/3, pp. 59-104.

DRUM, Bernard (1993), Privatization in Africa, *Columbia Journal of World Business,* Focus Issue on Privatization, Vol. XXVIII, n° 1, pp. 144-149.

DUNCAN, Ian et Alan BOLLARD (1992), *Corporatization and Privatization: Lessons from New Zealand*, Auckland, Oxford University Press.

DURUPTY, Michel (1988), *Les privatisations en France*, Paris, La Documentation Française, coll. Notes et Etudes Documentaires, n° 4857.

DURUPTY, Michel (1990), Les techniques de privatisation en France, *Journées de la Société de Législation Comparée*, Vol. 12, pp. 317-339.

DURUPTY, Michel (1993), La privatisation banalisée, commentaire de la loi de privatisation n° 93-923 du 19 juillet 1993, *Actualité Juridique - Droit Administratif*, pp. 712-718, 20 octobre 1993.

EARLE, John S., Roman FRYDMAN, Andrzej RAPACZYNSKI et Joel TURKEWITZ (1994), *Small Privatization. The Transformation of Retail Trade and Consumer Services in the Czech Republic, Hungary and Poland*, Budapest, Central European University Press.

EBRD (European Bank for Reconstruction and Development) et CEEPN (Central and Eastern European Privatization Network) (1993), *Management and Employee Buy-outs in Central and Eastern Europe. An Introduction*, Londres, EBRD.

ELLERMAN, David, Uros KORZE et Marko SIMONETI (1991), Decentralized Privatization: The Slovene ESOP Program, *Public Enterprise,* Thematic Issue on Privatization in Reforming Socialist Economies, Vol. 11, n° 2-3, pp. 175-184.

ELLING, Martin (1992), Privatization in Germany: a model for legal and functional analysis, *Vanderbilt Journal of Transnational Law*, Vol. 25, n° 4, pp. 581-642, novembre 1992.

ENGLISH, Richard D. (1991), Privatization by General Fund; Economic Empowerment for Central and Eastern Europe, *George Washington Journal of International Law and Economics*, Vol. 24, pp. 527-586.

EWING, Andrew, Barbara W. LEE et Roger LEEDS (1993), Accelerating Privatization in Ex-Socialist Economies, *Columbia Journal of World Business,* Focus Issue on Privatization,Vol. XXVIII, n° 1, pp. 158-167.

FEIGENBAUM, Harvey B. et Jeffrey R. HENNIG (1994), Political Underpinnings of Privatization: A Typology, *World Politics*, Vol. 46, pp. 185-208, janvier 1994.

FLEURIET, Michel (1993), Placement of Shares in Connection with Privatizations, *Droit et Pratique du Commerce International*, T. 19, n° 4, pp. 546-552.

FLOURET, Emiliano (1994), Private Sector Involvement in Latin American Railway Transport, *Rail International*, pp. 2-11, mai 1994.

FOREMAN-PECK, James et Robert MILLWARD (1994), *Public and Private Ownership of British Industry 1820-1990*, Oxford, Clarendon Press.

FOSTER, Christopher D. (1992), *Privatization, Public Ownership and the Regulation of Natural Monopoly*, Oxford, Royaume-Uni, Basil Blackwell.

FRANKS, Stephen (1993), Rigorous Privatization: the New Zealand Experience, *Columbia Journal of World Business,* Focus Issue on Privatization, Vol. XXVIII, n° 1, pp. 84-97.

FRYDMAN, Roman et Andrzej RAPACZYNSKI (1993), Privatisation en Europe de l'Est: que va devenir l'Etat ?,*Finances et Développement*, Vol. 30, n° 2, pp. 10-13, juin 1993.

FRYDMAN, Roman et Andrzej RAPACZYNSKI (1994), *Privatization in Eastern Europe: Is the State Withering Away ?*, London, Central European University Press.

FUKUI, Koichiro (1992), *Japanese National Railways Privatization Study*, Washington, D.C., World Bank, Discussion Paper n° 172.

GABOR, Francis A. (1991), The Quest for Transformation to a Market Economy: Privatization and Foreign Investment in Hungary, *Vanderbilt Journal of Transnational Law*, Vol. 24, n° 2, pp. 269-303, mars 1991.

GALAL, Ahmed (1994), *Regulation and Commitment in the Development of Telecommunications in Chile*, Washington, D.C., World Bank, Policy Research Working Paper n° 1278.

GALAL, Ahmed, Leroy JONES, Pankaj TANDON et Ingo VOGELSANG (1994), *Welfare Consequences of Selling Public Enterprises. An Empirical Analysis*, New York, Oxford University Press.

GALLO, Luis G. (1993), The Value-Added of Investment Bankers in Privatizations, *Columbia Journal of World Business,* Focus Issue on Privatization, Vol. XXVIII, n° 1, pp. 196-205.

GARANT, P. (1990), Aspects constitutionnels et juridiques des privatisations d'entreprises fédérales canadiennes, *Revue Marocaine de Finances Publiques et d'Economie*, n° 6, pp.186-197, 1er semestre 1990.

GAYLE, Dennis J. et Jonathan N. GOODRICH (1990), *Privatization and Deregulation in Global Perspective*, Westport CT, Quorum Books.

GELPERN, A. (1993), The Laws and Politics of Reprivatization in East-Central Europe, *University of Pennsylvania Journal of International Business Law*, Vol. 14, n° 3, pp. 315-372.

GENERALE DE BANQUE (1993), Le retour en force des privatisations, *Bulletin de la Générale de Banque*, n° 341, p. 1, juillet-août 1993.

GERCHUNOFF, Pablo (1992), *Las privatizaciones en la Argentina*, Washington, D.C., Banco Interamericano de Desarrollo, Serie de documentos de trabajo n° 121.

GIZANG, Michael et Juan SABATER (1994), A Case Study: The Privatization of the Venezuelan Telecommunications Industry, In: Meridith Brown et Jiles Ridley (Eds.), *Privatisation - Current Issues*, Londres, Graham & Trotman.

GLADE, William (Ed.) (1991), *Privatization of Public Enterprises in Latin America*, San Francisco, ICS Press.

GLICK, S.M. et W.L. RICHTER (1991), Legal Framework for Privatization in Czechoslovakia, *International Business Lawyer*, Vol. 19, pp. 353-357.

GOLDENMAN, Gretta (1993), Environmental Barriers to Foreign Investment in Eastern Europe: Myths and Mistakes, *Review of European Community & International Environmental Law*, Vol. 2, Issue 1, pp. 1-8.

GOLDENMAN, Gretta et al. (1994), *Environmental Liability and Privatization in Central and Eastern Europe*, Londres/Dordrecht/Boston, Graham & Trotman/Martinus Nijhof, International Environment Law and Policy Series.

GOLDSTEIN, R. et K. HORAKOVA (1993), Investment Opportunities in Czech Capital Markets, *International Financial Law Review*, Vol. XII, n° 11, pp. 20-22, novembre 1993.

GOMEZ-IBANEZ, José A. et John R. MEYER (1993), *Going Private. The International Experience with Transport Privatization*, Washington, D.C., The Brookings Institution.

GOURI, Geeta (Ed.) (1991), *Privatization and Public Enterprise: the Asia-Pacific Experience*, Columbia, MO, Oxford IBH Publishing Co.

GRAHAM, Cosmo et Tony PROSSER (1991), *Privatizing Public Enterprises: Constitutions, the State, and Regulation in Comparative Perspective*, Oxford, Clarendon Press; New York, Oxford University Press.

GRAY, Cheryl W., (1993a), Bankruptcy Law and Enterprise Restructuring in Central Europe, *Transition - The newsletter about reforming economies, The World Bank*, Vol. 4, n° 5, juin 1993.

GRAY, Cheryl W., (1993b), *Evolving Legal Frameworks for Private Sector Development in Central and Eastern Europe*, Washington, D.C., World Bank, Discussion Paper n° 209.

GRAY, Cheryl W. et Rebecca J. HANSON (1993), *Corporate Governance in Central and Eastern Europe: Lessons from Advanced Market Economies*, Washington, D.C., World Bank, Policy Research Working Paper n° 1182.

GRAY, Cheryl W. et W. JAROSZ (1993), *Foreign Investment Law in Central and Eastern Europe*, Washington, D.C. , World Bank, Policy Research Working Paper n° 1111.

GREENSPAN-BELL, Ruth et Thomas A. KOLAJA (1993), Capital Privatization and the Management of Environmental Liability Issues in Poland, *The Business Lawyer*, Vol. 48, pp. 943-961, mai 1993.

GROSH, Barbara et Rwekaza S. MUKANDALA (Eds.) (1994), *State-Owned Enterprises in Africa*, Boulder, CO, Lynne Rienner Publishers.

GUEULLETTE, Agota (1992), Le capital étranger et la privatisation en Hongrie: phénomènes récents et leçons à tirer, *Le courrier des pays de l'Est*, n° 34, novembre 1992.

GUISLAIN, Pierre (1992), *Divestiture of State Enterprises: An Overview of the Legal Framework*, Washington, D.C., World Bank, Technical Paper n° 186.

HACHETTE, Dominique et Rolf LÜDERS (1993), *Privatization in Chile. An Economic Appraisal*, San Fransisco, ICS Press.

HANSON, Rebecca J. (1992), The Legal Framework for Privatization in Hungary, *Law and Policy in International Business*, Vol. 23, n° 2, pp. 440-468, printemps 1992.

HARDER, Stephen, et Jefferson TAYLOR (1993), Swapping Enterprise Debt for Equity in Poland, *International Financial Law Review*, Vol. 12, pp. 23-25, avril 1993.

HEALD, David (1991), La privatisation des services publics britanniques: leçons ou mises en garde pour les autres pays membres de la CEE ?,*Revue Politiques et Management Public*, Vol. 9, pp. 51-72, décembre 1991.

HEDLEY, Kathryn (1992), Legal Development and Privatization in Russia: A Case Study, *Soviet Economy*, Vol. 8, pp. 130-57, avril-juin 1992.

HENSLEY, Matthew et Edward WHITE (1993), The Privatization Experience in Malaysia: Integrating Build-Operate-Own and Build-Operate-Transfer Techniques within the National Privatization Strategy, *Columbia Journal of World Business*, Focus Issue on Privatization, Vol. XXVIII, n° 1, pp. 70-83.

HERRERA, Alejandra (1993), The Privatization of Telecommunications Services: The Case of Argentina, *Columbia Journal of World Business*, Focus Issue on Privatization, Vol. XXVIII, n° 1, pp. 46-61.

HILL, Alice et Manuel Angel ABDALA (1993), *Regulation, Institutions and Commitment: Privatization and Regulation in the Argentine Telecommunications Sector*, Washington, D.C., World Bank, Policy Research Working Paper n° 1216.

HOWLES, Kate et Neil HARVEY (1993), The British Experience: Questions of Principles and Methods of Placement, *Droit et Pratique du Commerce International*, T. 19, n° 4, pp. 553-564.

HUCHET, J. F. (1993), La longue marche des entreprises d'état chinoises vers le marché, *Reflets et Perspectives de la Vie Economique*, T. XXXII, n° 6, pp. 437-453.

HUHS, John (1991), Privatization in Poland: obstacles and options: An illustration, *New York Law School Journal of International and Comparative Law*, pp. 343-346, automne 1991.

IM, Soo J., R. JALALI et J. SAGHIR (1993), *Privatization in the Republics of the Former Soviet Union: Framework and Initial Results*, Washington, D.C., World Bank, Joint Staff Discussion Paper.

ISRAEL, Arturo (1993), *La gestion de l'infrastructure: Les enjeux des années 90*, Washington, D.C., Banque mondiale, Document de synthèse n° 171 F.

JEDRZEJCZAK, Gregory T. (1991), The Polish Capital Markets 1991: Instruments, Institutions, Perspectives, *Public Enterprise*, Thematic Issue on Privatization in Reforming Socialist Economies, Vol. 11, n° 2-3, pp. 133-140.

JOHNSON, S. et H. KROLL (1991), Managerial Strategies for Spontaneous Privatization, *Soviet Economy*, octobre - décembre 1991.

JOSKOW, Paul L., Richard SCHMALENSEE et Natalia TSUKANOVA (1994), Competition Policy in Russia during and after Privatization, *Brookings Papers on Economic Activity - Microeconomics*, pp. 301-381.

KATZNELSON, I. (1990), Une étude de cas de privatisation au Danemark: La compagnie d'assurance-vie de l'Etat, *Journées de la Société de Législation Comparée*, Vol. 12, pp. 389-401.

KAY, John, Colin MAYER et David THOMPSON (Eds.) (1986), *Privatisation and Regulation: the UK Experience*, Oxford, Clarendon Press.

KESSIDES, Christine (1993), *Institutional Options for the Provision of Infrastructure*, Washington, D.C., World Bank, Discussion Paper n° 212.

KIELMAS, Maria (1994), Argentina: Energy Privatisation Brings a Cold New Reality, *Petroleum Economist*, Vol. 65, n° 6, juin 1994.

KIKERI, Sunita, John NELLIS et Mary SHIRLEY (1992), *Privatization: The Lessons of Experience*, Washington, D.C., World Bank.

KIKERI, Sunita, John NELLIS et Mary SHIRLEY (1994), Privatization: Lessons from Market Economies, *The World Bank Research Observer*, Vol. 9, n° 2, juillet 1994.

KIM, Chul, Mahn-Kee KIM et William W. BOYER (1994), Privatization of South Korea's Public Enterprises, *Journal of Developing Areas*, Vol. 28, pp. 157-166, janvier 1994.

KISS, Yudit (1994), Privatization Paradoxes in East Central Europe, *East European Politics and Societies*, Vol. 8, n° 1, pp. 122-152, hiver 1994.

KJELLSTROM, S. B. (1990), *Privatization in Turkey*, Washington, D.C., World Bank, Policy Research Working Paper n° 532.

KLEIN, Michael et Neil D. ROGER (1994), Back to the Future : The Potential *in* Infrastructure Privatization, In : Richard O'Brien (Ed.), *Finance and the International Economy,* Vol. 8, Oxford University Press.

KONIG, K. (1988), La privatisation en Allemagne Fédérale: problèmes, statuts et perspectives, *Revue Internationale des Sciences Administratives*, Vol. 54, n° 4, pp. 583-618.

KRAMER, Ralph M. et al. (1993), *Privatization in Four European Countries: Comparative Studies in Government - Third Sector Relationships*, Armonk, NY, M.E. Sharpe.

KRAWCZYK, Marek et Jose A. LOPEZ-LOPEZ (1993), The Role of Government in Poland's Economic Transition: Ideas and Experience from the Recent Past, *Columbia Journal of World Business,* Focus Issue on Privatization, Vol. XXVIII, n° 1, pp. 180-187.

LALLIER, Daniel (1987), L'introduction du papier commercial d'EDF sur le marché américain, *Revue de Droit des Affaires Internationales,* n° 3, pp. 339-340.

LAPORTE, Jean Marie (1987), Placement des actions à l'étranger, le cas de l'euro-marché, *Revue de Droit des Affaires Internationales,* n° 3, pp. 333-338.

LATINFINANCE (1993 et 1994), *Privatization in Latin America*, Miami, Floride, Latin American Financial Publications.

LAURIN, Benoit (1993), Quelques aspects de la négociation de contrats d'acquisition par la Treuhandanstalt dans le cadre de la privatisation de l'économie est - allemande, *Revue de Droit des Affaires Internationales*, n° 2, pp. 211-218.

LEE, Barbara W. (1991), *Should Employee Participation be Part of Privatization* ?, Washington, D.C., World Bank, Policy Research Working Papers n° 664.

LEE, Barbara W. et John NELLIS (1991), Enterprise Reform and Privatization in Socialist Economies, *Public Enterprise,* Thematic Issue on Privatization in Reforming Socialist Economies, Vol. 11, n° 2-3, pp. 101-118.

LEE, W. L. et J. M. BARTOS (1987), Les placements privés aux Etats-Unis des titres des sociétés françaises privatisées, *Droit et Pratique du Commerce International,* Dossier: Les privatisations, T. 13, n° 3, pp. 485-492.

LEROUX, H. (1990), Privatisation: les Banques donnent conseil, *Eurépargne*, n° 49, pp. 13-16, décembre 1990.

LEVY, Brian et Pablo T. SPILLER (1993), *Regulations, Institutions, and Commitment in Telecommunications: A Comparative Analysis of Five Country Studies*, Washington, D.C., World Bank, Proceedings of the World Bank Annual Conference on Development Economics 1993, Supplement to the World Bank Economic Review and the World Bank Research Observer.

LHOMEL, Edith (1993), Les transformations économiques en Roumanie: premier bilan, *Reflets et Perspectives de la Vie Economique*, n° 3/4, T. XXXII, pp. 257-268.

LIEBERMAN, Ira W. (1993), Privatization: The Theme of the 1990s, *Columbia Journal of World Business*, Focus Issue on Privatization, Vol. XXVIII, n° 1, pp. 1-17.

LIEBERMAN, Ira W. et John NELLIS (Eds.) (1994), *Russia: Creating Private Enterprises and Efficient Markets*, Washington, D.C., World Bank.

LIPWORTH, Sydney (1993), Utility Regulation and the Monopolies and Mergers Commission: Retrospect and Prospect, In: M. E. Beesley (Ed.), *Major Issues in Regulation*, Londres, Institute of Economic Affairs in Association with London Business School.

LISSOWSKA, Maria (1993), La politique économique en Pologne et le comportement des entreprises, *Reflets et Perspectives de la Vie Economique*, n° 3/4, T. XXXII, pp. 209-222.

LONGUEVILLE, G. et J. J. SANTINI (1986), *Privatisation: quelles méthodes pour quels objectifs ?*, Paris, La Documentation Française, coll. Notes et Etudes Documentaires, n° 124.

LOYRETTE, Jean et Olivier D'ORMESSON (1987), L'achat par des étrangers d'actions de sociétés privatisées au regard du droit français et du droit communautaire, *Revue de Droit des Affaires Internationales,* n° 3, pp. 315-326.

LÜDERS, Rolf (1993), The Success and Failure of State-Owned Enterprise Divestitures in a Developing Country: the Case of Chile, *Columbia Journal of World Business,* Focus Issue on Privatization, Vol. XXVIII, n° 1, pp. 98-121.

MACIEL, Rogelio N. (1992), Argentina: Privatization of the Natural Gas Industry, *Journal of Energy & Natural Resources Law*, Vol. 10, pp. 371-379, hiver 1992.

MAGLIVERAS, Konstantin D. (1991), The Privatization of the Scottish Electricity Industry, and EC Competition Law, *Scotts Law Times*, p. 450, 6 décembre 1991.

MALAYSIA (1991), *Privatization Masterplan,* Kuala Lumpur, National Print Department.

MARCILHACY, Philippe et Frank-Emmanuel DANGEARD (1987), Comparaison des modalités du placement international de Saint-Gobain et de British Airways, *Revue de Droit des Affaires Internationales,* n° 3, pp. 307-314.

MASTRANGELO, Teresa et Robert J.F. MCPHAIL (1993), Serving Those Going Private, The Role of Accountancy in Privatization, *Columbia Journal of World Business,* Focus Issue on Privatization, Vol. XXVIII, n° 1, pp. 206-211.

MC ELDOWNEY, John F. (1992), *Electricity Industry Handbook: Law and Practice,* Londres, Chancery Law Publications; Colorado Spring CO, J. Wiley.

MCKENNA & CO, Purchase of a Company from the Treuhandanstalt, *The Company Lawyer*, Vol. 13, n° 1, pp. 31-32, janvier 1992.

MEGGINSON, William L., Robert C. NASH et Matthias VAN RANDENBORGH (1994), The Financial and Operating Performance of Newly Privatized Firms: An International Empirical Analysis, *The Journal of Finance*, Vol. XLIX, n° 2, pp. 403-452, juin 1994.

MICHALSKI, Jacek (1991), Privatisation Process in Poland: the Legal Aspects, *Communist Economies and Economic Transformation*, Vol. 3, n° 3, pp. 327-336.

MINTCHEV, Vesselin (1993), Démonopolisation et transformation des entreprises d'Etat en Bulgarie, *Reflets et Perspectives de la Vie Economique*, n° 3/4, T. XXXII, pp. 269-280.

MOONEY, Reynold et Scott GRIFFITH (1993), Privatizing a Distressed State-Owned Enterprise: Lessons Learned through Privatization Work in Argentina's Steel Sector, *Columbia Journal of World Business,* Focus Issue on Privatization, Vol. XXVIII, n° 1, pp. 36-45.

MOREAU, Marie-Ange (1992), Les répercussions sociales des privatisations dans les différents systèmes juridiques, *Revue Internationale de Droit Economique,* n° 3, pp. 417-429.

MOREAU, Michel (1987), L'émission d'obligations assorties de bons de souscription d'actions Elf-Acquitaine, *Revue de Droit des Affaires Internationales,* n° 3, pp. 327-332.

MOREAU-BOURLES, M. A. (1987), Privatisations et actionnariat salarié: l'incidence de la loi étrangère, *Droit et Pratique du Commerce International*, T. 13, n° 4, p. 635-656.

MORIN, François (1992), Les techniques de la privatisation, *Revue Internationale de Droit Economique,* n° 3, pp. 359-373.

MUNOZ GOMA, Oscar (Ed.) (1993), *Despues de las privatizaciones: hacia el estado regulador*, Santiago, Chili, Cieplan.

MWANGI, Jacob N. (1986), *Towards an Enabling Environment: Indigenous Private Development in Africa*, Genève, Suisse, Aga Khan Foundation.

NANKANI, Helen B. (1988), *Techniques of Privatization, Vol. II, Selected Country Case Studies*, Washington, D.C., World Bank, Technical Paper n° 89.

NATIONS UNIES, Commission Economique pour l'Europe (1992), *Aspects juridiques de la privatisation dans l'industrie*, New York, Nations Unies.

NELLIS, John (1989), *Les Entreprises Publiques en Afrique*, Washington, D.C., Banque Mondiale.

NUCHELMANS, Didier (1992), Privatisation et mécanismes du marché dans le secteur des télécommunications: dérégulation...rerégulation ?,*Revue Internationale de Droit Economique*, n° 2, pp. 191-204.

NUTI, Mario (1991), Privatization of Socialist Economies: General Issues and the Polish Case, In: Blommenstein et Marresse (Eds.), *Transformation des économies planifiées: Réforme des droits de propriété, Paris, OCDE (Organisation* de Coopération et de Développement Economiques).

OCDE (Organisation de Coopération et de Développement Economiques) (1993), *Tendances et politiques des privatisations: aspects institutionnels du processus de privatisation*, Paris, OCDE.

OECD (Organization for Economic Cooperation and Development) (1992), *Regulatory Reform, Privatization and Competition Policy*, Paris, OECD.

PARKER, David (1994), International Aspects of Privatisation: A Critical Assessment of Business Restructuring in the UK, Former Czechoslovakia and Malaysia, *British Review of Economic Issues*, Vol. 16, février 1994.

PECHOTA, Vratislav (1991), Privatization and Foreign Investment in Czechoslovakia: the Legal Dimension, *Vanderbilt Journal of Transnational Law*, Vol. 24, n° 2, pp. 305-321, mars 1991.

PETIT, B. et G. GARCZINSKY (1987), Panorama des méthodes actuelles d'évaluation lors des introductions en bourse, *Droit et Pratique du Commerce International,* Dossier: Les privatisations, T. 13, n° 3, pp. 457-468.

PETKOSKI, D. (1994), *The Case of TEMP. Part A: From State-Owned Enterprise to Joint-Stock Company; Part B: Waiting for Privatization; Teacher's Note*, Washington, D.C., World Bank, EDI Case Studies.

PETKOSKI, D. et A. YAMNOVA (1994), *The Case of Molodoy Bolshevik. Part A: Conversion to the New Accounting System; Part B: Application of the New Accounting System*, Washington, D.C., World Bank, EDI Case Studies.

PEZARD, Alice (1993), The Golden Share in Privatized Companies, *Droit et Pratique du Commerce International*, T. 19, n° 4, pp. 523-534.

PIRIE, Madsen et Peter YOUNG (1987), *The future of privatization*, Londres, ASI Research Ltd.

PLISZKIEWICZ, M. (1992), Privatisation et droit social en Pologne, *Revue Internationale de Droit Economique,* n° 3, pp. 431-440.

POPOVA, T. (1992), Laws and Privatization, *Problems of Economic Transition: A Journal of Translations from Russian*, n° 35, pp. 25-40, août 1992.

PRIVATISATION INTERNATIONAL (1992, 1993 et 1994), *Privatisation Yearbook*, Rodney Lord (Ed.), Londres, Privatisation International.

PROSSER, Tony (1990), Constitutions and Political Economy: the Privatisation of Public Enterprises in France and Great Britain, *The Modern Law Review*, Vol. 53, pp. 304-320, mai 1990.

RAFTOPOL, Anthony V. (1993), Russian Roulette: A Theoretical Analysis of Voucher Privatization in Russia, *Boston University International Law Journal*, Vol. 11, n° 2, pp. 435-493, automne 1993.

RAMAMURTI, Ravi et Raymond VERNON (Eds.) (1991), *Privatization and Control of State-Owned Enterprises*, Washington, D.C., World Bank, EDI Development Studies.

RAMANADHAM, V. V. (Ed.) (1993), *Privatization: A Global Perspective*, Londres - New York, Routledge.

RAPP, Lucien (1986a), *Les groupes d'entreprises publiques*, Paris, Presses Universitaires de France, Que Sais-je ?, n° 2295.

RAPP, Lucien (1986b), *Techniques de privatisation des enterprises publiques*, Paris, Librairies techniques.

RAPP, Lucien (1987a), Le contexte financier et international des opérations de privatisation, *Revue de Droit des Affaires Internationales*, n° 3, pp. 287-292.

RAPP, Lucien (1987b), Le secteur public français entre nationalisations et privatisations, *Actualité Juridique - Droit Administratif*, pp. 303-308, 20 mai 1987.

RAPP, Lucien et François VELLAS (1992), *La privatisation des compagnies aériennes en Europe*, Paris, Institut du Transport Aérien (2e édition).

RAYNAUD-CONTAMINE, Monique (1987), L'application du droit commun aux privatisations, *Actualité Juridique - Droit Administratif*, pp. 309-313, 20 mai 1987.

REASON FOUNDATION (1993 et 1994), *Annual Report on Privatization*, Los Angeles, Reason Foundation.

RECIO PINTO, Alejandro (1991), *Privatización en Venezuela: primer caso, Banco Occidental de Descuento*, Caracas, Venezuela, Librería Mundial.

REDOR, D. (1992), State Ownership Sector: Lessons of the French Experience, In: F. Targetti (Ed.), *Privatization Process and the Role of the Public Sector in East and West*, Dartmouth, Aldershot.

RENZULLI, Jeffrey (1992), Claims of US nationals under the restitution laws of Czechoslovakia, *Boston College International and Comparative Law Review*, Vol. 15, pp. 165-188, hiver 1992.

RHOMARI, Mostafa (1989a), La privatisation des entreprises publiques en Afrique, *Cahiers Africains d'Administration Publique*, n° 32.

RHOMARI, Mostafa, (1989b), Les mesures d'accompagnement de la privatisation en Afrique, *Cahiers Africains d'Administration Publique*, n° 33, pp. 55-67.

RICHARDSON John J. (Ed.) (1990), *Privatisation and Deregulation in Canada and Britain*, Dartmouth, The Institute for Research on Public Policy.

RICHER, Laurent et Alain VIANDIER (1991), L'ouverture minoritaire du capital des entreprises publiques, *Cahier de Droit des Entreprises*.

RICHER, Laurent et Alain VIANDIER (1993), La loi de privatisation (Loi n. 93-923 du 19 juillet 1993), *La Semaine Juridique*, n° 40, pp. 393-399.

RICHET, Xavier (1993), Privatisation et restructuration des entreprises en Europe de l'Est, *Reflets et Perspectives de la Vie Economique*, n° 3/4, T. XXXII, pp. 165-168.

RICHET, Xavier et Adam TÖRÖK (1993), La restructuration industrielle et la transition économique en Hongrie, *Reflets et Perspectives de la Vie Economique*, n° 3/4, T. XXXII, pp. 245-256.

RONDINELLI, Dennis A. (Ed.) (1994), *Privatization and Economic Reform in Central Europe: The Changing Business Climate*, Westport CT, Quorum Books.

ROTH, Gabriel (1987), *The Private Provision of Public Services in Developing Countries*, New York, Oxford University Press.

ROZENFELDS, J. (1993), Latvia: Legislation and Denationalization of Land, *Law Institute Journal*, Vol. 67, pp. 358-359, mai 1993.

RUEDA SABATER, Enrique et Brian LEVY (1991), *Developing the Private Sector: the World Bank's Experience and Approach*, Washington, D.C., World Bank.

SACKS, Paul M. (1993), Privatization in the Czech Republic, *Columbia Journal of World Business*, Focus Issue on Privatization, Vol. XXVIII, n° 1, pp. 188-195.

SADER, Frank (1993), *Privatization and Foreign Investment in the Developing World, 1988-1992*, Washington, D.C., World Bank, Policy Research Working Paper n° 1202.

SAGHIR, Jamal (1993), *Privatization in Tunisia*, Washington, D.C., World Bank, CFS Discussion Paper n° 101.

SAINT-GIRONS, B. (1990), Aspects constitutionnels de l'évaluation d'entreprises, *Revue Internationale de Droit Economique*, pp. 311-317.

SAINT-GIRONS, B. (1991), Le décret du 4 avril 1991 et l'ouverture du capital des entreprises publiques, *Revue Trimestrielle de Droit Commercial*.

SALAUN, F. (1990), Privatisation et réglementation: le cas de British Gas, *Economies et Sociétés*, n° 4, pp. 53-69, janvier 1990.

SAMSON, Ivan (1993), La douloureuse intégration allemande, *Reflets et Perspectives de la Vie Economique*, n° 3/4, T. XXXII, pp. 189-208.

SANDOR, L. (1992), Quelques questions à propos de la privatisation des banques hongroises, *Revue Internationale de Droit Economique*, n° 3, pp. 445-450.

SANTINI, Jean-Jacques et al. (1986), *Les privatisations à l'étranger: Royaume-Uni, RFA, Italie, Espagne, Japon*, Paris, La Documentation Française, coll. Notes et Etudes Documentaires, n° 4821.

SARCEVIC, Petar (Ed.) (1992), *Privatization in Eastern and Central Europe*, Boston, Graham & Trotman.

SCHJELDERUP, Guttorm (1990), *Reforming State Enterprises in Socialist Economies: Guidelines for Leasing them to Entrepreneurs*, Washington, D.C., Policy Research Working Paper n° 368.

SCHLESSER, Jean-Marc (1992), Privatisations in France, *International Business Lawyer*, Vol. 20, n° 6, pp. 295-303, juin 1992.

SCHMID, A. Allan (1992), Legal foundations of the market: implications for the formerly socialist countries of Eastern Europe and Africa, *Journal of Economic Issues*, Vol. 26, pp. 707-732, septembre 1992.

SCHNEIDER, JR. et C. RICHARD (1993), Property and Small scale privatization in Russia, *St. Mary's Law Journal*, pp. 507-538, automne 1993.

SCHWARTZ, Gerd et Paulo SILVA LOPES (1993), Privatisation: attentes, arbitrages et résultats, *Finances et Développement*, Vol. 30, n° 2, pp. 14-17, juin 1993.

SETH, Rama (1989), Distributional Issues in Privatization, *Federal Reserve Bank of N.Y. Quarterly Review*, Vol. 14, n° 2, été 1989.

SHAFIK, Nemat (1993), *Making a Market: Mass Privatization in the Czech and Slovak Republics*, Washington, D.C., World Bank, Policy Research Working Paper n° 1231.

SHARMA, Arun Kumar (1992), World Model, *LatinFinance*, n° 41, pp. 27-31, octobre 1992.

SHIRLEY, Mary et John NELLIS (1992), *Réforme des Entreprises Publiques. Les leçons de l'expérience*, Washington, D.C., Banque mondiale, Institut de développement économique, Série Etude du Développement.

SLUPINSKI, Zbigniew M. (1990), Polish Privatization Law of 1990, *International Business Lawyer*, Vol. 18, p. 456, novembre 1990.

SMITH, Peter L. et Gregory STAPLE (1994), *Telecommunications Sector Reform in Asia: Toward a New Pragmatism*, Washington, D.C., World Bank, Discussion Paper n° 232.

SNOY, Bernard (1993), Privatisation et réforme du secteur financier en Europe Centrale et Orientale, *Revue Internationale de Droit Economique*, n° 2, pp. 257-266.

STANBURY, W.T. (1985), Crown corporations, mixed enterprises and privatization, a bibliography, In: Thomas E. Kierans et W. T. Stanbury (Eds.), *Papers on Privatization*, Montreal, Institute for Research on Public Policy.

STEEDMAN, Campbell (1991), Romanian Privatisation Law Passed, *Central European: Finance and Business in Central and Eastern Europe*, n° 5, p. 56, septembre 1991.

STEINDORFF, Ernst (1993), Carl Zeiss: réunification et privatisation, *Revue Internationale de Droit Economique*, n° 2, pp. 105-110.

SYKES, A. et C. ROBINSON (1987), *Current Choices: Good Ways and Bad to Privatise Electricity*, Londres, Centre for Policy Studies, Policy Study n° 87.

TAKANO, Yoshiro (1992), *Nippon Telegraph and Telephone Privatization Study: Experience of Japan and Lessons for Developing Countries,* Washington, D.C., World Bank, Discussion Paper n° 179.

TANKOANO, A. (1990), La privatisation des entreprises publiques nigériennes, *Revue Congolaise de Droit*, Vol. 7-8, pp. 118-140.

TANTIN, G. (1987), Problèmes spécifiques aux salariés posés par les lois de privatisation, *Droit et Pratique du Commerce International*, T. 13, n° 4, pp. 603-634.

TENENBAUM, Bernard, Renier LOCK et James V. BACKER JR. (1992), Electricity Privatization: Structural, Competitive and Regulatory Options, *Energy Policy*, Vol. 20, n° 12, décembre 1992.

THEPAUT, J. (1992), Hongrie: le régime des concessions de service public, *Banque Française du Commerce Extérieur, Actualités*, n° 268, pp. 23-24, décembre 1991-janvier 1992.

THOMAS, B. J. (1994), The Privatization of United Kingdom Seaports, *Maritime Policy and Management*, Vol. 21, n° 2, pp. 135-148.

THOMAS, Scott (1993), The Politics and Economics of Privatization in Central and Eastern Europe, *Columbia Journal of World Business*, Focus Issue on Privatization, Vol. XXVIII, n° 1, pp. 168-179.

THORNE, Alfredo (1993), *Eastern Europe's Experience with Banking Reform: Is there a Role for Banks in the Transition ?*, Washington, D.C., World Bank, Policy Research Working Paper n° 1235.

UNITED NATIONS CONFERENCE ON TRADE AND DEVELOPMENT (UNCTAD), Program on Transnational Corporations (1993), *Accounting, Valuation and Privatization*, New York, United Nations.

UNITED NATIONS, Department for Development Support and Management Services (1993), *Methods and Practice of Privatization*, New York, United Nations.

VALENTINY, Pal (1991), Hungarian Privatization in International Perspective, *Public Enterprise,* Thematic Issue on Privatization in Reforming Socialist Economies, Vol. 11, n° 2-3, pp. 141-150.

VAN BRABANT, Jozef M. (1991), Réforme des droits de propriété: performance macro-économique et bien être, In: Blommenstein et Marresse (Eds.), *Transformation des économies planifiées: Réforme des droits de propriété*, Paris, OCDE (Organisation de Coopération et de Développement Economiques).

VARIN, Christian (1993), République Fédérative Tchèque et Slovaque: le contexte économique d'une déchirure, *Reflets et Perspectives de la Vie Economique*, n° 3/4, T. XXXII, pp. 223-244.

VELJANOVSKI, Cento (Ed.) (1991), *Regulators and the Market: An Assessment of the Growth of Regulation in the UK*, Londres, Institute of Economic Affairs.

VELJANOVSKI, Cento (1993), *The Future of Industry Regulation in the UK: A Report by an Independent Inquiry*, Londres, European Policy Forum for British & European Market Studies.

VICKERS, John S. et George K. YARROW (1985), *Privatization and the Natural Monopolies*, Londres, Public Policy Centre.

VICKERS, John S. et George K. YARROW (1988), *Privatization: An Economic Analysis*, Cambridge, Mass., The MIT Press.

VILLAR ROJAS, Francisco (1993), *Privatización de servicios públicos: la experiencia española a la luz del modelo británico*, Madrid, Editorial Tecnos.

VOLJC, Marko et Joost DRAAISMA (1993), Privatization and Economic Stabilization in Mexico, *Columbia Journal of World Business*, Focus Issue on Privatization, Vol. XXVIII, n° 1, pp. 122-133.

VUKMIR, Branko (1991), Privatization in Croatia, *Public Enterprise,* Thematic Issue on Privatization in Reforming Socialist Economies, Vol. 11, n° 2-3, pp. 163-174, juin-septembre 1991.

VUYLSTEKE, Charles (1988), *Techniques of Privatization of State-Owned Enterprises, Vol. I, Methods and Implementation*, Washington, D.C., World Bank, Technical Paper n° 88.

WEISMAN, Lorenzo (1987), Objectifs et contraintes de l'introduction des actions d'une entreprise en cours de privatisation sur un marché étranger, *Revue de Droit des Affaires Internationales*, n° 3, pp. 293-294.

WELLENIUS, Bjorn et Peter A. STERN (Eds.) (1994), *Implementing Reforms in the Telecommunications Sector - Lessons from Experience*, Washington, D.C., World Bank.

WILLIAMS, Christopher (1993), New Rules for a New World: Privatization of the Czech Cement Industry, *Columbia Journal of World Business*, Focus Issue on Privatization, Vol. XXVIII, n° 1, pp. 62-69.

WILLIG, Robert D. (1994), *Public versus Regulated Private Enterprise*, Washington, D.C., World Bank, Proceedings of the World Bank Annual Conference on Development Economics 1993, Supplement to the World Bank Economic Review and the World Bank Research Observer.

WILSON, Ernest J. (1991), The Third Phase of the Polish Revolution: Property Rights, *Public Enterprise*, Thematic Issue on Privatization in Reforming Socialist Economies, Vol. 11, n° 2-3, pp. 119-132.

WILSON, Gavin (1993), The Privatization of Swarzedz Furniture Company: Lessons from Poland's First Underwritten Public Offering, *Columbia Journal of World Business*, Focus Issue on Privatization, Vol. XXVIII, n° 1, pp. 18-35.

WORLD BANK (1993), *Argentina's Privatization Program: Experience, Issues and Lessons*, Washington, D.C., World Bank.

WORLD BANK (1994), *World Bank Assistance to Privatization in Developing Countries*, Washington, D.C., World Bank, Operations Evaluation Department Report n° 13273.

WORLD BANK et CEUPP (Central European University Privatization Project) (1994), *Eastern European Experience with Small-Scale Privatization*, Washington, D.C., World Bank, CFS Discussion Paper n° 104.

WORLD EQUITY et IFC (International Finance Corporation) (1993), *Privatization in Emerging Markets*, Londres, IFR Publishing.

YARROW, George (1986), Privatization in Theory and Practice, *Economic Policy*, n° 2, pp. 324-377, avril 1986.

YOUNG, David S. (1991), The Role of Business Valuation in the Privatization of Eastern Europe, *Public Enterprise,* Thematic Issue on Privatization in Reforming Socialist Economies, Vol. 11, n° 2-3, pp. 201-208.

YOUNG, Ralph A. (1991), Privatisation in Africa, *Review of African Political Economy*, n° 51, pp. 50-62, juillet 1991.

II. CLASSEMENT GEOGRAPHIQUE

Europe de l'Est et ex-Union Soviétique

Ouvrages généraux

ANDREFF (1990)
ANDREFF (1992b)
ANDREFF (1993a)
ANDREFF (1993b)
ARBESS et VARANESE (1993)
BANQUE de FRANCE (1991)
BOHM et KREACIC (1991)
BUCK, THOMPSON et WRIGHT (1991)
CLAVEL et SLOAN (1991)
CSABA (1994)
DALLAGO, AJANI et GRANCELLI (1992)
DHANJI et MILANOVIC (1991)
GRAY et HANSON (1993)
GRAY et JAROSZ (1993)
IM, JALALI et SAGHIR (1993)
KISS (1994)
LEE et NELLIS (1991)
NATIONS UNIES (1992)
NUTI (1991)
OCDE (1993)
RICHET (1993)
RONDINELLI (1994)
SARCEVIC (1992)
SCHJELDERUP (1990)

EBRD et CEEPN (1993)
ENGLISH (1991)
EWING, LEE et LEEDS (1993)
FRYDMAN et RAPACZYNSKI (1993)
FRYDMAN et RAPACZYNSKI (1994)
GELPERN (1993)
GOLDENMAN (1993)
GOLDENMAN et AL. (1994)
GRAY (1993a)
GRAY (1993b)
SCHMID (1992)
SNOY (1993)
THOMAS (1993)
THORNE (1993)
VAN BRABANT (1991)
VUYLSTEKE (1990)
WORLD BANK et CEUPP (1994)
WORLD EQUITY et IFC (1993)
YOUNG (1991)

Bulgarie

MINTCHEV (1993)

Etats issus de l'ex-Yougoslavie

DROUET (1992)
VUKMIR (1991)

Hongrie

CRANE (1991)
EARLE, FRYDMAN, RAPACZYNSKI et TURKEWITZ (1994)
GABOR (1991)
GUEULLETTE (1992)
HANSON (1992)
OCDE (1993)
SANDOR (1992)
THEPAUT (1992)
VALENTINY (1991)

Lettonie

ROZENFELD (1993)

Pologne

BLASZCZYK et DABROWSKI (1993)
EARLE, FRYDMAN, RAPACZYNSKI et TURKEWITZ (1994)
GREENSPAN-BELL et KOLAJA (1993)
HARDER et TAYLOR (1993)
HUHS (1991)
JEDRZEJCZAK (1991)
KRAWCZYK et LOPEZ-LOPEZ (1993)
LISSOWSKA (1993)
MICHALSKI (1991)
NUTI (1991)
OCDE (1993)
PLISZKIEWICZ (1992)
RICHET ET TÖRÖK (1993)
SLUPINSKI (1990)
WILSON (1991)
WILSON (1993)

Républiques Tchèques et Slovaques

ANDERSON (1994)
ARBESS (1991)
EARLE, FRYDMAN, RAPACZYNSKI et TURKEWITZ (1994)
GLICK et RICHTER (1991)
GOLDSTEIN et HORAKOVA (1993)
CZECH MINISTRY (1993)
OCDE (1993)
PARKER (1994)
PECHOTA (1991)
RENZULLI (1992)
SACKS (1993)
SHAFIK (1993)
VARIN (1993)
WILLIAMS (1993)

Roumanie

LHOMEL (1993)
STEEDMAN (1991)

Russie

BOGDANOWICZ-BINDERT et RYAN (1993)
CROSNIER (1992)
DIMITRIYEV et PETKOSKI (1994)
HEDLEY (1992)
JOHNSON ET KROLL (1991)
JOSKOW, SCHMALENSEE et TSUKANOVA (1994)
LIEBERMAN et NELLIS (1994)
PETKOSKI (1994)
PETKOSKI et YAMNOVA (1994)
RAFTOPOL (1993)
SCHNEIDER (1993)

Slovénie

ELLERMAN, KORZE et SIMONETI (1991)

Pays industrialisés

Ouvrages généraux

BIZAGUET (1988a)
CEEP (1992)
CONFÉRENCE EUROPÉENNE des MINISTRES DES TRANSPORTS (1993)
KRAMER (1993)
RAPP et VELLAS (1992)
LAPORTE (1987)
LOYRETTE et D'ORMESSON (1987)
NATIONS UNIES (1992)

Allemagne

COMPANY LAWYER (1992)
DODD et WACHTER (1993)
ELLING (1992)
KONIG (1988)
LAURIN (1993)
SAMSON (1993)
SANTINI (1986)

Australie

SLY et WEIGALL (1991)

Belgique

BOUCHARD (1991)
NUCHELMANS (1992)

Canada

BOUCHARD (1991)
GARANT (1990)
RICHARDSON (1990)
STANBURY (1985)

Danemark

KATZNELSON (1990)

Espagne

DEHESA (1993)
SANTINI (1986)
VILLAR ROJAS (1993)

Etats-Unis d'Amérique

COVARRUBIAS et MAIA (1994)
LALLIER (1987)

France

ANDREFF (1990)
ANDREFF (1992a)
ANDREFF (1993b)
BAUDEU (1987)
BIZAGUET (1988b)
BOUCHARD (1991)
BOUTARD-LABARDE (1987)
BROUSOLLE (1993)
CARTELIER (1992)
CONSEIL D'ETAT (1985)
CONSEIL D'ETAT (1989)
COUR DES COMPTES (1990)
DEBENE (1991)
DELAHAYE (1987a)
DELAHAYE (1987b)
DE SARRAU (1987)
DURUPTY (1988)
DURUPTY (1990)
DURUPTY (1993)
LALLIER (1987)
LEE et BARTOS (1987)
LOYRETTE et D'ORMESSON (1987)
MARCILHACY et DANGEARD (1987)
MOREAU (1987)
NOTES BLEUES (1993)
PROSSER (1990)
RAPP (1986a)
RAPP (1986b)
RAPP (1987b)
RAYNAUD-CONTAMINE (1987)
REDOR (1992)
RICHER et VIANDIER (1991)
RICHER et VIANDIER (1993)
SAINT-GIRONS (1991)
SCHLESSER (1992)

Italie

SANTINI (1986)

Japon

D'OMERSSON (1987)
FUKUI (1992)
SANTINI (1986)
TAKANO (1992)

Norvège

COVARRUBIAS et MAIA (1994)

Nouvelle-Zélande

CLARKE, FRANKS et WILLIAMS (1990)
DUNCAN et BOLLARD (1994)
FRANKS (1993)

Royaume-Uni

BEESLEY (1989)
BENNETT et CIRELL (1992)
BUCK, THOMPSON et WRIGHT (1991)
COVARRUBIAS et MAIA (1994)
DNES (1993)
FOREMAN-PEEK et MILLARD (1994)
FOSTER (1993)
GALAL, JONES, TANDON et VOGELSANG (1994)
HEAD (1991)
HOWLES et HARVEY (1993)
KAY, MAYER et THOMPSON (1986)
LEVY et SPILLER (1993)
LIPWORTH (1993)
MAGLIVERAS (1991)
MARCILHACY et DANGEARD (1987)
PARKER (1994)
PROSSER (1990)
RICHARDSON (1990)
SALAUN (1990)
SANTINI (1986)
THOMAS (1994)
VELJANOVSKI (1991)
VELJANOVSKI (1993)
VILLAR ROJAS (1993)

Turquie

KJELLSTROM (1990)

Pays en voie de développement

Ouvrages généraux

ADAM, CAVENDISH et MISTRY (1992)
AMBROSE, HENNEMEYER et CHAPON (1990)
NANKANI (1990)
ROTH (1987)

AUGENBLICK et CUSTER (1990)
BANQUE MONDIALE (1994)
BOUIN et MICHALET (1991)
COOK et KIRKPATRICK (1988)
SADER (1993)
SHIRLEY et NELLIS (1992)
WORLD BANK (1994)

Afrique

Ouvrages généraux

AHENE et KATZ (1992)
AKUETE (1992)
DIA (1992)
DRUM (1993)
GROSH et MUKANDALA (1994)
MWANGI (1986)
NELLIS (1989)
RHOMARI (1989a)
RHOMARI (1989b)
SCHMID (1992)
YOUNG (1991)

Algérie

BOUZIDI (1993)

Ghana

DANSO (1992)

Maroc

BEN OTHMANE (1990)
BEN OTHMANE (1992)

Niger

TANKOANO (1990)

Sénégal

CAVERIVIERE (1990)

Tunisie

BEN AISSA (1992)
SAGHIR (1993)

Amérique latine et Caraïbes

Ouvrages généraux

BAER et CONROY (1993)
BERENSON (1991)
FLOURET (1994)
GLADE (1991)
LATIN AMERICAN FINANCIAL PUBLICATIONS (1993)
LATINFINANCE (1993 et 1994)

Argentine

ALEXANDER et CORTI (1993)
COVARRUBIAS et MAIA (1994)
DE KESSLER (1993)
GERCHUNOFF (1992)
HERRERA (1993)
HILL et ABDALA (1993)
KIELMAS (1994)
LEVY et SPILLER (1993)
MACIEL (1992)
MITRANI (1990)
MOONEY et GRIFFITH (1993)
WORLD BANK (1993)

Chili

COVARRUBIAS et MAIA (1994)
GALAL (1994)
GALAL, JONES, TANDON et VOGELSANG (1994)
HACHETTE et LÜDERS (1993)
LEVY et SPILLER (1993)
LÜDERS (1993)
SHARMA (1992)

Colombie

COVARRUBIAS et MAIA (1994)

Costa Rica

COVARRUBIAS et MAIA (1994)

Jamaïque

COVARRUBIAS et MAIA (1994)
LEVY et SPILLER (1993)

Mexique

BARNES (1992)
EPARGNE SANS FRONTIERES (1991)
GALAL, JONES, TANDON et VOGELSANG (1994)
VOLJC et DRAAISMA (1993)

Pérou

CONRADT (1993)
COVARRUBIAS et MAIA (1994)

Venezuela

GIZANG et SABATER (1994)
RECIO PINTO (1991)

Asie et Moyen-Orient

Ouvrages généraux

GOURI (1991)
SMITH et STAPLE (1994)

Chine

HUCHET (1993)

Corée du Sud

KIM, KIM et BOYER (1994)

Malaisie

GALAL, JONES, TANDON et VOGELSANG (1994)
HENSLEY et WHITE (1993)
MALAYSIA (1991)
PARKER (1994)

Mongolie

DENIZER et GELB (1993)

Philippines

LEVY et SPILLER (1993)

Taiwan

DE SILVA CORNELL (1993)

III. REVUES SPECIALISEES

Certains bulletins ou revues portent spécifiquement sur la matière des privatisations. On peut citer, par exemple :

- *Carnegie Council Privatization Project*, publié par Carnegie Council on Ethics and International Affairs (170 East 64th St., New York, NY, 10021);
- *International Privatization Update*, publié mensuellement par Financial Market Research Inc. (P.O. Box 33, Castleton-on-Hudson, NY, 12033);
- *Michigan Privatization Report*, publié trimestriellement par Mackinac Center for Public Policy (119 Ashman Street, P.O. Box 568 Midland, MI 48640);
- *Privatisation International*, publié mensuellement par Privatisation International Ltd. (Suite 510, Butlers Wharf Businees Centre, 45 Crulew Street, London, England SE1 2ND);
- *Privatization Watch*, publié mensuellement par la Reason Foundation (3415 S. Sepulveda Blvd., Suite 400, Los Angeles, CA 90034);
- *Public Works Financing* et *Public Works Financing International*, publié mensuellement (154 Harrison Ave., Westfield. NJ 07090).

Il existe, en outre, des annuaires ou publications faisant le point, annuellement, sur l'état des privatisations dans le monde où dans certaines régions particulières. Il en est ainsi notamment de:

- *Privatization in Latin America*, Miami, Floride, A LatinFinance Supplement;
- *Annual Report on Privatization*, Los Angeles, Reason Foundation;
- *Privatisation Yearbook*, Rodney Lord (Ed.), Londres, Privatisation International Ltd.

Enfin, un certain nombre de revues spécialisées ont publié un numéro spécial consacré aux privatisations, comme par exemple:

- *Columbia Journal of World Business*, Focus Issue on Privatization, printemps 1993, Vol. XXVIII, n° 1;
- *Droit et Pratique du Commerce International*, Dossier: Les privatisations, 1987, T. 13, n° 3;
- *International Financial Law Review*, Special supplement on Privatization, septembre 1992;
- *International Financial Law Review*, Privatization - A World Privatization Guide, avril 1994;
- *Public Enterprise*, Thematic Issue on Privatization in Reforming Socialist Economies, 1991, Vol. 11, n° 2-3;
- *Reflets et Perspectives de la Vie Economique*, Privatisation et restructuration des entreprises en Europe de l'Est, 1993, n° 3/4, T. XXXII;
- *Revue de Droit des Affaires Internationales*, 1987, n° 3;
- *Revue Internationale de Droit Economique*, 1992, n° 3.

Index[1]

I INDEX THEMATIQUE

1 Cet index comprend trois sections : un index thématique, un index géographique et un index des entreprises et organismes.

R

S

II INDEX GEOGRAPHIQUE

III INDEX DES ENTREPRISES ET ORGANISMES